“十二五”国家重点图书出版规划精品项目

国家社会科学基金“十一五”规划2009年度教育学重点课题

科学发展观

教育理论研究

主编◎冯刚　张剑

教育科学出版社

·北　京·

出 版 人　所广一
责任编辑　祖　晶
版式设计　杨玲玲
责任校对　曲凤玲
责任印制　曲凤玲

图书在版编目（CIP）数据

科学发展观教育理论研究／冯刚，张剑主编．—北京：教育科学出版社，2011.10
ISBN 978-7-5041-6041-6

Ⅰ．①科…　Ⅱ．①冯…②张…　Ⅲ．①教育理论—理论研究　Ⅳ．①G40

中国版本图书馆 CIP 数据核字（2011）第 191501 号

科学发展观教育理论研究
KEXUE FAZHANGUAN JIAOYU LILUN YANJIU

出版发行	教育科学出版社		
社　　址	北京·朝阳区安慧北里安园甲 9 号	市场部电话	010-64989009
邮　　编	100101	编辑部电话	010-64989438
传　　真	010-64891796	网　　址	http://www.esph.com.cn
经　　销	各地新华书店		
制　　作	北京金奥都图文制作中心		
印　　刷	保定市中画美凯印刷有限公司	版　　次	2011 年 10 月第 1 版
开　　本	165 毫米×230 毫米　16 开	印　　次	2011 年 10 月第 1 次印刷
印　　张	26.25	印　　数	1-6 000 册
字　　数	349 千	定　　价	48.00 元

编委会

主　　编　冯　刚　张　剑

成　　员　（以姓氏笔画为序）

王向明　王炳权　方晓东　任　青

刘建军　刘复兴　孙兰英　李仁群

杨桂华　陈金芳　郑丽平　秦　宣

韩　震

目　录

前　言

科学发展观教育理论的时代蕴涵

科学发展观教育理论是以科学发展观为指导，在全面、深刻总结改革开放以来我国教育事业发展经验的基础上形成的面向现代化、面向世界、面向未来的教育理论。全面审视科学发展观教育理论的理论渊源、逻辑内涵和时代背景，深刻理解其时代蕴涵，对于进一步从全局高度深刻领会全国教育工作会议精神，增强深入贯彻落实《国家中长期教育改革和发展规划纲要（2010—2020 年）》的自觉性、主动性，具有重要的理论和实践意义。

一、科学发展观教育理论丰富了马克思主义教育理论，是中国特色社会主义教育理论的重要组成部分

科学发展观涵盖了自然科学、人文科学、社会科学等广泛领域，其中也内在地包含了关于教育的一系列论述，即科学发展观教育理论。这是党的十六大以来，以胡锦涛同志为总书记的党中央，立足我国基本国情，深

入分析我国发展的阶段性特征，认真总结我国教育改革发展实践，适应新的发展要求提出来的科学的教育理论体系，在理论渊源上同马克思列宁主义、毛泽东思想、邓小平理论和“三个代表”重要思想的教育理论既一脉相承又与时俱进。

关于教育的本质和终极目标，马克思主义教育理论认为，教育是促进人的全面发展的必备手段，只有教育才能使受教育者摆脱旧的社会分工“给每个人造成的片面性”，“全面发挥他们的得到的全面发展的才能”。①在阶级社会中，教育的本质就是按一定的要求和标准培养人。无产阶级教育必须为无产阶级服务，共产党必须高度重视教育的作用，尤其要重视对青年一代的教育。科学发展观教育理论坚持以人为本的核心理念，以促进经济社会和人的全面发展为发展的终极目标，这是对马克思主义关于共产主义社会理想中以人的全面发展为最高目标的基本思想的继承和发展。科学发展观深化了对这些基本思想的认识，提出坚持以人为本，把人民群众享有受教育的权利和实现教育公平、办好让人民满意的教育作为实现好、维护好、发展好最广大人民的根本利益的重要内容，更加强化了教育的公益性原则，更加突出了社会主义教育的本质。

关于教育在社会主义事业中的重要作用，列宁在十月社会主义革命胜利以后曾经指出：“没有各种学术、技术和实际工作领域的专家的指导，向社会主义过渡是不可能的。”② 他强调，无产阶级在取得政权以后，必须对人民群众特别是对青年进行社会主义的文化和政治教育，“劳动人民不但要识字，还要有文化，有觉悟，有学识”。③ 要以积极的态度、主动地向工人阶级灌输社会主义意识，“使培养、教育和训练现代青年的全部事业，成为

---

① 恩格斯．共产主义原理［M］//马克思恩格斯文集：第一卷．北京：人民出版社，2009：689.

② 列宁．列宁专题文集——论社会主义［M］．北京：人民出版社，2009：88.

③ 同②，183.

培养青年的共产主义道德的事业”。[①] 共产党“应当作为最积极最主要的力量参与整个国民教育事业”。[②] 毛泽东在领导中国革命和建设的过程中，进一步提出了用共产主义的精神来教育人民，教育为革命服务，教育与劳动相结合的苏维埃文化教育的总方针[③]；提出了新民主主义时期中国国民文化和国民教育的宗旨是“建立自己的民族的、科学的、人民大众的新文化和新教育”。[④] 科学发展观教育理论全面发展了这些基本思想，强调以发展教育事业、提高全民族素质来全面推进经济建设、政治建设、文化建设、社会建设，把教育确立为建设中国特色社会主义事业总体布局“四位一体”全面协调发展的重要内容，特别是作为社会建设的首要任务，更加强化了教育在现代化建设中具有的基础性、先导性、全局性的地位和作用，是对社会主义教育事业的历史地位更加深刻和准确的把握。

党的十一届三中全会以后，以邓小平为代表的中国共产党人，积极探索中国特色社会主义教育发展的道路，提出了一系列关于教育发展的新思想、新主张。邓小平明确提出，科学技术是第一生产力，实现社会主义现代化，科技是关键，教育是基础，必须把教育摆在优先发展的战略地位；教育必须面向现代化、面向世界、面向未来；学校应该永远把坚定正确的政治方向放在第一位，培养有理想、有道德、有文化、有纪律的社会主义新人。进入新世纪新阶段，以江泽民同志为代表的中国共产党人，进一步提出了“三个代表”重要思想教育理论。强调在整个社会主义现代化建设过程中，教育优先发展的战略地位必须始终坚持，不能动摇；学校要把德育放在首位，坚持办学的社会主义方向；教育必须以提高国民素质为根本宗旨，以培养学生的创新精神和实践能力为重点，逐步建立和完善有利于

---

① 列宁. 列宁全集：第三十九卷［M］. 北京：人民出版社，1985：302－303.

② 列宁. 列宁专题文集——论社会主义［M］. 北京：人民出版社，2009：167.

③ 中华人民共和国教育部，中共中央文献研究室. 毛泽东　邓小平　江泽民论教育［M］. 北京：中央文献出版社，人民教育出版社，北京师范大学出版社，2002：9.

④ 毛泽东. 毛泽东选集：第三卷［M］. 北京：人民出版社，1991：1083.

终身学习的教育制度，创建学习型社会；强调必须全面贯彻党的教育方针，坚持教育为社会主义现代化服务、为人民服务，与生产劳动和社会实践相结合，培养德智体美全面发展的社会主义建设者和接班人。科学发展观教育理论在坚持上述思想的基础上，进一步明确了育人为本、德育为先的基本思想，把解决好培养什么人、怎样培养人作为教育的核心；提出了建设社会主义核心价值体系的重大命题；提出了全面实施素质教育、努力实现人的全面发展的教育主题；强调要完善教育体制，推进教育体制改革和创新，加快从教育大国向教育强国迈进；强调要密切结合我国社会主义现代化建设的实际，着力培养学生的创造能力、实践能力和创业能力、就业能力，不断提升我国的自主创新能力，努力建设终身教育体系和学习型社会，更加深刻地揭示了促进我国教育发展的内在动力。

胡锦涛同志在清华大学百年校庆大会上的讲话，进一步丰富和发展了科学发展观教育理论，是科学发展观教育理论又一篇经典文献。其中，通过回顾清华百年光荣历史以及中国革命、建设和改革开放的历史，深刻总结了中国特色社会主义高等教育发展的基本经验；通过深刻分析国内外战略形势，重申了实施科教兴国战略和人才强国战略的重要意义，强调了教育特别是高等教育在国家发展中的重要地位和作用，进一步明确了加快从教育大国向教育强国迈进的战略方向。讲话深刻阐明了全面提高高等教育质量的内涵和要求，明确指出高等教育必须大力提升人才培养水平、增强科学研究能力、服务经济社会发展、推进文化传承创新，为推进新时期我国教育事业特别是高等教育事业改革发展进一步指明了方向；讲话希望同学们把文化知识学习和思想品德修养紧密结合起来，把创新思维和社会实践紧密结合起来，把全面发展和个性发展紧密结合起来，为青年学生健康成长成才指明了方向。有关论述进一步拓展了对现代大学功能的认识，更加贴近青年学生成长成才的实际，更进一步贯彻“以人为本”的核心理念，充满着理论创新精神，生动地体现科学发展观与时俱进的理论品质。科学发展观教育理论就是这样立足于中国特色社会主义教育发展的伟大实践，不断赋予马克思主义教育理论新的鲜活力量，不断开辟马克思主义教育理论在中国发展的新境界。

二、科学发展观教育理论全面体现了中国特色社会主义教育事业发展的内在逻辑与必然要求，开辟了马克思主义教育理论在中国发展的新境界

科学发展观教育理论围绕“要培养什么样的人”和“怎样培养人”这两个基本问题，全面论述了发展中国特色社会主义教育事业的指导思想、根本目标、方针政策、基本性质、路径方法和依靠力量等各个方面，科学回答了我国新世纪新时期教育改革发展的一系列重大理论和实践问题，深刻揭示了新形势下我国社会主义教育的本质和发展规律，成为指导中国特色社会主义建设的科学发展观理论整体中一个极为重要的有机组成部分，体现着科学发展观的内在逻辑和必然要求，有着十分丰富的理论内涵。

大力发展教育事业是坚持“发展是第一要义”的必然要求。科学发展观坚持把发展作为第一要义，强调要牢牢扭住经济建设这个中心，聚精会神搞建设、一心一意谋发展，不断解放和发展社会生产力，而教育无疑是其必要而又重要的支撑。科学发展观教育理论全面深刻系统地阐述了教育对于促进我国发展进步的极为重要的战略地位，使教育的基础性、先导性、全局性地位和作用更加突出。国运兴衰，系于教育；教育是国计，也是民生；教育是今天，更是明天。大力发展教育事业，是全面建设小康社会、加快推进社会主义现代化、实现中华民族伟大复兴的必由之路。科学发展观教育理论还提出了一系列发展教育的具体方略，尤其是提出把是否坚持优先发展教育、发挥教育重大作用作为检验各级党政领导班子是否真正贯彻落实科学发展观的重要内容，以更好地实施科教兴国战略、人才强国战略、可持续发展战略，推进创新型国家建设，造就宏大的高素质人才队伍，努力把我国建设成为人力资源强国，为全面建设小康社会、实现中华民族

伟大复兴提供强有力的人才和人力资源保证。

大力发展教育事业是坚持“以人为本”核心理念的必然要求。科学发展观坚持把“以人为本”作为理论核心，强调全心全意为人民服务是党的根本宗旨，党的一切奋斗和工作都是为了造福人民。教育的根本目的就是培养人。教育涉及千家万户，惠及子孙后代，是促进人的全面发展的必要前提，更是体现发展为了人民、发展依靠人民、发展成果由人民共享的重要方面。教育本身是发展的重要内涵，而发展的终极目标是人的全面发展。科学发展观教育理论提出，要坚持教育公益性原则，把促进教育公平作为国家基本教育政策，保证人民享有接受教育的机会，办好让人民满意的教育。适应贯彻党的教育方针的时代要求，坚持以人为本、全面实施素质教育是教育改革发展的战略主题，实现人的全面发展是教育的根本目标，要把育人为本作为教育工作的根本要求。坚持育人为本、德育为先，加强理想信念教育和道德教育，把社会主义核心价值体系融入国民教育全过程，坚持使文化知识学习和思想品德修养紧密结合、创新思维和社会实践紧密结合、全面发展和个性发展紧密结合，努力培养德智体美全面发展的社会主义建设者和接班人。这些要求是科学发展观“以人为本”核心理念在教育方面的具体生动的体现，也是对实现人的全面发展终极目标的最好诠释。

大力发展教育事业是坚持“全面协调可持续发展”的必然要求。科学发展观集中反映了20世纪60年代以来人类对发展的认识成果，表现为从注重经济增长转向更加注重社会综合发展，尤其是注重人、环境和社会的可持续发展。强调发展不仅仅是经济增长，必须让经济建设这个中心与社会各项事业和自然环境以及人的发展互相协调，发展的终极目标“是人的发展”。因此，科学发展观把坚持全面协调可持续发展作为基本要求，提出要按照中国特色社会主义事业总体布局，全面推进经济建设、政治建设、文化建设、社会建设，促进现代化建设各个环节、各个方面相协调，促进生产关系与生产力、上层建筑与经济基础的协调。以科学发展观来重新认识教育的作用，教育的职能已大为拓展，教育成为促进经济社会全面协调可持续发展的必然的内在要求。一方面，教育的自身发展将成为衡量整个经济社会是否做到全面发展的重要指标；另一方面，充分确立教育在发展中的全局性、基础性、先导性地位，会对实现全面协调可持续发展，特别是努力促进人的全面发展产生重大影响。教育不仅仅是扩大生产资源的手段，而且是促进社会公平、和谐，提高人们解决环境与发展问题的能力以实现可持续发展的关键因素，也是确保经济社会全面协调持续发展的必要基础。正是基于科学发展观教育理论对我国教育事业在整个建设中国特色社会主义事业中的作用和地位的深刻认识，国家制定和采取了一系列发展和改革教育事业的重大措施。离开教育的进步与发展，就不可能有整个经济社会的全面进步与发展。

大力发展教育事业是坚持“统筹兼顾”的必然要求。统筹兼顾是科学发展观的根本方法。科学发展观提出，要正确认识和妥善处理中国特色社会主义事业中的重大关系，统筹城乡发展、区域发展、经济社会发展、人与自然和谐发展、国内发展和对外开放，统筹中央和地方关系，统筹个人利益和集体利益、局部利益和整体利益、当前利益和长远利益，充分调动各方面积极性。统筹国内国际两个大局，树立世界眼光，加强战略思维，善于从国际形势发展变化中把握发展机遇、应对风险挑战，营造良好国际环境。既要总揽全局、统筹规划，又要抓住牵动全局的主要工作、事关群众利益的突出问题，着力推进、重点突破。大力发展教育事业正是坚持统筹兼顾的必然要求和重要体现。教育事业不仅是促进经济发展的内在动力，也是社会建设的重要内容和社会公平的重要基础，在当前也是事关群众利益的突出问题。我国现阶段存在的城乡之间、区域之间、经济社会发展之间等种种不平衡，一个重要问题就是教育发展的不平衡。要真正做到统筹兼顾上述问题，就首先要解决好教育发展问题。而要实现教育的科学发展，也必须坚持统筹兼顾。譬如科学发展观教育理论强调，要统筹推进各级各类教育，实现更高水平的普及教育，形成惠及全民的公平教育，提供更加丰富的优质教育，构建体系完备的终身教育，健全充满活力的教育体制；在推动教育改革发展中，要正确把握和处理好优先发展教育与服务全局的关系，促进教育公平与注重效率的关系，扩大规模与提高质量的关系，政府主导与社会参与的关系，整体推进与分类指导的关系，尽力而为与量力而行的关系，立足国情与面向世界的关系，改革发展与维护稳定的关系等。

三、科学发展观教育理论准确概括了中国特色社会主义教育事业发展的基本特征和总体要求，体现了鲜明的时代性和科学性

科学发展观教育理论是从党的十六大以来，以胡锦涛同志为总书记的党中央，立足我国基本国情，面向世界发展潮流，深刻分析国内外形势和我国发展的阶段性特征，认真总结我国教育改革发展实践，适应新的发展要求而提出并不断发展和丰富完善的，其成为指导中国特色社会主义教育事业科学发展的行动指南也是历史的必然。

当前，我国发展正站在一个新的历史起点上，教育承载着极其重要的历史责任，也面临着巨大的历史挑战。从国际看，当今世界正处在大变革大调整之中，世界多极化、经济全球化深入发展，世界经济格局发生新变化，综合国力竞争和各种力量较量更趋激烈，世界范围内生产力、生产方式、生活方式、经济社会发展格局正在发生深刻变革。创新成为经济社会发展的主要驱动力，知识创新成为国家竞争力的核心要素。在这种大背景下，各国为掌握国际竞争主动，纷纷把深度开发人力资源、实现创新驱动发展作为战略选择。① 许多国家都着眼危机后的繁荣，把发展教育、开发人力资源作为重大国家战略，积极谋划教育改革发展，大力吸引优秀基础研究人才、高技术人才和高级管理人才，人才竞争空前激烈。事实上，20 世纪末期，优先发展教育就已经成为发达国家争夺科技和经济发展“制高点”

① 胡锦涛. 在庆祝清华大学建校 100 周年大会上的讲话［R/OL］. 新华网，2011－04－24.

的一项重大战略举措，同时也是发展中国家奋起直追的捷径。我国经济总量目前已经跻身世界前列，但是创新能力与教育水平与国际先进水平相比还有不小的差距。面对激烈的国际竞争和国际金融危机的深远影响，坚持科学发展、加快转变经济发展方式已成为我国实施“十二五”规划的当务之急，迫切需要我们紧密结合新的时代条件，丰富教育发展内涵、创新教育发展观念、开拓教育发展思路、破解教育发展难题。

从国内来说，经过新中国六十多年、特别是改革开放三十多年来的不懈努力，我国取得了举世瞩目的发展成就，综合国力大幅提升，人民生活不断改善，国际地位显著提高。经过全党全社会共同努力，我国教育事业取得了举世瞩目的伟大成就：开辟了中国特色社会主义教育发展道路，建成了世界最大规模的教育体系，正在实现由人口大国向人力资源大国的转变，为国家发展、民族振兴和人民幸福作出重大贡献。在新形势下，我国教育改革发展的有利条件和积极因素不断增多，但一些旧问题和新挑战也在叠加凸显，呈现出一系列新的阶段性特征。一是“有学上”问题基本解决，但“上好学”问题依然突出，人民群众不断增长的高质量、多样化教育需求尚未得到很好满足；二是现代教育体系基本形成，但教育结构不尽合理，符合终身学习要求的各级各类教育“立交桥”尚未建成；三是素质教育不断推进，但教育理念和人才培养模式相对陈旧，“应试教育”倾向没有得到根本扭转，严重影响创新人才培养；四是办学条件总体改善，但教育投入不足，资源配置不尽合理，部分地区教育发展比较滞后；五是教育体制改革逐步深化，但内在活力不足问题没有根本解决，学校、师生和社会各方面的积极性还没有得到充分发挥；六是教育公平迈出重大步伐，但城乡、区域和校际间差距比较大，部分大中城市义务教育择校问题突出，国家助学体系需要进一步完善；七是拥有数量庞大、结构日趋合理的教师队伍，但结构性短缺依然存在，总体水平特别是农村地区教师素质有待进一步提高；八是教育发展环境日益改善，但教育优先发展战略地位在一些地方尚未得到完全落实。要解决好这些问题，也迫切需要我们从理论和实践两个方面进行深入的探索和研究，总结经验，反思教训，升华理论，寻找对策，解决问题。

科学发展观教育理论，就是在这样的历史条件和实践背景下，以面向现代化、面向世界、面向未来的宽广视野，从坚持以人为本、实现人的全面发展的历史高度，依据统筹兼顾的根本方法，按照全面协调可持续的基本要求，全面审视当今世界局势的发展变化，正确应对日益激烈的国际竞争，深刻分析当前我国教育发展的阶段性特征，既立足基本国情实际，又面向世界潮流大势，在深入研究教育规律性问题、科学谋划和扎实推进教育改革发展的历史进程中形成的。它既是我国社会主义教育事业历史经验的科学总结，也是在新世纪新阶段对我国教育发展前瞻性的科学概括，有着极强的时代性和现实针对性。它系统概括了我们党对社会主义教育事业发展规律的探索成果，深刻阐明了教育的重要地位和作用，科学规划了中国特色社会主义教育事业的发展目标，为我们正确认识和应对有关我国教育改革发展的一系列重大问题指明了方向，提供了科学理论和方法，是发展中国特色社会主义教育事业的行动指南。

21 世纪是中华民族伟大复兴的世纪，也必将是我国教育事业全面科学发展的世纪。在建党九十周年之际，教育战线有必要认真研究、深刻理解科学发展观教育理论的理论渊源、逻辑内涵和时代背景，正确把握其丰富而科学的时代蕴涵，更加自觉地贯彻落实好《教育规划纲要》，更加积极、主动地投身教育事业的科学发展之中，为全面建设小康社会、建设社会主义现代化国家、实现中华民族伟大复兴作出应有的贡献。

绪　论

科学发展观是我们党坚持以邓小平理论和“三个代表”重要思想为指导，立足社会主义初级阶段基本国情，深入分析我国发展的阶段性特征，总结我国发展实践，准确把握世界发展趋势，借鉴国外发展经验，适应新的发展要求提出来的重大战略思想。科学发展观站在历史和时代的高度，围绕中国特色社会主义这一主题，深刻回答了我国社会主义经济建设、政治建设、文化建设、社会建设和党的建设的一系列重大问题，是中国特色社会主义理论体系的重要创新成果。

2007 年 10 月，党的十七大报告高度简练地概括了科学发展观的精神实质：“科学发展观，第一要义是发展，核心是以人为本，基本要求是全面协调可持续，根本方法是统筹兼顾。”十七大通过的《中国共产党章程》郑重指出，以人为本、全面协调可持续发展的科学发展观，是同马克思列宁主义、毛泽东思想、邓小平理论和“三个代表”重要思想既一脉相承又与时俱进的科学理论，是我国经济社会发展的重要指导方针，是发展中国特色社会主义必须坚持和贯彻的重大战略思想。

一、科学发展观教育理论是科学发展观的重要组成部分

科学发展观涵盖了自然科学、人文科学、社会科学等广泛领域，贯通中国特色社会主义伟大事业和党的建设新的伟大工程，以丰富的思想内涵

和严密的内在逻辑构成了一个系统的并在实践中不断发展的科学理论。

科学发展观内在地包含了关于教育的一系列论述，这些论述继承马克思列宁主义教育理论、毛泽东教育思想、邓小平教育理论和“三个代表”重要思想教育理论，进一步深刻地阐明了教育在建设中国特色社会主义和实现中华民族伟大复兴历史进程中的地位和作用，全面论述了我国教育改革发展的一系列重大理论和实践问题，深刻揭示了新形势下我国社会主义教育的本质和发展规律，形成了一个内容丰富、思想深刻、论述全面的科学发展观教育理论，成为科学发展观重大战略思想整体中一个极为重要的有机组成部分。

1. 大力发展教育事业是坚持把发展作为科学发展观第一要义的重要支撑

科学发展观坚持把发展作为第一要义。提出要牢牢扭住经济建设这个中心，坚持聚精会神搞建设、一心一意谋发展，不断解放和发展社会生产力。而大力发展教育事业则是坚持把发展作为第一要义的重要支撑。科学发展观教育理论全面、深刻、系统地阐述了教育对于促进我国发展进步的极为重要的战略地位，强调促进发展离不开教育，因为中国的未来发展、中华民族的伟大复兴，归根结底靠人才，人才培养的基础在教育。科学发展观教育理论明确提出，随着科技进步日新月异，知识越来越成为提高综合国力和国际竞争力的决定性因素，人力资源越来越成为推动经济社会发展的战略性资源，科技、教育、人才竞争在综合国力竞争中的重要性日益凸显。当今世界的综合国力竞争，说到底是民族素质竞争。教育对提高人民思想道德素质和科学文化素质、发展科学技术、培养人才具有基础性作用。我们要紧紧抓住机遇、有力迎接挑战，坚持优先发展教育，提高教育现代化水平，充分发挥教育的重大作用。这就使教育的基础性、先导性、全局性地位和作用更加突出。国运兴衰，系于教育。教育是国计，也是民生；教育是今天，更是明天。大力发展教育事业，是全面建设小康社会、加快推进社会主义现代化、实现中华民族伟大复兴的必由之路。

科学发展观教育理论不仅高度强调了教育在促进我国经济社会科学发

展过程中的战略地位，并且提出了一系列发展教育的具体方略，特别提出要通过加快教育改革发展、大力促进教育公平、全面实施素质教育等举措，更好地实施科教兴国战略、人才强国战略、可持续发展战略，推进创新型国家建设，造就宏大的高素质人才队伍，努力把我国建设成为人力资源强国，为全面建设小康社会、实现中华民族伟大复兴提供强有力的人才和人力资源保证。因此，必须把是否坚持优先发展教育、发挥教育重大作用，作为检验各级党政领导班子是否真正贯彻落实科学发展观的重要标尺。

2. 大力发展教育事业是坚持以人为本核心理念的重要内容

科学发展观把坚持以人为本作为这一理论的核心。强调全心全意为人民服务是党的根本宗旨，党的一切奋斗和工作都是为了造福人民。要始终把实现好、维护好、发展好最广大人民的根本利益作为党和国家一切工作的出发点和落脚点，尊重人民主体地位，发挥人民首创精神，保障人民各项权益，走共同富裕道路，促进人的全面发展。而教育的根本目的就是培养人，教育是提高国民素质、促进人的全面发展的根本途径；更是体现发展为了人民、发展依靠人民、发展成果由人民共享的重要方面。教育本身就是发展的重要内涵，而发展的终极目标是人的全面发展。为此，科学发展观教育理论提出要坚持教育公益性原则，把促进教育公平作为国家基本教育政策，保证人民享有接受教育的权利，办好人民满意的教育，满足人民对教育的新期待。

科学发展观教育理论明确提出，人力资源是经济社会发展的第一资源，教育是开发人力资源的主要途径，教育的核心是解决好培养什么人、怎样培养人的重大问题。据此，科学发展观教育理论强调，贯彻落实党的教育方针，适应时代的发展要求，就必须把坚持以人为本、全面实施素质教育作为教育改革和发展的战略主题；把培养人，实现人的全面发展作为教育的根本目标。科学发展观教育理论还特别提出，坚持以人为本在教育工作中的集中体现就是育人为本、德育为先。要通过大力发展教育事业，把育人为本作为教育工作的根本要求，加强理想信念教育和道德教育，把社会主义核心价值体系融入国民教育全过程，深入推动中国特色社会主义理论体系进教材、进课堂、进头脑，努力培养德智体美全面发展的社会主义建设者和接班人。要通过大力发展教育事业，在全社会特别是青少年中弘扬社会主义核心价值体系，进一步形成共同的理想信念和道德规范，培育文明风尚，增强民族凝聚力，打牢全党全国各族人民团结奋斗的思想道德基础，不断促进社会和谐。全面加强和改进德育、智育、体育、美育，坚持文化知识学习和思想品德修养的统一、理论学习和社会实践的统一、全面发展和个性发展的统一，不断促进人的全面发展。大力发展教育事业，最具体最生动地体现了对科学发展观以人为本核心理念的贯彻落实。

3. 大力发展教育事业是坚持全面协调可持续发展的重要基础

科学发展观把坚持全面协调可持续发展作为基本要求，提出要按照中国特色社会主义事业总体布局，全面推进经济建设、政治建设、文化建设、社会建设，促进现代化建设各个环节、各个方面相协调，促进生产关系与生产力、上层建筑与经济基础相协调。而教育是促进经济社会全面协调可持续发展的必备手段。

20世纪60年代以来，人类对发展的认识，经历了一个从注重经济增长到注重社会综合发展，再到注重人、环境和社会可持续发展的嬗变。科学发展观的提出，使我们越来越深刻地认识到，发展不仅仅是经济增长，还必须让经济建设这个中心与社会各项事业和自然环境以及人的发展互相协调，发展的终极目标“是人的发展”。在这个发展过程中，一方面教育的自身发展将成为衡量整个经济社会是否做到全面发展的重要指标，另一方面充分确立教育在发展中的全局性基础性先导性地位又对实现全面协调可持续发展，特别是努力促进人的全面发展产生重大影响。事实上，到20世纪末期，优先发展教育已经成为许多发达国家争夺科技和经济发展“制高点”的一项重大战略举措，同时也成为发展中国家奋起直追、实现赶超战略的捷径。据联合国教科文组织发表的调查报告，在20世纪末，全世界教育经费增长比同期国民生产总值的增长高出近一倍。“教育先行”已经越来越成为一个突出的世界性现象。

随着教育被世界各国高度重视，教育本身的内涵也发生了巨大变革。教育不再是一般的知识教育或职业教育，而是更为注重整体的素质教育和包括法制、道德、价值观等各个方面的公民教育。正如1995年联合国社会发展首脑会议所提出的，在可持续发展的概念中，“教育（包括正规教育）、公众意识和培训被确认为人类和社会据此能够最充分地发挥其潜力的一种过程”，教育发展成为人和社会可持续发展能力建设的核心内容。

因此，以科学发展观来重新认识教育的作用，教育的职能已大为拓展。教育不仅仅是扩大生产资源的手段，而且是促进社会公平、和谐，提高人们解决环境与发展问题的能力以实现可持续发展的关键因素，也是确保经济社会全面协调持续发展的必要基础。可持续发展，不仅需要环境资源的可持续，更需要人力资源的可持续。正是基于科学发展观教育理论对我国教育事业在整个建设中国特色社会主义事业中的作用和地位的深刻认识，国家制定和采取了一系列改革和发展教育事业的重大措施。《国家中长期教育改革和发展规划纲要（2010—2020年）》就明确提出：“在党和国家工作全局中，必须始终坚持把教育摆在优先发展的位置。按照面向现代化、面向世界、面向未来的要求，适应全面建设小康社会、建设创新型国家的需要，坚持育人为本，以改革创新为动力，以促进公平为重点，以提高质量为核心，全面实施素质教育，推动教育事业在新的历史起点上科学发展，加快从教育大国向教育强国、从人力资源大国向人力资源强国迈进，为中华民族伟大复兴和人类文明进步作出更大贡献。”离开教育的进步与发展，就不可能有整个经济社会的全面进步与发展。

4. 大力发展教育事业是坚持统筹兼顾的重要体现

科学发展观把坚持统筹兼顾作为根本方法。提出要正确认识和妥善处理中国特色社会主义事业中的重大关系，统筹城乡发展、区域发展、经济社会发展、人与自然和谐发展、国内发展和对外开放，统筹中央和地方关系，统筹个人利益和集体利益、局部利益和整体利益、当前利益和长远利益，充分调动各方面积极性。统筹国内国际两个大局，树立世界眼光，加强战略思维，善于从国际形势发展变化中把握发展机遇、应对风险挑战，营造良好国际环境。既要总揽全局、统筹规划，又要抓住牵动全局的主要工作、事关群众利益的突出问题，着力推进、重点突破。

统筹兼顾是马克思主义科学世界观和方法论的根本要求，是科学发展观的根本方法。大力发展教育事业则是坚持统筹兼顾的重要体现。教育事业不仅是促进经济发展的内在动力，也是社会建设的重要内容和社会公平的重要基础，事关群众的切身利益。我国现阶段存在的城乡之间、区域之间、经济社会发展之间等种种不平衡，一个重要原因就是教育发展的不平衡。要真正做到统筹兼顾，就要首先解决好教育发展问题。譬如，科学发展观教育理论所强调的实施素质教育，不仅涉及教育各个阶段和领域，更涉及文化传统、经济发展、社会结构、用人制度等方方面面，只有统筹兼顾、协调推进，才能切实把素质教育这件大事抓紧抓好。同时，科学发展观教育理论也对教育的自身发展提出了统筹兼顾的一系列具体要求。譬如，要统筹推进各级各类教育，实现更高水平的普及教育，形成惠及全民的公平教育，提供更加丰富的优质教育，构建体系完备的终身教育，建立健全充满活力的教育体制。要做到基础教育、职业教育、高等教育以及特殊教育等协调发展；应用型、复合型、技能型人才培养的统筹安排；在经济社会发展的全面进步中，努力建设全民学习、终身学习的学习型社会。在推动教育改革和发展中，要正确把握和处理好优先发展教育与服务全局的关系，促进教育公平与注重效率的关系，扩大规模与提高质量的关系，政府主导与社会参与的关系，整体推进与分类指导的关系，尽力而为与量力而行的关系，立足国情与面向世界的关系，改革发展与维护稳定的关系等。

二、科学发展观教育理论的基本内涵

科学发展观教育理论，围绕“培养什么样的人、怎样培养人”和“办什么样的教育、怎样办教育”这两个基本问题，涵盖教育指导思想、教育根本目标、教育方针和教育政策、教育基本性质和教育原则、教育管理和体制改革等各个方面，构成了一个有机统一的整体，是一个内涵丰富、体系完整的教育理论体系。

1. 教育是国家和民族发展最根本的事业

在如何认识教育的地位、作用问题上，科学发展观教育理论强调百年大计，教育为本。国家的兴衰、国家的发展系于教育。教育事关民族兴旺、人民福祉和国家未来。一个国家，一个民族，教育上去了，就大有希望。只有一流的教育，才有一流的人才，才能建设一流国家。在党和国家工作全局中，必须始终把教育摆在优先发展的战略地位。把优先发展教育作为贯彻落实科学发展观的基本要求，坚持党对教育工作的领导，明确政府发展和管理教育的责任，建立和完善教育优先发展的科学规范的制度，形成推动教育优先发展的合力，统筹推进各级各类教育，实现教育和经济社会协调发展，充分发挥教育在党和国家事业中的基础性、先导性、全局性的地位作用。

2. 教育的根本目的是培养德智体美全面发展的社会主义建设者和接班人

在如何认识我国社会主义教育的根本任务上，科学发展观教育理论强调，要培养德智体美全面发展的社会主义建设者和接班人，要坚持以人为本，全面贯彻党的教育方针，把促进学生健康成长作为学校一切工作的出发点和落脚点。要坚持育人为本、德育为先，切实把社会主义核心价值体系融入国民教育全过程。要努力造就高素质人才，在提高学生综合素质上狠下工夫，引导他们既努力学习科学知识又积极陶冶文明素养，既努力增加知识积累又积极加强品德修养，既努力锻炼强健体魄又积极培养良好心理素质，不断提高服务国家服务人民的社会责任感、勇于探索的创新精神、善于解决问题的实践能力，真正实现全面发展。

在服务方向上，科学发展观教育理论强调要建设人力资源强国，办好人民满意的教育。要立足于我国实现现代化的需求，从我国教育实际出发，办出具有中国特色、中国风格、中国气派的现代化教育。要满足人民群众对教育发展的新期待，适应人民群众生活多样性、个性化的需要。特别是要大力倡导全民学习、终身学习的良好风尚，以学校教育系统为依托，以现代信息技术为重要手段，整合社会教育资源，形成开放、灵活、方便的学习平台，为广大人民群众接受教育、进行学习创造条件，努力建设终身教育体系和学习型社会。

3. 教育事业发展的生机活力在改革开放

科学发展观教育理论强调，教育要发展，根本靠改革。必须始终按照教育面向现代化、面向世界、面向未来的要求，立足社会主义初级阶段基本国情，坚持继承和创新相结合，不断深化教育体制改革和教育教学改革。要围绕构建现代国民教育体系的目标，建立健全教育管理机制、教育投入体制，更新教育观念，深化教学内容形式、考试招生制度、质量评价制度等改革，要注重培育学生的主动精神，鼓励学生的创造性思维，引导学生在发掘兴趣和潜能的基础上全面发展。要通过进一步深化改革，继续完善现代国民教育体系，基本形成终身教育体系。要优化教育结构，促进各级各类教育科学发展。要促进义务教育均衡发展，加快普及高中阶段教育，大力发展职业教育，大学要办出特色、办出水平，重视学前教育，关心特殊教育，扶持民族地区教育，发展远程教育和继续教育，努力使全体人民学有所教。要深化办学体制改革，探索适应各类学校的办学体制，尊重学校办学自主权，鼓励和规范社会力量兴办教育。要深化教育管理体制改革，以转变政府职能和简政放权为重点，提高公共教育服务水平，明确各级政府责任，规范学校办学行为，形成政事分开、权责明确、统筹协调、规范有序的教育管理体制。

4. 教育是改善民生、促进社会公平的重要途径

科学发展观教育理论强调，要把促进公平作为国家基本教育政策，保

障公民依法享有受教育的权利。教育公平是社会公平的重要基础，也是改善民生、促进社会和谐的重要途径。只有通过大力发展教育事业、促进教育公平，保障人民受教育的权利，才能极大提高人口素质，提高就业机会，努力缩小城乡差距、区域差距，使社会更加和谐。教育公平的关键是机会公平，基本要求是保障公民依法享有受教育的权利，重点是促进义务教育均衡发展和扶持困难群众，根本措施是合理配置教育资源。我国是一个发展中国家，举办着世界最大规模的教育，一定要把有限的教育投入使用好。要合理配置公共教育资源，重点向农村、边远、贫困、民族地区倾斜，加快缩小教育差距。要特别关注和解决好农民工子女就学、家庭经济困难学生资助、特殊教育以及义务教育阶段择校等社会反映强烈的热点难点问题，把有限的国家财力多用在最困难的孩子们身上。要推进教育信息化和优质教育资源共享，促进城乡、区域教育均衡发展。

5. 教育改革和发展的核心任务是提高质量

科学发展观教育理论强调，要把提高质量作为教育改革和发展的核心任务，摆在各级各类教育更加突出的位置，树立以提高质量为核心的教育发展观。要坚持规模和质量的统一，注重教育内涵发展。要把促进人的全面发展、适应社会需要作为衡量教育质量的根本标准，努力协调好教育发展和人的全面发展、教育发展和社会发展的关系，鼓励学校办出特色、办出水平和出名师、育英才。要把教育资源配置和学校工作重点集中到强化教学环节、提高教育质量上来，建立以提高教育质量为导向的管理制度和工作机制，制定教育质量国家标准，建立健全教育质量保障体系。

6. 教育事业发展的关键在教师

科学发展观教育理论强调，必须紧紧依靠广大教师和教育工作者，遵循教育规律办学教学，不断提高教师政治和业务素质，弘扬尊师重教的社会风气。要建设一支献身教育的高素质教师队伍。教师是人类文明的传承者。教育大计，教师为本。没有高水平的教师队伍，就没有高质量的教育。

必须高度重视和切实加强教师队伍建设。要采取有力措施，保障和提高教师的政治地位、社会地位、职业地位和生活待遇，维护教师合法权益，让教师成为全社会最受人尊敬、最值得羡慕的职业。同时，科学发展观教育理论也明确要求，广大教师要增强教书育人的责任感和使命感，把教学作为首要任务，自觉加强师德建设，大力弘扬优良教风，努力提高业务水平，积极探索和实践教育教学规律，关爱学生，严谨笃学，淡泊名利，自尊自律，全心全意帮助学生全面发展，做学生健康成长的指导者和引路人。

三、科学发展观教育理论既一脉相承又与时俱进

马克思列宁主义教育理论、毛泽东教育思想、邓小平教育理论和“三个代表”重要思想教育理论是科学发展观教育理论的重要思想基础。

科学发展观教育理论坚持以人为本的核心理念，以促进经济社会和人的全面发展为发展的终极目标，是对马克思主义教育理论关于未来共产主义社会的理想追求，以人的全面发展为最高目标的基本思想的继承和发展。马克思主义教育理论认为，教育是促进人的全面发展的必备手段，只有教育才能使受教育者摆脱旧的社会分工“给每个人造成的片面性”，“全面发挥他们的得到的全面发展的才能”。[①] 在阶级社会中，教育的本质就是按一定的要求和标准培养人，因而无产阶级教育必须为无产阶级服务，共产党必须高度重视教育的作用，尤其要重视对青年一代的教育，因为“最先进的工人完全了解，他们阶级的未来，从而也是人类的未来，完全取决于正在成长的工人一代的教育”。[②] 科学发展观教育理论深化了对这些基本观念的认识，进一步提出，坚持以人为本，充分保障人民群众享有受教育的权利，把实现教育公平，办好让人民满意的教育作为实现好、维护好、发展好最

① 恩格斯．共产主义原理［M］//马克思，恩格斯．马克思恩格斯文集：第一卷．北京：人民出版社，2009：689.

② 马克思，恩格斯．马克思恩格斯全集：第十六卷［M］．北京：人民出版社，1994：217.

广大人民群众的根本利益的重要内容，更加强化了教育的公益性原则，更加突出了社会主义教育的本质。

俄国十月社会主义革命胜利以后，列宁充分论证了教育在社会主义事业中的重要作用。他指出："没有各种学术、技术和实际工作领域的专家的指导，向社会主义过渡是不可能的。"① 列宁还强调，无产阶级在取得政权以后，必须对人民群众特别是对青年进行社会主义的文化和政治教育，"劳动人民不但要识字，还要有文化，有觉悟，有学识"。② 要以积极的态度、主动地向工人阶级灌输社会主义意识，"使培养、教育和训练现代青年的全部事业，成为培养青年的共产主义道德的事业"。③ 共产党"应当作为最积极最主要的力量参与整个国民教育事业"。④ 毛泽东同志在领导中国革命和建设的过程中，进一步提出了用共产主义的精神来教育人民，教育为革命服务，教育与劳动相结合的苏维埃文化教育的总方针⑤；提出了新民主主义时期中国国民文化和国民教育的宗旨是"建立自己的民族的、科学的、人民大众的新文化和新教育"⑥。科学发展观教育理论全面发展和创新了这些基本思想，强调以发展教育事业、提高全民族素质来全面推进经济建设、政治建设、文化建设、社会建设，把教育确立为建设中国特色社会主义事业总体布局"四位一体"全面协调发展的重要内容，作为社会建设的首要任务，更加强化了教育在现代化建设中具有的基础性、先导性、全局性的地位和作用，是对社会主义教育事业历史地位更加深刻和准确的把握。

党的十一届三中全会以后，以邓小平同志为代表的中国共产党人，积极探索中国特色社会主义教育发展的道路，提出了一系列关于教育发展的

---

① 列宁. 列宁专题文集——论社会主义［M］. 北京：人民出版社，2009：88.

② 同①，183.

③ 列宁. 列宁全集：第三十九卷［M］. 北京：人民出版社，1985：302－303.

④ 同①，167.

⑤ 中华人民共和国教育部，中共中央文献研究室. 毛泽东　邓小平　江泽民论教育［M］. 北京：中央文献出版社，人民教育出版社，北京师范大学出版社，2002：9.

⑥ 毛泽东. 毛泽东选集：第三卷［M］. 北京：人民出版社，1991：1083.

新的思想和主张。邓小平明确提出，科学技术是第一生产力，实现社会主义现代化，科技是关键，教育是基础，必须把教育摆在优先发展的战略地位；教育必须面向现代化、面向世界、面向未来；学校应该永远把坚定正确的政治方向放在第一位，培养有理想、有道德、有文化、有纪律的社会主义新人。党的十三届四中全会以来，以江泽民同志为代表的中国共产党人，进一步提出了“三个代表”重要思想教育理论。强调在整个社会主义现代化建设过程中，教育优先发展的战略地位必须始终坚持，不能动摇；学校要把德育放在首位，坚持办学的社会主义方向；教育必须以提高国民素质为根本宗旨，以培养学生的创新精神和实践能力为重点，逐步建立和完善有利于终身学习的教育制度，创建学习型社会；强调必须全面贯彻党的教育方针，坚持教育为社会主义现代化服务、为人民服务，与生产劳动和社会实践相结合，培养德智体美全面发展的社会主义建设者和接班人。科学发展观教育理论坚持邓小平教育理论和“三个代表”重要思想教育理论，更加鲜明地提出了育人为本、德育为先的基本思想，把解决好培养什么人、怎样培养人作为教育的核心；提出了建设社会主义核心价值体系的重大命题；提出了全面实施素质教育、努力实现人的全面发展的教育主题。科学发展观教育理论强调要完善教育体制，推进教育体制改革和创新；强调要密切结合我国社会主义现代化建设的实际，着力培养学生的创造能力、实践能力和创业能力、就业能力，不断提升我国的自主创新能力，努力建设终身教育体系和学习型社会，更加深刻地揭示了促进我国教育发展的内在动力。

总之，科学发展观教育理论在继承和坚持马克思列宁主义教育理论、毛泽东教育思想、邓小平教育理论和“三个代表”重要思想教育理论的基础上，创造性地提出了一系列体现时代精神的新思想、新观点和新论断，赋予了马克思主义教育理论新的鲜活力量，开辟了马克思主义教育理论在中国发展的新境界。

四、科学发展观教育理论立足我国基本国情，适应发展要求

科学发展观教育理论是党的十六大以来，以胡锦涛同志为总书记的党中央，立足我国基本国情、深入分析我国发展的阶段性特征、认真总结我国教育改革发展实践、适应新的发展要求提出来的。

当前，我国发展正站在一个新的历史起点上。从国际看，当今世界正处在大变革大调整之中，特别是国际金融危机的爆发与发展，给国际社会带来十分深刻复杂的经济政治格局演变，各国综合国力竞争日益激烈，科学技术进步日新月异。从国内看，经过新中国六十多年，特别是改革开放三十多年的不懈努力，我国取得了举世瞩目的发展成就，综合国力大幅提升，人民生活不断改善，国际地位显著提高。但总体上我国仍处于并将长期处于社会主义初级阶段的基本国情没有变，人民日益增长的物质文化需要同落后的社会生产之间的矛盾这一社会主要矛盾没有变，我们在前进道路上还面临不少突出矛盾和问题。我们必须始终保持清醒头脑，立足社会主义初级阶段这个最大的实际，科学分析我国全面参与经济全球化的新机遇新挑战，全面认识工业化、信息化、城镇化、市场化、国际化深入发展的新形势新任务，深刻把握我国发展面临的新课题新矛盾，更加自觉地走科学发展道路，奋力开拓中国特色社会主义更为广阔的发展前景。在这样的新形势下，教育承载着极其重要的历史责任，也面临着巨大的历史挑战。

一方面，由于国际金融危机的影响，新科技革命正在危机中孕育，全球进入空前的创新密集和产业振兴时代。许多国家都着眼于危机后的经济复苏，把发展教育、开发人力资源作为重大国家战略，积极谋划教育改革发展，大力吸引优秀基础研究人才、高技术人才和高级管理人才，人才竞争空前激烈。强国必先强教。谁占领了教育、科技的制高点，谁就占领了未来发展的制高点。党的十六大提出全面建设小康社会的奋斗目标，特别是提出建设中国特色社会主义事业“四位一体”的总体布局，也对我国的

教育发展提出了一系列新的要求。在国际金融危机影响深远的背景下，坚持科学发展、加快转变经济发展方式已成为我国实施“十二五”规划的当务之急，这就迫切需要我们在坚持邓小平教育理论和“三个代表”重要思想教育理论的基础上，紧密结合新的时代条件，不断丰富教育发展内涵、创新教育发展观念、开拓教育发展思路、破解教育发展难题。科学发展观教育理论就是在这样的历史条件和实践背景下产生的，它既是我国社会主义教育事业历史经验的科学总结，也是在新世纪新阶段对我国教育发展前瞻性的科学概括。

另一方面，从教育自身看，经过全党全社会共同努力，新中国成立六十多年特别是改革开放三十多年来，我国教育事业取得了举世瞩目的伟大成就：一是开辟了中国特色社会主义教育发展道路；二是建成了世界最大规模的教育体系；三是实现了由人口大国向人力资源大国的转变；四是为国家发展、民族振兴和人民幸福作出重大贡献。在新形势下，我国教育改革发展的有利条件和积极因素不断增多，但一些旧问题和新挑战也在叠加凸现，呈现出一系列新的阶段性特征：一是“有学上”问题基本解决，但“上好学”问题依然突出，人民群众不断增长的高质量、多样化教育需求尚未得到很好满足；二是现代教育体系基本形成，但教育结构不尽合理，符合终身学习要求的各级各类教育“立交桥”尚未建成；三是素质教育不断推进，但教育理念和人才培养模式相对陈旧，“应试教育”倾向没有得到根本扭转，严重影响创新人才培养；四是办学条件总体改善，但教育投入不足，资源配置不尽合理，部分地区教育发展比较滞后；五是教育体制改革逐步深化，但内在活力不足问题没有得到根本解决，学校、师生和社会各方面的积极性还没有得到充分发挥；六是教育公平迈出重大步伐，但城乡、区域和校际间差距比较大，部分大中城市义务教育择校问题突出，国家助学体系尚需进一步完善；七是拥有1700万人组成的、结构日趋合理的教师队伍，但教师结构性短缺依然存在，总体水平不高，特别是农村地区教师素质有待进一步提高；八是教育发展环境日益改善，但教育优先发展战略地位在一些地方尚未得到完全落实。要解决好这些问题，也迫切需要我们从理论和实践两个方面进行深入的探索和研究，总结经验，反思教训，升华理论，寻找对策，解决问题。

科学发展观教育理论，正是在深刻分析了当前我国教育发展的这些阶段性特征，立足基本国情，遵循教育规律，科学谋划和扎实推进教育改革发展的基础上形成的，有着极强的时代性和现实针对性。

科学发展观教育理论，是我们党全面审视当今世界局势的发展变化，正确应对日益激烈的国际竞争，立足于我国经济社会发展的实际，以教育面向现代化、面向世界、面向未来的宽广视野，从坚持以人为本、实现人的全面发展的历史高度，依据统筹兼顾的根本方法，按照全面协调可持续的基本要求，深入研究教育问题而形成的。它系统概括了我们党对社会主义教育事业发展规律的探索成果，深刻阐明了教育的重要地位和作用，科学规划了中国特色社会主义教育事业的发展目标，为我们正确认识和应对有关我国教育改革发展的一系列重大问题指明了方向，提供了科学理论和方法，是发展中国特色社会主义教育事业的根本指针。

正是在科学发展观教育理论指导下，党和政府坚定不移地实施科教兴国战略和人才强国战略，切实把教育摆在优先发展的战略地位，对我国教育事业的改革发展作出了一系列重大部署。2003 年全国基础教育工作会议中对推进素质教育和进行课程改革作出了系统的安排。2004 年，国务院批转了教育部制定的《2003—2007 年教育振兴行动计划》，进一步落实科教兴国战略和人才强国战略，更加明确了教育改革发展的目标。2006 年，十六届中央政治局第 34 次集体学习专题讨论教育发展问题，提出了一系列促进教育科学发展的重要思想和观点。同年，党的十六届六中全会通过的《中共中央关于构建社会主义和谐社会若干重大问题的决定》，明确把解决好教育问题作为“构建社会主义和谐社会的重要和紧迫”的问题。党中央还就加强大学生的思想政治教育和青少年的思想道德教育专门下发文件，对高校思想政治理论课程进行了重大改革。党的十七大进一步明确了教育在落实科学发展观中的重要地位，将其确立为加强以改善民生为重点的社会建设的首要任务。根据我国经济社会发展的阶段性特征，党和政府还提出和实施了重点加强和发展农村教育，实施“两免一补”政策，将农村义务教育纳入国家财政保障范围；大力发展“以服务为宗旨、以就业为导向”的职业教育；稳定招生规模，提高高等教育质量等举措，使我国教育事业有了长足发展。2010 年，中共中央、国务院印发了《国家中长期教育改革和发展规划纲要（2010—2020 年）》，明确提出优先发展教育，提高教育现代化水平，对满足人民群众接受良好教育需求、实现全面建设小康社会奋斗目标、建设富强民主文明和谐的社会主义现代化国家具有决定性意义，从而为未来十年中国教育的发展指明了方向。

21 世纪是中华民族伟大复兴的世纪，也必将是我国教育事业全面发展的世纪。我们要认真学习研究宣传科学发展观教育理论，努力推动教育事业科学发展，为把我国建设成为人力资源强国、人才强国、创新型国家而不懈奋斗！

第一章

优先发展教育　建设人力资源强国

人类文明发展的进程表明，人才是推动社会进步和国家强盛的重要力量，人才兴则民族兴，人才强则国家强。在科技进步日新月异、知识经济方兴未艾、人才竞争日趋激烈的当今世界，人才已跃升为推动经济社会发展的第一资源。人才培养，基础在教育。只有一流的教育，才能培养出一流的人才，建设起一流的国家。只有始终把教育摆在优先发展的战略地位，加大对人才，特别是高素质人才的培养，建设人力资源强国，我国才能在激烈的国际竞争中掌握发展的主动权。胡锦涛总书记在党的十七大报告提出“优先发展教育，建设人力资源强国”的科学论断，顺应了世界经济、科技深刻变化的发展趋势，切合我国经济社会发展的迫切要求，继承、丰富和发展了党的教育与人才思想，是科学发展观教育理论的重要内容，为在新的历史起点上推动教育事业科学发展、加快建设人力资源强国提供了理论指南。

一、优先发展教育、建设人力资源强国的重要性和紧迫性

当今世界的发展，科技是关键，人才是核心，教育是基础，这已成为

人类的共识。自20世纪中叶开始，随着科学技术的突飞猛进，知识创新迅速发展，知识更新和转化为现实生产力的速度日益加快，人类的智能显示出前所未有的巨大力量，知识积累和科技创新对推动经济社会发展的关键作用日益凸显，越来越成为提高综合国力和国际竞争力的决定性因素。科技的竞争，说到底是人才的竞争。在科技革命的推动下，人类社会赖以发展的战略资源发生了根本性变化，人力资源已取代自然资源、物质资源成为推动各国经济社会发展的最重要战略资源。正如胡锦涛总书记所指出，在知识创新、科技创新、产业创新不断加速的时代条件下，“人才资源是第一资源，人才优势是最大优势”，“谁拥有了人才优势，谁就拥有了竞争优势。谁能把人才优势转化为知识优势、科技优势、产业优势，谁就能够赢得竞争的主动权”。①

人才培养的基础在教育。教育是人类传授知识、启迪智慧、开发智力的主要途径。人靠学而知之而非生而知之。在知识更新速度加快的当今社会，人们只有通过教育和学习，才能成为掌握某项专业知识或专门技能的有用人才。当今世界各国的竞争，从本质上讲是民族素质和人才的竞争，而人才的竞争归根结底取决于教育的发展。在知识经济时代，教育在经济社会发展中发挥着基础性、先导性、全局性作用，决定着国民素质的高低，决定着国家竞争力的强弱，谁占领了教育和科技的制高点，谁就能占领未来发展的制高点。据此，我们说，中国未来的发展和强盛，根本靠人才，基础在教育，强国必先强教，必先发展教育。只有优先发展教育，尽快把我国沉重的人口压力转化为人才优势，早日建成教育强国和人力资源强国，才能为全面建设小康社会、加快推进社会主义现代化、实现中华民族伟大复兴提供强大的人才保证和智力支撑。

① 胡锦涛. 大力实施人才强国战略　不断开创人才工作新局面［G］//中共中央文献研究室. 十六大以来重要文献选编：上. 北京：中央文献出版社，2005：574，570.

（一）加快转变我国经济发展方式的内在要求

1. 转变经济发展方式刻不容缓

应对国际金融危机的冲击，加快经济发展方式转变刻不容缓。自国际金融危机发生以来，全球经济迅速进入到一个创新密集和新兴产业快速发展的重要时期。为应对国际金融危机冲击，世界各国尤其是经济大国纷纷推出了以发展新兴产业为重点的新发展战略，如美国推出了“绿色新政”、日本提出《绿色经济和社会变革》方案、欧盟提出了能源气候一揽子计划等，把发展新能源、新材料、信息网络、生物医药、节能环保、低碳技术、绿色经济等作为新一轮产业发展的重点，以期在最短时间内摆脱危机困扰并为抢占“后危机时代”经济科技竞争制高点做好前期准备。历史经验表明，每一次大的经济金融危机，都是一次以科技重大突破和创新推动经济结构发生深刻变革调整的大洗牌过程。谁能在经济变革浪潮中赢得先机，谁就能在下一轮的国际竞争中掌握主动权。为应对金融危机的冲击，争取未来在经济和科技发展上的有利条件，我国必须加快转变经济增长和发展方式。因为，“只有加快转变经济增长方式，才能切实推动经济发展和人口、资源、环境相协调，确保实现我国经济社会可持续发展。只有加快转变经济增长方式，才能应对激烈的国际经济、科技竞争，切实提高我国经济的国际竞争力和抗风险能力，确保在国际分工中取得有利地位”。[①]

加快经济发展方式转变，是解决制约我国经济发展深层次矛盾的迫切要求。改革开放三十多年来，我国经济长期快速发展，经济总量已位居世界前列，但同时也累积下许多问题。温家宝总理将这些问题概括为：“根本上还是结构性的问题。就是我常说的，我们经济上还存在着不平衡、不协调、不可持续的问题。但是这些问题的焦点还在于如何调整经济结构，包括第一二三产业的结构、地区结构、投资与消费的结构。更为重要的就是

---

① 新华网，2006－02－22.

要运用科技的力量来转变发展方式，这是中国经济发展的关键之所在。”①全球发展面临的严峻挑战，使加快转变经济发展方式的紧迫性更加凸显出来，在应对历史罕见的国际金融危机冲击中，只有加快经济发展方式的转变，才能解决制约我国经济发展的深层次矛盾和问题，缩小与发达国家在经济和科技等方面的差距，更好地应对可以预见和难以预见的国际风险。

2. 转变经济发展方式要走新型工业化道路

转变发展方式是经济领域的一场深刻变革。如何转变、向哪里转变，胡锦涛总书记在党的十七大报告中提出了“两个坚持”和“三个转变”的战略任务，这就是：“要坚持走中国特色新型工业化道路，坚持扩大国内需求特别是消费需求的方针，促进经济增长由主要依靠投资、出口拉动向依靠消费、投资、出口协调拉动转变，由主要依靠第二产业带动向依靠第一、第二、第三产业协同带动转变，由主要依靠增加物质资源消耗向主要依靠科技进步、劳动者素质提高、管理创新转变。”2010 年 2 月，胡锦涛在省部级主要领导干部深入贯彻落实科学发展观，加快经济发展方式转变专题研讨班上发表重要讲话时进一步强调，转变经济发展方式，关键是要在“加快”上下工夫、见实效，并就加快经济发展方式转变重点工作提出八点意见。② 2010 年 4 月，温家宝总理在《关于发展社会事业和改善民生的几个问题》一文中提出，用科技的力量推动经济发展方式转变，当前要着力抓好以下几方面工作：一是大力发展战略性新兴产业，二是运用高新技术加快改造传统产业，三是大力推动自主创新，四是加强知识产权的创造、运用和保护，五是进一步深化科技体制改革。③

转变经济发展方式的战略任务提出后，引起了我国经济学界的高度关注和深入研讨。转变发展方式的思路和重点是什么？有专家提出，“转变经

① 温家宝. 温家宝谈当前经济形势和明年经济工作［N］. 人民日报，2009-12-28.

② 紧紧抓住历史机遇承担起历史使命　毫不动摇地加快经济发展方式转变［N］. 人民日报，2010-02-04（1）.

③ 温家宝. 关于发展社会事业和改善民生的几个问题［J］. 求是，2010（7）.

济发展方式，就是要依靠科技进步和创新，在优化结构、提高效益和降低能耗、保护环境的基础上，实现速度质量效益协调、投资消费出口协调、人口资源环境相协调，真正做到又好又快发展”。① 有专家认为，“转变的一个关键环节是增强自主创新能力，尽快扭转自主创新能力不强，缺乏核心技术、缺少自主知识产权、缺少世界名牌的现状”。② 有专家指出，转变经济发展方式，除了包括经济增长方式的内容，还包括产业结构、收入分配、居民生活以及城乡结构、区域结构、资源利用、生态环境等方面的内容③。我们认为，转变经济发展方式，提高经济增长的质量和效益，应着重关注两个重要环节：一是加快产业结构调整。加强农业基础地位，大力发展服务业特别是现代服务业，以扩大内需消费改变我国三大产业中工业比重过大和结构偏重的问题，促进经济增长由主要依靠投资、出口拉动向依靠消费、投资、出口协调拉动转变，由依靠第二产业带动向依靠第一、二、三产业协同带动转变。二是推动产业结构优化升级。走新型工业化道路，培育新的经济增长点，大力发展战略性新兴产业；同时加快对传统产业的技术改造和升级换代，增强产业的核心技术，推动我国经济增长方式由主要依靠增加物质资源消耗向主要依靠科技进步、劳动者素质提高、管理创新转变。

3. 转变经济发展方式要依靠科技进步和劳动者素质提高

经济发展的历史是科技进步和教育发展的历史。随着人类文明的进步，科技和教育在经济发展中的地位逐渐提高，掌握科学技术或技能的人才对经济发展的贡献也越来越大。发展经济学家罗斯托“起飞”理论认为，农业社会的经济发展主要依赖劳动数量的投入，人力资本对经济的贡献最小；

---

① 张玉台. 转变经济发展方式，实现又好又快发展［J］. 人民日报，2007-08-27.

② 汪同三. 转变经济发展方式——关系经济社会发展全局的战略任务［N］. 人民日报，2008-01-04.

③ 杜锦锦，金晶瑜. 国内外关于“转变经济发展方式”的理论研究［J］. 政策瞭望，2009(7).

工业社会对人力资本的要求不断提高，人力资本对经济发展的贡献也不断增大；后工业社会的现代工业和服务业对人力资本的要求更高，人力资本对经济发展的贡献也更大。近现代的世界经济增长史是一部科技领先与教育追赶的历史，在经济发展上实现超越的国家大都是实现科技超越和具有教育优势的国家。著名经济学家丹麦尼森认为，在1929—1957年间的美国经济增长中，23%的份额应归于美国教育发展。自20世纪中叶以来，伴随着科技进步的日新月异，知识、科技和教育对经济发展的推动作用更加凸显。20世纪80年代以后兴起的新增长理论认为，在知识经济时代，发达国家人力资本对经济发展的贡献率已经达到75%以上。① 另据世界银行研究报告显示，部分发达国家进入后工业时代30年的经济增长中，资本积累的增长贡献率不足30%，而知识和高素质劳动者的贡献率则达70%以上。② 由于经济发展越来越依赖于技术进步和掌握技术的高素质劳动者，所以，诺贝尔经济学奖获得者舒尔茨经过研究得出："教育作为经济发展的源泉，其作用是远远超过被看做是实际价值的建筑物、设施、库存物质等物力资本的。"③ 联合国教科文组织在《学会生存》中也表明："多少世纪以来，特别在发动产业革命的欧洲国家，教育的发展一般是在经济增长之后发生的。现在，教育在全世界的发展正倾向先于经济的发展，这在人类历史上大概还是第一次。"④ 这些认识无疑为各国在当下的国际背景下优先发展教育提供了有力论据。

科技进步是推动经济发展的先导，教育是培养现代生产力的工作母机。当今世界，推动经济转型和发展方式转变，关键在于科学技术的进步和国

---

① 赖德胜，李长安. 转变经济发展方式：教育改革发展新课题［N］. 中国教育报，2010－07－06.

② 王斯敏，贾宇. "人才优先"成就辉煌中国［N］. 光明日报，2010－03－11.

③ 改革开放以来的教育发展历史性成就和基本经验研究课题组. 改革开放30年中国教育重大理论成果［M］. 北京：教育科学出版社，2008：67.

④ 中国教育与人力资源问题报告课题组. 从人口大国迈向人力资源强国［J］. 高等教育研究，2003（3）.

民素质的提高。无论是科学技术的进步还是国民素质的提高，都要以知识和人力资源积累到一定程度为前提，都必须依靠教育。如美国经济增长方式之所以在20世纪50年代率先实现由粗放型向集约型转变；在90年代通过发展高新技术产业，改造高耗能的传统产业，再次成功地实现了经济增长方式和经济结构的转变与升级。这与美国长期重视发展教育而积累起来的雄厚人力资本所带来的厚积薄发效应直接相关。正如美国前总统布什所说，美国最大的优势就是一直以来拥有教育良好的、努力工作的和雄心勃勃的人才。又如日本在战后经济迅速起飞，并在20世纪70年代中期实现了从粗放型增长方式向集约型增长方式转变，期间日本政府选择的优先发展教育、大力开发人力资本的战略功不可没。同样道理，我国要实现经济发展方式的转变，也必须依靠教育的优先发展来实现。如要改变目前我国第二产业在国民经济中所占比例偏重的问题，就需要大力发展第三产业。相关权威部门研究认为，目前绝大部分发达国家的第三产业所占比重在70%左右，大部分发展中国家在50%左右，而我国的第三产业比重长期徘徊在30%—40%之间，而且多以商业餐饮、交通运输等传统服务业为主。① 要调整这种结构，就要大力扶持和发展以金融、物流、信息、研发、工业设计、商务、节能环保等新兴产业为主的现代服务业，就需要教育的发展源源不断地为第三产业的发展输送一批又一批掌握互联网等现代信息技术和懂得经营管理的各类高级专门人才；又如，要解决我国高新技术产业发展不足的问题，大力发展互联网、绿色经济、低碳经济、环保技术、生物医药等战略性新兴产业，就需要通过发展高等教育培养和输送一大批科学家、工程师和经营管理人才；要加快对传统产业的工艺和装备的技术改造，提高传统产业的科技含量，运用信息通讯技术和其他高新技术推动传统产业的优化升级，除了需要教育培养出一大批杰出的尖端项目创新人才，还需要

① 国家发展和改革委员会学术委员会办公室. 转变经济发展方式研究［M］. 北京：中国计划出版社，2009：21.

教育输送数以千万计的高技能产业工人；等等。唯有如此，我们才有可能把经济发展转变到主要依靠技术进步而不是资源消耗，主要依靠知识和人力资本积累而不是物质资本积累和人力增加上来，真正实现经济发展方式的转变。所以我们说，优先发展教育，建设人力资源强国，是实现经济发展方式转变的内在需求。

（二）建设创新型国家的必备前提

1. 建设创新型国家是当代科技发展的大势所趋

科学技术是人类创造性劳动的产物，是认识与改造世界的智慧结晶。科学技术自产生以来，就成为造福人类的巨大财富。科学技术上的每次重大突破，都会引起生产力的深刻变化和人类社会的巨大进步，一部人类社会的发展史，也就是一部科技进步史。马克思在《资本论》中所提出的，生产力的发展，归根结底“来源于智力劳动特别是自然科学的发展”①，“随着大工业的发展，现实财富的创造较少地取决于劳动时间和已耗费的劳动量”，而越来越多地“取决于一般的科学水平和技术进步，或者说取决于科学在生产上的应用”② 等论断，高度准确地概括了科学技术对人类社会发展进步所起的巨大杠杆推动作用。人类进入 21 世纪以来，新科技革命迅猛发展，以信息科学和技术、生命科学和生物技术、能源科学和技术、纳米科学和技术为主要标志的高新技术及其产业快速发展，科学技术的应用和向现实生产力的转化速度越来越快，知识创新不断培育出新的经济增长点，创新成为解决人类面临的能源资源、生态环境、自然灾害、人口健康等全球性问题的重要途径和国家竞争力的核心要素，知识创新成为经济社会发展的主要驱动力。据英国科学家詹姆斯·马丁研究，人类的科学技术，19 世纪每 50 年增一倍，20 世纪中叶每 10 年增一倍，20 世纪 70 年代每 5 年增

---

① 马克思，恩格斯. 马克思恩格斯全集：第二十五卷［M］. 北京：人民出版社，1974：97.

② 马克思，恩格斯. 马克思恩格斯全集：第四十六卷［M］. 北京：人民出版社，1980：217.

一倍，20 世纪 80 年代每 3 年增一倍，预计到 2020 年每 73 天增一倍。19 世纪，一项新科技成果转化为生产力的时间大约为 10 年，20 世纪前半期为 5 年，20 世纪 50—60 年代为 1--3 年，80 年代为数月，90 年代为数天，21 世纪可以达到数小时。[①] 在科学技术孕育重大突破、科技创新日益成为一个国家在全球背景下保持竞争核心优势的世界发展大趋势下，为抢先占据科学技术的制高点，“许多国家都把强化科技创新作为国家战略，把科技投资作为战略性投资，大幅度增加科技投入，并超前部署和发展前沿技术及战略产业，实施重大科技计划，着力增强国家创新能力和国际竞争力”。[②] 美国总统奥巴马多次呼吁要加强自主创新，强调通过保持美国的世界创新中心地位以带动经济增长；俄罗斯总统梅德韦杰夫在国情咨文中指出，俄罗斯经济的重点是知识产业和新技术产业；欧盟一些国家出台一系列发展新能源和科技创新的政策；日本着力突破关键技术，使迅速崛起的新兴节能环保型产业成为国家的重要经济技术；韩国政府颁布实施《技术创新特别法》，集中发展 28 个知识型产业。在当代世界科技发展的澎湃大潮中，科技已成为支撑和引领经济发展和人类文明进步的主要动力，一个国家的科技竞争力决定了其在国际竞争中的地位和前途，谁掌握了先进科学技术，谁就掌握了经济社会发展的主动权，谁不重视科技，谁就要被淘汰。面对世界科技发展大势，面对日趋激烈的国际竞争，我国只有把科技进步作为经济社会发展的首要推动力量和中心环节，只有把科技进步和创新摆在国家发展的战略地位，才能牢牢掌握我国发展的战略主动。为迎接世界科技发展的挑战，2006 年 1 月，党中央、国务院作出了走自主创新道路、建设创新型国家的战略决策，提出要用 15 年时间使我国进入创新型国家的行列。

2. 建设创新型国家的关键在提高自主创新能力

新中国建立以来，我国科技事业取得了长足进步。改革开放以来，我

① 詹姆斯·马丁. 生存之路——计算机技术引发的全新经营革命［M］. 北京：清华大学出版社，1998：76.

② 国家中长期科学和技术发展规划纲要（2006—2020 年）［G/OL］，新华网，2006 - 02 - 09.

国整体科技发展水平已位居发展中国家前列，有些科研领域已达到国际先进水平。如我们取得的“两弹一星”、载人航天、陆相成油理论和应用、杂交水稻、高性能计算机、人工合成牛胰岛素、基因组研究等重大科技成就，使我国在农业、工业领域拥有了一批具有重大价值的自主知识产权，促进了一批高新技术产业群的迅速崛起，造就了一批拥有自主品牌的优秀企业。全社会科技水平的显著提高，为增强我国综合国力和国际竞争力提供了有力的科学技术支撑。但从总体水平上讲，我国科技与世界先进水平相比仍存在较大差距，尤其是自主创新能力不强，专利数量少，许多关键技术和核心技术受制于外国，高新技术产业所占比例较低，重要产业对外技术依赖程度高等，这些已成为制约我国科学技术和经济社会发展的突出问题。据介绍，我国出口商品中，90%是贴牌产品，我国纺织服装出口占全球纺织服装贸易总额的24%，但自主品牌不足1%，而且没有一个世界著名品牌。美国《商业周刊》和国际品牌公司2006年公布的全球100个著名品牌中，美国拥有50个，欧洲占有38个，亚洲也有11个（其中日本8个，韩国3个），而我国却一个也没有。我国彩电、手机、台式计算机、DVD播放机等产品的产量居世界第一，但关键芯片依赖进口。我国企业要将每部手机售价的20%、计算机售价的30%、数控机床售价的20%至40%支付给外国专利持有者。[①] 在制造业方面，我国虽是制造大国，但不是强国。“中国制造”总体上还处于国际产业链的低端。我国许多工业品产量居世界前列，但核心部件和重大装备严重依赖进口。2009年我国的汽车产销量超过美国，但制造汽车的关键设备还依靠进口。由于缺乏核心技术、缺少自主知识产权和世界知名品牌，我国只得更多地依靠发展技术含量低、消耗高、污染重的低端产业，更多地依靠拼廉价劳动力和资源优势来换取微薄收益。大量事例告诫我们，在当今国际竞争格局中，在关系国民经济命脉、国家安全

① 马凯. 加快转变经济发展方式是关系国民经济全局紧迫而重大的战略任务［J］. 党建研究，2007（11）.

的关键领域，真正的核心技术、关键技术是买不来的，只能依靠自主创新去获得。建设创新型国家，就是要把提高自主创新能力作为战略基点和首要任务，坚持自主创新、重点跨越、支撑发展、引领未来的方针，着力提升原始创新能力，构建完整的创新体系。只有通过提高自主创新能力，使我国在能源资源开发利用、新材料和先进制造、信息网络、现代农业、健康、生态环境保护、空间和海洋、国家安全和公共安全等基础研究、前沿技术研究、社会公益性技术研究这些重要领域，掌握一批核心技术，才能实现胡锦涛总书记提出的“到2020年，使我国的自主创新能力显著增强，科技促进经济社会发展和保障国家安全的能力显著增强，基础科学和前沿技术研究综合实力显著增强，取得一批在世界具有重大影响的科学技术成果，进入创新型国家行列”① 的目标。使我国全社会研究开发投入占国内生产总值的比重提高到2.5%以上，力争科技进步贡献率达到60%以上，对外技术依存度降低到30%以下，本国人发明专利年度授权量和国际科学论文被引用数均进入世界前5位，达到国际公认的创新型国家标准。

3. 建设创新型国家要靠高等教育培养输送创新型人才

一个国家的创新，关键是科学技术的创新。有关研究认为，跨入创新型国家行列，至少应具备以下四个条件：一是创新投入高，国家的研发投入占GDP的比例一般在2%以上；二是科技进步贡献率达70%以上；三是自主创新能力超强，能培养和汇聚大批创新型人才，国家的对外技术依存度指标在30%以下；四是创新产出高。目前世界上公认的20个左右的创新型国家所拥有的发明专利数量已占世界总数的99%。这四个条件汇聚成一个，就是要有掌握发明创造的高科技创新人才。古往今来的科技发展实践告诉人们，推进科技创新，关键靠人，尤其要靠创新型拔尖人才。创新型人才是新知识的创造者、新技术的发明者和开拓者、新学科的创建者。杰

① 胡锦涛. 坚持走中国特色自主创新道路，为建设创新型国家而努力奋斗［G］//中共中央文献研究室. 十六大以来重要文献选编：下. 北京：中央文献出版社，2008：187.

出的科学家和科学技术人才群体，决定着一个国家科技事业的发展和国家的未来。当今世界，创新人才成为国际竞争的制高点，无论是发达国家还是发展中大国，都把培养和吸引具有创新精神的科技人才视为国家的第一战略资源和提升国家竞争力的核心因素，都在想方设法培养和吸引掌握核心技术的尖端人才，大力加强创新人力资源建设。一些国际知名企业，也在费尽谋略抢占人才高地。如诺基亚公司为了从飞利浦公司抢挖到为飞利浦创造了无限价值的一位从事节电技术研究的工程师，多次以提高待遇为诱饵，不断开出很高条件来挖取这个“无价之宝”，而飞利浦公司则每次都以高出诺基亚的优厚条件来挽留这个掌握关键技术的独有人才。“千军易得，一将难求。”当今世界，科技创新人才，尤其国际一流的科技尖子人才、国际级科学大师、科技领军人物，可以带出高水平的创新型科技人才和团队，可以创造世界领先的重大科技成就，可以催生具有强大竞争力的企业和全新的产业。走中国特色自主创新道路，需要宏大的创新型人才队伍。抓紧并持之以恒地培养造就创新型科技人才，是提高自主创新能力、建设创新型国家的必然要求。这是因为，“建设创新型国家，关键在人才，尤其在创新型科技人才。没有一支宏大的创新型科技人才队伍作支撑，要实现建设创新型国家的目标是不可能的”。①

教育特别是高等教育，是培养造就创新型人才的主要途径。教育是知识创新、传播和应用的主要基地，也是培养创新人才和创新精神的摇篮。建设创新型国家，首先要从教育这个源头抓起。高等教育集人才培养、科学研究和社会服务于一体，是科技进步和人才培养的结合点，承担着为经济社会发展培养创造性人才、形成各个领域的科技创新成果、将科技创新成果转化为现实生产力和竞争优势的重要任务，在建设创新型国家中肩负着不可替代的重要使命。由于教育特别是高等教育为培养造就科学家、推

① 胡锦涛．在中国科学院第十三次院士大会和中国工程院第八次院士大会上的讲话［G］//中共中央文献研究室．十六大以来重要文献选编：下．北京：中央文献出版社，2008：481.

进科学技术的发明创造奠定了基础，所以，20 世纪以来，世界各国都把发展教育尤其是高等教育放在重要的位置加以重视。据有关研究表明，20 世纪 60 年代，当欧洲许多国家的高校入学率只有 15% 时，美国就加快了高等教育的发展，将高校入学率提升到 50%，率先进入高等教育大众化时代。进入到 20 世纪 80 年代以来，随着人力资源和科技创新成为提升国家竞争力的主要手段，美国更加重视教育，到 20 世纪结束时，美国的教育投入已占 GDP 的 7%，名列发达国家前茅。日本战后普及初等教育后，通过充实与改革研究生教育、加强学术研究、加强产学合作等对高等教育进行大规模改革，更加重视发展高等教育和培养高级创新人才。韩国也是如此，1945 年的文盲率还与中国相当，达到 78%；但到 1996 年，它的大学生比例已达人口的 37%，位于世界前列。① 在世界科技和人力资源发展大势的冲击下，我国在更加重视实施优先发展教育战略的过程中，也加快了高等教育改革和发展的步伐，使高校在推进国家创新中的地位更加凸显。这主要表现为：一是高校向社会各个领域培养和输送了大批创新型人才；二是高校本身已经成为科技创新资源、科技发明成果和基础研究的重要生力军。有学者认为，我国走自主创新道路主要涉及包括基础研究、前沿技术研究、社会公益性技术研究的国家创新体系和以企业为主体、市场为导向、产学研相结合的技术创新体系，而“这两个方面体系都需要大学特别是研究型大学的积极参与”。② 同时我国高校已经成为我国原始创新和技术发明中不可或缺的重要力量。据报道，在近 6 年颁发的国家自然科学奖中，高校获奖数占每年度授奖总数的比例基本在一半以上；5 年来产生的 8 项国家技术发明一等奖中，高校占了 7 个。③ 高校既是培养造就创新人才、提高社会创造力和竞争力的主要途径，也是发明创造的研究基地。无论是创新人才的培养还是

① 路甬祥. 造就创新人才是建设创新型国家的关键路［N］. 解放日报，2006－04－23.

② 洪银兴. 转变经济发展方式与大学的责任［J］. 中国高等教育，2007（2）.

③ 唐景莉，杨晨光. 我国高教改革发展综述：把提高质量作为核心任务［N］. 中国教育报，2010－07－09.

创新成果的研发，都需要依靠发展高等教育来提供支撑。目前，我国各级各类学校在校生 26158 万人，已成为人力资源大国……但钱学森之问的提出，反映了我国缺乏创新人才的现实。建设创新型国家，我们除了需要教育培养输送高素质的国民外，还需要高等教育培养造就“一批在各个领域的领军人物、大师级的人才，包括政治战略家、科学家、社会科学家”。[①]因此，我们“必须坚定不移地把教育摆在优先发展的战略地位，大力发展教育事业，深化教育改革创新，全面推进素质教育，不断创新人才培养模式，为建设创新型人才队伍奠定坚实基础”。[②]

（三）推进社会主义现代化建设的必然选择

1. 建设现代化强国是中华儿女的百年追求

建设现代化强国，是一百多年来一代又一代中华儿女的共同心愿和不懈追求。从林则徐的“睁眼看世界”、魏源的“师夷长技以制夷”、康有为和谭嗣同的维新变法，到孙中山提出“振兴中华”，先进的中国人在艰难困苦中摸索探寻。中国共产党人继承前人遗志，始终把实现祖国的强盛和现代化作为矢志不渝的追求。早在中华人民共和国建立前夕，毛泽东同志就提出：“在革命胜利以后，迅速地恢复和发展生产，对付国外的帝国主义，使中国稳步地由农业国转变为工业国，把中国建设成一个伟大的社会主义国家。”[③] 1954 年 9 月，毛泽东在第一届全国人大第一次会议的开幕词中再次强调：要“准备在几个五年计划之内，将我们现在这样一个经济上文化上落后的国家，建设成为一个工业化的具有高度现代文明程度的伟大的国家”。[④] 根据毛泽东的设想，周恩来总理在会议上代表中共中央第一次明确

---

① 顾明远．中学教育要适应建设人力资源强国的需要［J］．中国教育学刊，2007（12）．

② 胡锦涛．在庆祝神舟七号载人航天飞行圆满成功大会上的讲话［R］．北京：人民出版社，2008：5．

③ 毛泽东．毛泽东选集：第四卷［M］．北京：人民出版社，1991：1437．

④ 毛泽东．毛泽东文集：第六卷［M］．北京：人民出版社，1999：350．

提出了实现“四个现代化”的宏伟蓝图。改革开放以来，中国共产党领导全国人民加快了现代化建设的步伐。1979年，邓小平告诫全党：“我们当前以及今后相当长一个历史时期的主要任务是什么？一句话，就是搞现代化建设。能否实现四个现代化，决定着我们国家的命运、民族的命运。”① 1980年，邓小平再次强调：我们党在现阶段的政治路线，概括地说，就是一心一意地搞四个现代化。这件事情，任何时候都不要受干扰，必须坚定不移地、一心一意地干下去。② 1992年，江泽民同志在党的十四大提出“加快改革开放和现代化建设步伐，夺取有中国特色社会主义事业的更大胜利”。2002年，江泽民同志在党的十六大提出：“再继续奋斗几十年，到本世纪中叶基本实现现代化，把我国建设成为富强民主文明的社会主义国家。”③ 2008年，胡锦涛总书记在纪念党的十一届三中全会召开30周年大会上的讲话中向世界宣告：“我们的伟大目标是，到我们党成立一百年时建成惠及十几亿人口的更高水平的小康社会，到新中国成立一百年时基本实现现代化，建成富强民主文明和谐的社会主义现代化国家。”④ 2009年，胡锦涛总书记在中共中央政治局第十六次集体学习时要求全党“总结经验，把握规律，开拓创新，在新的时代条件下继续推进社会主义现代化，不断夺取全面建设小康社会新胜利、开创中国特色社会主义事业新局面”。⑤

把一个贫穷落后的旧中国建设成为一个社会主义现代化强国，是一项长期的任务，需要分阶段分步骤去完成。新中国成立后的前30年，我国进行了大规模社会主义建设，建立起独立的比较完整的工业体系和国民经济

---

① 邓小平．坚持四项基本原则［M］//邓小平文选：第二卷．北京：人民出版社，1994：162.

② 邓小平．坚持党的路线，改进工作方法［M］//邓小平文选：第二卷．北京：人民出版社，1994：276.

③ 江泽民．全面建设小康社会，开创中国特色社会主义事业新局面［M］//江泽民文选：第三卷．北京：人民出版社，2006：543.

④ 中共中央文献研究室．十七大以来重要文献选编：上［G］．北京：中央文献出版社，2009：809.

⑤ 继续探索把握社会主义现代化规律　更好把社会主义现代化推向前进［N］．人民日报，2009－09－10（1）.

体系，为社会主义现代化建设奠定了重要的物质基础。改革开放以来，为加快推进现代化建设，我国制定了“三步走”发展战略。1987 年，党的十三大报告将“三步走”战略概括为：第一步，1981 年至 1990 年，实现国民生产总值比 1980 年翻一番，解决人民的温饱问题。第二步，到 20 世纪末，使国民生产总值再增长一倍，人民生活达到小康水平。第三步，到 21 世纪中叶，人均国民生产总值达到中等发达国家水平，人民生活比较富裕，基本实现现代化。[①] 到 2007 年党的十七大召开时，在我国已提前实现前两步发展战略目标基础上，为推进现代化建设，党又相继作出了全面建设小康社会、建设社会主义和谐社会、建设创新型国家、建设社会主义新农村等战略部署，而实现这些目标，都需要通过教育的发展来提供人才的支撑。

2. 现代化建设需要教育提供高素质的人才支持

目前，我国现代化建设已进入工业化、信息化、城镇化、市场化、国际化快速发展阶段，经济建设、政治建设、文化建设、社会建设以及生态文明建设正在全面推进，人口、资源、环境压力日益加大，对各类人才的需求更加急切。无论是加快经济发展方式转变、建设创新型国家和社会主义新农村，还是全面建设小康和建设社会主义和谐社会，都迫切需要“加快形成我国人才竞争比较优势，逐步实现由人力资源大国向人才强国的转变”[②]，将大批高素质的人才和劳动者作为人力资源。如，实现全面建设小康社会目标，我们“唯一出路是依靠劳动者素质提高和科技持续进步”，[③] 而教育则是提高国民素质的主要途径，唯有如此，我们才能够走出一条科技含量高、经济效益好、资源消耗低、环境污染少、人力资源优势得到充分发挥的新型工业化道路。又如，要建设社会主义新农村，就需要有新型的农民。建设新农村，走中国特色农业现代化道路，需要加强农村基础设

---

① 中共中央文献研究室．十三大以来重要文献选编：上［G］．北京：人民出版社，1991：16.

② 国家中长期人才发展规划纲要［N］．人民日报，2010－06－06.

③ 张力．中国建设人力资源强国新的动员令——学习胡锦涛总书记在中央政治局集体学习时重要讲话的体会［N］．中国教育报，2006－09－03.

施建设，调整农村经济结构，加快农业科技进步，转变农业发展方式；需要大力推进现代农业建设，优化农业生产布局，促进农村生产力不断发展；需要加快农村教育、文化、卫生等各项社会事业的发展，逐步改变农村社会事业发展滞后的状况，等等，所有这些都要有文化、懂技术、会经营的新型农民才能完成。据初步测算，目前我国35岁以下的农村富余劳动力近2亿人，并以每年1300万人的速度递增，但其中接受过职业教育和技能培训的不足10%，培养新型农民的任务仍然十分繁重。而要培养出新型的农民，就需要大力加快农村教育，特别是农村职业教育。以此我们才能解决农村劳动力向现代化农业和二、三产业转移的紧迫问题，使教育成为培养新型农民的重要方式，不断为新农村建设培养高素质劳动者和技能型人才。再如，建设社会主义和谐社会，也需要通过优先发展教育来推进公平、促进和谐。胡锦涛总书记指出："教育涉及千家万户，惠及子孙后代，是体现发展为了人民、发展依靠人民、发展成果由人民共享的重要方面……也是促进社会公平正义、构建社会主义和谐社会的客观要求。"① 这个客观要求主要体现在以下两方面：一是教育是改善民生、缩小社会差别、促进社会和谐的重要途径。教育涉及所有人，接受教育是每个人获得发展的基本前提和基本权利。人们通过教育获取知识，增加就业选择机会，拓宽发展前景，缩小不同群体之间的发展差距，消除家庭贫困的代际传递，进而改变自身的命运。所以，有专家提出："教育公平不仅是社会公平的重要组成部分，也是社会公平的起点和核心环节，是促进社会公平、改变社会分层、建设和谐社会和重要手段。"② 二是教育是促进社会和谐的重要保证。党的十六届六中全会通过的《关于构建社会主义和谐社会若干重大问题的决定》指出："社会要和谐，首先要发展。社会和谐在很大程度上……取决于发展的协调性。"社会和谐的根本是人的和谐。要建构一个民主法治、公平正

① 胡锦涛. 办好让人民群众满意的教育［G］//中共中央文献研究室. 十六大以来重要文献选编：下. 北京：中央文献出版社，2008：616.

② 纪宝成. 构建和谐社会 发展教育为先［N］. 中国教育报，2006-11-28.

义、诚信友爱、充满活力、安定有序、人与自然和谐相处的社会，就需要广大人民群众思想道德素质和科学文化水平的普遍提高。教育是提高人的素质最直接的手段，是淳风化俗、提高社会文明程度的最有效办法，“在弘扬社会主义思想道德、传承民族优秀文化传统、推动全社会形成共同理想和精神支柱、促进人的全面发展等方面具有不可替代的作用”。[①]

教育是民族振兴、社会进步的基石。教育是百年大计、千秋大业，关系中华民族的伟大复兴。在社会主义现代化建设中，教育起着基础性、先导性、全局性作用。现代化首先要以教育的现代化和人的现代化为前提。加快推进现代化建设，需要“培养和造就规模宏大、结构优化、布局合理、素质优良的人才队伍”，培养造就数以亿计的高素质劳动者、数以千万计的专门人才和一大批拔尖创新人才。在现代化建设中，教育是培养人才的基础，我国有13亿多人口，人口素质低就是拖累现代化建设步伐的沉重负担，人口素质高就是促进发展的巨大资源优势。要变沉重的人口压力为巨大的人力资源优势，根本途径还在优先发展教育。有专家由此认为：“中国的未来发展和社会主义现代化，从根本意义上说，取决于教育发展水平，取决于人口素质。”[②] 改革开放以来，我国经济以平均每年9.6%的增长速度保持着高速增长，现代化建设得以加快进行，其中一个重要原因就是受益于这些年来我国教育事业培养了大量的高素质劳动者和各类优秀人才。

二、优先发展教育、建设人力资源强国蕴涵的理论价值及实践作用

“优先发展教育，建设人力资源强国”，是党的十七大提出的一个新思想、新论断。这个思想继承了中华民族重视教育的优良传统，吸收并借鉴

---

① 周济. 坚持教育优先发展　切实促进教育公平［J］. 求是，2006（23）.

② 张剑飞. 牢固树立教育优先发展的思想［N］. 光明日报，2009－06－03.

了世界强国以优先发展教育推进国家现代化建设的有益经验，丰富和发展了我们党的教育和人才思想，为我国大力实施科教兴国和人才强国战略、加快实现从人力资源大国向人力资源强国的转变提供了行动指南。

（一）传承和弘扬了中华民族重视教育的优良传统

马克思主义认为："统治阶级的思想在每一时代都是占统治地位的思想。这就是说，一个阶级是社会上占统治地位的物质力量，同时也是社会上占统治地位的精神力量。支配着物质生产资料的阶级，同时也支配着精神生产资料。"① 教育作为人类传授知识文化及生产生活技能的重要手段，与人类共生共存共发展。教育作为人类文化的重要组成部分，自古以来就是为社会经济政治服务的，是统治阶级治政理国、淳化民风、管理国家的重要工具，受统治阶级支配。

重视发挥教育在治理国家和教化民众中的重要作用，是中国思想家、政治家和教育家们留给后辈们的宝贵精神财富。早在公元前八世纪，中国的先贤就已认识到："一年之计，莫如树谷；十年之计，莫如树木；终身之计，莫如树人。"（《管子·权修》）形象地道出了人才培养的重要。战国时期的思想家、教育家墨子继后提出："国有贤良之士众，则国家之治厚；贤良之士寡，则国家之治薄。"（《墨子·卷二》）。其后荀子也提出"国将兴，必贵师而重傅，贵师重傅则法度存"的思想。他们都把人才、尊师重教同国家治理及兴衰联系起来，发人深省。大思想家和教育家孔子，把教育看做是立国治国的三大要素之一，认为要治理好国家，不仅要有劳动力和努力发展经济，使百姓富足起来，还要兴办教育进行开导教化。《论语·子路》记载：有一次，孔子到卫国去，冉有替他驾车。子曰："庶矣哉！"冉有曰："既庶矣，又何加焉？"曰："富之。"曰："既富矣，又何加焉？"曰："教之。"这段话扼要阐明了孔子的庶—富—教的施政理念。孔子认为，

① 马克思，恩格斯. 马克思恩格斯选集：第一卷［M］. 北京：人民出版社，1995：98.

“为政在人”，管理国家要“举贤才”，而贤才只有靠“学而优则仕”来成就。培养君子仁人是孔子的教育目标，教育就是要为治理国家培养合格人才。集教育思想大成的《礼记·学记》提出：“君子如欲化民成俗，其必由学乎！玉不琢，不成器；人不学，不知道。是故，古之王者，建国君民，教学为先。”其大意是讲，自古以来，凡是有作为的统治者要想治理好国家，必先通过教育加强社会教化，形成遵守社会秩序的良好民风，实现天下大治。这是由于，人如美玉，虽天生质地善美，但如果不接受教育和努力学习，就无法懂得封建伦理道德，更不能成为遵守封建秩序的顺民，这就像玉不经过雕琢，就不能成为美器一样。后来的古代帝王皆深谙此道理，他们在治国理政中，始终高度重视发挥教育的教化功能。教育可以兴国和强国。孟子最早认识到了教育之于强国的作用，提出了朴素的教育兴国理念。《孟子·离娄上》指出：“善政不如善教之得民也。善政，民畏之；善教，民爱之。善政得民财，善教得民心。”孟子认为，“得天下”之道在于得民心，而得民心之道，用一般的政治手段不如用教育手段有效，所以，统治者在解决了老百姓的吃饭穿衣问题后，就要兴办学校，普及教育。《孟子·告子》认为，只要努力学习，“人皆可以为尧舜”，表明了受教育对成才的重要性。教育是维护统治阶级政权的工具。宋代大思想家朱熹认为，“古之圣王，设为学校，以教天下之人”，就是要教化人们“明人伦”，使“父子有亲，君臣有义，夫妇有别，长幼有序，朋友有信”，遵理守法，使政权得以巩固。

到了近代，随着西方资本主义强国的兴盛和古老中华封建帝国的沉沦，中国思想家们在追寻强国富民的理想时，更加注重发挥教育的作用，视教育为救亡图存的途径，“教育救国论”也因此成为中国近代教育思潮中流传颇久、影响较大的一种思潮。如严复认为，“当今之计，惟急从教育上着手”。康有为等维新派提出：要救国，必先开民智；要开民智，必广学堂。梁启超提出国家的强弱以教育为转移，强国就得变法，而“变法之本在育人才，人才之兴，在开学校”（《变法通义》），强调教育对提高国民素质具有重要作用。胡适提倡教育救国论，在《清政府注意的教育问题》的提案中明确提出“教育是立国之本，亦为施行民主政治之基础”。到20世纪二三十年代，一些思想家甚至把新型教育视为救国救民的至上法宝，“教育救国论”尽管不切实际，但在当时却兴盛一时。

从古代的“建国君民，教学为先”，到近现代的“人才之兴，在开学校”，直至“教育救国”。尽管由于时代不同，提倡者的阶级立场不同，各自对教育重要作用的认识和理解不一，反映着不同时期的教育理念，具有不同的阶级和时代的局限性，但不可否认，它们却共同体现出中华民族历来高度重视教育，重视教育为国家和社会服务的优良传统。当代中国共产党人继承与传承这一传统，吸收优秀传统文化的思想养料，根植于传统文化土壤，适应时代与国家发展的新要求，及时提出了“优先发展教育，建设人力资源强国”丰富思想。

（二）借鉴吸收了世界强国以教育发展推进现代化建设的有益经验

教育通过提高国民素质和培养技术人才推动各国经济社会的发展。强国先要兴教，大国的崛起必然伴随着教育的快速发展，现代化后发国追赶先行国，也主要是依靠大力发展教育来赶超。加快教育发展不仅成为发达国家保持领先地位的重要法宝，同时也是发展中国家奋起直追的有效捷径，不管哪个国家的崛起和赶超，教育都起着至关重要的作用，这点已为美国、日本等国的发展进程所验证。

1871—1913年是美国赶超英国的重要时期。有数据表明，这个时期美国GDP平均增长率为3.9%，同期英国为1.9%。1900年，美国人均GDP相当于英国人均GDP的89.2%，到1913年，美国人均GDP已超过英国5.5个百分点。与经济高速发展相对应，此时也是美国加速教育追赶的时期。美国在1820年人均受教育年限相当于英国的87.5%，1870年提高到

88.3%，1913年则进一步提高到91.2%。[①] 此后，美国的经济与教育一直处于世界领先地位。美国从独立到现在才两百多年，其发展之快举世无双。到19世纪末，美国的工业生产业已跃居世界第一位，农业生产也超越一切国家，在全世界独占鳌头。经过两次世界大战，美国更是突飞猛进，成为世界上超级经济大国。究其深层原因，长期重视教育是一个重要因素。美国有着重视文化教育的传统。早期逃往新大陆的清教徒领袖们认为，弘扬基督教必须普及识字教育，据此他们大力推广初级教育，同时也发展高等教育。美国富有远见的政治家们重视并大力提倡教育。如美国第三任总统、《独立宣言》起草人托马斯·杰斐逊把教育和民主的前途、人民的幸福连在一起，认为"知识就是力量"，而知识来源于教育，他在美国第一个提出普及教育的原则，并且毕生为发展教育而努力。林肯重视工农大众的教育，签署了"莫里尔土地授予法案"（1882年），规定由联邦拨给各州大量国有土地，作为筹建工、农技术学校的基金来支持美国大规模兴办工技、农技学校和大学，由此，推动美国迅速发展成为世界上第一个进入高等教育大众化与普及化的国家。"二战"期间，美国大发战争横财，政治、经济、军事和科技实力得到巨大提升，一跃成为西方资本主义霸主。为确保其世界霸主地位，美国在政治、经济、文化和教育等方面进行了一系列改革，更加重视教育尤其是高等教育的作用，联邦政府不断以完善法律的形式来加快高等教育的发展。先后通过《退伍军人法案》、《国防教育法》、《高等教育法》等，借以推进高等教育大众化、完备教育资源配置、推进教育改革等。20世纪70年代，美国高等教育进入普及化阶段，到1996年，美国高等教育毛入学率已达到82%，成为名副其实的教育强国。美国的崛起及长期保持强国地位，主要原因在于教育的快速发展为其注入了不竭的动力。

---

① 中国教育与人力资源问题报告课题组. 从人口大国迈向人力资源强国［J］. 高等教育研究，2003（3）.

战后日本经济迅速增长的主要原因也在于此。第二次世界大战后，战败的日本在20世纪70年代实现经济起飞，成为世界经济大国，创造了世界现代化史上后发国追赶先发国的典型案例。1950年，日本人均GDP只相当于美国人均GDP的19.6%，1953—1992年，日本GDP平均增长率为6.5%，美国同期为3.0%，到1992年，日本人均GDP相当于美国人均GDP水平的90.1%。与此相应，日本成功地实现了人力资本积累上的追赶：1913年日本人均受教育年限只相当于美国的68.2%，到1953年就达到了美国的80.8%，1992年上升为82.4%。[①] 用优先发展教育来加速经济起飞，是日本再次崛起的重要原因。日本有着重视教育的传统，1872年日本政府就颁布了《学法令》，明确提出要做到“邑无不学之户，家无不学之人”。江户时代的日本，已成为全球识字率最高的国家。“二战”后，在日本经济一度陷入困境时，日本朝野上下一致认为，优先发展教育、开发人力资本是摆脱战后经济困境的关键。为此，日本全面引进美国教育制度和教育思想，全面实施教育改革，完善教育立法，将教育计划纳入经济发展规划，提出“教育投资论”，优先增加了对教育的投入。后又提出“科技立国”，加大对具有独创性和创新性的高层次、高水平的科技人才培养力度。一系列优先发展教育的举措，使战后日本的高中普及教育和高等教育大众化得到快速发展。据统计，1976年日本高中入学率已由1950年的42.5%增加到92.6%，基本普及了高中教育。[②] 与此同时，日本高等教育入学率也由1947年的5.8%上升到1970年的18.7%，进入了大众化阶段。到1990年，高等教育毛入学率达到53.7%，实现了高等教育的普及。教育发展为日本经济现代化提供了高素质人才。这一点为日本前文部大臣荒木万夫的深切感受所验证，他认为“从明治维新至今，我国社会和经济的发展，特别是战后经济的发展非常惊人，为世界所重视，造成此情况的重要原因，可归结为

---

① 改革开放30年中国教育改革与发展课题组. 教育大国的崛起［M］. 北京：教育科学出版社，2008：42.

② 王水玉. 日本战后教育优先发展战略及启示［J］. 黑龙江教育学院学报，2008（2）.

教育的普及和发展”。

教育发展是美国、日本崛起的推进器，类似的例子还有德国战后的几度崛起和韩国的跃升。综观近现代世界历史，大国的强盛几乎都与加快教育发展直接相连。建设教育强国，是一个国家建设现代化、从弱变强的一个基本前提。特别是在经济发展对自然资源、物质资本的依赖越来越少，而对知识、科学技术和人力资源的依赖越来越强，经济增长中知识所占比例不断增加的知识经济时代，把教育摆在优先发展的战略地位，更是世界各国加快发展的不二选择。我国在21世纪初提出“优先发展教育，建设人力资源强国”，正是在参考借鉴其他国家强国先强教的有益经验后作出的明智之举。

（三）丰富和发展了党重视教育发展与人才队伍建设的思想

人是世间最宝贵的，有了人就可以创造人间奇迹。人特别是有专门技能的人，又主要是通过教育培养塑造的，所以教育和人才培养密切关联，历来为我们党所高度重视。从建设“民族的、科学的、大众的文化教育”，到“教育是一个民族最根本的事业”，再到“百年大计，教育为本”和“优先发展教育”；从“政治路线确定之后，干部就是决定的因素”，到“尊重知识，尊重人才”，到“确立人才资源是第一资源”，再到“建设人力资源强国”，反映了我们党顺应形势发展需要，越来越重视教育发展与人才队伍建设、党的重视教育与人才的思想不断得以充实及丰富的发展历程。

1.“优先发展教育”，丰富和发展了“教育是一个民族最根本的事业”和“把教育摆在优先发展的战略地位”的思想

无论是在革命战争年代，还是在社会主义建设和改革开放时期，我们党都很重视教育。早在新中国成立前，毛泽东就指出，建立新国家需要大批各类人才，“中国应当建立自己的民族的、科学的、人民大众的新文化和新教育”。[①] 新中国成立初期，百废待兴，毛泽东又提出“恢复和发展人民

---

① 毛泽东. 论联合政府［M］//毛泽东选集：第三卷. 北京：人民出版社，1991：1083.

教育是当前重要任务之一”。[①] 党的十一届三中全会以后，我们党实现了工作重心的转移，发展生产力和建设现代化成为社会主义的根本任务。围绕经济建设这个中心，以邓小平同志为核心的党中央，学习借鉴世界发达国家实现经济腾飞的建设经验，“认识到了教育发展之于社会发展的重大历史作用，认识到了教育与经济和科技发展之间的制约关系”[②]，把发展教育事业作为关系现代化建设全局的根本问题来对待，使教育在国家建设中的地位得到大幅提升，党重视发展教育的理念得到很大的丰富和发展。早在“文革”尚未结束的1975年，邓小平就提出“我们有个危机，可能发生在教育部门，把整个现代化水平拖住了”[③]。后来，他又反复强调“教育是一个民族最根本的事业”，[④] “我们要实现现代化，关键是科学技术要能上去。发展科学技术，不抓教育不行”。[⑤] 我们国家要赶上世界先进水平，“要从科学和教育入手”。[⑥] 他告诫某些不太重视教育的干部说：“忽视教育的领导者，是缺乏远见的、不成熟的领导者，就领导不了现代化建设。”[⑦] 面对各项工作都亟待改进的局面，邓小平要求“我们要千方百计，在别的方面忍耐一些，甚至于牺牲一点速度，把教育问题解决好”[⑧]，等等。在邓小平关于现代化建设要“把教育问题解决好”等一系列思想的指导下，党的十二

① 中华人民共和国教育部，中共中央文献研究室. 毛泽东　邓小平　江泽民论教育［M］. 北京：中央文献出版社，人民教育出版社，北京师范大学出版社，2002：52.

② 金保华，金肖梅. 教育在社会发展中的地位与我国教育优先发展战略的确立［J］. 当代教育论坛，2006（6）.

③ 邓小平. 科研工作要走在前面［M］//邓小平文选：第二卷. 北京：人民出版社，1994：34.

④ 会见香港知名人士包玉刚、王宽诚、霍英东、李兆基等时的谈话［N］. 人民日报，1986－04－20.

⑤ 邓小平. 尊重知识，尊重人才［M］//邓小平文选：第二卷. 北京：人民出版社，1994：40.

⑥ 邓小平. 关于科学和教育工作的几点意见［M］//邓小平文选：第二卷. 北京：人民出版社，1994：48.

⑦ 邓小平. 把教育工作认真抓起来［M］//邓小平文选：第三卷. 北京：人民出版社，1993：121.

⑧ 邓小平. 科学技术是第一生产力［M］//邓小平文选：第三卷. 北京：人民出版社，1993：275.

大把教育确定为我国社会主义经济建设三大战略重点之一，党的十三大作出了“百年大计，教育为本”，“必须坚持把教育事业摆在突出的战略地位”的决定，进而为党和国家后来确立把教育摆在优先发展的战略地位、实施科教兴国和人才强国战略奠定了坚实的理论基础，指明了实践前行的方向。

以江泽民同志为核心的党中央，继承了邓小平同志把教育作为现代化建设全局的根本事业来抓的思想，并根据形势发展的需要，提出了始终把教育摆在优先发展战略地位的新论断，作出了实施科教兴国战略的新国策。1992 年，江泽民同志在党的十四大报告中提出：“我们必须把教育摆在优先发展的战略地位，努力提高全民族的思想道德和科学文化水平，这是实现我国现代化的根本大计。”① 从而首次确认了教育优先发展的战略地位。1994 年，针对有的同志提出的“经济要上，教育要让”，“先把经济搞上去，再来发展教育”的糊涂认识，他提醒全党：“在整个社会主义现代化建设的过程中，教育优先发展的战略地位必须始终坚持，不能动摇。如果我们现在不是这样来认识教育问题，就会丧失时机、贻误大事，就要犯历史性错误。”② 1995 年，在国务院召开全国科学技术大会的讲话中，他首次正式提出要“实施科教兴国战略”。③ 1997 年，在党的十五大报告中，他将教育优先发展与人力资源联系起来，强调“培养同现代化要求相适应的数以亿计高素质的劳动者和数以千万计的专门人才，发挥我国巨大人力资源的优势，关系 21 世纪社会主义事业的全局。要切实把教育摆在优先发展的战略地位”④。2002 年，在党的十六大报告中，他把教育和人力资源开发作为到 2020 年全面建设小康社会的四大目标之一，强调“教育是发展科学技术和培养人才的基础，在现代化建设中具有先导性全局性作用，必须摆在优先

---

① 江泽民. 江泽民文选：第一卷［M］. 北京：人民出版社，2006：233.
② 同①，370.
③ 同①，435.
④ 江泽民. 江泽民文选：第二卷［M］. 北京：人民出版社，2006：34.

发展的战略地位"[①]。江泽民同志关于教育优先发展战略地位的系列论述，在理论上丰富和发展了邓小平"把教育问题解决好"的思想，在实践上确立了科教兴国的战略思路，将党的重视教育发展的理念推进到新的发展阶段。

进入21世纪，以胡锦涛同志为总书记的党中央，站在推进教育事业发展新的历史起点上，顺应国内外经济科技形势的新变化，进一步提出了"教育优先发展"、坚定不移地推进科教兴国战略的新思想新论断。2006年，胡锦涛总书记在中央政治局第34次集体学习中讨论教育体制改革专题时强调："坚持把教育摆在优先发展的战略地位，是我们党和国家提出并长期坚持的一项重大方针。""我们必须坚定不移地实施科教兴国战略和人才强国战略，切实把教育摆在优先发展的战略地位……努力把我国建设成为人力资源强国，为全面建设小康社会、实现中华民族的伟大复兴提供强有力的人才和人力资源保证。"[②] 2007年，他在全国优秀教师代表座谈会上指出，在知识和人才竞争更加激烈的新的时代条件下，"教育的基础性、先导性、全局性地位和作用更加突出"，我们必须"全面实施科教兴国战略和人才强国战略，继续坚持好、落实好把教育摆在优先发展的战略地位的方针"。[③]同年10月，胡锦涛总书记在党的十七大报告中将教育放在"加快推进以改善民生为重点的社会建设"部分之首，并且首次将教育事业的发展与人力资源强国建设联系起来，明确发出了"优先发展教育，建设人力资源强国"的号召，对我国从教育大国转变为教育强国提出了新要求。2010年7月，胡锦涛总书记在全国教育工作会议上的讲话中再次强调："优先发展教育是党和国家长期坚持的一项重大方针。我国未来发展、中华民族伟大复兴，关键靠人才，基础在教育。在党和国家工作全局中，必须始终把教育摆在

---

① 江泽民. 江泽民文选：第三卷［M］. 北京：人民出版社，2006：560.

② 胡锦涛. 办好让人民群众满意的教育［G］//中共中央文献研究室. 十六大以来重要文献选编：下. 北京：中央文献出版社，2008：615，616.

③ 胡锦涛. 在全国优秀教师座谈会上的讲话［N］. 人民日报，2007-08-31.

优先发展的战略地位”。[①] 其后，党中央、国务院颁布了《国家中长期教育改革和发展规划纲要（2010—2020年）》，决定“实施科教兴国战略和人才强国战略，优先发展教育，完善中国特色社会主义现代教育体系，办好人民满意的教育，建设人力资源强国”。[②] 胡锦涛总书记有关教育优先发展的一系列新思想新论断，为全面落实好教育优先发展战略地位，全面实施科教兴国和人才强国战略注入了新的强大动力。现代化建设要重视教育、要坚持教育优先发展的思想，是改革开放以来中国共产党人集体探寻实践的结晶。这个教育理论由邓小平同志在继承毛泽东教育思想的基础上率先提出并开始为全党所重视，以江泽民同志为核心的党中央又丰富和发展了这一教育理论。“优先发展教育，建设人力资源强国”，是以胡锦涛总书记为核心的党中央在新的历史条件下对实现教育事业科学发展提出的新思考新理念，它进一步丰富和发展了邓小平和江泽民重视教育事业的思想，为我国在新的历史起点上建设教育强国提供了科学指南。

2. “建设人力资源强国”，丰富和发展了“尊重知识，尊重人才”和“人才资源是第一资源”的思想

我们党历来十分重视发挥人才在革命、建设和改革中的重要作用，党的人才理论也随之得到不断发展。毛泽东同志提出：“政治路线确定之后，干部就是决定的因素。”[③] 改变我国经济和科学文化的落后面貌，“决定一切的是要有干部，要有数量足够的、优秀的科学技术专家”[④]，建立新民主主义的国家，“需要大批的人民的教育家和教师，人民的科学家、工程师、技师、医生、新闻工作者、著作家、文学家、艺术家和普通文化工作者”[⑤]

---

① 胡锦涛. 在全国教育工作会议上的讲话［N］. 人民日报，2010－09－09（2）.

② 中共中央国务院印发《国家中长期教育改革和发展规划纲要（2010—2020年）》［N］. 人民日报，2010－07－30（1）.

③ 毛泽东. 中国共产党在民族战争中的地位［M］//毛泽东选集：第二卷. 北京：人民出版社，1991：526.

④ 毛泽东. 社会主义革命的目的是解放生产力［M］//毛泽东文集：第七卷. 北京：人民出版社，1999：2.

⑤ 毛泽东. 论联合政府［M］//毛泽东选集：第三卷. 北京：人民出版社，1991：1082.

等，集中体现了党的第一代领导集体在领导革命和建设过程中对人才的重视。“文革”期间，人才培养工作耽误了十年。改革开放后面对现代化建设急缺人才的现状，邓小平利用各种机会呼吁全党重视人才、珍视人才、尊重人才。1977 年他就明确提出：“靠空讲不能实现现代化，必须有知识，有人才。没有知识，没有人才，怎么上得去？”① 1979 年在一个高级干部会议上，他提醒干部们：“现在我们国家面临的一个严重问题，不是四个现代化的路线、方针对不对，而是缺少一大批实现这个路线、方针的人才。道理很简单，任何事情都是人干的，没有大批的人才，我们的事业就不能成功。所以，现在我们搞四个现代化，急需培养、选拔一大批合格的人才。”② 到 20 世纪 80 年代中期，他又强调“改革经济体制，最重要的、我最关心的是人才。改革科技体制，我最关心的还是人才”③。他认为：“有了人才优势，再加上先进的社会主义制度，我们的目标就有把握达到。”④ 他要求全党要“尊重知识，尊重人才”。邓小平站在现代化建设的战略高度，把人才与经济、科技、教育发展联系起来，反复呼吁和要求全党重视人才，使党的人才思想在新形势下得到丰富和发展。

以江泽民同志为核心的党中央，适应世界科技进步对发挥人才作用提出的新要求，将党尊重人才的思想又往前推进到一个新阶段。面对 20 世纪末世界各国综合国力的竞争日趋激烈，江泽民同志指出：“当今世界的综合国力竞争，归根结底是科技实力的竞争、高素质人才的竞争。”⑤ 美国的经济、科技之所以发展得快，很重要的一个原因就是它从全世界网罗了大批

---

① 邓小平. 尊重知识，尊重人才［M］//邓小平文选：第二卷. 北京：人民出版社，1994：40.

② 同①，221.

③ 邓小平. 改革科技体制是为了解放生产力［M］//邓小平文选：第三卷. 北京：人民出版社，1993：108.

④ 同③，120.

⑤ 江泽民. 在中国科学技术协会第五次全国代表大会上的讲话［M］//论科学技术. 北京：中央文献出版社，2001：223.

人才。[①] 我国要“实现现代化，必须靠知识，靠人才”[②]。必须“培养同现代化要求相适应的数以亿计高素质的劳动者和数以千万计的专门人才，发挥我国巨大人力资源的优势”[③]。据此，他要求全党要更新人才工作观念，牢固确立“在社会的各种资源中，人才是最宝贵最重要的资源”[④]，“人才是科技进步和经济社会发展最重要的资源”[⑤]，“人才是一个国家发展最重要的资源”[⑥]，“人才资源是第一资源的思想”[⑦]，克服“见物不见人”和“重使用、轻培养”的倾向。江泽民同志关于“人才资源是第一资源”的科学论断，深化了对邓小平“尊重知识，尊重人才”思想的认识，把我们党对人才地位的理论认知提升到一个新高度，为我国实施人才强国战略和建立人力资源强国奠定了理论根基。2001 年，九届人大四次会议批准的国家“十五”计划纲要首次将人才战略确立为国家战略。2002 年 7 月，中共中央办公厅、国务院办公厅印发了《2002—2005 年全国人才队伍建设规划纲要》，明确提出实施人才强国战略。2002 年 10 月，党的十六大确立了“尊重劳动、尊重知识、尊重人才、尊重创造”的重大方针，对实施人才强国战略和鼓励人才成长作出了具体部署。

党的十六大以来，以胡锦涛总书记为核心的党中央，继承了邓小平“尊重人才”和江泽民“人才资源是第一资源”的思想，将教育事业的发展与人才资源强国的建设紧密结合起来，提出全面推进科教兴国和人才强国战略的实施，建设人力资源强国的新思想。2003 年，胡锦涛总书记在全国人才工作会议上发表讲话，要求“全党同志必须从全局和战略的高度，充分认识实施人才强国战略的重要性和紧迫性，自觉增强大局意识和忧患意

---

①⑥ 江泽民. 论“三个代表”[M]. 北京：中央文献出版社，2001：21－22.

② 江泽民. 在中国科学技术协会第五次全国代表大会上的讲话［M］//论科学技术. 北京：中央文献出版社，2001：105.

③ 江泽民. 江泽民论有中国特色社会主义（专题摘编）［M］. 北京：中央文献出版社，2002：263－264.

④ 同②，77.

⑤ 同②，94.

⑦ 同③，259.

识，以高度的政治责任感和历史使命感，把实施人才强国战略作为党和国家一项重大而紧迫的任务抓紧抓好”。[①] 2006 年，胡锦涛总书记在中央政治局第三十四次集体学习时提出：“努力把我国建设成为人力资源强国，为全面建设小康社会、实现中华民族的伟大复兴提供强有力的人才和人力资源保证。”[②] 随着人才成为各国提升综合国力的重要因素，以胡锦涛为总书记的党中央充分认识到，物质资源的开发利用是社会发展的基础，人类智慧和能力的发展则决定着对物质资源开发的深度和广度，在当今世界，人才优势是最大优势，人才开发是经济社会发展的重要推动力量，进而提出“国以才立，政以才治，业以才兴”和“人才资源越来越成为推动经济社会发展的战略性资源”的新论断，要求全党要努力“加强人力资源能力建设”。为适应世界经济科技发展对人才提出的更高要求，2007 年，胡锦涛总书记在党的十七大报告中首次提出“优先发展教育，建设人力资源大国”的新论断。2010 年 5 月，党中央、国务院召开了全国人才工作会议，胡锦涛总书记和温家宝总理作了重要讲话，提出“加快建设人才强国，是推动经济社会又好又快发展、实现全面建设小康社会奋斗目标的重要保证，是确立我国人才竞争比较优势、增强国家核心竞争力的战略选择”，我们要“坚定不移走人才强国之路……逐步实现由人力资源大国向人才强国转变”。[③] 其后，党中央、国务院颁布了《国家中长期人才发展规划纲要（2010—2020 年）》，对“加快形成我国人才竞争比较优势，逐步实现由人力资源大国向人才强国的转变”[④] 作出了全面部署。从全面实施科教兴国和人才强国，到提出“加强人力资源能力建设”　建设人力资源强国”、实现由人力资源大国向人才强国的转变，反映了以胡锦涛同志为总书记的党中

① 胡锦涛. 大力实施人才强国战略，不断开创人才工作新局面［G］//中共中央文献研究室. 十六大以来重要文献选编：上. 北京：中央文献出版社，2005：569.

② 胡锦涛. 办好让人民群众满意的教育［G］//中共中央文献研究室. 十六大以来重要文献选编：下. 北京：中央文献出版社，2008：616.

③ 全国人才工作会议在京举行［N］. 人民日报，2010 - 05 - 27.

④ 国家中长期人才发展规划纲要（2010—2020 年）［N］. 人民日报，2010 - 06 - 06.

央对人才队伍的重视和认识达到了新高度，体现了以胡锦涛同志为总书记的党中央在新形势下加强人才队伍建设的新思路新要求，为党的人才思想宝库增添了时代的新内涵，使党的人才思想得到不断丰富和发展。

（四）推动我国教育事业和人才队伍建设发展到新阶段

党的十六大以来，以胡锦涛同志为总书记的党中央，深入推进科教兴国和人才强国战略，制定一系列方针政策和采取一系列举措，确保教育优先发展和人才队伍建设落实到位，全面开创教育改革和人才工作的新局面，推进我国教育事业的改革发展和人才队伍建设站上新起点，进入发展的新阶段。

1. 深入推进科教兴国战略，全面落实教育优先发展

十六大以来，以胡锦涛同志为总书记的党中央，顺应世界教育及人才发展大势和我国全面建设小康社会的新要求，深入贯彻落实科学发展观，在推进经济社会实现全面协调可持续发展进程中，对教育优先发展的战略地位更加重视，除了在有关讲话中不断对落实教育优先发展战略地位提出新要求外，还通过召开工作会议、制定下发相关文件、确定实施重点计划等形式，从政策层面和具体操作层面对落实教育优先发展作出了部署和安排，推动我国教育事业的发展实现历史性跨越，实现了由人口大国向人力资源强国的历史转变。

十六大以来，党和国家采取一系列重大举措，普及和巩固义务教育，大力发展职业教育，提高高等教育质量，大力推进教育公平，全面落实教育优先发展的战略地位。2003 年 9 月，国务院召开首次全国农村教育工作会议，通过《关于进一步加强农村教育工作的决定》，明确提出把农村教育作为教育工作的重中之重。2004 年 2 月，国家颁布《西部地区“两基”攻坚计划（2004—2007 年）》，进一步推进西部地区“两基”工作。2004 年 3 月，国务院批转教育部制定的《2003—2007 年教育振兴行动计划》，绘制出新世纪教育改革和发展的实施蓝图。2004 年 2 月和 8 月，中共中央、国务

院先后颁发《关于进一步加强和改进未成年人思想道德建设的若干意见》和《进一步加强和改进大学生思想政治教育的意见》，全面贯彻党的教育方针，落实德育优先，加强素质教育。2005 年，国务院召开全国职业教育工作会议，颁布《关于大力发展职业教育的决定》，强调大力发展职业教育，推动我国职业教育进入发展和改革的快车道。同年，国务院印发《关于深化农村义务教育经费保障机制改革的通知》，对农村义务教育经费保障机制作出明确规定和重大调整。2006 年，党的十六届六中全会作出《关于构建社会主义和谐社会若干重大问题的决定》，提出“坚持教育优先发展，促进教育公平”的重要理念，要求“保证财政性教育经费增长幅度明显高于财政经常性收入增长幅度，逐步使财政性教育经费占国内生产总值的比例达到4%”，进一步落实教育优先和推进教育公平。2006 年，新修订的《义务教育法》施行，规定“实施义务教育，不收学费、杂费”，使西部农村地区先行实施义务教育经费得到机制保障。2007 年 5 月，中共中央、国务院颁发《关于加强青少年体育增强青少年体质的意见》，进一步推进素质教育。2007 年，经国务院批准，教育部、财政部联合启动“高等学校本科教学质量与教学改革工程”，推进高等教育质量的提高。2007 年，我国西部地区“基本普及九年义务教育，基本扫除青壮年文盲”的目标如期实现。同年，国务院发布《关于建立健全普通本科高校、高等职业学校和中等职业学校家庭经济困难学生资助政策体系的意见》，全面实施对普通本科高校、高等职业学校和中等职业学校家庭经济困难学生的资助政策。2008 年，国家启动“211 工程”三期建设，大力加强高等教育。2008 年秋季开学，全国范围内全部免除城市义务教育阶段学生学杂费，我国全面普及九年义务教育，实现了我国教育发展史上的历史性跨越，中华民族千百年来的“学有所教”、“有教无类”的教育理想正逐步变成现实。2009 年秋季学期开始，国家逐步免除公办中等职业学校全日制正式学籍一、二、三年级在校生中农村家庭经济困难学生和涉农专业学生学费，在推进教育公平上迈出重大步伐，等等。

党中央、国务院采取的一系列重大举措，推进我国教育事业取得了快速发展，实现了历史性的跨越。时任教育部长的周济用“两个跨越”、“一个突破”、“一个重大步伐”、“一个确立”来描述至2009年时我国教育事业发展的成就。“两个跨越”：一个是全面普及九年义务教育，这是我国教育发展史上伟大的历史性跨越，另一个是实现高等教育大众化，这是又一次历史性跨越；“一个突破”：就是职业教育不断发展，教育宏观结构调整取得重要突破；“一个重大步伐”：是指实现教育公平迈出重大步伐；“一个确立”：就是确立了中国特色社会主义教育体制的基本框架，走出了一条中国特色的社会主义教育发展道路。[①] 这具体体现为：九年义务教育实现完全意义上的免费。全国小学净入学率达到99.4%，初中毛入学率达到99%，青壮年文盲率下降到3.58%。高中阶段毛入学率分别达到79.2%，已接近中等收入国家平均水平。高等教育实现了大众化，2010年，全国高等教育在学总规模3105万人，毛入学率为26.5%，达到世界平均水平。职业教育大发展，2003—2008年，全国共培养中职毕业生2714万人，高职毕业生1113万人。全民教育普及和发展，使我国15岁以上人口平均受教育年限超过9.5年，新增劳动力平均受教育年限接近12.4年，均超过世界平均水平。具有高等教育文化程度人口数达到8200万，从业人员中有高等教育学历的人数已位居世界前列。我国实现了从人口大国向人力资源大国的转变。[②] 2010年11月8日，教育部长袁贵仁在接受新华社记者采访时用四个标志性成果——城乡免费九年义务教育全面实现，高等教育大众化水平进一步提高，职业教育取得突破性进展，教育公平迈出重大步伐——概括近五年教育事业取得的成就。[③] 总之，党的十六大以来，我国建立起世界上最大规

① 周济. 人民教育　奠基中国 [N]. 中国教育报，2009-08-27.

② 徐京跃，李斌，吴晶，黄小希. 谋百年大计　兴千秋伟业——党中央关心教育改革和发展纪实 [N]. 光明日报，2010-07-13.

③ 这五年，中国教育步履坚定影响深远——教育部部长袁贵仁谈教育改革和发展 [N]. 人民日报，2010-11-11.

模、比较完备的教育体系，全面普及了完全意义上的九年义务教育，高等教育迈入大众化，职业教育在改革创新中加快发展，教育公平迈出重大步伐，教育优先发展的战略地位不断得到加强，中国教育已经从教育大国向教育强国迈进，进入到一个新的发展阶段，站上了一个新的历史起点。

2. 坚持科学人才观，大力推进人才强国战略

十六大以来，党中央树立科学人才观，坚持以人为本和党管人才原则，坚持尊重劳动、尊重知识、尊重人才、尊重创造的方针，着力于人才的培养、吸引和使用，着眼于人才总量的增长、素质的提高和结构的优化，先后作出一系列战略决策，全面部署和大力实施人才强国战略，加强各类人才队伍建设，谱写了我国人才队伍建设工作的新篇章。

2003 年 5 月，中央政治局召开会议，研究部署进一步加强人才工作等问题，提出要抓住培养、吸引、使用人才三个环节，着力建设党政人才、企业经营管理人才和专业技术人才三支队伍，重点培养一批适应社会主义现代化建设和改革开放要求的高层次人才。同年 9 月，中央召开全国留学回国人员先进个人和先进工作单位表彰大会，推动引进海外人才工作的开展。同年 12 月，党中央、国务院召开新中国历史上第一次全国人才工作会议，要求从增强党的执政能力、巩固党的执政地位的高度充分认识实施人才强国战略的必然性，会后印发的《中共中央、国务院关于进一步加强人才工作的决定》，成为新世纪新阶段人才工作的行动纲领。就在这一年，中央还成立了人才工作协调小组，负责协调各部门力量，研究和解决人才工作中的重大问题，中组部成立了人才工作局。2004 年，党中央、国务院印发了《贯彻落实中央关于振兴东北地区等老工业基地战略，进一步加强东北地区人才队伍建设的实施意见》，加强东北地区人才建设。2006 年，人才强国战略作为专章列入《国民经济和社会发展第十一个五年规划纲要》。2007 年 5 月，党中央、国务院印发《关于进一步加强西部地区人才队伍建设的意见》，推进西部大开发。2007 年 10 月，“建设人力资源强国”作为国家战略被写入党的十七大报告和新党章，人才强国战略在党和国家战略布局中的

地位进一步提升。2008 年，中央制定《关于实施海外高层次人才引进计划的意见》（简称“千人计划”），计划用五至十年时间，引进并有重点地支持一批海外高层次人才回国（来华）创新创业。从 2008 年开始，中央人才工作协调小组开始组织编制国家中长期人才发展规划纲要。2010 年 5 月，党中央、国务院召开全国人才工作会议，会后颁发了《国家中长期人才发展规划纲要（2010—2020 年）》，提出了加快建设人才强国的奋斗目标和战略任务，描绘了我国未来人才发展的宏伟蓝图，等等。

十六大以来，中央有关部门为推进人才强国战略的全面实施，还相继作出了一系列工作部署。如中组部会同有关部门出台《关于贯彻落实“十一五”规划纲要，加强人才队伍建设的实施意见》，研究制定了加强国防科技高层次人才队伍建设、鼓励高校毕业生面向基层就业、加强高技能人才工作、加强农村实用人才队伍建设和农村人力资源开发等一系列政策措施。各地各部门也随后制定人才工作中长期规划、“十一五”人才规划和人才发展战略，发布《人才资源状况》和《急需紧缺人才目录》。中组部下发《关于更新中央直接掌握联系的高级专家信息和补充人选的通知》，要求各级党委建立完善直接联系专家制度，掌握了一批高层次人才；中宣部等下发《全国宣传文化系统“四个一批”人才培养工作意见》，加快理论宣传文化系统名家培养；中央统战部建立近 1000 名党外代表人物后备人选名单，加强统战后备人才储备；教育部实施高等学校“高层次人才计划”，加快高等学校高层次人才队伍建设；科技部依托“973 计划”和“863 计划”，实施“优秀科技创新人才培养工程”等。有关部门相继推出的“四个一批”人才培养工程、新世纪百千万人才工程、三年五十万新技师培养计划、百万中专生计划、大学生“村官”计划……一系列针对性强、富有实效的人才培养、集聚计划和项目，不断拓展着人才培养及吸引的广度和深度。

十六大以来，在党中央的高度重视和有关部门的具体推动下，我国人才工作成效显著，人力资源建设大力加强，人才队伍的数量和质量都迎来了历史性的跨越。新华社记者用“党政人才、企业经营管理人才、专业技术人才队伍规模不断壮大。高技能人才、农村实用人才、社会工作人才队伍建设取得显著成绩”① 来概括这些年人才事业发展的成就。这具体表现在三个方面：一是人才规模扩大。截至2008年年底，我国人才资源总量接近1.14亿人，其中，科技人力资源总量达到4600万人，居世界第一；研发人员总量超过196.5万人，居世界第二。从规模上看，我国已经是世界人力资源大国。二是人才素质提高。据统计，从2003—2008年，全国参加各类脱产学习培训的党政干部约1600万人次，企业经营管理人才约900万人次、专业技术人才约2600万人次。此外，在1.14亿人庞大的人才队伍中，有“两院”院士1400多人，有突出贡献中青年专家5200多人，“百千万人才工程”国家级人选4100多人，享受国务院政府特殊津贴专家15.8万人，博士后研究人员7万余人，留学回国人员49.7万人，高层次专业技术人才队伍初具规模。三是人才结构改善。2008年年底，国有单位已聘专业技术人员中，高、中、初级专业技术职务之比由2003年年底的7∶33.4∶53.2调整到9.9∶36.8∶44.2。十六大以来，党和国家大力推进人才强国战略，爱才、识才、用才、聚才，造就了一支规模宏大的人才队伍，探索出创新人才工作的新路径，使我国由人口大国转变为人力资源大国、正全力迈向人力资源强国。

三、优先发展教育、建设人力资源强国的行动指南

中央领导人的重要讲话和两个《规划纲要》，对全面推进教育优先发展和人才优先发展、更好实施科教兴国战略与人才强国战略进行了全面谋划和前瞻性部署，提出了到2020年基本实现教育现代化和进入人力资源强国行列的目标任务。为在新的历史起点上推动教育事业科学发展，加快人力

① 让人才的活力竞相进发——2003年全国人才工作会议以来我国人才工作蓬勃发展纪实[N/OL]. 新华网，2003-05-24.

资源强国建设提供了行动纲领。

（一）坚持教育优先发展，基本实现教育现代化

2010年7月，胡锦涛总书记在全国教育工作会议上的讲话对加快推进教育事业科学发展提高了新要求新目标。会后颁布的《教育规划纲要》，按照总书记的讲话精神，对当前和今后一个时期我国教育改革和发展的总体战略和主要任务作出了全面部署，明确提出我国教育发展的战略目标是：到2020年，基本实现教育现代化，基本形成学习型社会，进入人力资源强国行列。这主要包括实现更高水平的普及教育、形成惠及全民的公平教育、提供更加丰富的优质教育、构建体系完备的终身教育、健全充满活力的教育体制。具体指标为：基本普及学前教育；巩固提高九年义务教育水平；加快普及高中阶段教育，毛入学率达到90%；高等教育大众化水平进一步提高，毛入学率达到40%；扫除青壮年文盲，新增劳动力平均受教育年限从12.4年提高到13.5年；主要劳动年龄人口平均受教育年限从9.5年提高到11.2年，其中受过高等教育的比例达到20%，具有高等教育文化程度的人数比2009年翻一番。

专栏1　教育事业发展主要目标

指　标	单　位	2009年	2015年	2020年
学前教育				
幼儿在园人数	万人	2658	3400	4000
学前一年毛入园率	%	74.0	85.0	95.0
学前两年毛入园率	%	65.0	70.0	80.0
学前三年毛入园率	%	50.9	60.0	70.0
九年义务教育				
在校生	万人	15772	16100	16500
巩固率	%	90.8	93.0	95.0

续表

指　标	单　位	2009 年	2015 年	2020 年
高中阶段教育*				
在校生	万人	4624	4500	4700
毛入学率	%	79.2	87.0	90.0
职业教育				
中等职业教育在校生	万人	2179	2250	2350
高等职业教育在校生	万人	1280	1390	1480
高等教育**				
在学总规模	万人	2979	3350	3550
在校生	万人	2826	3080	3300
其中：研究生	万人	140	170	200
毛入学率	%	24.2	36.0	40.0
继续教育				
从业人员继续教育	万人次	16600	29000	35000

注：＊含中等职业教育学生数；＊＊含高等职业教育学生数。

专栏 2　人力资源开发主要目标

指　标	单　位	2009 年	2015 年	2020 年
具有高等教育文化程度的人数	万人	9830	14500	19500
主要劳动年龄人口平均受教育年限	年	9.5	10.5	11.2
其中：受过高等教育的比例	%	9.9	15.0	20.0
新增劳动力平均受教育年限	年	12.4	13.3	13.5
其中：受过高中阶段及以上教育的比例	%	67.0	87.0	90.0

如何实现教育发展的战略目标？胡锦涛总书记要求各级党委和政府，要按照优先发展、育人为本、改革创新、促进公平、提高质量的工作方针，坚持“五个必须”，切实把《教育规划纲要》贯彻好、落实好。贯彻落实总

书记重要讲话精神和《教育规划纲要》，首先要落实好“五个必须”中的第一个必须，即二十字工作方针中的前4字方针，坚持“教育优先发展”。

教育优先发展是党和国家提出并长期坚持的一项重大方针。胡锦涛总书记要求“在党和国家工作全局中，必须始终把教育摆在优先发展的战略地位。要把优先发展教育作为贯彻落实科学发展观的基本要求”。[①] 如何落实教育优先发展，胡锦涛总书记的重要讲话和《教育规划纲要》主要从五个方面明确了新的任务。一是着力加强和改善党对教育工作的领导。各级党委和政府要强化责任意识，正确处理教育发展与经济社会发展的关系，健全领导体制和决策机制，以更大的决心、更多的财力、更多的精力支持教育事业。二是在部署全局工作时，要确保“三个优先”：即切实保证经济社会发展规划优先安排教育发展、财政资金优先保障教育投入、公共资源优先满足教育和人力资源开发需要，并尽快形成科学规范的保障机制和制度。三是转变管理职能，落实政府发展和管理教育责任。要求各地区各部门要从自身实际出发，明确分工，落实责任，把是否坚持优先发展教育、发挥教育重大作用作为检验各级党政领导班子是否真正贯彻落实科学发展观的重要内容。四是健全体制，确保教育投入。明确教育投入是支撑国家长远发展的基础性、战略性投资，要健全以政府投入为主、多渠道筹集教育经费的体制，大幅度增加教育投入，确保2012年实现国家财政性教育经费支出占国内生产总值比例的4%的目标，并保持稳定增长；同时要积极鼓励行业、企业等社会力量参与公办学校办学，引导社会资金以多种方式进入教育领域，大力支持民办教育，形成以政府办学为主体、全社会积极参与、公办教育和民办教育共同发展的格局，不断扩大社会资源对教育的投入。五是要充分调动全社会关心和支持教育的积极性，鼓励全社会支持和参与教育事业发展，共同担负起培育下一代的责任，努力形成推动教育事业科学发展和促进人的全面发展的良好社会氛围。

---

① 胡锦涛．在全国教育工作会议上的讲话［N］．人民日报，2010－09－09．

（二）确立人才优先发展战略布局，加快建设人才强国

2010 年 5 月，胡锦涛总书记在全国人才工作会议讲话中，提出了到 2020 年我国人才发展的总体目标。这个目标是：培养造就规模宏大、结构优化、布局合理、素质优良的人才队伍，确立国家人才竞争比较优势，进入世界人才强国行列，为在本世纪中叶基本实现社会主义现代化奠定人才基础。2010 年 6 月，党中央、国务院颁布《人才规划纲要》，从人才总量、人才素质、人才竞争、人才使用几个方面对胡锦涛总书记提出的人才发展目标作出了具体阐述：即人才资源总量稳步增长，队伍规模不断壮大。人才资源总量从现在的 1.14 亿人增加到 1.8 亿人，增长 58%，人才资源占人力资源总量的比例提高到 16%，基本满足经济社会发展需要。人才素质大幅度提高，结构进一步优化。主要劳动年龄人口受过高等教育的比例达到 20%，每万人劳动力中研发人员达到 43 人，高技能人才占技能劳动者的比例达到 28%。人才的分布和层次、类型、性别等结构趋于合理。人才竞争比较优势明显增强，竞争力不断提升。人才规模效益显著提高。在装备制造、信息、生物技术、新材料、航空航天、海洋、金融财会、生态环境保护、新能源、农业科技、宣传思想文化等经济社会发展重点领域，建成一批人才高地。人才使用效能明显提高。人才发展体制机制创新取得突破性进展，人才辈出、人尽其才的环境基本形成。人力资本投资占国内生产总值比例达到 15%，人力资本对经济增长贡献率达到 33%，人才贡献率达到 35%。

战略目标如何才能得以实现？胡锦涛总书记提出了坚持人才工作方针、坚持突出工作重点、坚持推进改革创新、坚持德才兼备、坚持扩大人才工作对外开放的“五个坚持”新要求。其中第一个坚持就是“确立人才优先发展战略布局，坚持服务发展、人才优先、以用为本、创新机制、高端引领、整体开发的指导方针，紧紧围绕党和国家工作大局，把服务科学发展作为人才工作的根本出发点和落脚点”。《人才规划纲要》从实行人才投资

优先、加强人才能力建设、推动人才结构调整、造就高素质人才队伍、改革完善体制机制、大力吸引海外高层次人才、加快人才工作法制建设、加强和改进党对人才工作的领导这八个方面作出了全面部署。深入学习领会胡锦涛总书记讲话精神，认真实施《人才规划纲要》精神，无论是“五个坚持”，还是“八个方面”的战略部署，我们都能从中深切地体会到，加快人才强国建设，关键在于确立并落实人才优先发展的战略布局及工作思路。落实好人才优先发展，具体体现为：要加强和改进党对人才工作的领导。各级党委和政府要把人才工作摆在更加突出的位置，善于用战略思维、开放视野、发展观点谋划和推动人才工作，统筹经济社会发展和人才发展，深入研究和解决人才工作面临的突出矛盾和问题，使人才工作始终体现时代性、把握规律性、富于创造性。要确立在经济社会发展中人才优先发展的战略布局，充分发挥人才的基础性、战略性作用，做到人才资源优先开发、人才结构优先调整、人才投资优先保证、人才制度优先创新，促进经济发展方式向主要依靠科技进步、劳动者素质提高、管理创新转变。要实行人才投资优先，加大对人才发展资金投入，建立健全政府、用人单位、个人和社会多元化的人才发展投入机制，较大幅度增加人力资本投资比重，提高人才投资效益。要创新体制机制和人才培养模式，促进人才结构与经济社会发展相协调，坚持高端引领、整体推进的人才队伍建设思路，坚持德才兼备原则，突出培养造就创新型科技人才，大力培养和开发经济社会发展重点领域急需紧缺专门人才，统筹抓好党政人才、企业经营管理人才、专业技术人才、高技能人才、农村实用人才以及社会工作人才队伍建设，培养造就数以亿计的各类人才，数以千万计的专门人才和一大批拔尖创新人才，全面提高人才队伍素质。要坚持用事业聚才育才，使各类人才创业有机会、干事有舞台、发展有空间，积极营造尊重科学、鼓励创新、甘于奉献的社会氛围，在全社会形成见贤思齐、奋发努力的良好风尚。要紧紧抓住人才培养、吸引、使用等环节，切实解决当前人才工作和人才队伍建设中的突出问题，实施重大人才政策和重大人才工程，大力推进人才强国建设。

近代思想家梁启超在20世纪初写的《少年中国说》提出："少年智则国智，少年富则国富；少年强则国强，少年独立则国独立；少年自由则国自由，少年进步则国进步；少年胜于欧洲则国胜于欧洲，少年雄于地球则国雄于地球。"少年强则中国强，少年进步则中国进步。在当今中国，只有教育强才能有少年强，只有教育发达才能有国人进步。强国必先强教，只有坚持教育优先发展，实现教育现代化，加快建成教育强国，才能使我国快速进入人才强国行列，为经济社会发展和现代化建设提供强大的知识和人才支持。

第二章

努力办好人民满意的教育

办好人民满意的教育是科学发展观教育理论的重要组成部分，体现了中国共产党执政为民以及人民利益高于一切的执政理念。十六大以来，党和政府提出了教育为人民服务、努力办好人民满意的教育的工作宗旨。2006年8月29日，胡锦涛总书记在十六届中央政治局第三十四次集体学习时的讲话中指出："我们要坚持党的教育方针，坚持以科学发展观统领教育事业发展全局，坚持教育为社会主义现代化建设服务、为人民服务，全面实施素质教育，深化教育体制改革，统筹城乡、区域教育，统筹各级各类教育，统筹教育发展的规模、结构、质量、效益，努力办好让人民群众满意的教育。"……办好人民满意的教育，必须优先发展教育，不断满足人民群众对教育的需求，实现教育和经济社会协调发展。

一、育人为本是办好人民满意的教育的根本要求

2011年2月21日，胡锦涛总书记在十七届中央政治局第二十六次集体学习时的讲话中指出："要全面贯彻党的教育方针，坚持育人为本、德育为先，坚持教育为社会主义现代化建设服务、为人民服务，与生产劳动和社

会实践相结合，把育人为本作为教育工作的根本要求。”他同时还指出：“把坚持以人为本、全面实施素质教育作为教育改革和发展的战略主题，把促进人的全面发展、适应社会需要作为衡量教育质量的根本标准，把促进学生健康成长作为学校一切工作的出发点和落脚点。”他在2010年7月全国教育工作会议上指出：“坚持以人为本，在教育工作中的最集中体现就是育人为本、德育为先。”

坚持育人为本，必须全面贯彻党的教育方针、坚持教育为社会主义现代化建设服务、为人民服务；必须全面实施素质教育，解决好培养什么人、怎样培养人的重大问题；必须努力探求育人为本、德育为先的主要途径。

（一）全面贯彻党的教育方针，坚持教育为社会主义现代化建设服务、为人民服务

第一，坚定不移地全面贯彻党的教育方针，坚持中国特色社会主义教育的根本方向

改革开放以来，党的教育方针多次被重申和强调，并不断被注入新的时代内涵。1995年全国人大通过的《中华人民共和国教育法》第五条规定：“教育必须为社会主义现代化建设服务，必须与生产劳动相结合，培养德智体等方面全面发展的社会主义事业的建设者和接班人。”党的十六大丰富了党的教育方针的内涵：“全面贯彻党的教育方针，坚持教育为社会主义现代化建设服务，为人民服务，与生产劳动和社会实践相结合，培养德智体美全面发展的社会主义建设者和接班人。”党的十七大以科学发展观为指导，对党的教育方针进行了新的诠释：“要全面贯彻党的教育方针，坚持育人为本、德育为先，实施素质教育，提高教育现代化水平，培养德智体美全面发展的社会主义建设者和接班人，办好人民满意的教育。”

党的教育方针科学地回答了“办什么样的教育、怎样办教育，培养什么人、怎样培养人”等重大问题，是党关于教育工作的总指针，指明了办好中国特色社会主义教育的方向。只有全面贯彻党的教育方针，才能使教

育工作符合教育规律、促进学生健康成长；只有全面贯彻党的教育方针，才能更好地适应经济社会发展的要求、适应国家对人才培养的要求；只有全面贯彻党的教育方针，才能不断满足人民群众对教育的需求，办好人民满意的教育。

第二，必须坚持教育为社会主义现代化建设服务

首先，教育发展要适应经济社会发展对人才需求和全面提高国民素质的要求。当今世界，科技进步日新月异，知识越来越成为提高综合国力和国际竞争力的决定性因素，人力资源越来越成为推动经济社会发展的战略性资源，科技、教育、人才竞争在国际竞争中的重要性日益凸显。我国当前生产力总体水平还不高，自主创新能力还不强，长期形成的结构性矛盾和粗放型增长方式尚未得到根本改变。无论从国际竞争加剧的趋势看，还是从国内低成本竞争优势减弱的现实看，我国的发展都到了必须更加依靠提高国民素质、更加依靠科技进步和提高科学管理水平的历史阶段。教育是提高人民科学文化素质和思想道德素质的基本途径，是发展科学技术和培养人才的基础。“我国要全面建成小康社会，进而实现现代化，必须把经济发展真正转移到依靠科技进步和提高劳动者素质的轨道上来，必须实现社会的全面进步和人的全面发展，这都对教育提出了新的更高的要求。”①

其次，教育不仅要立足于培养各类人才，也要主动围绕国家和区域发展战略需求，在知识创新、科学发展、服务社会方面作出直接贡献。就世界范围来看，各国都在积极研究制定教育、科技、人才发展战略，都很重视本国教育与经济社会发展的紧密联系。过去那种“象牙塔”式的、与世隔绝的教育模式已不能适应当今经济社会发展的实际需要。教育不是孤立存在的，它是社会大系统中的一个子系统。它是既受生产力制约又受生产关系制约的一种培养人的社会实践活动。“教育为生产劳动服务，教育为社

---

① 温家宝同志在全国教育工作会议上的讲话［G］//《教育规划纲要》工作小组办公室．全国教育工作会议文件汇编．北京：教育科学出版社，2010：30

会生活服务，这就是教育的两大社会职能。"①我国当前正处于经济结构调整和社会全面进步的关键时期，国际环境也对我们提出了严峻挑战，教育为生产劳动和社会生活的服务能力显得尤为重要。特别是高等教育要发挥智力密集的优势，加强基础研究和应用研究，在自然科学、技术科学和人文社会科学方面多出成果，成为孕育新知识、新文化和新技术的高地，成为认识世界、传承文明、创新理论的前沿。要增强社会服务功能，推进产学研用结合，加速科研成果产业化，积极参与科学普及、技术推广，服务企业、农村和社区，在建设技术创新体系中发挥生力军作用；推动哲学社会科学繁荣发展，开展决策咨询和文化传播，努力成为党和政府的思想库和智囊团。职业教育要着眼于提升国民就业和创业能力，更加积极主动地面向社会需求，发挥技能培养、职业培训方面的独特作用。要大力开展志愿服务活动，培养学生的社会责任感。各级各类学校都要在构建社会主义核心价值体系中发挥重要作用，为推进全民族思想道德建设作出应有贡献。②

在为社会主义现代化建设服务的过程中，教育与生产劳动的关系是相辅相成的。新中国成立以来，党的教育方针一直强调教育必须与生产劳动相结合。马克思主义经典作家认为，教育与生产劳动相结合，不仅是"提高社会生产的一种方法"，而且是"培养全面发展的人的唯一方法"。列宁曾指出，无论是脱离生产的教育还是脱离教育的生产，都不能达到现代技术水平和科学知识现状所要求的高度。

在新的历史发展时期，党的教育方针引入了"社会实践"的概念。应该如何理解社会实践呢？社会实践与生产劳动是什么关系呢？应当说，社会实践与生产劳动在实质上是一致的，但社会实践的含义更为广泛而深刻。邓小平曾指出，随着时代的发展，要求我们在教育与生产劳动相结合的内

---

① 黄济. 教育哲学通论［M］. 太原：山西教育出版社，2001：343.

② 刘延东. 在庆祝教师节暨全国教育系统先进集体和先进个人表彰大会上的讲话［N］. 人民日报，2009－09－09.

容上、方法上不断有新的发展，这种“新的发展”用“教育与社会实践相结合”来表述应当更为贴切。坚持教育为社会主义服务，坚持教育与社会实践相结合，必然要求教育为社会主义经济建设服务。经济建设是现今社会实践的基本内容和核心要素。只有坚持教育与社会实践相结合，才能够实现教育为经济建设服务。

第三，必须坚持教育为人民服务

新时期党和政府明确提出了教育为人民服务、办好人民满意的教育的工作宗旨。胡锦涛总书记指出：“全心全意为人民服务是党的根本宗旨，党的一切奋斗和工作都是为了造福人民。”① “教育涉及千家万户，惠及子孙后代，是体现发展为了人民、发展依靠人民、发展成果由人民共享的重要方面。”② 改革开放以来，我国的经济实力显著增强，社会主义市场经济体制初步建立，对外开放日益扩大，人民生活总体上达到小康水平，社会主义政治、文化等不断发展。但我国当前正处于经济转型时期，仍处于并将长期处于社会主义初级阶段，各种社会矛盾错综复杂，新问题不断出现，其突出表现是贫富差距过大，城乡发展不均衡。国情决定了我国当前的主要矛盾仍然是人民群众日益增长的物质文化需要同落后的社会生产之间的矛盾。③人民群众日益增长的物质文化需要必然包含人民群众对教育的需要，尤其是我国当代家庭多为独生子女家庭，一个孩子就是一个家庭的希望，家长对孩子或对教育的期望值超过了以往任何时候。或者说，新时期人民群众对教育提出了更高要求，呈现出从“有学上”向“上好学”要求的整体转变。随着我国社会结构、社会利益格局的深刻变化，人民群众对教育的需求呈现出新特点，对教育公平、教育质量更加关注，对教育的多样性的要求更加强烈。

党和国家领导人十分重视倾听人民群众对教育的呼声、满足人民群众

---

①③ 胡锦涛. 高举中国特色社会主义伟大旗帜 为夺取全面建设小康社会新胜利而奋斗［N］. 人民日报，2007－10－15.

② 胡锦涛：努力办好让人民群众满意的教育［N］. 人民日报，2006－08－31.

对教育的需求。2011 年 2 月 21 日，胡锦涛总书记在中共中央政治局第二十六次集体学习的讲话中指出，坚持走以促进公平和提高质量为重点的内涵式发展道路，建立健全覆盖城乡的基本公共教育服务体系，坚持公共教育资源向农村、中西部地区、贫困地区、边疆地区、民族地区倾斜，促进城乡、区域教育协调发展，满足人民群众多层次、多样化的教育需求。温家宝总理在全国教育工作会议上指出："教育发展要顺应人民群众对接受更多更好教育的新期盼。"① 刘延东在教育部 2010 年度工作会议上指出："坚持教育为人民服务，要满足人民群众对发展教育的期望，适应人民群众生活多样性、个性化的需要。"②

坚持教育为人民服务的思想体现了我党执政为民、不断改善民生的执政理念。要真正把这一要求落到实处，关键在于转变政府工作职能及建设好服务型政府。胡锦涛总书记在 2010 年 7 月全国教育工作会议上指出："要转变政府教育管理职能，落实政府发展和管理教育责任，积极推动建设覆盖城乡的基本公共教育服务体系，逐步实现基本公共教育服务均等化。"③

（二）全面实施素质教育是教育改革和发展的战略主题

胡锦涛总书记在全国教育工作会议上指出："坚持以人为本、全面实施素质教育是教育改革和发展的战略主题，是贯彻党的教育方针的时代要求，核心是解决好培养什么人、怎样培养人的重大问题，重点是面向全体学生、促进学生全面发展，着力提高学生服务国家服务人民的社会责任感、勇于探索的创新精神、善于解决问题的实践能力。"④ 素质教育是落实以人为本的科学发展观、贯彻党的教育方针的集中体现，是培养高素质的社会主义

---

① 温家宝同志在全国教育工作会议上的讲话 [G] //《教育规划纲要》工作小组办公室. 全国教育工作会议文件汇编. 北京：教育科学出版社，2010：30.

② 刘延东. 在教育部 2010 年度工作会议上的讲话 [N]. 中国教育报，2010－02－09.

③ 胡锦涛同志在全国教育工作会议上的讲话 [G] //《教育规划纲要》工作小组办公室. 全国教育工作会议文件汇编. 北京：教育科学出版社，2010：11.

④ 同③，13.

建设者和接班人的战略决策。

素质教育最直接的现实意义在于纠正中小学普遍存在的“片追（片面追求升学率)”现象，而倡导对学生全面素质的培养。将“培养学生的创新精神和实践能力”作为素质教育的重点，这是我国教育观念的进步和飞跃，为我国全面建设小康社会、建设创新型国家提供了崭新的认识起点。

实施素质教育得到党和国家的高度重视，得到广大教育工作者的广泛支持，得到社会各界的普遍欢迎。但囿于诸多条件，全面推进素质教育工作进展不大，仍然面临诸多困难，成为一个老问题、大问题、难问题。在一些地方、一些学校，“应试教育”的办学模式甚至越来越为人们所推崇。突出问题包括：中小学片面追求升学率的现象没有得到根本扭转，升学压力过大、课业负担过重，导致中小学生普遍感到不快乐，体质状况持续显著下降；智育的片面化导致学生的思维僵化，学生的创新精神和实践能力不足，创新型人才特别是拔尖创新人才的培养质量和数量都严重不足；各级各类学校一些学生出现心理问题，令人痛心的校园极端事件时有发生；教育过程中各种人际关系不同程度地被异化或被功利化，造成人际关系紧张而失去应有的和谐。

素质教育重在实施，根本保障在于体制。我国的传统文化、教育观念、教育投入、教师素质、社会环境等都在一定程度上存在制约素质教育推进的因素。但体制障碍是素质教育难以推进的深层次原因，或者说，素质教育难以落实的根本原因就在于教育系统内外均存在尚未消除的体制性障碍。外生性体制性障碍主要包括：城乡二元结构、社会用人制度、教育投资体制、教育的外部管理体制；内生性体制性障碍主要包括：教育评价体制、教育内部的管理体制以及来自教育体系的障碍。教育系统内外的体制性障碍必然相互影响、相互制约。要想消除教育的内生性体制性障碍，就必须同时或先期消除教育的外生性体制性障碍，还必须通过社会经济发展、政策调整和制度创新来解决。

当前，我国面临着经济全球化和信息化的重大挑战，面临着国际金融危机输出和能源、资源紧张以及生态恶化等种种困难。这就要求我国必须转变经济发展方式，必须依靠科技进步和劳动力素质的提高，建设创新型国家，要求教育为提高国民素质、促进数亿农村劳动力的有效转移和增强综合国力发挥更有效的作用，大幅度提高人才培养质量和知识贡献率的更高要求。所以，我们必须坚定不移地推进素质教育，实现教育的科学发展。在加强体制改革的同时，我们还必须在人才培养模式、教师的培训方式、教育评价机制、课程和教材的内容等方面下大力气进行改革。

全面实施素质教育，必须坚持育人为本、德育为先。2010 年 7 月 13 日，胡锦涛总书记在全国教育工作会议上强调“德是做人的根本，只有树立崇高理想和远大志向，从小打牢思想道德基础，学习才有动力，前进才有方向，成才才有保障①”。

中国特色社会主义事业所需要的人才，不仅应具备较高的科技知识水平和能力，而且应具备较高的思想政治素质。早在 2003 年 12 月 19 日，胡锦涛总书记就在全国人才工作会议上指出：“要坚持育人为本、德育为先，把立德树人作为教育的根本任务，加强爱国主义教育，深入开展理想信念教育，加强和改进学生思想政治工作，把社会主义核心价值体系融入国民教育体系，引导学生树立正确的世界观、人生观、价值观、荣辱观，努力培养德智体美全面发展的社会主义建设者和接班人。”② 也就是说，我们培养的学生不仅仅应该是某一个方面的专门人才，而且应该是一个有学问的人、有道德的人、全面发展的人。因为只有坚持育人为本，德育为先，才能使学生树立远大理想，爱党、爱国、爱人民，成为社会主义合格建设者和可靠接班人；只有坚持育人为本，德育为先，才能把实施素质教育落到实处，也才能充分体现教育为人民服务的根本宗旨，做到努力办好人民满

① 胡锦涛同志在全国教育工作会议上的讲话 [G] //《教育规划纲要》工作小组办公室. 全国教育工作会议文件汇编. 北京：教育科学出版社，2010：13.

② 胡锦涛. 在全国优秀教师代表座谈会上的讲话 [N]. 人民日报，2007－08－31.

意的教育。

（三）坚持育人为本、德育为先的主要途径

第一，育人为本要以德育为先，把立德树人作为教育的根本任务

德育工作既事关国家的前途命运，保证党和国家事业后继有人，也关乎我国亿万家庭和谐、青少年健康成长和人生幸福。德育为先，强调教育要坚持社会主义方向，培养有理想、有道德、有文化、有纪律的社会主义建设者和接班人。德育为先是教育工作必须遵循的根本原则。要加强理想信念教育，把社会主义核心价值体系融入国民教育全过程，深入推进中国特色社会主义理论体系进教材、进课堂、进头脑，引导学生形成正确的世界观、人生观、价值观，坚定学生对中国共产党领导、社会主义制度的信念和信心。要加强道德教育，培养学生团结互助、诚实守信、遵纪守法、艰苦奋斗的良好品质，培养学生树立社会主义民主法治、自由平等、公平正义理念。要加强公民意识教育，培养社会主义国家合格公民。要把德育融入教育教学全过程，创新德育的观念、目标、内容、方法，体现时代要求，探索教育规律，增强德育工作的实效性。为此，必须推进课程体系、教学内容和教学方法改革，坚持启发式教学，加强实践环节。

第二，育人为本就是要面向全体学生、促进学生全面发展，着力提高学生服务国家服务人民的社会责任感、勇于探索的创新精神、善于解决问题的实践能力

教育的根本目的是培养德智体美全面发展的社会主义建设者和接班人，必须全面贯彻党的教育方针，把促进学生健康成长作为学校一切工作的出发点和落脚点。这就要求克服“应试教育”的倾向，改变智育第一的片面发展观，牢固树立人人可以成才的观念，并把这种观念贯穿教育的全过程、贯穿社会各行各业。对教育对象要加强劳动教育，着力提高学习能力、实践能力、创新能力和综合素质，使受教育者在德育、智育、体育、美育和生产劳动教育诸方面都得到全面发展。

第三，育人为本就是要大幅提高教育培养创新人才的能力和水平

要把培养人的创造性和培养拔尖创新人才有机统一起来，在教育的各个阶段都要重视筑牢创新基础、倡导创新精神、激发创新活力。在全社会要更加重视发展创新文化、完善创新机制、营造创新氛围；推进小学、中学、大学有机衔接，教学、科研、实践紧密结合，学校、家庭、社会密切配合，采取学校之间、校企之间、学校与科研机构之间以及中外合作等多种联合培养方式，造就数以亿计的高素质劳动者、数以千万计的专门人才和一大批拔尖创新人才。

第四，育人为本就是要以学生为主体，以教师为主导，充分发挥学生的主动性

以学生为主体就是要尊重教育教学规律和学生身心发展规律，把促进学生健康成长作为学校一切工作的出发点和落脚点。这就要求为每个学生提供适合的教育，因材施教，充分发挥学生的积极性和能动性，大力倡导启发式教学和研究性学习，促进学生生动、活泼、主动地发展。以教师为主导就是强调教育事业要全心全意依靠人民教师，在教育、管理和科研中特别是在改革人才培养模式中充分发挥教师的作用，努力推动教学工作从学科中心向学习者中心，从知识本位向能力本位，从认知本位向全面素质本位，从继承性学习向创新性学习的转变，为多样化、个性化、创新型人才成长提供良好的环境和机制，着力培养现代化建设需要的各方面人才。

二、改革创新是办好人民满意的教育的强大动力

2010 年 7 月 13 日，胡锦涛总书记在全国教育工作会议上指出，要深化教育教学改革，重视改革的系统设计和整体安排，加快重要领域和关键环节改革步伐，以改革推动发展，以改革提高质量，以改革增强活力，进一步消除制约教育发展和创新的体制机制障碍，全面形成与社会主义市场经济体制和全面建设小康社会目标相适应的充满活力、富有效率、更加开放、

有利于科学发展的教育体制机制。2011 年 2 月 21 日，胡锦涛总书记在十七届中央政治局第二十六次集体学习时指出，改革创新是教育发展的强大动力。要以体制机制创新为重点，加快重要领域和关键环节改革步伐，加快形成与社会主义市场经济体制和全面建设小康社会目标相适应的教育体制机制。

胡锦涛总书记的讲话提出两个重要思想。首先，教育要发展，根本靠改革。改革创新是教育发展的强大动力，必然也是办好人民满意的教育的强大动力。这也是我国改革开放三十多年来教育发展的重要经验。1985 年《中共中央关于教育体制改革的决定》、1993 年《中国教育改革和发展纲要》、1999 年《中共中央国务院关于深化教育改革　全面推进素质教育的决定》，是我国教育发展的三个重要里程碑式的文件。这三个文件的共同特点，就是坚持解放思想、改革创新。事实表明，只有坚持改革创新，我国教育才能突破重重障碍，不断迈上新台阶，否则，教育发展就会停滞不前。

其次，改革创新的重点是体制和机制。我国教育领域的改革创新一向以教育体制改革为突破口，从改革计划经济体制下政府对教育“统得过死、包得过多”的弊端入手，逐步进行管理体制、办学体制、投资体制、招生就业体制等改革，进而深入推进学校内部管理体制和教育教学体制的改革。但是，我国当前教育体制仍然面临很多问题，如教育管理体制、办学体制、经费投入体制等依然滞后于社会主义市场经济体制的发展；学校内部运行机制的改革还不适应教育内涵式发展的需要；尤其是我国教育法制建设方面的基础比较薄弱，还不能完全适应当前教育改革和发展的需要，教育立法、执法监督和法制宣传教育都有待进一步完善。当然，这些问题主要是发展中的问题，只有通过改革创新，不断解决这些体制机制问题，才能逐步破解一系列教育矛盾或教育问题。为了加快解决经济社会发展对高质量多样化人才需要与教育培养能力不足的矛盾、人民群众期盼良好教育与优质教育资源相对短缺的矛盾、增强教育活力与体制机制约束的矛盾，我国当前迫切需要创新人才培养体制、办学体制、教育管理体制，改革质量评价和考试招生制度，改革教学内容、方法、手段，建设现代学校制度。

胡锦涛总书记在全国教育工作会议上和十七届中央政治局第二十六次集体学习时的讲话，集中阐述了教育体制机制的改革创新问题，其主要思想如下。

（一）深化教育体制改革，关键是更新教育观念

胡锦涛总书记指出，要树立人才资源是第一资源的观念，加强人力资源能力建设。更新人才培养观念，就是要从全面建设小康社会和人力资源强国的目标出发，按照科学发展观的要求，坚持以人为本，尊重教育规律，适应社会需要，发扬优良传统，摒弃那些与时代要求不相适应的观念，以培养创新精神和实践能力为重点，全面实施素质教育，多出人才、快出人才、出好人才。他说："教育成效不应只看学生是否能准确填写标准答案，更要看学生的学习能力、实践能力、创新能力，看他们是否掌握了发现问题、解决问题的关键能力，看他们是否具备了高度的社会责任感。要树立全面发展观念、人人成才观念、多样化人才观念、系统培养观念、终身学习观念[①]。"

（二）深化教育体制改革，核心是改革人才培养体制

胡锦涛总书记指出：要"形成体系开放、机制灵活、渠道互通、选择多样的人才培养体制。要创新人才培养模式，适应国家和社会发展需要，遵循教育规律和人才成长规律，注重学思结合、知行统一、因材施教，创新教育教学方法，倡导启发式、探究式、讨论式、参与式教学，激发学生好奇心，发挥学生主动精神，鼓励学生进行创造性思维，改变单纯灌输式的教育方法。要把中小学生从繁重的课业负担下解放出来，使广大青少年

① 胡锦涛同志在全国教育工作会议上的讲话［G］//《教育规划纲要》工作小组办公室. 全国教育工作会议文件汇编. 北京：教育科学出版社，2010：16.

在发掘兴趣和潜能的基础上全面发展”①。贯彻落实胡锦涛总书记的讲话精神，新时期教育改革的主要任务，是创新人才培养模式，提高人才培养水平。要创新人才培养模式，首先，必须依照新的人才培养观念，为各级各类、不同学段教育制定人才培养目标，更新教学内容，改进教学管理制度。其次，必须以教学为中心，尊重教育和人才成长规律，创新教学方法，探索多种培养方式。《教育规划纲要》针对现有人才培养模式存在的弊端，明确提出了创新人才培养模式的构想和思路。“学思结合”、“知行统一”、“因材施教”，是新的人才培养模式的核心和精髓。通过创新人才培养模式，旨在把改革创新精神贯彻到教育工作的各个方面，贯彻到教育教学的各个环节。

（三）深化办学体制改革，增强办学活力

胡锦涛总书记在十七届中央政治局第二十六次集体学习时的讲话中指出：“要深化办学体制改革，健全政府主导、社会参与、办学主体多元、办学形式多样、充满生机活力的办学体制。”② 他在全国教育工作会议上指出：“要深化办学体制改革，坚持教育公益性原则，健全政府主导、社会参与，办学主体多元、办学形式多样、充满生机活力的办学体制，积极鼓励行业、企业等社会力量参与公办学校办学，引导社会资金以多种方式进入教育领域，大力支持民办教育，形成以政府办学为主体、全社会积极参与、公办教育和民办教育共同发展的格局。”③ 改革开放以来，我国办学体制改革取得了令人振奋的成就，形成了一批国有民办、民办公助、公办民助学校和独立学院等。这些新的办学形式在一定程度上缓解了办学经费短缺的矛盾，

① 胡锦涛同志在全国教育工作会议上的讲话［G］//《教育规划纲要》工作小组办公室．全国教育工作会议文件汇编．北京：教育科学出版社，2010：16－17．

② 胡锦涛．在十七届中央政治局第二十六次集体学习时的讲话［N］．人民日报，2011－02－23．

③ 同①，17．

增强了办学活力，但仍存在不少问题。胡锦涛总书记在讲话中强调要“健全政府主导、社会参与、办学主体多元、办学形式多样、充满生机活力的办学体制”。在我国现阶段，由政府举办的单一形式的公办学校已难以满足人民群众日益增长的多层次、多样化的教育需求，也很难适应经济发展形式多元化的现状，这就需要在坚持教育公益性原则的基础上，引进市场竞争机制，不断增强公办学校的办学活力，创新多种办学形式，形成以政府办学为主体、全社会积极参与、公办教育和民办教育共同发展的格局。

（四）深化教育管理体制改革，建设现代学校制度

胡锦涛总书记在十七届中央政治局第二十六次集体学习时的讲话中指出：“要深化教育管理体制改革，形成政事分开、权责明确、统筹协调、规范有序的教育管理体制。”他在全国教育工作会议上指出：“要正确处理政府、学校、社会的关系，落实和扩大学校办学自主权，建设依法办学、自主管理、民主监督、社会参与的现代学校制度。”“以转变政府职能和简政放权为重点，提高公共教育服务水平，明确各级政府责任，规范学校办学行为。”近年来，我国教育管理体制改革呈现出从重点突破到全面深化的特征，如“以县为主”基础教育管理体制的建立、校长聘任制度的推行、现代学校制度的建设、教育公共服务的改革等。当前，我国教育管理体制还存在一些问题，如政府对学校管得过多、统得过死，制约了学校自身的积极性、主动性的发挥，不利于学校办出特色、办出水平；学校内部管理行政化倾向严重，教师的主体地位未得到落实，人事管理和分配制度改革有待深化，民主管理和公共监督制度不健全，家长和社区组织以及其他单位参与学校管理和办学的有效机制尚未建立等。胡锦涛总书记的讲话和《教育规划纲要》都提出了以转变政府职能和简政放权为重点，健全统筹有力、权责明确的教育管理体制。

在教育管理体制改革中，“转变政府教育管理职能”是关键与核心问题。一方面，“各级政府要切实履行统筹规划、政策引导、监督管理和提供

公共教育服务的职责，建立健全公共教育服务体系，逐步实现基本公共教育服务均等化，维护教育公平和教育秩序”。另一方面，要有意识地“改变直接管理学校的单一方式，综合应用立法、拨款、规划、信息服务、政策指导和必要的行政措施，减少不必要的行政干预”①。为了使教育的管理更加科学与有效、更能起到正向激励的积极作用，还必须提高政府决策的科学性和管理的有效性，真正提高政府的公共教育服务水平。

（五）改革教育质量评价和人才评价制度，引导学生全面发展、健康成长

胡锦涛总书记在十七届中央政治局第二十六次集体学习时的讲话中指出：“要改革教育质量评价和人才评价制度，建立以品德、能力、业绩为导向的人才评价发现机制，引导学生全面发展、健康成长。”② 评价制度对于教育教学活动和人才的成长具有极大的导向和激励作用，建立科学、多样、灵活的，符合教育规律和人才成长规律，符合社会对各类人才要求的教育质量评价和人才评价制度十分重要。胡锦涛总书记提出要“改革教育质量评价和人才评价制度”，“建立以品德、能力、业绩为导向的人才评价发现机制”，这对于引导学生全面发展、健康成长、适应社会需要至关重要。

改革教育教学质量评价制度包括：一是改革教育教学评价方式，根据素质教育的要求，改变单纯以考试为手段、以分数为标准的学生评价方式，对学生德、智、体、美诸方面的发展情况作出全面评价，对学生的发展优势和特长作出评价，对学生的创新精神和实践能力作出评价。二是建立科学、多样的评价标准，全面评价所有学生发展进步的状况。三是形成多元评价主体，开展由政府、学校、家庭及社会各方面参与的教育质量评价活动。四是改进评价方式，完善学生成长记录，建立科学的综合素质评价

---

① 国家中长期教育改革和发展规划纲要［M］//教育规划纲要辅导续本．北京：教育科学出版社，2010：44.

② 胡锦涛．在十七届中央政治局第二十六次集体学习时的讲话［N］．人民日报，2011－02－23.

制度。

改革人才评价制度包括：一是树立科学的人才观，建立以岗位职责为基础，以品德、能力和业绩为导向的科学化、社会化人才评价发现机制，发挥对全社会人才评价的导向作用。二是强化人才选拔使用中对实践能力的综合考评，克服社会用人单纯追求学历的倾向。

教育质量评价制度改革和人才评价制度改革需要相互协调，整体推进，不断适应社会经济发展对人才培养提出的新要求，并为人才健康成长创造良好的发展环境。

（六）加强教育国际交流合作，提高我国教育的国际竞争力

教育的国际交流与合作，是国家教育事业的重要组成部分。在经济全球化深入发展、我国参与国际经济合作和竞争日益广泛深入的新形势下，我们只有加强教育国际交流合作，借鉴国外先进教育理念和有益教育经验，引进优质教育资源，才能不断提升我国教育的国际地位和竞争力。

1978 年 6 月 23 日，邓小平作出了扩大派遣留学生的重要指示，从而打破了中国的封闭局面，教育开放成为中国改革开放的前奏曲。在经济全球化背景下，中国教育以包容开放的姿态面向世界，中国教育的国际交流与合作蓬勃开展、方兴未艾。目前，我们与世界上 188 个国家和地区建立了合作与交流的关系，设立了 18 个双边教育高层工作磋商机制，构建了若干双边及区域性教育合作与交流平台，签署并尚在执行的教育合作协议达 154 个，正在实施的政府间合作的教育项目共有 77 项。另外，我们还与 34 个国家和地区签订了学历学位互认的协议。与联合国教科文组织、联合国儿童基金会、联合国开发计划署、世界银行等 40 多个重要的国际组织建立了教育合作与交流的关系，开展了大量的合作项目。截至 2008 年年底，我国已在 78 个国家和地区建立了 305 所孔子学院（学堂），国外汉语学习者达 4000 多万人。汉语作为中华文化的载体，作为世界了解中国、与中国交往的重要工具越来越受到重视。依法获得批准的中外合作办学机构和项目已

经达到1100多个。同时，国内高校也积极地“走出去”，到2008年12月，全国24所高等学校共设立海外分校或举办境外办学项目达42个。

但是，我国当前的教育开放度还不够，教育的国际交流与合作还不够深入，我国与发达国家的教育水准还存在较大差距。如何借鉴国外先进的教育经验、引进和利用国外的优质教育资源发展我国的教育，对我国教育走向世界提出了更高的要求。因此，进一步加强教育的开放性是我国教育发展不可回避的选择。我们要开展多层次、多领域的教育国际交流与合作，致力于培养大批具有国际视野、通晓国际规则、能够参与国际事务和国际竞争的国际化人才。教育的国际交流与合作必须坚持开放的态度，要以开放的心胸向他人学习，也要以开放的心胸接受他人的学习。只有在交流与合作中，中国教育才能一方面实现与世界教育接轨，逐步国际化，一方面不断坚持自己的特色和方向。

总之，教育的改革创新将是一个长期的过程。在推进教育改革创新的过程中，一是要坚持改革创新的正确方向，明确改革创新的具体思路；二是要坚持试点制，争取重点突破；三是要坚持整体推进，确保有序进行。

三、促进公平是办好人民满意的教育的首要之义

近年来，广大人民群众要求教育公平的呼声十分强烈，引起了党和政府的高度重视。胡锦涛总书记指出：“教育公平是社会公平的重要基础。坚持教育的公益性和普惠性，把促进公平作为国家基本教育政策，是促进社会公平的重要基础性任务。教育公平的关键是机会公平，基本要求是保障公民依法享有受教育的权利，重点是促进义务教育均衡发展和扶持困难群众，根本措施是合理配置教育资源。”① 温家宝总理也多次强调教育公平的

① 胡锦涛同志在全国教育工作会议上的讲话［G］//《教育规划纲要》工作小组办公室．全国教育工作会议文件汇编．北京：教育科学出版社，2010：19.

重要性，提出促进教育公平既是全面建设小康和构建和谐社会的一项具有全局性、战略性的任务，也是今后教育改革发展坚定不移的指导思想和发展目标。收入不公平影响人的一时，教育不公平影响人的一生①。促进教育公平关乎民生、关乎社会公平，是今后教育改革和发展的战略重点之一，是办好人民满意的教育的首要之义。

（一）教育公平是社会公平的重要基础

教育公平的基本内涵是人人享有平等的受教育权利，包含了教育的全方位和全过程的公正与平等两层含义。教育公平包括教育的起点公平、过程公平和结果公平。教育公平是社会公平的重要基础，是现代教育发展的必然选择。教育涉及千家万户，惠及子孙后代，因此成为当今社会最受关注的民生问题。教育公平是教育为人民服务宗旨的重要体现，是人的全面发展和社会公平正义的客观要求。胡锦涛总书记在第四次全国教育工作会议上的讲话中突出强调了教育的公益性与普惠性，深刻阐述了教育公平在社会公平中的重要作用。

第一，教育具有公益性与普惠性

教育的公益性主要表现在公共性和公平性，它是社会主义教育的本质属性。教育通过促进人的全面发展来推动社会的全面进步，是惠及全民的公益性事业。同时，教育涉及人民群众的切身利益和社会发展的各个方面，历来被看做是人们发展提高、缩小社会差别的重要手段。发展教育以及推进教育各项改革的最终目的，也应该是维护教育的公益性，促进教育公平，以实现最广大人民的根本利益。

第二，教育公平是社会公平的重要组成部分

教育公平是社会成员分享教育资源的一种状态，教育公平问题是社会

① 温家宝. 百年大计　教育为本——在科技领导小组会议上的讲话［N］. 人民日报，2009－01－05.

公平方面存在的问题在教育领域中的反映。胡锦涛总书记指出，“我们应该坚持社会公平正义，着力促进人人平等获得发展机会……注重解决教育、劳动就业、医疗卫生、养老、住房等民生问题”①，并将改善民生、让全体人民共享改革发展成果、维护社会公平正义的理念具体化为“学有所教、劳有所得、病有所医、老有所养、住有所居”等具体目标。这表明，教育公平是实现社会公平正义的重点领域，教育公平是社会公平价值在教育领域的延伸和拓展，是社会公平的重要组成部分。

第三，教育公平对于促进社会公平具有基础性作用

一是教育公平影响着个人未来潜在的发展、对人的终身发展具有促进作用。胡锦涛总书记指出：“努力普及全民教育，实现男女平等，加强公共卫生能力建设，使人人享有平等追求全面发展的机会和权利。”② 教育公平赋予每个受教育者相同的受教育机会，能使社会成员的潜能、积极性和创造性得到最大限度的开掘、激发和释放。教育贯穿于人的一生，关系着社会全体成员对未来社会的基本信念和主要期待，影响着个人未来潜在的发展。从国际经验来看，教育公平是国际社会应对贫富差距、促使发展中国家或转型国家迅速进入现代化的重要经验和举措，对人的终身发展具有促进作用。二是教育公平对于构建社会主义和谐社会发挥着基础性作用。教育公平是和谐社会的重要价值取向，教育公平是构建和谐社会的重要标志和重要支撑。教育作为我国经济社会发展中具有重要战略地位的领域，促进教育公平有利于增进社会公平，稳定社会秩序，促进社会和谐发展，教育公平已经成为和谐社会的重要价值取向；和谐社会是以人为本的社会，是实现人的全面自由发展的社会，教育公平作为和谐社会公平正义的具体体现，是构建和谐社会的重要标志；教育公平给人们提供在社会各领域公平竞争、合理流动的机会，能够显著改善人们的生存状态，减少社会性的

---

① 胡锦涛. 在第五届亚太经合组织人力资源开发部长级会议上的致辞［N］. 2010-09-16.

② 胡锦涛. 在联合国成立60周年首脑会议上的讲话［N］. 2005-09-15.

不公平。教育公平更有利于培养同和谐社会相适应的高素质的劳动者和专门人才，为构建和谐社会提供强大的智力支持，是构建社会主义和谐社会的根本保证。

为了促进教育公平，近年来党和政府采取了多项政策措施，取得了显著成效：一是进城务工人员随迁子女享受平等教育的问题得到极大改善。国家实行“以流入地政府管理为主，以公办中小学校接受为主”的政策，2009 年起进一步取消了义务教育阶段借读费，保障了义务教育阶段免费的公共政策惠及 765 万进城务工人员随迁子女。二是特殊儿童得到特别帮助。国家建立了从幼儿园到高中的特殊教育体系，独立设置特殊教育学校与促进残疾儿童在普通学校随班就读相结合，残疾人受教育权利受到法律保护。三是贫困生得到广泛资助。全面免除城乡义务教育阶段所有学生的学杂费，为农村学生提供免费教科书；为家庭经济困难学生提供寄宿生生活补助，继而国家又普遍提高了家庭经济困难寄宿学生生活补助标准和农村中小学校生均公用经费标准；设立了中等职业教育国家助学金，实施了农村与涉农专业中等职业教育免费政策；初步形成了奖、贷、补、减和勤工俭学有机结合的高等学校家庭经济困难学生资助政策体系等。①

然而，随着教育供给与教育需求矛盾的不断升级，教育公平面临着严峻挑战并成为社会关注的焦点。虽然随着教育规模迅速扩大、普及程度不断提高以及教育法制建设的不断完善，我国人人享有平等受教育的权利与教育的起点公平已基本实现，但由于我国教育发展的总体水平不高、教育发展不平衡、优质教育资源有限、素质教育的推进不够有力等因素，促进教育过程和结果的公平仍然任重而道远，需要长期不断地努力。我国当前面临的教育公平问题主要表现在：一是城乡教育差距明显。2008 年，全国小学生均总支出是 3412 元，其中城镇 4198 元，农村 3117 元，农村比城镇

① 《教育规划纲要》工作小组办公室. 教育规划纲要学习辅导百问［M］. 北京：教育科学出版社，2010：23.

少1081元；全国初中生均总支出4534元，其中城镇5584元，农村4006元，农村比城镇少1578元。二是区域教育发展差距较大。2008年，普通小学生均总支出东部地区4650元，中部地区2800元，西部地区3063元；普通初中生均总支出东部地区6089元，中部地区3797元，西部地区3985元。中部地区凹陷现象突出。三是校际差距尤其是义务教育阶段校际差距突出。尽管多年来政府严禁在义务教育阶段设立重点校和重点班，但由于种种原因，学校之间在教育质量、学校设施、师资水平上存在明显差距，这一现象在不少地方表现得尤为突出。①

（二）把促进公平作为国家的基本教育政策

随着经济的快速发展和人们权利意识的不断增强，人民群众期盼教育公平能够得到更深入的推进。党和国家领导人充分认识到教育公平问题的高度重要性。胡锦涛总书记在全国教育工作会议上明确提出要“把促进公平作为国家基本教育政策”。这是对我国教育发展任务的历史定位，也是今后教育改革和发展的一大战略目标。

第一，促进教育公平的关键是机会公平

教育的公益性和普惠性必然彰显教育的机会公平。胡锦涛总书记在全国教育工作会议上指出：“教育公平的关键是机会公平，基本要求是保障公民依法享有受教育的权利。”让每一个人享有平等的受教育机会，是《中华人民共和国宪法》赋予我国公民的基本权利，也是教育公平的基本要求。《中华人民共和国教育法》第九条规定：“中华人民共和国公民有受教育的权利和义务。公民不分民族、种族、性别、职业、财产状况、宗教信仰等，依法享有平等的受教育机会。”温家宝总理曾多次谈到教育机会的公平问题，他指出：“没有教育机会的均等，就谈不上社会公平。谁能享受良好的

① 《教育规划纲要》工作小组办公室．教育规划纲要学习辅导百问［M］．北京：教育科学出版社，2010：24.

义务教育，谁就能获得更多的发展机会，否则就难以融入现代社会。”① “为群众提供公平的受教育机会，满足群众对发展教育的期望，推动教育在更高的起点上实现更大的发展，切实解决人民群众极为关注的‘上学难、上好学’的问题，这是人民的需要，也是经济社会发展的要求。”② 党和国家领导人所指的“教育公平的关键是机会公平”，就是表明各级政府有责任运用相关政策、采取各种有力措施，为每个公民提供义务教育就学的公平机会以及高中以上学段升学的公平机会。只有这样，才能真正实现教育公平的基本要求——保证人民群众享有平等的受教育权利，如通过逐步完善相关教育政策法律体系，加强高校招生就业体系建设、落实民办学校及其师生的法律地位等手段，真正实现公民受教育权利的机会公平，使公民平等接受教育的权利得到切实的保护。

第二，促进教育公平的重点是促进义务教育均衡发展和扶持困难群体

目前，我国已基本普及九年义务教育，但我国广大农村地区义务教育的普及是在较低的起点上和较短的时间内实现的，存在着基础薄弱、发展不平衡、质量有待提高等突出问题，其中发展不平衡的问题或义务教育不能均衡发展的问题尤其突出。义务教育是提高国民素质和培养创新人才的奠基工程，多年来被党和政府列为教育改革和发展工作的“重中之重”。义务教育均衡发展是维护国民基本受教育权利的重要保障，是促进教育公平的战略性任务。从教育发达国家的经验来看，促进义务教育均衡发展主要包括以下两个方面：一是城乡之间、区域之间、学校之间在义务教育的办学条件、办学水平、教师素质、教育质量等方面大致平衡和相当；二是所有适龄儿童少年都能依法、平等地接受义务教育，享有公平接受义务教育的机会，教育的需求和教育的供给大致均衡。

扶持困难群体是促进教育公平的又一重点。困难群体主要包括家庭经

---

① 温家宝. 在全国农村教育工作会议上的讲话［N］. 人民日报，2003－09－19.

② 温家宝. 百年大计　教育为本——在科技领导小组会议上的讲话［N］. 人民日报，2009－01－05.

济困难的学生、进城务工人员子女、残疾人等。对于家庭经济困难的学生，要进一步健全国家资助政策体系，不让一个学生因家庭经济困难而失学。“逐步对农村家庭经济困难和城镇低保家庭子女接受学前教育予以资助，提高农村义务教育家庭经济困难寄宿生生活补助标准，改善中小学生营养状况，建立普通高中家庭经济困难学生国家资助制度，完善普通本科高校、高等职业学校、中等职业学校家庭经济困难学生资助政策体系，设立研究生国家奖学金，完善助学贷款体制机制。”① 针对城镇化和工业化不断发展的趋势，国家高度关注进城务工人员子女教育。对于进城务工人员随迁子女，要坚持“以输入地政府管理为主、以全日制公办中小学为主”的原则，提高其就学保障。今后要进一步强化输入地政府确保进城务工人员子女平等接受义务教育的责任，输入地政府还要制定进城务工人员子女义务教育后在当地参加升学考试的办法。进城务工人员子女还有一部分留在农村，这些“留守儿童”远离父母，缺少正常的家庭监护和教育，身心健康存在一定的问题。为此，政府和学校采取了发展寄宿制学校等措施，解决“留守儿童”的教育问题。今后，各级地方政府应在扩大农村寄宿制学校的规模、改善办学和住宿条件的同时，积极建立政府主导、社会广泛参与的关爱和服务体系。维护残疾人特别是残疾儿童的受教育权利是教育公平的重要体现。党的十七大提出的“关心特殊教育”的要求正在成为政策取向。“十一五”期间，国家在中西部地区选择部分地市县重点建设了190余所特殊教育学校，初步缓解了中西部适龄残疾儿童的入学困难问题。今后还将实施“特殊教育发展工程”，改建和新建1200所特殊学校，进一步健全特殊教育保障机制，完善特殊教育体系，提高残疾人受教育水平。

第三，促进教育公平的根本措施是合理配置教育资源

教育资源是人类社会资源之一。广义的教育资源包括自有教育活动和

---

① 胡锦涛同志在全国教育工作会议上的讲话［G］//《教育规划纲要》工作小组办公室. 全国教育工作会议文件汇编. 北京：教育科学出版社，2010：19.

教育历史以来，在长期的文明进化和教育实践中所创造积累的教育知识、教育经验、教育技能、教育资产、教育费用、教育制度、教育品牌、教育人格、教育理念、教育设施以及教育领域内外人际关系的总和。狭义的教育资源主要是指优质教育资源，包括优质的课程资源、教学资源、教师资源、教育管理资源和社会教育资源等，特别是名师教学资源、特色学科教学资源、公选课程教学资源和国际优质教育资源等内容。

合理配置教育资源主要是指优质教育资源的合理配置，包括充分利用信息技术，通过教育卫星资源共享平台即教育信息网络，将古今中外各种优质教育资源的信息进行数字化加工处理与整合，并加以广泛传播；建成互联网上的教育信息中心或教育网络中心，并通过覆盖全国所有省、自治区、直辖市和大部分地（市）、县（市）以及部分乡镇、街道（社区）的网络传输系统，实现优质教育资源在全国范围内的普及共享。由于多种缘故，我国教育资源尤其是优质教育资源在配置上存在一些不合理现象。政府要把合理配置公共教育资源作为促进教育公平的根本措施，优质教育资源要向薄弱学校、农村地区、边远贫困地区、民族地区倾斜，实现基本公共教育服务均衡化，努力缩小城乡、区域和校际间的实际差距。胡锦涛总书记在全国教育工作会中指出：政府“要着力促进公共教育资源配置公平，加强薄弱环节和关键领域，加快缩小城乡、区域教育发展差距”[①]。

（三）推动教育公平不断迈上新台阶

教育公平是社会主义教育的本质属性，是中国共产党执政为民的本质体现。在新中国成立初期，以毛泽东为核心的党中央就把人民平等享受教育权利作为政治建设的目标，提出了新民主主义的教育方针。在改革开放

---

① 胡锦涛同志在全国教育工作会议上的讲话［G］//《教育规划纲要》工作小组办公室．全国教育工作会议文件汇编．北京：教育科学出版社，2010：19.

以来的经济建设过程中，以邓小平为核心的党中央根据当时的时代特征，致力于发展各级各类教育，采取各种有力措施，大力扫除文盲。在财政困难的情况下，投入大量教育经费，大力发展少数民族教育，大力发展高等教育、师范教育、职业技术教育和成人教育。作为世界最大的人口大国和受教育者最多的教育大国，我国为推进世界教育的公平作出了贡献。现代教育发展史表明，在不同时期，教育公平体现出不同的特点。胡锦涛总书记在全国教育工作会议上指出："推进教育公平是复杂的社会系统工程，也是一个需要逐步实现的历史过程。要坚持在经济社会发展的基础上，以发展促公平，以改革促公平，以政策支持促公平，不断满足广大群众日益增长的多层次、多样化教育需求。"[①] 这说明实现教育公平是一个漫长的、不断探索、不断迈上新台阶的过程。

第一，推进教育公平是复杂的社会系统工程

教育公平是个历史范畴，具有社会历史性、相对性、复杂性等特点。所谓社会历史性，指教育公平是随社会发展而发展的，在不同的社会历史时期，教育公平的内涵和重点也会有所不同；所谓相对性，指任何国家和地区、任何历史时期，教育公平都是相对的，绝对的教育公平和没有差别的教育是不存在的；所谓复杂性，是指实现教育公平的环境与条件不是单一的，而是错综复杂的。正因为如此，推进教育公平不可能一蹴而就。新中国成立后特别是改革开放以来，党和政府在保障公民受教育权利、促进教育公平方面作出了极大努力，取得了重大进展。义务教育得到全面普及，高中阶段入学机会迅速扩大，职业教育稳步发展，高等教育开始进入大众化阶段，更多贫困学生得到资助完成学业，基本上保障每个人都有受教育的机会。然而，我国目前仍然存在教育结构和布局不尽合理，城乡、区域教育发展不平衡，教育投入不足，教育优先发展的战略地位尚未完全落实

① 胡锦涛同志在全国教育工作会议上的讲话［G］//《教育规划纲要》工作小组办公室. 全国教育工作会议文件汇编. 北京：教育科学出版社，2010：20.

等一系列现实问题，推进教育公平任重而道远。胡锦涛总书记一再强调，教育涉及千家万户、惠及子孙后代，是体现发展为了人民、发展依靠人民、发展成果由人民共享的重要方面。保证人民享有接受教育的机会，是党和政府义不容辞的职责，也是促进社会公平正义、构建社会主义和谐社会的客观要求。

第二，坚持在经济社会发展的基础上，以发展促公平，以改革促公平，以政策支持促公平

经济社会和谐发展是促进教育公平的基本保障。只有经济社会和谐发展，才能增进社会福利，扩大社会公平，极大地解放教育生产力，推进全民教育、终身教育以建设学习型社会为目标，从根本上满足全社会的教育需求。我国教育事业的大发展，为广大人民提供了更多的受教育机会，并且更好地保障了人民的受教育权利。多年的发展经验表明，只有坚持不断发展，我们才能够实现教育的起点公平；也只有坚持不断发展，我们才有可能向教育的过程公平和结果公平迈进。我国教育的发展得益于不断改革创新。近年来，以改革促公平，逐渐成为我国推进教育公平的重要举措。此外，国家制定和出台相应的政策法律是调节教育公平的有力杠杆。通过健全法制、完善政策，从国家法规和政策的层面保障所有公民充分享有受教育的权利，以此促进教育的协调发展，促进教育公平。

第三，推进教育公平的根本保障是制度规则公平

胡锦涛总书记在全国教育工作会议上指出："要着力促进教育制度规则公平，全面推进依法治教和依法治校，坚持用规范管理维护教育公平，探索教育行政执法体制机制改革，完善督导制度和监督问责机制。"① 早在20世纪80年代初，邓小平在谈到干部制度改革时，提出了"领导制度、组织制度问题更带有根本性、全局性、稳定性和长期性"② 的著名论断，他认为

---

① 胡锦涛同志在全国教育工作会议上的讲话［G］//《教育规划纲要》工作小组办公室. 全国教育工作会议文件汇编. 北京：教育科学出版社，2010：20.

② 邓小平. 邓小平文选：第二卷［M］. 北京：人民出版社，1994：333.

干部的选拔任用工作要一步步规范化、制度化，并且认为“制度好可以使坏人无法任意横行，制度不好可以使好人无法充分做好事，甚至会走向反面”。[①] 从此以后，人们开始充分认识到制度建设和制度改革的重要性。可以这么说，一些教育不公平现象的深层次原因正是源自制度或规则的不公平，尤其是教育法制的不健全。由于历史的原因（主要是受条件所限）、认识水平的原因、利害关系的原因等，某些教育制度或规则本身就存在不公平因素，如义务教育的非均衡发展、高考存在的不公平现象，根源在于制度上存在漏洞和不完善。当然，这里所说的制度不仅仅指教育制度，教育系统外部的社会体制同样制约着教育公平的实现。教育只是社会大系统中的一个子系统，社会的不公平必然带来教育的不公平。要实现教育公平，关键是要有公平的制度或规则作为保障。政府在制定相关制度、规则与政策的时候，要真正秉持“执政为民”、“问计于民”的理念，在考虑国家整体发展目标的同时，要认真倾听广大人民群众的呼声，努力满足广大人民群众的需求，通过不断完善体制机制，加强制度建设，切实保障教育公平。

四、提高质量是办好人民满意的教育的核心任务

提高教育质量是办好人民满意的教育的又一战略重点。提高教育质量是当今世界教育发展的共同趋势，是适应我国经济社会发展的需要，也是我国教育自身改革与发展的需要。胡锦涛总书记指出：“推动教育事业科学发展，必须重视教育质量。全面提高教育质量，对建设教育强国、人力资源强国意义重大。”他强调，要把全面提高质量作为教育改革发展最核心最紧迫的任务，摆在各级各类教育更加突出的位置，不断为社会主义现代化建设提供强有力的人才保证和智力支撑。温家宝总理也指出：“教育发展不

① 邓小平. 邓小平文选：第二卷 [M]. 北京：人民出版社，1994：333.

是简单的数量扩张，而必须以提高质量为前提。”[①]《教育规划纲要》则明确提出“把提高质量作为教育改革发展的核心任务”。党和国家领导人的讲话和国家重要教育文件所蕴涵的思想和主张是科学发展观教育理论的重要组成部分，对于加快推进教育内涵式发展具有重要的指导意义。

（一）树立科学的教育质量观

教育质量观对教育的发展具有导向性、基础性和全局性的影响，树立科学的教育质量观对提高教育质量、促进教育事业健康发展具有重要的战略意义。胡锦涛总书记对教育质量高度关注，提出了以提高质量为核心，坚持规模和质量的统一，注重教育内涵发展的教育质量观。他在全国教育工作会议上指出：“要把促进人的全面发展、适应社会需要作为衡量教育质量的根本标准，努力协调好教育发展和人的全面发展、教育发展和社会发展的关系，鼓励学校办出特色、办出水平和出名师、育英才。”[②]

促进人的发展是教育工作的出发点和落脚点，是教育的基本功能，也是衡量教育质量的根本标准。以人为本体现在教育中主要是以学生为本，促进人的发展落实在教育中主要体现为促进学生的发展。现阶段，教育不仅要促进学生的发展，更重要的是要促进学生的全面发展。

适应社会需要、促进社会发展是教育的基本使命之一。只有适应社会发展需要，使人才的培养与国家对人才的要求相符合，才是高质量的教育。教育结构调整与社会产业结构调整相适应是教育适应社会需要的客观要求。教育的层次结构、类型结构、学科结构和学生所具备的能力结构等反映了人才培养结构，人才培养结构只有与国家所需要的人才结构相匹配，才能适应和满足经济社会发展对人才的需要。只有满足经济社会发展对人才的

① 温家宝同志在全国教育工作会议上的讲话［G］//《教育规划纲要》工作小组办公室．全国教育工作会议文件汇编．北京：教育科学出版社，2010：31.

② 胡锦涛同志在全国教育工作会议上的讲话［G］//《教育规划纲要》工作小组办公室．全国教育工作会议文件汇编．北京：教育科学出版社，2010：21.

需要的教育才是高质量的教育。

树立科学的教育质量观，要努力协调好教育发展与人的全面发展、教育发展和社会发展的关系。社会发展的根本目的是为人的发展提供更优越的条件和基础，挖掘人的潜能，促进人的全面发展；人的全面发展又可以满足和促进社会的发展，二者相辅相成，对立统一。衡量教育质量高低的根本标准是看教育是否促进人的全面发展、是否适应社会需要，或者是在多大程度上促进人的发展、在多大程度上适应社会需要。当前我国的教育发展要求教育不仅要促进人的发展，更要促进人的全面发展，不仅要适应当前社会的需要，还要适应未来社会的需要。因此，科学的教育质量观，要求以人的全面发展为首要目的，以适应社会需要为根本标准，培养各级各类适应并满足社会需要的人才。

树立科学的教育质量观，要坚持规模和质量的统一，注重教育内涵式发展。胡锦涛总书记在党的十七大报告中指出：科学发展观“基本要求是全面协调可持续，根本方法是统筹兼顾”，要“实现速度和结构质量效益相统一”。在中共中央政治局第三十四次集体学习时，胡锦涛总书记强调：“统筹教育发展的规模、结构、质量、效益，努力办好人民群众满意的教育。”胡锦涛总书记的一系列论述表明，教育规模和教育质量二者是对立统一的关系。注重教育内涵式发展要求，就必须坚持规模和质量的统一。扩大教育规模与提高教育质量是社会发展的必然要求。近年来，我国各级各类教育在数量和规模上发展迅速，人民群众“有学上”的问题得到基本解决，但“上好学”成为教育发展的新要求，提高教育教学质量成为今后一个时期我国教育改革和教育发展的战略重点和面临的主要任务。我们要继续提高教育的普及水平，在教育规模和数量不断扩大的基础上，坚持不懈地提高教育质量，实现教育的健康可持续发展。

（二）将教育工作重点集中到提高质量上来

质量是教育的根本。从人力资源大国向人力资源强国转变的关键在于提高教育质量。胡锦涛总书记在全国教育工作会议上指出："要把教育资源配置和学校工作重点集中到强化教学环节、提高教育质量上来。"① 胡锦涛总书记关于教育质量的论述表明，要提高教育质量，就必须通过提升教师素质、优化教育资源配置、强化教学环节、鼓励学校办出特色和水平等环节来加以实施。

第一，通过提升教师素质提高教育质量

高水平的教师队伍是实现高质量教育的关键。胡锦涛总书记在不同场合多次强调教育事业发展的关键在教师，必须紧紧依靠广大教师和教育工作者，遵循教育规律办学教学，以确保教育质量的提高。2007 年 8 月 31 日，胡锦涛总书记在全国优秀教师代表座谈会上指出，没有高水平的教师队伍，就没有高质量的教育。2010 年 7 月 13 日，胡锦涛总书记在全国教育工作会议上又强调："努力造就一支师德高尚、业务精湛、结构合理、充满活力的高素质专业化教师队伍。""要在全社会大力弘扬尊师重教的优良传统，宣传优秀教师先进事迹，使教师成为最受社会尊重的职业。要加强学校领导者、管理者队伍建设，加强辅导员、班主任队伍建设，提高队伍整体素质。要完善绩效考核，发扬良好校风、教风、学风，力戒浮躁，形成全面提高教育质量的良好氛围。"② 胡锦涛总书记关于提高教育质量离不开高水平教师队伍建设的重要思想，为我国各级各类教育质量的提高指明了基本方向。

为了贯彻落实胡锦涛总书记的这一教育思想，国家将高水平教师队伍建设问题列入《教育规划纲要》以及其他教育法律法规政策中。《教育规划纲要》明确规定了在未来 10 年，要把建设一支师德高尚、业务精湛、结构合理、充满活力的高素质专业化教师队伍摆在更加重要的位置。具体规定了建设一支高水平的教师队伍需要的主客观条件和保障措施。如加强师德

---

① 胡锦涛同志在全国教育工作会议上的讲话［G］//《教育规划纲要》工作小组办公室. 全国教育工作会议文件汇编. 北京：教育科学出版社，2010：21.

② 同①，22 - 23.

建设，提高教师业务水平，提高教师地位待遇，不断改善教师的工作、学习和生活条件，吸引优秀人才长期从教、终身从教，健全教师管理制度等。这为建设高水平教师队伍从而实现教育质量的提升提供了有力的政策保障。

教育大计，教师为本。没有高水平的教师队伍就没有高质量的教育。有好的教师，才有好的教育。提高教师地位，维护教师权益，改善教师待遇，使教师成为受人尊重的职业。培训教师，提升教师素质，努力造就一支师德高尚、业务精湛、结构合理、充满活力的高素质专业化教师队伍是提高教育质量的关键。

第二，通过优化教育资源配置提高教育质量

教育资源配置状况直接影响教育的效果和质量。教育资源主要是指优质教育资源，包括优质的课程资源、教学资源、教师资源、教育管理资源和社会教育资源等，特别是名师教学资源、特色学科教学资源、公选课程教学资源和国际优质教育资源等内容。胡锦涛总书记多次谈到教育资源的配置问题。他在全国教育工作会议上指出："要加强优质教育资源开发和应用，构建国家教育管理信息系统，确保到2020年基本建成覆盖城乡各级各类学校的教育信息化体系，促进优质教育资源普及共享，加快全民信息技术普及和应用。"① 他在十七届中央政治局第二十六次集体学习时的讲话中指出："坚持走以促进公平和提高质量为重点的内涵式发展道路，建立健全覆盖城乡的基本公共教育服务体系，坚持公共教育资源向农村、中西部地区、贫困地区、边疆地区、民族地区倾斜，促进城乡、区域教育协调发展，满足人民群众多层次、多样化的教育需求。"②

优化教育资源配置的最重要的方面是要加大国家对教育的财政性投入。胡锦涛总书记特别强调："教育投入是支撑国家长远发展的基础性、战略性

---

① 胡锦涛同志在全国教育工作会议上的讲话［G］//《教育规划纲要》工作小组办公室. 全国教育工作会议文件汇编. 北京：教育科学出版社，2010：23.

② 胡锦涛. 在十七届中央政治局第二十六次集体学习时的讲话［R/OL］. 新华网，2011-02-22.

投资，要健全以政府投入为主、多渠道筹措教育经费的体制，大幅度增加教育投入，2012 年实现国家财政性教育经费支出占国内生产总值的 4%，并保持稳定增长。”[①] 这表明了党和政府推动教育改革和发展的坚定决心。此外，建立健全覆盖城乡的基本公共教育服务体系、构建覆盖城乡各级各类学校的教育信息化体系，也是优化教育资源配置、全面提高教育质量的重要手段。

第三，通过强化教学环节提高教育质量

强化教学环节主要包括深化课程和教学改革、调整和整顿与现代化建设不相适应的教学内容、教学方法，更新教育观念和改进教学方法。温家宝总理在全国教育工作会议上指出：“推进素质教育，培养全面发展的优秀人才和杰出人才，关键要深化课程和教学改革，创新教学观念、教学内容、教学方法，着力提高学生的学习能力、实践能力、创新能力。”[②] 他还指出：“教学不光是课程的改革，应该是整个教学的改革，课程是其中的一部分，而且是很重要的一部分。现在，在教学中我们比较注重认知，认知是教学的一部分，就是学习。在认知方法上我们还有缺陷，主要是灌输。其实，认知应该是启发，教学生学会如何学习，掌握认知的手段，而不仅在知识的本身。学生不仅要学会知识，还要学会动手，学会动脑，学会做事，学会生存，学会与别人共同生活，这是整个教育和教学改革的内容。”[③]

课堂是教育教学的主要阵地，提高教育质量首先要提高课堂教学质量。课堂教学要尊重学生的差异性和多样性，因材施教，逐步提高课堂教学质量。要提高学校教育质量，提高科学文化教学水平，教材是一个重要的条

---

① 胡锦涛同志在全国教育工作会议上的讲话［G］//《教育规划纲要》工作小组办公室. 全国教育工作会议文件汇编. 北京：教育科学出版社，2010：11.

② 温家宝同志在全国教育工作会议上的讲话［G］//《教育规划纲要》工作小组办公室. 全国教育工作会议文件汇编. 北京：教育科学出版社，2010：41.

③ 温家宝. 教育大计　教师为本［N］. 人民日报，2009－10－12（2）.

件。邓小平非常重视教材问题，指出，在当时学校工作中“关键是教材”，不解决好教材问题，就无法提高学校的教育质量。

探索尝试新的教学模式，整体安排教学工作，使学校的其他工作紧紧围绕教学工作展开，努力为学校教学服务。促进教学过程性评价，优化教学环节，强化实践教学环节。过程性评价和强化实践教学是培养和保持学生学习兴趣、增强学生理论联系实际能力的重要保证，是培养实践创新人才的必要方式。同时，加强教学的针对性，保证教学内容的科学性和教法的适应性，不断提高教学水平，也是深化课程和教学改革，提高教育质量的必要环节。

第四，通过鼓励学校办出特色和水平提高教育质量

从科教兴国、建设人力资源强国和创新型国家的高度，从把提高教育质量作为教育改革和发展的核心任务的角度出发，我国党和国家领导人多次强调鼓励学校办出特色和办出水平。胡锦涛总书记2008年3月15日在中国人民大学出席“中日青少年友好交流年”开幕式和相关活动时说：“大学要办出特色、办出水平。”并说：“办大学大家不要都办成一个样子，要办出特色，要办出水平；办出特色和办出水平是统一的，办出特色才能有高水平，办出水平才能有特色。”胡锦涛总书记在全国教育工作会议上指出“鼓励学校办出特色、办出水平和出名师、育英才。”[①] 2011年4月24日，胡锦涛总书记在庆祝清华大学建校100周年大会上的讲话中再次强调：“我国高等学校要把提高质量作为教育改革发展最核心最紧迫的任务，完善中国特色现代大学制度，加强领导班子建设，创新教育教学方法，强化实践教学环节，形成人才培养新优势，努力出名师、育英才、创一流。”并特别强调重点大学“要坚持‘中国特色，世界一流’的发展道路，改革创新，奋勇争先，在加快建设世界一流大学的进程中取得新的更大的成就”。胡锦

① 胡锦涛同志在全国教育工作会议上的讲话［G］//《教育规划纲要》工作小组办公室. 全国教育工作会议文件汇编. 北京：教育科学出版社，2010：23.

涛总书记上述论述充分体现了党鼓励学校办出特色和水平，走内涵式发展道路，全面提高教育质量的教育思想。温家宝总理在全国教育工作会议上指出："要适应经济社会发展对人才的多样化需求，引导高等学校合理定位，克服同质化倾向，形成独具特色的办学理念和风格。对不同层次、不同类型的学校，要同样重视，给予支持，鼓励各类学校办出水平、办出特色、争创一流"①。《教育规划纲要》明确规定：要"树立以提高质量为核心的教育发展观，注重教育内涵发展，鼓励学校办出特色、办出水平，出名师，育英才。"② 高校"要优化结构办出特色。适应国家和区域经济社会发展需要，建立动态调整机制，不断优化高等教育结构。优化学科专业、类型、层次结构，促进多学科交叉和融合。重点扩大应用型、复合型、技能型人才培养规模。加快发展专业学位研究生教育。优化区域布局结构。设立支持地方高等教育专项资金，实施中西部高等教育振兴计划。新增招生计划向中西部高等教育资源短缺地区倾斜，扩大东部高校在中西部地区招生规模，加大东部高校对西部高校对口支援力度。鼓励东部地区高等教育率先发展。建立完善军民结合、寓军于民的军队人才培养体系。促进高校办出特色。建立高校分类体系，实行分类管理。发挥政策指导和资源配置的作用，引导高校合理定位，克服同质化倾向，形成各自的办学理念和风格，在不同层次、不同领域办出特色，争创一流"③。

总之，特色强校、内涵提高、质量第一，是我国未来各级各类教育科学发展的必由之路。

---

① 温家宝同志在全国教育工作会议上的讲话［G］//《教育规划纲要》工作小组办公室．全国教育工作会议文件汇编．北京：教育科学出版社，2010：38.

② 国家中长期教育改革和发展规划纲要（2010—2020 年）［G］//《教育规划纲要》工作小组办公室．全国教育工作会议文件汇编．北京：教育科学出版社，2010：85.

③ 国家中长期教育改革和发展规划纲要（2010—2020 年）［G］//《教育规划纲要》工作小组办公室．全国教育工作会议文件汇编．北京：教育科学出版社，2010：104－105.

（三）建立以提高教育质量为导向的标准、保障与管理体系

制定教育质量国家标准，就是将人们对教育改革的愿望和国家对人力资源发展的构想，具体体现于一系列切实可行的要求与标准中，并将这些标准进行科学化、本土化、国际化的规范与完善，最终以法律的形式固定下来；同时，为教育质量的提高提供保障体系，包括加强教师队伍建设、提供所需的经费、完善人才培养与评价制度、加强科学管理、加快教育信息化进程、健全相关法律并推进“依法治教”的工作，并通过实验和试点摸索相关经验，及时调整和完善相关政策与法律。

那么，衡量教育质量的标准依据是什么呢？胡锦涛总书记的一系列讲话和《教育规划纲要》为我们提出了明确的依据。胡锦涛总书记在2006年就曾指出：“全面实施素质教育，核心是要解决好培养什么人、怎样培养人的重大问题，这应该成为教育工作的主题。要坚持育人为本、德育为先，把立德树人作为教育的根本任务，努力培养德智体美全面发展的社会主义建设者和接班人。”① 他在全国教育工作会议上又进一步指出：“要把促进人的全面发展、适应社会需要作为衡量教育质量的根本标准。”由此对提高教育质量的主要指向作出了明确的规定，也为中国教育质量标准的确定开阔了思路。

制定国家教育质量标准，要以新中国六十多年、改革开放三十多年教育改革和发展的实践与探索为基础，以一以贯之的教育方针政策作参考。除此之外，国外许多国家的先进教育经验、联合国教科文组织近年来提出的有关“学会生存”、“学会学习”、“学会工作”、“学会关心”、“学会创造”等理念，也应成为确立我国国家教育质量标准的重要借鉴。在确立国家教育质量标准方面，不仅要着眼现实、着眼国情，更要放眼世界、着眼长远。同时要为处于不同发展阶段的地区与学校提供能够实现赶超的基本

① 胡锦涛. 办好让人民群众满意的教育［R］. 人民日报，2006-08-29.

条件与空间，使具有方向性、权威性的国家教育质量标准不是高不可攀的空中楼阁，而是符合现实、可以持续登攀的阶梯。

在国家教育质量标准确立之后，要使质量提高成为现实，还必须要建立健全提高教育质量的保障体系。在这方面，要一改以往的决策方式和管理方式，在制度建设和机制设立之中兼顾各方面的责权利，要使教育的管理者、实践者、受益者、关注者都能找到自己对应的责任、权利和义务，使提高教育质量目标的实现能够在各个环节都找到相关的责任机构和责任人。

真正实现国家教育质量标准提出的目标，承担责任义务的不仅仅是学校，也包括家庭、社会。尤其在建设“学习型社会”的大背景下，教育质量的提高，包括德、智、体、美、劳诸方面，社会的整体协调一致是最为重要和关键的，任何一个环节的问题或体制性的障碍都可能使提高教育质量的探索前功尽弃。

从具体的保障方面看，可以从加强教育教学评估、推进教育教学方法的改进、完善教育督导的“督学”与“督政”功能、争取社会广泛的参与与支持、注重社会与行业的监督与问责、加强调查研究和问题诊断、支持有创新潜质的实验等方面着手，还要有政策支持和制度保障。

值得强调的是，任何改革与制度的创新都与观念的转变息息相关，而制度的有效性不仅要倚重国家的意志，更要有社会广泛的认同。当提高教育质量成为社会的共识之后，制度建设与保障就显得至关重要。

第三章

完善中国特色社会主义现代教育体系

“完善中国特色社会主义现代教育体系”①，是胡锦涛总书记2010年7月13日在全国教育工作会议上的讲话中正式提出来的，并被写入中共中央、国务院颁布的《国家中长期教育改革和发展规划纲要（2010—2020年)》。

新中国成立六十多年，特别是改革开放三十多年来，经过不懈的努力，我国教育事业取得了举世瞩目的成就，中国特色社会主义现代教育体系的基本框架得以建构起来，形成了学前教育至高等教育贯通、学历教育与非学历教育并举、普通教育与职业教育并重的层次较完整、类别较齐全、形式较多样的教育体系，基本满足了我国社会主义现代化建设对各类人才的需要和社会成员接受基本教育、培训的需求。但是，面对国际竞争加剧、经济发展方式转变的新要求，面对人民群众上好学、接受良好教育的新期盼，面对社会变迁和多元发展的新格局，我国的教育体系仍存在诸多不适应，迫切需要进一步完善。完善中国特色社会主义现代教育体系，是时代赋予教育的伟大而艰巨的历史使命，对于建设学习型社会和人力资源强国

① 胡锦涛同志在全国教育工作会议上的讲话［G］//《教育规划纲要》工作小组办公室. 全国教育工作会议文件汇编. 北京：教育科学出版社，2010：9.

具有重要意义。

为实现“完善中国特色社会主义现代教育体系”的目标，未来十年，我们要努力完成以下八大发展任务：一是基本普及学前教育，重点发展农村学前教育；二是巩固提高九年义务教育水平，推进义务教育均衡发展；三是加快普及高中阶段教育，推动普通高中多样化发展；四是大力发展职业教育，增强职业教育的吸引力；五是全面提高高等教育质量，优化结构办出特色；六是加快发展继续教育，构建灵活开放的终身教育体系；七是大力支持民族地区优先发展教育；八是关心和支持特殊教育，健全特殊教育保障机制。

一、基本普及学前教育，重点发展农村学前教育①

改革开放特别是党的十六大以来，学前教育作为社会主义教育事业的组成部分，在党和政府的关怀与支持下，在多个部门、组织的共同协作指导以及社会的广泛参与，特别是广大幼教理论和实践工作者的不懈努力下，取得了长足的进步，普及程度逐步提高，积累了有益的经验。2009 年，全国共有幼儿园 13.82 万所，在园儿童 2658 万人，学前三年毛入园率达 51%，是 1980 年的三倍多，达到历史最高水平。②

但我们必须清醒地看到，我国学前教育仍是各级各类教育中的薄弱环节，主要表现为教育资源短缺、投入不足，师资队伍不健全，体制机制不完善，城乡区域发展不平衡，一些地方“入园难、入园贵”的问题突出。因此，加快普及学前教育，重点发展农村学前教育，是未来学前教育发展的战略选择。

---

① 胡锦涛同志在全国教育工作会议上的讲话［G］//《教育规划纲要》工作小组办公室. 全国教育工作会议文件汇编. 北京：教育科学出版社，2010：12.

② 刘延东在全国学前教育工作电视电话会议上的讲话［R/OL］. 新华网，2010 - 12 - 01.

（一）把发展学前教育摆在更加重要的位置

发展学前教育事关亿万儿童的健康成长，是促进人的终身发展的奠基工程。学龄前阶段是人生最重要的启蒙时期，是为后继学习和终身发展奠定坚实基础的重要阶段。相关研究成果表明，在人的一生中，这一阶段发展最快、可塑性最强。接受科学的学前教育，对于幼儿形成强健的体魄，养成健康的生活习惯，培养良好的思想品德，激发学习兴趣、创新意识和合作能力具有不可替代的作用，对人的健康、学习和社会行为等方面产生终身可持续的影响。

自20世纪60年代以来，无论美、英等发达国家，还是巴西、墨西哥、印度等发展中人口大国，都把普及学前教育作为提高国家竞争力的重要组成部分，作为国家基础教育和人力资源投资的重点，加大财政投入，实施了普惠性的学前教育国家行动计划。把学前教育纳入政府公共服务体系，并加以大力推进普及，已成为当前国际教育发展的新趋势，成为世界各国的共同行动。

我国党和政府高度重视学前教育的发展。在2010年7月13日召开的全国教育工作会议上，胡锦涛总书记明确指示："要基本普及学前教育，重点发展农村学前教育，遵循幼儿身心发展规律，坚持科学保教方法，加强学前教育管理，保障幼儿快乐健康成长。"① 2010年11月3日，温家宝总理主持召开国务院常务会议，研究部署当前发展学前教育的政策措施。2010年11月21日，国务院颁布的《关于当前发展学前教育的若干意见》（以下简称《若干意见》）强调："学前教育是终身学习的开端，是国民教育体系的重要组成部分，是重要的社会公益事业。""办好学前教育，关系亿万儿童的健康成长，关系千家万户的切身利益，关系国家和民族的未来。""各级

① 胡锦涛同志在全国教育工作会议上的讲话［G］//《教育规划纲要》工作小组办公室．全国教育工作会议文件汇编．北京：教育科学出版社，2010：12．

政府要充分认识发展学前教育的重要性和紧迫性，将大力发展学前教育作为贯彻落实教育规划纲要的突破口，作为推动教育事业科学发展的重要任务，作为建设社会主义和谐社会的重大民生工程，纳入政府工作重要议事日程，切实抓紧抓好。”

刘延东在2010年12月1日召开的全国学前教育工作电视电话会议上从战略和全局的高度，深刻阐述了发展学前教育的重要性和紧迫性。她指出：“当新世纪进入第二个十年之际，在我国从教育大国向教育强国迈进的关键阶段，大力发展学前教育对于实现更高水平的普及教育、提高国民整体素质具有深远意义。这是影响一代人甚至几代人、影响未来综合国力的大事。我们必须充分认识在新的历史时期学前教育事业承载的重要使命，切实增强使命感、责任感和紧迫感，以对国家、对人民高度负责的精神把这件大事办好。”①

（二）加快提高学前教育发展水平

加快发展学前教育，是党中央、国务院顺应民心民意作出的重要决策，是贯彻落实全教会精神和教育规划纲要的战略重点。《教育规划纲要》和《若干意见》对当前和今后一个时期的学前教育发展作出了全面部署，明确要求做到五个坚持：一是必须坚持公益性和普惠性，努力构建覆盖城乡、布局合理的学前教育公共服务体系，保障适龄儿童接受基本的、有质量的学前教育；二是必须坚持政府主导，社会参与，公办民办并举，落实各级政府责任，充分调动各方面积极性；三是必须坚持改革创新，着力破除制约学前教育科学发展的体制机制障碍；四是必须坚持因地制宜，从实际出发，为幼儿和家长提供方便就近、灵活多样、多种层次的学前教育服务；五是必须坚持科学育儿，遵循幼儿身心发展规律，促进幼儿健康快乐成长。

当前，要重点解决好以下五个方面的问题：

---

① 全国学前教育工作电视电话会议［G/OL］. 教育部门户网站，2010-12-01.

第一，扩大资源，增加供给

地方各级政府要采取多种形式，扩大学前教育资源，建设数量充足、条件达标、收费合理、面向区域内所有适龄儿童的普惠性幼儿园。一要大力发展公办幼儿园，提供“广覆盖、保基本”的学前教育公共服务。要在城乡公办资源短缺的地区尽快制定和落实发展规划，新建和改扩建一批公办幼儿园，中小学布局调整的富余资源也要优先用于改扩建幼儿园，促进公办幼儿园合理布局。鼓励优质幼儿园举办分园或合作办园，支持街道、农村集体举办幼儿园，面向社区、面向社会，承担起学前教育公共服务的责任。二要积极扶持民办幼儿园，为家长提供多样化选择。对城乡民办幼儿园给予多种形式的扶持和资助，引导其提供普惠性服务，让群众可以在缴费大致相当的情况下自由选择公办园或民办园。三要建好、用好和管好城镇小区配套幼儿园。在城镇化进程中，小区配套幼儿园既是配置和增加城市学前教育资源的主要渠道，也是提高政府公共服务供给能力的有效手段。各地要把小区配套幼儿园作为扩大资源和规范管理的一项重点工作，在小区规划、审批和验收等各个环节落实配套幼儿园建设政策，确保小区适龄儿童“有园上”、“上得起”。各地要对小区配套幼儿园进行规范整顿，对改变性质和用途的要加快整改，予以纠正。四要把加快发展农村学前教育作为重点。各级政府要把发展农村学前教育作为新农村建设的紧迫任务，纳入公共服务体系，加快乡村幼儿园建设，建立和完善县、乡、村三级学前教育服务网络，使农村适龄儿童能够享有公平的学前教育机会。

第二，科学保教，提高质量

这是促进学前教育公平、实现每个儿童身心全面和谐发展的根本保证。一要遵循幼儿成长规律和学前教育规律，坚决防止“小学化”、“成人化”倾向。要为儿童创设丰富的教育环境，坚持以游戏为基本活动，注重让幼儿在与同伴和成人的积极交往中，通过观察探索、感知体验，享受快乐童年，促进个性健康发展。二要强化对各类幼儿园保教质量的监督和指导，建立幼儿园保教质量评估监测体系，进一步完善学前教育质量管理制度。

同时，加强学前教育教研和科研工作，积极探索符合不同年龄层次、不同特点的儿童保教方法。三要在全社会树立正确的儿童观、教育观和质量观，引导家长更新教育观念，尊重儿童的天性和认知规律，珍惜童年生活的独特价值，支持幼儿园开展科学保教，自觉抵制那些拔苗助长、违反儿童身心健康的错误观念和做法。

第三，充实师资，提升素质

造就一支师德高尚、热爱儿童、业务精良、结构合理的幼儿教师队伍，是学前教育事业发展的关键。幼儿教师是孩子进入集体教育机构的第一任老师，思想品德要求高、专业性强，工作很辛苦，一言一行、一举一动都对孩子们有重要影响。教师质量决定着学前教育的质量，有限的资源要优先用于教师队伍建设。当前要下决心抓好四个环节：一是严格准入，实行幼儿教师资格准入制度，严把入口关。幼儿教师有其特殊要求，既要具备专业素养，更要具有爱心、耐心、细心，善于与孩子互动交流，要把热爱这一岗位、适合这一岗位的人选拔到幼教队伍中来。二是核定编制，根据国家规定逐步配齐教职工，多渠道补充合格教师，从根本上解决一些地方长期存在的幼儿教师数量不足问题。三是落实待遇，切实解决好幼儿教师的工资福利、职称和社会保障等问题，保障合法权益，消除后顾之忧，让广大幼儿教师心情舒畅搞教学。四是加强幼儿教师培养，制定幼儿师资队伍培养培训规划。办好师范院校学前教育专业，扩大免费师范生学前教育专业招生规模。我们提出初中毕业后五年制的专科学历教师培养模式，这是考虑到我国幼儿师范专业特点和学前教育师资现状提出来的，要积极探索、不断完善。园长和教师的培训要纳入继续教育计划，大力加强师德建设，注重运用现代化教育手段和远程教育平台，创新培训模式，满足幼儿教师多样化的学习和发展需求，不断提高其专业素质和实践能力。

第四，拓宽渠道，加大投入

加快发展学前教育，财政投入是保障。近些年来的实践证明，各级政府必须切实承担起加大投入的责任，不能单纯依靠市场机制来解决学前教育发展问题。各地要认真落实《若干意见》提出的要求，切实加大学前教育投入力度。要落实各项财政支持政策，做到预算有科目，增量有倾斜，投入有比例，拨款有标准，资助有制度，改变一些地方对学前教育不投入、少投入的现状，不断提高财政投入水平。公共财政投入要向农村地区、边远地区、民族地区倾斜，承担更多的扶持责任。要建立学前教育资助体系，对家庭经济困难儿童、孤儿和残疾儿童给予重点资助。办好学前教育，虽然需要最大幅度地增加政府投入，但也不能像义务教育那样完全由政府包下来，要形成政府投入、社会举办者投入、家庭合理负担的投入机制，积极动员社会力量投资办园和捐资助园，拓宽学前教育经费来源渠道。

第五，加强监管，规范办园

幼儿园遍布城乡社区，量大面广，办园主体多元化，办园水平参差不齐，规范管理的任务相当繁重。各级教育部门特别是区县一级要采取有效措施，充实管理力量，建立科学有效的监管机制，切实履行好职责。要加强对幼儿园准入、安全和质量等方面的监督管理和指导，对教师资质、人员流动、工资待遇、教育教学、卫生保健与安全管理等方面实行动态监管，规范办园行为，不断提高各类幼儿园的办园水平。尤其是对于幼儿园安全问题要高度重视，决不能掉以轻心，切实加强全覆盖的安全防护体系建设，坚决杜绝安全隐患，切实防止安全事故的发生。各级价格、财政、教育部门要根据职责分工，加强幼儿园收费管理。

（三）明确政府责任，把各项任务落到实处

明确加快发展学前教育的各项任务后，关键是抓好落实。

第一，要切实把发展学前教育摆上政府工作的重要位置

地方各级政府是发展学前教育的责任主体，要把解决“入园难”作为当前改善民生和推动教育改革发展的重要任务，列入工作计划，摆上重要议事日程。主要负责同志要亲自抓，负总责，化解突出矛盾，解决重点问题。要建立健全切实有效的领导协调机制，充分发挥各部门在资源调度和

政策制定方面的积极性、创造性，明确部门责任，落实任务分工，加强统筹协调，形成推动学前教育发展的合力。要建立督促检查和考核奖惩机制，把政策是否落实到位、措施是否有力、能否有效缓解入园难，作为检验各级政府和相关部门工作实绩的一项重要指标纳入考核范围。对于那些举措不实、力度不够、效果不好的地区，要加强指导，限期整改，整改不到位的，要予以严肃问责。有关部门要开展专项检查，推广先进经验，确保各项任务落到实处。

第二，抓紧制订学前教育三年行动计划

行动计划重在切实可行，立足当前，着眼长远，标本兼治，提高针对性、操作性，对于发展学前教育所面临的现实困难和突出问题要有解决之策，对于学前教育的体制机制改革要有明确路径，对于三年内基本缓解入园难问题要有路线图和时间表。一是科学规划，合理布局。要准确掌握当地学前教育基本情况和突出问题，在摸清家底的基础上，从当地实际和群众需求出发，合理安排学前教育的规划与布局，不强求整齐划一，不追求一个模式，不搞一刀切。二是确定目标，明确任务。要着眼本区域经济社会发展状况和适龄人口变化趋势，科学测算不同年份的入园需求和供需缺口，合理确定三年发展目标，并逐年落实。三是制定政策，强化措施。地方各级政府对实施三年行动计划所需的财政投入要有适当的分担比例，列入财政预算，统筹考虑幼儿园运行和教职工工资、社保等问题，努力提高投入水平。四是明确责任，抓好落实。各省区市编制的计划要以县为单位，主要措施要落实到县，建设规划要落实到点。要有针对性地设计发展学前教育的工程项目，并纳入当地政府实施的民生工程，在人力、物力和财力上予以重点保障。要建立责任制，落实责任目标、责任部门和责任人，一级抓一级，层层抓落实。

第三，认真做好学前教育体制改革试点

按照国家教育体制改革领导小组的统一部署，改革试点工作已在各地启动。各地要结合学前教育三年行动计划的制订和实施，针对办园体制、投入体制、管理体制、用人机制和工作机制中存在的深层次障碍，抓住群众反映强烈的突出问题，加大政策创新力度，拿出解决办法和有效措施。特别是承担相关国家试点任务的地区，要按照细化实化和方便操作的要求，进一步解放思想，大胆探索，在重点难点问题上率先突破。例如，如何确保政府责任不缺位、社会参与有动力，大力发展“广覆盖、保基本”的公办园，积极扶持民办园提供普惠性服务；如何落实小区配套建园，为居民提供就近方便、普惠的学前教育服务；如何建立和完善农村学前教育的多渠道经费投入机制，解决好保安全、保工资、保运转的问题；如何协调不同所有制幼儿园教师的待遇问题，避免形成和累积新的矛盾；如何适应工业化城镇化发展的大趋势，解决好流动人口随迁子女和留守儿童接受学前教育的问题，等等。各级政府和各相关部门要积极支持试点地区的工作，在政策、资金和指导力量上给以倾斜，并及时总结推广好经验、好做法。

第四，精心组织实施农村学前教育项目

按照教育规划纲要的部署，推进农村学前教育的项目也已启动。今年国家先期在中西部十个省区进行乡村幼儿园建设试点，在总结经验的基础上从明年起逐步推开。农村幼儿园园长和骨干教师的国家级培训今年已经开始安排，三年内将培训 1 万名。中西部地区各省区市要将其作为发展农村学前教育的一个重要抓手，与本地的学前教育三年行动计划一起统筹安排。一要确保建设好，精心设计，精心施工，加强监理，确保质量，做到安全、适用。二要确保正常运转，注重做好教师的招聘和园长配备工作，园长和教师培训要向农村倾斜，以保证新建幼儿园能迅速投入使用和正常运转。东部地区的项目实施由当地政府在学前教育三年行动计划中安排，省级政府要加大对当地欠发达地区的支持力度。

二、巩固提高九年义务教育水平，推进义务教育均衡发展

义务教育是国家依法统一实施、所有适龄儿童少年必须接受的教育，

具有强制性、免费性和普及性，是教育工作的重中之重。[①] 2006 年 8 月 29 日，胡锦涛在中共中央政治局第三十四次集体学习时的讲话中强调："要着力普及和巩固义务教育。义务教育是人力资源建设的基础工程，也是政府的法定责任。要强化政府对义务教育的保障责任，保证义务教育经费到位，积极构建农村义务教育经费保障机制。要推进城乡、区域义务教育均衡发展。"[②]

（一）我国义务教育的成就和问题

新中国成立时，我国是一个文盲、半文盲人口占 80% 的国家，小学入学率只有 20%，初中入学率只有 6%。改革开放之初，小学、初中毛入学率分别提高到 94%、66.4%。1985 年，《中共中央关于教育体制改革的决定》首次提出了普及九年义务教育的目标。在全党全国人民的艰苦努力下，到 20 世纪末，我国用 15 年的时间基本实现了普及九年义务教育的目标。进入 21 世纪后，国家将义务教育全面纳入财政保障范围。2008 年以后，我国全面实现了城乡免费九年义务教育。2010 年，小学净入学率 99.7%，初中阶段毛入学率 100.1%，位列九个发展中人口大国之首。2010 年 7 月 13 日，温家宝总理在全国教育工作会议上的讲话中自豪地说："我们已经在全国城乡实行了免费义务教育，把义务教育经费全面纳入国家财政保障范围。这是我国教育体制的一个历史性变革，从而使几千年来'有教无类'的理想变成了现实。"[③]

在实现普及九年义务教育之后，人民群众对教育的需求已经从"有学上"向"上好学"发展，我国特别是广大农村地区义务教育普及是在较低

---

① 国家中长期教育改革和发展规划纲要（2010—2020 年）［G］//《教育规划纲要》工作小组办公室. 全国教育工作会议文件汇编. 北京：教育科学出版社，2010：93.

② 中共中央文献研究室. 十六大以来重要文献选编：下［G］. 北京：中央文献出版社，2008：617.

③ 温家宝同志在全国教育工作会议上的讲话［G］//《教育规划纲要》工作小组办公室. 全国教育工作会议文件汇编. 北京：教育科学出版社，2010：33.

的起点上和较短的时间内实现的，存在着基础薄弱、发展不平衡、质量有待提高等突出问题。为了改变这种状况，2010 年 7 月颁布的《教育规划纲要》提出："到 2020 年，全面提高普及水平，全面提高教育质量，基本实现区域内均衡发展，确保适龄儿童少年接受良好义务教育。"①

（二）要努力办好每一所学校，教好每一个学生

在基本解决了"有学上"的问题之后，必须在巩固普及成果的基础上，把义务教育提高到新水平。

一是提高义务教育质量。建立国家义务教育质量基本标准和监测制度，严格执行义务教育校舍建设标准、国家课程标准、教师资格标准、班额标准，在条件具备的地区逐步推行小班教学，配足配齐各科教师，开足开齐规定课程。

二是大力推进素质教育。进一步提高学校德育的针对性和实效性，努力培养学生的社会责任感、创新精神和创新能力，切实减轻学生过重的课业负担，增进学生的体质健康，建设符合美育要求的物质环境和人文环境，积极开展心理健康教育。

三是加强教师队伍建设。进一步强化师德教育，提高教师思想政治素质，规范教师职业行为；创新教师管理制度，制定教师资格标准，完善教师资格认定程序；大力加强教师培养培训，完善教师培养体系，加大教师培训的支持力度。

四是实施义务教育学校标准化建设工程。国家组织实施中小学校舍安全工程，集中开展危房改造、抗震加固，实现城乡中小学校舍安全达标。加大改造小学和初中薄弱学校力度，使义务教育学校师资、教学仪器设备、图书、体育场地基本达标。加强农村寄宿制学校建设，改善农村寄宿学生

① 国家中长期教育改革和发展规划纲要（2010—2020 年）［G］//《教育规划纲要》工作小组办公室．全国教育工作会议文件汇编．北京：教育科学出版社，2010：93.

特别是留守儿童的寄宿学习环境。

五是科学合理规划学校布局。建立完善的布局调整机制和程序，把提高教育质量和效益与照顾学生年龄特点和家庭状况有机结合起来，避免出现由于布局调整造成学生就学成本增加、学校班额过大、寄宿学生生活和学习条件紧张等问题。

六是保障进城务工人员随迁子女和农村留守儿童接受义务教育。落实进城务工人员随迁子女与当地学生同等待遇，建立健全政府主导、相关部门各负其责、社会共同参与的农村留守儿童关爱和服务体系。

七是进一步提高残疾儿童少年义务教育普及水平。加强特殊教育学校建设，确保视力、听力、智力等残疾儿童少年基本达到健全儿童少年九年义务教育的普及程度。

八是基本消除辍学现象。在学校体系中建立和完善有针对性的帮扶制度，确保家庭经济困难、学习困难等儿童少年群体完成义务教育。依法建立义务教育入学责任追究和强制执行制度，确保每个适龄儿童及时入学和完成学业。建立义务教育阶段全国电子学籍管理系统，实时监控学生流动情况。

（三）全面推进义务教育均衡发展

均衡发展是义务教育的战略性任务。必须建立健全义务教育均衡发展保障机制。在全国或省（区、市）范围内，教育资源要向农村地区、革命老区、民族地区、边疆地区、贫困地区倾斜；在同一城市和县域范围内，教育资源就要向薄弱学校倾斜，逐步实现师资、设备、图书、校舍等均衡配置，推动地区之间、城乡之间、不同学校之间的教育均衡发展。由于各地经济社会发展水平的差异，义务教育发展的差异短期内不可能完全消除，但我们要把缩小义务教育差距作为促进教育公平的首要任务。

均衡发展的义务教育，是适应21世纪国家和民族发展需要的教育，是面向人人、有教无类的教育，是为每个人的一生发展奠定良好基础的教育，是为增强民族创新精神和创造能力而做好充分准备的教育。推进义务教育均衡发展要把握“四个围绕”的思路：围绕让每一个适龄儿童少年平等享有接受义务教育的机会，全面提高普及水平；围绕保障学生公平受教育的权利，合理配置义务教育资源；围绕发展高质量义务教育和学生健康成长，大力推进素质教育；围绕让学生都能享受条件良好的义务教育，不断提高保障水平。

全面推进义务教育均衡发展的法定责任在政府。各级政府要按照科学发展观的要求，坚持依法行政，把推进均衡发展作为履行政府公共职能的一项重要任务抓紧抓好。要牢固树立均衡发展的指导思想。各级政府要充分认识推进义务教育均衡发展是政府工作的重要内容，在资源配置、政策制定和宏观指导等方面体现均衡发展的要求。要强化政府投入责任，完善公共财政支持体系，落实好“三个增长”要求，大幅度增加义务教育投入，同时提倡教育资金的多样化来源，在全社会形成崇文重教的风尚，从而充分调动全社会的资源。

第一，促进不同地区教育共同发展

中央和省级政府加大对贫困地区、民族地区、边疆地区转移支付支持力度，实施专项工程集中解决发展中的薄弱环节。推动发达地区支援欠发达地区。鼓励有条件地区率先实现教育现代化，积极探索新的发展机制，引领和带动全国的整体发展，不断提高我国义务教育的国际竞争力和影响力。

第二，促进城乡义务教育一体化

坚持财政性教育经费向农村义务教育倾斜。实施学校标准化建设，整体提高农村学校办学条件，加快推进改造薄弱学校。统一城乡教育规划布局，统筹教师资源配置，统一教师工资待遇，统一学校建设标准，形成区域内优质资源共享的有效途径和机制。建立完善城镇教师到农村学校任教服务期制度。

第三，促进区域内学校共同发展

推动各地制订和完善本地区义务教育学校基本办学标准，建立校长和教师的交流制度，完善免试就近入学的政策措施，推行优质普通高中和优质中等职业学校招生名额合理分配到区域内初中的办法。建立学校教育质量监测评价制度、教育质量目标管理制度和提高教育质量的保障机制，尽快提高薄弱学校教学质量。通过整合、组合、重组、结对帮扶等方式，形成区域内优质学校与薄弱学校间相对稳定的共建机制。

第四，促进中小学教育信息化

进一步推进农村中小学现代远程教育，不断提高教育信息化的普及水平和应用水平。大力开发和整合优质教育资源，不断促进优质教育资源共享，充分运用信息化的手段和方式，把优质教育资源引进课堂教学，有效促进教育质量的提高。

第五，建立和完善对县级行政区域内义务教育均衡发展督导评估和表彰奖励机制

国家和省级教育督导部门研究制订义务教育均衡发展评估指标和标准，定期对县域内的义务教育均衡发展状况进行监测和督导评估。建立表彰制度，形成推进义务教育均衡发展的有效机制。推动地方各级教育督导部门建立和完善对政府推进义务教育均衡发展的督导评估制度。

三、加快普及高中阶段教育，推动普通高中多样化发展

高中教育阶段是学生个性形成、自主发展的关键时期，对提高国民素质和培养创新人才具有特殊意义。高中阶段教育要注重培养学生自主学习、自强自立和适应社会的能力，克服应试教育倾向；要全面提高普通高中学生综合素质，促进学生全面而有个性的发展。

（一）积极发展普通高中教育

改革开放特别是党的十六大以来，我国高中阶段教育快速发展。高中阶段在校生由2000年的1201万人增加到2009年4641万人，年均增长在100万人以上；高中毛入学率由42.8%提高到79.2%，年均增长近四个百分点。[①] 未来10年，高中阶段在校生将在2008年的基础上再增加150多万人，毛入学率提高16个百分点，《教育规划纲要》提出加快普及高中阶段教育，到2020年，普及高中阶段教育，使全国高中阶段教育毛入学率达到90%，在校生达到4700万人，全面满足初中毕业生接受高中阶段教育的需求。这对于提升国民受教育的整体水平，巩固义务教育普及成果，推动高等教育的大众化具有重要意义。这是贯彻党的十七大精神，优化教育结构，建设人力资源强国的重大战略措施。

为实现加快普及高中阶段教育的上述目标，需做好以下五方面的工作：

一是加强高中阶段教育的统筹协调。根据经济社会发展需要，合理确定普通高中和职业高中的招生比例，今后一段时期要保持普通高中和中等职业学校招生规模大体相当。各地要研究制定普及高中阶段教育的实施方案和验收办法，坚持分类指导，因地制宜，调整高中布局结构，逐步消除大班额现象，在保障质量的基础上，大力提高普及水平。

二是加大对中西部贫困地区高中阶段教育的扶持力度。党的十七届三中全会提出，要加快普及农村高中阶段教育。当前，大部分东部地区和大中城市已经普及了高中阶段教育，未来普及高中阶段教育的重点和难点在中西部农村欠发达地区和民族地区，中央财政要通过加大转移支付力度，支持这些地区高中阶段教育的发展。要实施民族教育发展工程，支持教育基础薄弱的民族地区改扩建、新建一批普通高中和中等职业学校，改善办

---

① 2000年全国教育事业发展统计公报［R/OL］. http：//www. edu. cn/20011128/3012090. shtml；2009年全国教育事业发展统计公报［R/OL］. http：//www. moe. edu. cn/publicfiles/business/htmlfiles/moe/moe_ 633/201008/93763. html.

学条件，提高办学水平。

三是大力提高高中阶段教育质量。要增强高中阶段教育的吸引力，使学生进得来，留得住，学得好。要深入推进基础教育课程改革，改革人才培养模式，全面提高普通高中学生综合素质。要加强中等职业教育内涵建设，改革招生和教学模式，提高人才培养质量。

四是强化政府发展高中阶段教育的责任。县级政府负责筹措普通高中教育经费，以财政投入为主，受教育者缴费为辅。随着财力增强，要逐步提高高中阶段教育财政保障水平。

五是深化办学体制改革。要探索普通高中公办学校的多种办学形式，增强办学活力，提高办学效益。要积极鼓励社会力量参与举办高中阶段教育，发挥好民办普通高中和职业高中在普及高中阶段教育中的重要作用。

（二）推动普通高中多样化、特色化发展

推动普通高中多样化发展，鼓励普通高中办出特色，这是新时期改革和发展普通高中教育事业的重要内容，对于全面提高普通高中教育质量具有重要意义。推动普通高中多样化、特色化发展要从以下三个方面着手：

一是要积极更新教育观念。高中阶段是学生个性形成、自主发展的关键时期。普通高中承担着提高学生综合素质，为学生接受更高层次教育和走向社会奠定基础的重大任务，既带动基础教育质量的提升，又影响高等教育发展进而影响创新人才培养的后劲。经过十多年的快速发展，从总体上看，我国普通高中教育已经基本满足初中毕业生就学的需求，下一步普通高中发展的重点应当是内涵发展，就是提高教育质量和形成办学特色。目前普通高中办学“千校一面”的问题比较严重。无论是百年高中、新中国成立不久建设的高中，还是改革开放以来新建的高中，其办学模式、人才培养模式逐渐趋同，难以满足社会对多样化人才，特别是创新拔尖人才培养的需要。新的发展阶段，新的历史使命都要求普通高中教育树立全面发展观念、人人成才观念，从以往单纯注重升学转变到更加关注每一个学

生全面成长，为每一个学生提供适合的教育，促进学生成长成才。

二是推进普通高中体制机制创新。创造有利于普通高中学校办出特色的良好条件和环境。要进一步明确政府管理普通高中的权限和职责，明确普通高中学校的权利和责任。扩大和落实普通高中学校办学自主权，给予学校在办学模式、育人模式等方面更多的自主权，给校长更多的空间和时间。要探索建立多样化的普通高中学校评价办法，改变对学校“一刀切”的评价体系。推进考试招生制度改革，逐步形成分类考试、综合评价、多元录取的考试招生制度。鼓励地方和学校大胆探索，开展特色办学改革实验，激活学校内在动力，形成充满活力的改革局面。

三是深化人才培养模式改革。普通高中课程改革对于国民素质的整体提高、创新型人才的培养具有极其重要的价值，是因材施教和形成学校办学特色的重要途径。要深入推进普通高中课程改革，完善课程设置和管理办法。鼓励学校在国家课程方案的指导下，规划符合办学目标和培养目标的特色课程，开设丰富多彩的选修课，提高课程的多样性和选择性，形成特色优势学科，满足学生个性潜能开发的需要。普通高中是培养创新型人才的一个重要切入点和突破口，要积极开展拔尖创新人才改革试点，建立普通高中学校拔尖学生培养制度，鼓励和支持有条件的普通高中学校与大学、科研院所合作开展创新人才培养研究和试验，为创新人才的成长打下坚实的基础。

四、大力发展职业教育，增强职业教育的吸引力

职业教育是我国教育事业重要组成部分，是与经济社会发展联系最密切、贡献最直接、服务最贴近的教育类型；职业教育是面向人人、面向全社会的教育，是人们实现择业自由和全面发展、从而赢得尊严的教育。大力发展职业教育是加快普及高中阶段教育，支撑高等教育大众化发展，培养高素质技能型人才，提高全民族文化素养、实践技能和创新能力的重要

举措，是促进产业建设，民生改善，建设小康社会、人力资源强国和创新型国家的基础工程。当前和今后一个时期，大力发展职业教育，既是当务之急，又是长远大计。

（一）我国职业教育面临的挑战

发展职业教育是推动经济发展、促进就业、改善民生、解决“三农”问题的重要途径，是缓解劳动力供求结构矛盾的关键环节，必须摆在更加突出的位置。

第一，发展职业教育，是提升国家核心竞争力的客观需求

当今世界，教育同产业的结合愈来愈密切，无论是发达国家还是新兴工业化国家，都把发展职业教育作为振兴经济、增强国力的战略选择。这是因为国家核心竞争力的增强，需要拥有大量素质高、适应性强的技能型人才。国际经济竞争的核心，是技术和人才的竞争。我国要更加有效地参与国际合作和竞争，切实提高产业和产品的竞争力，就必须不失时机地大力推进职业教育发展。

第二，培养大批高素质的劳动者，是我国经济社会发展的必然要求

我国就业和经济发展正面临着两个变化：社会劳动力就业需要加强技能培训，产业结构优化升级需要培养更多的高级技工。我们要从国家现代化建设的大局出发，深刻认识加强职业教育的重要性和紧迫性。一定要把职业教育作为整个教育事业改革发展的战略重点，作为调整优化教育结构、促进各级各类教育协调发展的关键环节，真正建立起适应社会主义市场经济体制，结构合理、形式多样、灵活开放、自主发展，有中国特色的现代职业教育体系。

第三，人民群众物质文化生活水平的提高，对接受高质量的职业教育提出了新期盼

科学发展观的核心是以人为本，其实质就是要以实现人的全面发展为目标，从人民群众的根本利益出发谋发展、促发展，不断满足人民群众日

益增长的物质文化需要，落到实位就是要更加关注民生。就业是民生之本，就业问题将在我国长期存在。坚持以服务为宗旨，以就业为导向，以能力为本位，大力发展职业教育是提高群众就业能力和就业技能的根本途径，对于促进人民群众就业创业和再就业、实现脱贫致富奔小康，对于推进社会公平、确保社会和谐稳定，具有重大现实意义。随着社会物质文化生活水平的日益提高，人民群众消费水平的提升，迫切需要一大批高素质技能型人才生产较高质量的产品，提供优质特色的服务；迫切需要通过职业教育和终身学习不断提高自身的生活技能、文化素养和生活质量。

第四，教育事业发展迎来新的历史机遇，对职业教育提出了新使命

经过改革开放三十多年的努力，我国实现了普及九年义务教育和高等教育大众化的两大历史性跨越，完成了从“人口大国”向“人力资源大国”的转变。今后一个时期，教育发展的目标是实现从“人力资源大国”向“人力资源强国”迈进的历史性任务。党的十七大作出了“优先发展教育，建设人力资源强国”，“加快普及高中阶段教育，大力发展职业教育”的战略部署。

总之，当前大力发展职业教育是适应国家现代化建设的客观需要，是落实中央教育工作决策部署的实际行动，是满足人民群众根本教育需求的重要举措，是遵循教育基本规律、调整教育结构、促进各类教育协调发展、科学发展的战略突破口，是体现规划纲要战略思路、落实教育事业发展目标的重要内容。

（二）职业教育的根本任务

改革开放以后，党中央和国务院作出逐步建立现代职业教育体系的战略决策。早在 1985 年中共中央颁布的《关于教育体制改革的决定》中就已提出了这一要求。1996 年颁布实施的《中华人民共和国职业教育法》又对此作出了明确规定：“国家根据不同地区的经济发展水平和教育普及程度，实施以初中后为重点的不同阶段的教育分流，建立、健全职业学校教育与

职业培训并举，并与其他教育相互沟通、协调发展的职业教育体系。”2002年《国务院关于大力推进职业教育改革与发展的决定》明确提出：到“十五”末期要“初步建立起适应社会主义市场经济体制，与市场需求和劳动就业紧密结合，结构合理、灵活开放、特色鲜明、自主发展的现代职业教育体系”。2005年《国务院关于大力发展职业教育的决定》中又明确指出：“进一步建立和完善适应社会主义市场经济体制，满足人民群众终身学习需要，与市场需求和劳动就业紧密结合，校企合作、工学结合，结构合理、形式多样、灵活开放、自主发展、有中国特色的现代职业教育体系。”2010年7月13日，胡锦涛总书记在全国教育工作会议上的讲话中指出：“要大力发展职业教育，加快发展面向农村的职业教育，形成适应经济发展方式转变和产业结构调整要求、体现终身教育理念、中等和高等职业教育协调发展的现代职业教育体系，着力培养学生的职业道德、职业技能、就业创业能力。”①

目前，我国接受职业教育的学生，85%以上来自农村和城市低收入家庭。发展职业教育，使他们能够掌握一定的专业技术，顺利实现就业，摆脱贫困，从而过上有尊严的生活，这是促进社会公平、实现社会和谐的有效途径。近年来，我们对教育结构进行了较大调整，加快了职业教育发展，但仍不能满足社会经济发展的需求。要把职业教育纳入社会经济发展规划，促使职业教育在规模、专业设置上与社会经济发展需求相适应。要注重学生实际操作能力的教学和训练，培养更多的应用型、技能型人才。加强职业院校实习培训设施和教师队伍建设。要加快发展面向农村的职业教育，加快培养适应农业和农村发展需要的专业人才，增强服务“三农”的能力。要完善支持职业教育发展政策，动员全社会力量兴办职业教育。提高技能型人才的社会地位和待遇，形成行行出状元的良好社会氛围，增强职业教

① 胡锦涛同志在全国教育工作会议上的讲话［G］//《教育规划纲要》工作小组办公室. 全国教育工作会议文件汇编. 北京：教育科学出版社，2010：12.

育的吸引力。

我国职业教育的根本任务是，紧密结合我国产业发展需求，为现代化建设培养更多高素质劳动者和高技能人才。职业教育改革发展的重点是，坚持以服务为宗旨、以就业为导向，着力提升职业教育质量。要深化教学内容和教学方法改革，创新人才培养模式，积极推行工学结合、顶岗实习、半工半读，增强学生的就业创业能力。根据产业结构调整情况，适应现代制造业和服务业发展需求，有针对性地培养大批技能型紧缺人才。面向市场灵活设置专业，形成以就业为导向的中等职业教育课程体系和教材体系。要着力培养学生的职业道德、职业技能和就业创业能力，拓宽毕业生继续学习的通道。

（三）推进职业教育的改革与创新

近年来，中央领导同志多次对职业教育工作作出重要指示，对职业教育的改革创新提出了明确的要求。2009 年，温家宝总理在江苏考察工作时指出，职业教育要“培养适用人才，提高他们的技能，适应当前国际激烈的产业竞争和企业竞争”，“职业教育要把教育与经济社会发展紧密结合起来；把人才培养与人的就业紧密结合起来；把造就新一代的人才与我们国家日后增强综合国力紧密结合起来”。

职业教育改革创新的核心，是要解决好职业教育与经济社会发展相适应，实现职业教育科学发展的问题。职业教育改革创新要坚持从问题入手，突破关键环节。要着力解决教育与产业、学校与企业、专业设置与职业岗位、教材内容与职业标准不对接，职业教育针对性不强和吸引力不足等各界关注的突出问题。要全面推动职业教育随着经济增长方式转变“动”，跟着产业结构调整升级“走”，围绕企业人才需要“转”，适应社会和市场需求“变”，发挥职业教育服务经济社会发展、服务经济结构调整、服务产业建设、服务城乡统筹、服务现代农业发展的重要作用，大幅度提升职业教育的市场针对性、经济贡献率和社会吸引力，切实提高毕业生能力和学校贡献水平。

要推进体制机制创新，激发职业教育发展的生机与活力。发展职业教育，需要发挥政府的主导作用，同时必须充分调动企业、行业和社会力量的积极性。要进一步整合职业教育资源，优化职业教育布局。继续推进职业教育集团化办学，创新职业教育管理体制、运行机制和办学模式，积极促进校企合作。推动公办职业院校办学体制改革与创新，深化内部管理体制改革，努力实现更好更快地发展。大力发展民办职业教育，形成公办职业教育和民办职业教育共同发展，职业学校教育和职业培训共同提高的良好格局，走出一条有中国特色的职业教育新路子。

第一，转变职业教育发展方式

改革职业院校办学模式，以增强职业教育服务能力为导向，根据区域发展实际，推动规模化、集团化、职教园区和特色化办学，基本形成以改革创新为动力，整合资源、优化结构、强化内涵、提高质量，促进教育与产业紧密结合，规模、结构、特色、质量、成效协调发展的格局。

第二，改革创新人才培养模式

以培养学生综合职业素质为目标，深入推行工学结合、校企合作、顶岗实习，基本形成多途径、多形式实行工学结合的局面；变单一强调连续学习为连续学习和分阶段培养相结合，探索以就业为导向的职业人继续学习模式。

第三，不断深化教育教学改革

要通过改革教学模式，创新教学环境、专业设置、教材应用、教学方式、队伍建设和管理制度等关键环节，基本形成以产业为引领、就业为导向、素质为基础、能力为本位、动态更新的专业、课程和教材体系；推动专业建设管理规范化和教育教学信息化的水平不断提高。

第四，完善评价考核管理制度

努力探索职业教育质量评价的新途径、新措施，引导学生全面发展。建立以贡献为导向的学校评价模式和以能力为核心的学生评价模式；基本形成学校、行业、企业和其他社会组织等多方参与、内外结合的评价机制；支持学生继续学习和职业生涯持续发展，初步建立中、高等职业教育相互衔接，职业教育与普通教育相互沟通的体系框架。

第五，创新职业教育运行机制

以《中华人民共和国教育法》和《中华人民共和国劳动法》为依据，以《中华人民共和国职业教育法》为基础，落实政府责任，强化部门协调，加强行业指导，基本形成政府统筹、部门配合、行业企业与社会各方深度参与，各项规章制度、管理办法和执行机制配套齐全、结构合理、相互衔接的职业教育管理制度体系框架，全面提升宏观管理和科学决策水平。

（四）提高职业教育的吸引力

职业教育在推进现代化进程中具有重要而特殊的作用。受传统观念、产业发展水平、用人政策、舆论环境和自身基础薄弱等多方面因素的影响，我国职业教育吸引力不足的问题还比较突出。长期以来，一些地方对职业教育重视不够，社会上轻视职业教育，学生不愿意报考职业院校，家长也不支持孩子接受职业教育的现象一直存在。要提高职业教育的吸引力，需要从以下几方面入手：

第一，改善职业院校的办学条件

强化职业教育经费保障机制，加大对职业教育的投入，加强职业教育基础能力和“双师型”教师队伍建设，提高职业院校教师的经济待遇和社会地位，引导优质资源和优秀人才投向职业教育。

第二，提高职业院校的教育质量

深化教育教学改革，大力推行工学结合、校企合作、顶岗实习的人才培养模式，推进集团化办学和订单培养，强化学生思想道德教育和职业技能训练，积极推进“双证书”制度，提高学生的综合职业能力、就业创业能力和继续学习能力。

第三，减轻学生学习的经济负担

进一步健全和落实职业院校学生资助政策，加快推进中等职业教育涉农专业和农村家庭经济困难学生免学费等政策的落实，不断扩大免费资助面，逐步实现中等职业教育免费。

第四，搭建学生继续学习的平台

建立现代职业教育体系，改革中等职业学校毕业生报考高职院校、高职毕业生报考本科院校的考试评价制度，拓展职业院校毕业生继续学习的通道，构建学生成长的“立交桥”。

第五，实行严格的就业准入制度

在全社会普遍推行职业资格证书制度，加强劳动用工执法监察，严格实行持证上岗，为青少年选择职业教育和学生就业创造制度环境。

第六，完善对企业的激励和约束机制

通过立法和税收等调控手段，明确企业参与和支持职业教育的责任义务、应享受的优惠政策以及约束机制，调动企业举办职业教育的积极性。

第七，提高技能型人才的地位和待遇

通过改革收入分配制度等多种方式，提高技能型人才的经济待遇和社会地位。建立国家技能型人才奖励制度，表彰有突出贡献的技能型人才，引导人们树立正确的人才观、职业观和择业观。

第八，营造重视职业教育的社会氛围

继续加大宣传力度，开展丰富多彩的德育实践活动，举办职业院校技能大赛等教学成果展示活动，引导社会和用人单位转变观念，改善职业教育发展的舆论环境。

总之，提高职业教育的吸引力，需要在观念更新、政策导向、舆论引导上采取切实有力的措施，需要提高职业教育对个人成长成才和经济社会发展的贡献能力，从而形成学生和家长更加愿意选择职业教育、企业更加支持职业教育、社会更加关注职业教育的良好局面。

五、全面提高高等教育质量，优化结构，办出特色

高等教育是国家创新体系的重要组成部分，高水平大学是培养创新人才的主要基地和科技创新的重要方面军。高等教育要坚持稳步发展和提高质量相结合，重点放在提高质量上。全面提高质量是高等教育发展的核心任务，是建设高等教育强国的基本要求。

（一）我国高等教育取得的成就和面临的挑战

经过六十多年的不懈努力，我国高等教育实现了大众化，总规模居世界第一。高等教育毛入学率从 1949 年的 0.3%，提高到 1978 年的 2.7%，再提高到2010 年的26.5%，高校在学学生总规模3105 万人，大学生数量居世界前列。但是与发达国家相比，我国大学生占总人口的比重还较低，从长远看，我国还要适度扩大高等教育规模，稳步提高高等教育大众化水平，稳步发展普通本专科和研究生教育，提高高层次人才培养质量，推动各类高等院校协调发展，以满足人民群众和经济社会发展对高等教育的需求。2010 年 7 月 13 日，胡锦涛在全国教育工作会议上的讲话中强调："要全面提高高等教育质量，提高人才培养、科学研究、社会服务整体水平，建成一批国际知名、有特色、高水平的高等学校，加快建设世界一流大学和一流学科，显著增强高等教育国际竞争力。"①

（二）高等教育要强化人才培养、科学研究、社会服务、推进文化传承创新四大功能

高等教育承担着培养高级专门人才、发展科学技术文化、促进社会主

① 胡锦涛同志在全国教育工作会议上的讲话［G］//《教育规划纲要》工作小组办公室. 全国教育工作会议文件汇编. 北京：教育科学出版社，2010：12.

义现代化建设的重大任务。要建立和完善高等教育质量保障体系，推动高校科技创新、学术发展与人才培养紧密结合。

第一，要提高人才培养质量

牢固确立人才培养在高校工作中的中心地位，着力培养信念执著、品德优良、知识丰富、本领过硬的高素质专门人才和拔尖创新人才。高等学校改革和发展归根结底是多出拔尖人才、一流人才、创新人才。要坚持以教学为中心，把培养人才作为高等学校的第一职责。学校和教师都要把主要精力放到搞好教学和培养好学生上。教授要上讲坛给本科生上课。要加快人才培养模式改革，下大力气在课程体系、教学内容和教学方法上，在知识更新、实践教学、创新创业教育等关键环节上，深化教育教学改革，进一步提高学生的实践能力、就业能力、创新能力和创业能力。

第二，要提升科学研究水平

充分发挥高校在国家创新体系中的重要作用，鼓励高校在知识创新、技术创新、国防科技创新和区域创新中作出贡献。要着力强化基础研究，瞄准学科前沿，突出研究重点，加强协同攻关，不断在关键领域取得突破，努力推出更多国内外领先、能够填补空白的原创性成果，为提高我国自主创新能力贡献智慧和力量。要重视提高应用研究水平，坚持以重大理论和实际问题为主攻方向，更好地为党和政府决策服务，更好地为改革开放和社会主义现代化建设服务。要进一步完善科研体制机制，尊重学术自由，营造宽松环境，切实把广大科研人员的积极性、主动性、创造性激发出来。要广泛参与国际学术交流合作，及时了解国外最新学术动态和学科发展趋势，不断提高学术成果的国际化水平。

第三，要增强社会服务能力

高校要牢固树立主动为社会服务的意识，全方位开展服务。要密切高等教育与经济社会发展的联系，坚持以社会需求为导向，进一步深化高等教育改革。大力支持以就业为导向的高等职业院校改革与建设，引导高等学校适应就业市场和经济社会发展需求。推进产学研用结合，加快科技成果转化。要借鉴国外先进经验，结合我国实际创造性地加以运用，加强高水平大学和重点学科建设，建成若干国际一流大学，努力使更多的学科达到国际先进水平，为国家培养更多的高质量、多样化的创新型人才，增强为建设创新型国家服务和人力资源强国服务的能力。要积极培育优良校风。校风反映一个学校的整体形象，一流大学应该有一流校风。

第四，要大力推进文化传承创新

高等教育是优秀文化传承的重要载体和思想文化创新的重要源泉。要积极发挥文化育人作用，加强社会主义核心价值体系建设，掌握前人积累的文化成果，扬弃旧义，创立新知，并传播到社会、延续至后代，不断培育崇尚科学、追求真理的思想观念，推动社会主义先进文化建设。要积极开展对外文化交流，增进对国外文化科技发展趋势和最新成果的了解，展示当代中国高等教育风采，增强我国文化软实力和中华文化国际影响力，努力为推动人类文明进步作出积极贡献。

（三）高等教育要走有特色、高水平发展路子

高等教育要优化结构办出特色。2010 年 7 月 13 日，温家宝在全国教育工作会议上的讲话中指出："要适应经济社会发展对人才的多样化需求，引导高等学校合理定位，克服同质化倾向，形成独具特色的办学理念和风格。对不同层次、不同类型的学校，都要同样重视，给予支持，鼓励各类学校办出水平、办出特色、争创一流。要优化高等学校区域布局，中央财政要加大对中西部地区高等教育发展的支持力度。要加快一流大学和一流学科建设，争取到 2020 年建成一批国际知名的高等学校，若干所大学达到或接近世界一流大学水平。高水平的大学不在高楼大厦，不在那些张扬的东西，而在于有崇高的办学理念，有勇于担当的社会责任感，有追求真理、勇于创新的精神，有一流的教师和一流的教学科研水平。一旦涌现出一批有特色、高水平的大学，就会出现一批又一批真正杰出的人才，整个国家就充

满希望。”①

为促进高等学校办出特色，需要发挥政策指导、资源配置的作用，同时高等学校要合理定位。

第一，发挥政策指导作用，加强高等学校分类管理

根据科学性、多样性、可操作性和公正规范的原则，修订《普通高等学校设置条例》和有关政策，研究高等学校分类依据，建立分类体系，实行分类管理，开展分类评价，引导不同层次不同类型高等学校合理定位，办出特色。严格控制高等学校的升格现象（包括学位授予权）。支持有条件的地区开展高等学校分类管理试点工作。

第二，发挥资源配置作用，加快高等学校分类发展

要充分发挥重大项目的引领作用，以重点建设促进分类发展。一是继续实施“211 工程”和“985 工程”，深入推进优势学科创新平台项目建设，加快建设若干所世界一流大学和一批世界知名高水平大学，形成一批世界一流学科，增强国家核心竞争力。二是启动“特色重点学科项目”建设，对非“211 工程”学校中的国家重点学科给予支持。支持具有行业特点的院校发展，发挥学科优势，建立产学研合作联盟，为行业持续发展和区域经济社会发展提供技术与人才支撑。三是重点建设一批地方高等学校，在地方高等教育发展中发挥引领示范作用，为地方经济社会发展服务。启动实施“中西部高等教育振兴计划”，建设一批高水平、有特色的地方高等学校。四是加大“对口支援西部地区高等学校”的工作力度，扩大“东部支援中西部地区招生协作计划”招生规模。五是加强高等职业院校建设，继续推进国家示范性高等职业院校建设计划，加大投入，增加数量，提高质量，为生产、服务、管理一线提供高素质技能型人才。六是改进管理模式，引入竞争机制，实行绩效评估，对重点建设的高等学校实施动态管理。

---

① 温家宝同志在全国教育工作会议上的讲话［G］//《教育规划纲要》工作小组办公室．全国教育工作会议文件汇编．北京：教育科学出版社，2010：38.

第三，高等学校要合理定位，各安其位，办出特色

一是各级政府要切实履行统筹规划、政策引导、监督管理和提供公共教育服务的职责，综合运用立法、拨款、规划、信息服务、政策指导和必要的行政措施，减少不必要的行政干预，为高校的自我定位和自主发展提供空间。二是高等学校要明确在国家高校分类体系中的相应位置，确立科学合理的发展目标，走特色发展之路。要依法自主开展教学活动、科学研究、技术开发和社会服务，自主制定学校规划并组织实施，自主统筹安排经费使用。要从实际出发不断凝练符合校情的办学理念和大学精神，完善中国特色的现代大学制度，增强自我发展和自我约束能力。要结合自身服务方向，不断调整、确立在学科专业建设、人才培养类型等方面的发展重点，增强服务经济社会发展的能力，逐步形成各自办学特色。

六、加快发展继续教育，构建灵活开放的终身教育体系

继续教育是面向学校教育之后所有社会成员特别是成人的教育活动，是终身学习体系的重要组成部分。加快发展继续教育，构建终身教育体系是实现十七大提出的建设全民学习、终身学习的学习型社会、使全体人民学有所教这一目标的重大战略举措。胡锦涛总书记多次强调，要健全教育体系，形成普通教育与职业教育、职前教育与继续教育相互衔接，学历教育与非学历教育、有组织学习与自主学习相互补充的良好格局，建设全民学习、终身学习的学习型社会。①

（一）发展继续教育，建设学习型社会

1. 加快发展继续教育

加快发展继续教育是满足广大社会成员更新知识、提高能力和全面发

① 胡锦涛．办好让人民满意的教育［G］//中共中央文献研究室．十六大以来重要文献选编：下．北京：中央文献出版社，2008：619.

展的迫切要求，也是建设人力资源强国和创新型国家的迫切要求。

第一，加快发展继续教育是提高我国劳动者素质和建设专门人才队伍的有效途径

目前，我国从业人员中初中及以下教育程度者占80%左右，具有高中及以上教育程度者仅占18.3%，而发达国家平均为69%。在我国技术工人队伍中，技师和高级技师仅占4.3%，高级技工仅占18.3%。在全国专业技术人员中，具有副高级以上职称者只占5.7%。[①] 当前我国正处在转变经济增长方式、经济和产业结构优化升级的关键时期，经济、产业结构优化升级的关键因素是提高劳动者的素质和专门人才的能力特别是创造力。

第二，加快发展继续教育是满足全民学习、终身学习需求、构建社会主义和谐社会的必然要求

随着我国社会发展和生活水平的提高，人民群众中以丰富精神生活和提高生活质量为目的学习需求持续增强。据上海市对5万多市民的调查，有保健养生、家政理财、休闲娱乐方面的学习需求者分别为40%、35%和28%。此外，随着我国老龄人口的持续增大，老年人的学习需求也越来越大。满足城乡社区居民多样化的学习需求，促进社会的和谐发展也需要大力发展继续教育。

尽管近年来我国的继续教育取得了长足进展，但相对于日益增长的全民学习、终身学习的巨大需求来说，继续教育仍是我国教育体系中一个相对薄弱的环节。继续教育对社会发展的积极作用尚未得到应有的重视，一些地方政府、行业企业对继续教育缺乏认识，投入不足。因此，加快发展继续教育的首要任务是要更新继续教育观念，加大投入力度。在发展思路上，要大力发展各类继续教育，即以加强人力资源能力建设为核心，大力发展非学历继续教育，稳步发展学历继续教育，广泛开展城乡社区教育，

① 《教育规划纲要》工作小组办公室．教育规划纲要学习辅导百问［M］．北京：教育科学出版社，2010：109.

加快各类学习型组织建设。倡导全民阅读，推动全民学习。

2. 建设全民学习、终身学习的学习型社会

学习型社会是指形成一个在国民一生中任何时间、任何地点都能自主灵活地选择学习机会，满足学习的需要，学习结果能够得到承认的社会。简单地说，学习型社会就是全民学习、终身学习的社会，实现全体人民学有所教，学有所成，学有所用。

建设学习型社会是我国建设人力资源强国，推进终身学习发展战略，顺应世界教育发展潮流的必然要求。党的十六大和十七大都对建设全民学习、终身学习的学习型社会有过重要论述。党的十六大提出 2020 年“全面建设惠及十几亿人口的更高水平的小康社会”，而“形成全民学习、终身学习的学习型社会，促进人的全面发展”就是全面建设小康社会的重要目标之一。为了推进这个目标，党的十七大重申要“建设全民学习、终身学习的学习型社会”。国际社会在 20 世纪 70 年代就提出了“学习化社会”的概念，进入新世纪以来，一些发达国家为应对知识经济、全球化和人口老化等诸多挑战，通过建设终身学习和教育体系，推出相关政策和措施，使终身学习从理念走向了现实，率先迈入了全民终身学习社会。为了实现基本形成学习型社会的目标，需要从以下几个方面入手：

第一，要更新教育观念，大力倡导“尊重学习、尊重技能”的社会风气

不仅承认在正规学习系统取得的学习结果，而且承认在非正规和非正式学习系统取得的学习结果，转变学习范式，从注重学年制下的学习期限转变为注重学习者学习了什么，掌握了什么，能够做什么。

第二，以满足个人多样化的学习和发展需要为核心，全面推进各级各类学校教育的发展

《教育规划纲要》提出，到 2020 年，学前三年毛入园率达到 70%、高中阶段教育毛入学率达到 90%、高等教育毛入学率达到 40%、从业人员继续教育年参与率达到 50% 的学习型社会的量化目标。为了实现上述目标，各种类型、各种层次的学校和教育机构都要给广大人民群众和干部提供多

种学习形式，对在职人员进行岗位培训和继续教育，对成年男女进行终身教育和开展丰富多彩的社会文化生活教育。成人高等、中等学历教育应为广大青年成才架设桥梁。成人高等学校根据实际需要，对在职的、具有中等文化程度的专业人员进行更高层次的文化教育、专业教育和职业技术教育。学生学完规定的课程，经考试合格者，发给毕业证书，国家承认其学历。此外，自学考试已成为终身学习的一种有效形式。要进一步完善高等教育自学考试制度，服务领域要进一步拓宽。

第三，大力发展教育培训服务，统筹继续教育资源

鼓励学校、科研院所、企业等开展继续教育。大力发展现代远程教育，建设以卫星、电视和互联网等为载体的远程开放继续教育及公共服务平台，为学习者提供方便、灵活、个性化的学习条件。

第四，开展形式多样的社区教育

社区教育是建设学习型社会的有效途径之一。要建立健全科学、高效的城乡社区教育管理体制、运行机制和教育培训网络，建立一大批学习型组织，充分利用、拓展和开发社区内各类教育资源，广泛开展面向社区居民的各类教育培训活动，大力提高社区居民的整体素质和生活质量，为构建终身教育体系、逐步形成学习型社会发挥重要作用。

第五，构建灵活开放的终身教育体系，搭建终身学习“立交桥”

促进各级各类教育纵向衔接、横向沟通，提供多次选择机会，满足个人多样化的学习和发展需要，形成全民时时能学、处处可学、人人皆学的社会环境。其教育对象是面向全体人民，其教育过程是贯穿人的终身，体现教育的全民性和全程性；其教育形式是因需施教，学以致用，需要什么样的人才，就兴办什么样的学校，使人人都享有终身教育的权利与机会。这是建设学习型社会的根本保证。

（二）建立健全继续教育的体制机制

建立健全继续教育的体制机制是加快发展继续教育的重要保证。继续

教育是面向全体社会成员的教育和培训活动，与学校教育相比，继续教育的参与者和提供者更加广泛，资源更加多样，涉及政府、行业、企业、教育培训机构等社会各个方面。因此，加快发展继续教育，必须充分调动全社会各方面的积极性，动员各种可资利用的教育资源。目前我国继续教育在体制机制上还存在着诸多的不适应之处，比如，继续教育的管理体制不完善，相关制度和政策上缺乏统筹协调；继续教育的资源分散，整合不够；继续教育法制建设相对滞后；保障机制和激励机制不健全，等等。

解决我国继续教育发展中的问题，关键是要创新继续教育的管理体制和发展机制，因此，《教育规划纲要》提出要建立健全继续教育的体制机制。

一是加强对继续教育的宏观管理与统筹协调，成立跨部门继续教育协调机构，统筹继续教育发展。继续教育涉及众多政府部门和社会领域，为加强领导和统筹，需要在中央和省级政府成立主要行政领导牵头、教育部门主管、各有关部门和社会团体参加的跨部门继续教育领导协调机构，同时明确各部门的职责分工。

二是地方政府和行业主管部门加强对继续教育的规划。《教育规划纲要》明确了行业主管部门在本行业要发挥继续教育规划及组织实施上的主导作用，要求行业主管部门或协会制定行业继续教育规划和组织实施办法。要将继续教育纳入本行业、本地区总体发展规划。

三是要加快继续教育法制建设，强化继续教育的法制保障。要加快制定终身学习法、继续教育条例等相关法律和规章，依法落实和规范继续教育发展中的责任、权利和义务，为继续教育的健康、持续发展提供法律依据。

四是要建立健全质量保障机制，加强继续教育质量监管和评估。

五是要建立健全继续教育激励机制。要把继续教育的成果作为工作考核、岗位聘任、职务晋升、执业注册等的重要参考依据，鼓励各类人员多种形式接受继续教育。要完善相关政策体系，支持用人单位为从业人员提供继续教育的条件、增加继续教育投入，鼓励学校、科研院所、企业等面向社会举办继续教育，开放继续教育资源。要完善继续教育成本分担机制，加大对弱势群体继续教育的资助力度。

（三）构建终身学习的“立交桥”

构建终身学习的“立交桥”，就是要使学校教育后各级各类教育之间的纵向衔接与横向沟通更加顺畅、灵活，使个人在不同时间、不同场合所接受的不同教育、培训和学习成果能够有效地衔接和积累，从而为人们提供多样的学习、成才的途径。

一是建立继续教育学分认证、累积与转换制度。学分认证和累积，就是将学习者各种学习成果根据一定标准进行认证，折合为学分，累积的学分达到规定要求，即可获得相应的文凭或者证书，可进入高一层级的教育阶段学习。学分转换，就是允许个人将已获得的继续教育学分按照一定要求在不同的教育机构和项目之间进行转换。学分认证、累积及转换制度有助于学习者将其学历教育、非学历教育和自学的成果有机连接在一起，有助于其灵活地选择适合自己的学习方式，将学习和工作、生活更紧密地结合起来，并减少重复学习。

二是建立国家终身学习资格框架。建立国家终身学习资格框架的目的是在现有学历资格、职业资格和技能资格体系之间建立更加明确的对应关系，使人们在不同的资格体系中所获得的性质与程度相同的知识、能力与技能得以互认与互换。该框架将学校教育后学历资格、职业资格以及技能资格纳入一个统一的层级体系中，并规定每个层级相应的知识、能力、技能要求和学分、学时要求。该框架可为各种教育培训机构的课程设置和学分转换提供参考依据，促进学历资格、职业资格和技能资格的相互贯通。比如，对获得一定职业资格者允许其以相应同等学力身份进入高一级教育机构学习。国家终身学习资格框架的建立和实施，需要教育部门、职业资格管理部门、技能资格管理部门、相关行业和用人单位等共同参与。

三是建立健全非正规教育、非正式学习的成果认证制度。非正规教育是指非学历、非全日制但有组织、有计划的教育培训活动；非正式学习是指自学和在社会活动、实践中的体验性学习等。学习成果认证的方式主要有测试、对学习内容、学时等的记录、成绩单及相关证书的审查等。经认证的学习成果，可折合为相应的学分，或作为学习者获得技能等级证书、申请职业资格、学历资格或进入更高阶段学习的参考依据。我国的自学考试、外语等级测试、计算机技能认证等制度在本质上都属于学习成果认证的范畴，对此要逐步加以完善，充分发挥其在教育和学习成果认证方面的积极作用。

四是建立弹性学习制度和宽进严出的学习管理制度。职业学校、成人高等继续教育要探索改革招生模式，实行更加开放、宽进严出的学籍管理制度。在广播电视大学的基础上组建覆盖全国城乡的开放大学，采取在入学资格认定基础上免试入学、随时注册的办法。完善同等学力入学制度，把成人既往学习的经历、成果、经验、能力等作为相关专业入学的参考条件，拓宽成人进入职业院校和成人高校的通道。建立弹性学习制度，鼓励在职学习者利用业余时间学习，工学交替、分阶段完成学业。在职业学校和学历继续教育中推行学分制，允许将经认定的先前学习成果，如职业资格、技能等级证书、单科证书和专业工作经验等折合为相应学分。

构建“立交桥”，要从我国国情出发，借鉴国际上成功的经验，整体设计、积极试点、积累经验、稳步推进。应选择一些具备相应条件的地区，尽快进行试点工作，国家给予必要的政策扶持。

七、大力支持民族地区优先发展教育

我国是各族人民共同缔造的统一的多民族国家。全国有 55 个少数民族，少数民族人口达 1.06 亿，民族自治地方占全国总面积的 64%。民族团结进步事业，是中国特色社会主义事业的重要组成部分。各民族团结进步是中华民族的生机和活力所在、力量所在、希望所在。发展我国民族团结进步事业，体现了我国社会主义制度的优越性，反映了全国各族人民的共同意愿，符合全国各族人民的根本利益。不断推进我国民族团结进步事业，是我们党立党为公、执政为民的根本要求，也是我国各族人民的光荣职责。

（一）重视和支持民族教育重要意义

党中央、国务院历来高度重视民族教育，不断加大扶持民族教育的力度。新中国成立六十多年，特别是改革开放三十多年以来，党和政府多次召开工作会议研究少数民族教育问题，在《中华人民共和国宪法》、《中华人民共和国民族区域自治法》和《中华人民共和国义务教育法》中，都明确规定了支持和帮助少数民族发展教育的条款；在中央和地方各级政府教育行政部门中专门设立了民族教育行政管理机构，负责贯彻执行国家的民族教育方针政策，研究处理民族教育的特殊问题；在中央和地方设置民族教育专项补助经费，以解决民族教育中因民族、地域特点在经费开支上的需要。这些对于推动少数民族和民族地区经济社会发展，促进各民族的共同团结奋斗、共同繁荣发展，具有重大而深远的意义。

第一，重视和支持民族教育，是提高民族群众素质、推动民族地区发展的战略抉择

改革开放后，我国民族工作的重心就转到加快少数民族和民族地区经济社会发展的轨道。世纪之交，党中央提出了实施西部大开发的总体战略，把促进少数民族和民族地区的发展摆到了更加突出的位置。党的十六大提出了全面建设小康社会的宏伟目标，这就要求全民族的共同发展、平等发展、和谐发展。但由于自然和历史的原因，少数民族和民族地区经济社会发展相对落后。特别在市场机制的作用下，生产要素配置流向生产力较为发达的东部和内地，进一步扩大了少数民族和民族地区与内地的发展差距，工业化、现代化进程缓慢，贫困人口中，少数民族占很大比重。面对这一现实，必须集中力量把民族地区的经济搞上去，努力缩小发展差距。需要

强调的是，培养人才是加快少数民族和民族地区经济社会发展的关键性因素。教育是民族振兴的基石。改变民族地区经济社会发展滞后面貌的根本途径是发展民族教育，提高整个少数民族人口的文化技术素质。因此，要坚持贯彻科教兴国战略和人才强国战略，树立培养人才优先的观念，把加快培养各级各类人才、提高劳动者素质，作为加快少数民族和民族地区经济社会发展的重大战略任务来落实。要大力支持民族地区优先发展教育、科技事业，支持民族地区发展文化事业和文化产业，支持少数民族优秀文化的传承、发展、创新，丰富各族群众的文化生活，不断提高各族群众的思想道德素质和科学文化素质。要根据少数民族和民族地区经济社会发展的实际需要，制定和实施民族地区人才发展的专项规划，建立健全人才管理工作机制，采取多种手段和方式帮助民族地区更多地培养经济社会发展急需的企业经营管理人才、专业技术人才和技能人才，不断提高人才素质、优化人才结构，为少数民族和民族地区经济社会发展打下坚实的人才基础。

第二，重视和支持民族教育，是增强民族团结、维护边疆稳定和国家统一的必然要求

近年来，国际斗争风云变幻，国外敌对势力、周边国家宗教极端势力与国内的民族分裂主义分子相互勾结，在我国一些民族地区制造事端，进行民族分裂活动，妄图向我国教育领域渗透，培植民族分裂势力，与我们争夺青少年一代。应该看到，现阶段出现的各种民族问题，各种矛盾和摩擦，也与经济利益有直接和间接的关系。要解决这些问题，归根结底要靠发展。加快发展，不仅要靠少数民族和民族地区的艰苦努力，还要靠党和政府的政策倾斜和资金投入；既要支持他们把经济建设搞上去，又要支持他们把文化、教育、卫生等各项社会事业搞上去，实现全面协调发展，促进人的全面发展。因此，重视和支持民族教育，不仅对促进西部大开发和民族地区经济社会发展具有重要的作用，对增强民族团结、维护国家统一也发挥着不可替代的作用。

第三，重视和支持民族教育，是解决民族教育困难和问题、促进民族教育又好又快发展的迫切需要

在党和政府的重视和支持下，我国民族教育得到了前所未有的发展，取得了巨大成就，为提高我国少数民族的科学文化素质、促进少数民族地区经济发展和社会进步、加强民族团结、保持民族地区社会稳定和维护国家统一作出了重大贡献。但是由于历史、社会、自然条件，特别是经济发展水平等多种原因，我国民族教育还面临着一些特殊的困难和问题，如教育观念相对滞后，教育改革进程缓慢；教育基础薄弱，普及义务教育和其他各类教育发展相对迟缓；教师队伍数量不足、质量不高；教育投入相对不足，办学条件与内地差距加大，教师待遇需要进一步改善。因此，要重视和支持民族教育，努力探索和把握加快民族教育事业发展的特殊规律，不断创新发展理念，大胆破解体制、机制难题，彻底转变发展方式，使民族教育从数量扩张转变到加快内涵发展，重点全面提高教育质量的轨道上来，从根本上促进民族教育又好又快发展。要加强对民族教育工作的领导，全面贯彻党的民族政策，切实解决少数民族和民族地区教育事业发展面临的特殊困难和突出问题，为促进民族地区全面振兴、维护祖国统一和边疆巩固、实现各民族共同团结进步和共同繁荣发展打下坚实的基础。

（二）全面提高民族教育发展水平

党和政府历来重视民族教育事业的发展，将其作为社会主义现代化建设的重要组成部分和贯彻落实党的民族政策的重要方面，纳入国民经济、社会发展和教育事业发展规划，摆上我国经济社会发展的重要位置。2005年5月27日，胡锦涛总书记在中央民族工作会议暨国务院第四次全国民族团结进步表彰大会上的讲话中指出：“人才是加快少数民族和民族地区经济社会发展的关键性因素。要坚持贯彻科教兴国战略和人才强国战略，树立培养人才优先的观念，把培养各级各类人才、提高劳动者素质摆在重要位置，作为加快少数民族和民族地区经济社会发展的重大战略任务来落实。”

"要根据少数民族和民族地区经济社会发展的实际需要，制定和实施民族地区人才发展专项规划，建立健全人才管理工作机制，采取多种手段和方式帮助民族地区更多地培养经济社会发展急需的企业经营管理人才、专业技术人才和技能人才，不断提高人才素质、优化人才结构。"

新中国成立以来，党和政府先后五次召开全国民族教育工作会议，研究发展民族教育的问题，2002 年印发了《国务院关于深化改革加快发展民族教育的决定》，进一步明确了加快民族教育改革和发展的方针、政策和措施，极大地推进了民族教育的改革与发展。2007 年印发的《国家教育发展"十一五"规划纲要》明确提出，坚持分区规划、分类指导的原则，强调公共教育资源向农村、中西部、贫困地区、边疆地区、民族地区倾斜。要全面提高民族教育发展水平，就必须在党和政府的正确领导下，在各民族地区的艰苦奋斗和内地省市的无私援助下，贯彻执行党的民族政策和教育方针，认真做好以下几方面的工作。

一要大力支持民族地区优先发展教育、科技事业，支持民族地区发展文化事业和文化产业，支持少数民族优秀文化的传承、发展、创新，丰富各族群众的文化生活，不断提高各族群众的思想道德素质和科学文化素质。

二是要进一步加大投入，尤其是加大中央财政对民族地区教育的支持力度，确保民族教育经费投入随财政收入增加而增长，公共教育资源向民族工作的重点地区、边远农牧区、高寒山区、边境地区以及人口较少的民族聚居区倾斜。要改善民族地区学校办学条件，加强农村寄宿制学校建设，对家庭困难的寄宿生给予补助，改善学生营养状况，关心留守儿童学习和生活。

三是巩固提高民族地区"两基"成果，使民族地区九年义务教育的保障水平得到显著提高，并不断提高民族地区义务教育阶段教学水平和教学质量。支持边境县和民族贫困县学校标准化建设，继续加强民族地区寄宿制学校建设。

四是大力发展民族地区高中阶段教育，以多种形式加快中等职业技术教育的发展，使民族地区各族青年得到良好的职业技能培训，提高他们脱贫致富和建设国家的能力和素质。

五是积极发展民族地区高等教育，支持民族院校加强学科和人才队伍建设，提高办学质量和管理水平。

六是大力推进双语教育，大力提高民族地区汉语课程的教学质量，推广国家通用语言文字，同时尊重和保障少数民族使用本民族语言文字的权利，培养“民汉兼通”的合格公民和建设人才。加强对民族中小学汉语教师的培养培训，改革民族中小学汉语教学方法，重视加强学前双语教育，加大对民族地区教师培养和远程教育资源建设的资金投入力度。

七是继续办好高校民族预科班和进一步扩大民族预科班招生规模，实施好高层次骨干人才计划。依托内地优质教育资源，培养素质较高的民族人才，主要培养双语教师和其他各类急需的少数民族人才。

八是实施对口支援，推进远程教育，在资金、设备、师资和教学经验等方面帮助少数民族地区发展教育。继续做好内地省市和高等院校对口支持民族地区教育工作，切实提高教育对口支援的实际效果。鼓励高校毕业生到民族地区基层任教。要继续办好内地西藏班、新疆高中班，举办内地中职班，加强各种内地班规范化、制度化管理，完善政策措施，大力提高办学水平和教学质量。

九是要深化民族教育教学改革，力求办学形式、学制安排和课程设置等符合不同民族的特点。

十是按我国有关法律规定，正确处理好民族地区教育与宗教的关系，切实做好教育与宗教相分离的有关工作，确保民族地区教育事业健康发展。

（三）广泛开展民族团结教育

我国是统一的多民族社会主义国家，为了巩固和发展“平等、团结、互助、和谐”的社会主义民族关系，维护各民族的紧密团结和国家的统一，党和国家高度重视在各民族干部群众特别是在各级各类学校的各民族学生中开展民族团结教育工作。从1994年起，教育部和国家民委在部分省市中小学开展了民族团结教育活动试点，2000年起在全国中小学推广。根据十余年民族团结教育活动的实践以及新形势下新的要求，为进一步加强民族团结教育的实效性、针对性，教育部和国家民委组织统一编写了《中华大家庭》、《民族常识》、《民族政策常识》等教材和相关音像及教辅资料，并于2008年印发了《学校民族团结教育指导纲要（试行）》，对今后一个时期中小学全面开展民族团结教育工作的目标任务、方法和具体措施进行了全面部署。

民族团结教育的主要任务是全面贯彻党的教育方针、民族政策，按照素质教育的基本要求，重视中华历史文化和爱国主义教育，加深师生对民族团结必要性和重要性的认识。不断丰富学校民族团结教育的内容和形式，使各族学生牢固树立正确的祖国观、民族观、文化观；加强“三个离不开”（汉族离不开少数民族，少数民族离不开汉族，各少数民族之间也相互离不开）教育；了解和把握在处理影响民族团结问题的事件中坚持“四个维护”（维护人民利益，维护法律尊严，维护民族团结，维护祖国统一）原则；开展具有民族特色的教育活动，促进各民族之间的平等团结，树立民族自尊心和自豪感，不断增强中华民族的向心力、凝聚力。

加强民族团结教育，要做好以下四方面的工作。

一要确立民族团结教育在学校教育中的重要地位并建立保障机制。民族团结教育课程是根据国家统一要求列入地方课程实施的重要专项教育，是学校教育的组成部分，全国所有的中小学都要开设民族团结教育课程，坚持课堂教育与课外实践活动相结合，注重实效。要将各阶段民族团结教育全国统编教材的教学内容纳入小学阶段考查和中、高考及中职毕业考试范围，并将经国家审定的中小学民族团结教育教材纳入地方课程教材使用规划予以落实。

二要加强中小学民族团结教育教师队伍建设。各级教育行政部门和学校要把民族团结教育课教师的培训列入计划，加大培训力度，建设一支合格的教师队伍。

三要广泛开展民族团结宣传教育活动，大力弘扬以爱国主义为核心的中华民族精神。要把民族团结教育纳入公民道德教育的全过程，纳入社会主义精神文明建设的全过程，使全社会牢固树立民族团结的思想观念，使各族群众始终保持昂扬向上的精神状态。要坚持不懈地开展党的民族理论、民族政策、民族法律法规以及民族基本知识的教育，引导各族干部群众增强珍惜和维护民族团结的坚定性和自觉性，尤其要在各族青少年中开展多种形式的民族团结宣传教育活动。

四要加强高校民族团结教育工作。全国普通高等学校要认真贯彻中共中央办公厅和国务院办公厅《关于深入开展民族团结宣传教育活动的意见》，有针对性地开好民族团结教育课，重点加强党和国家民族、宗教理论教育，全面提升各民族学生自觉践行党和国家民族政策的综合素质。加强和改进民族班思想政治工作，筑牢民族班学生自觉抵御和有效防范敌对势力渗透的思想长城。充分发挥课堂主阵地和校内广播、电视、网络、报纸和宣传橱窗等校园媒体的作用，广泛宣传马克思主义民族观和我国的民族政策、法律法规。进一步加强内地高等学校新疆少数民族学生管理工作，继续实施“全国高校辅导员、班主任骨干培训计划”，并在教师培训计划中增加党的民族、宗教政策，新疆、西藏历史文化及民族学生跨文化学习等内容。

八、关心和支持特殊教育，健全特殊教育保障机制

特殊教育是为有身心障碍、在学习和生活中有特殊需要的残疾人实施的教育，在我国现阶段，主要指对盲、聋和智力落后以及自闭症等残疾儿童少年实施的教育。

根据第二次全国残疾人口抽样调查，我国残疾人有 8296 万，其中学龄残疾儿童少年有 246 万人。我国又是发展中国家，发展特殊教育的任务十分

重大，也相当艰巨。因此，必须根据党的教育方针，结合我国的基本国情和各地实际，以现有的成功经验为基础，学习借鉴国际先进的理论和技术，逐步建立一个科学的、可持续发展的特殊教育体系，以保障特殊教育健康发展。

（一）特殊教育的目的和任务

特殊教育是促进残疾人全面发展、帮助残疾人更好融入社会的基本途径。特殊教育的目的是：通过开设医学矫治、运动康复、音乐治疗、言语听力训练等特殊课程，以及盲文、手语、现代信息技术等手段，使他们最大限度地补偿缺陷、发展潜能，在身体复健、生活能力、心智水平、文化知识、沟通技能，以及道德水平、情感态度、社会行为诸方面得到最大程度的发展，能够顺利地融入主流社会，自立、自强、自尊、自信地生活，为社会的发展作出自己力所能及的贡献。

特殊教育是我国基础教育的一个重要组成部分，残疾儿童少年是我国儿童少年中的一个特殊群体，教育可以帮助他们改善残疾状态，改变不利处境，全面提高素质，促进他们与其他儿童同步发展。因此，发展特殊教育是保障残疾儿童少年教育权和发展权的需要，也是建立全面、均衡、协调发展的全民教育体系，提高民族素质，促进社会和谐发展的需要。发展特殊教育就是要逐步建立和形成现代特殊教育体系，切实保障每一个残疾儿童少年都能接受到公平的、合理的、全面的素质教育。

特殊教育的主要任务：一是提高残疾学生的综合素质。注重潜能开发和缺陷补偿，培养残疾学生积极面对人生、全面融入社会的意识和自尊、自信、自立、自强精神，加强残疾学生职业技能和就业能力培养。二是完善特殊教育体系。各级各类学校要积极创造条件接收残疾人入学，不断扩大随班就读和普通学校特教班规模，全面提高残疾儿童少年义务教育普及水平，加快发展残疾人高中阶段教育，大力推进残疾人职业教育，重视发展残疾人高等教育，因地制宜地发展残疾儿童学前教育。三是健全特殊教育保障机制，切实依法保障残疾学龄人口的受教育权利。

（二）保障特殊教育健康发展

我国宪法规定，国家为残疾儿童提供教育。《义务教育法》明确规定了残疾儿童少年有平等接受义务教育的权利。《残疾人保障法》和《残疾人教育条例》对残疾人接受各种教育做了详细的规定。要落实这些法律法规，使广大残疾儿童少年的教育权利得到了最大的保障，各级政府必须高度重视特殊教育工作，把发展特殊教育纳入当地社会事业发展规划之中，与普通教育同步规划，同步实施，同步检查，共同发展。

第一，加大对特殊教育的投入力度，提高特殊教育保障水平

国家制定特殊教育学校基本办学标准，地方政府制定学生人均公用经费标准。鼓励和支持接收残疾学生的普通学校为残疾学生创造学习生活条件。要加强特殊教育学校建设。国家支持中西部地区特殊教育学校建设，在人口30万以上或残疾儿童少年相对较多、尚无特殊教育学校的县，独立建设一所特殊教育学校，不足30万人口的县，在地市范围内，统筹建设一所或几所特殊教育学校。

第二，加强特殊教育师资队伍建设，落实特殊教育教师待遇

建立起一支具有爱心与奉献精神、掌握先进的特殊教育理论知识和教学实践能力的教师队伍，进而为残疾儿童少年提供高质量的教育。要鼓励教师献身特殊教育事业，关心教师的专业成长，为他们提供良好的教学工作环境和条件。特殊教育科研是推动特殊教育发展的重要动力，要加强特殊教育理论与实践等基础性研究，积极开展与国际特殊教育交流与合作，逐步形成中国特殊教育的理论体系，科学指导我国特殊教育事业的发展。

第三，加大对家庭经济困难残疾学生的资助力度

要全面实施残疾学生免费义务教育，在义务教育“两免一补”的基础上，针对残疾学生的特殊需要，进一步提高补助水平。要优先保障普通高校全日制本专科在校生中家庭经济困难的残疾学生和中等职业学校一、二

年级在校生中残疾学生全部享受国家助学金，并逐步实施残疾学生高中阶段免费教育。为确保上述政策的落实，中央财政将继续设立特殊教育补助专款，地方各级人民政府要继续设立特殊教育专项补助费并不断提高其标准；各地要按规定从残疾人就业保障金中安排资金用于特殊教育学校（院）开展包括社会成年残疾人在内的各种职业教育与培训。

第四章

切实把社会主义核心价值体系融入学校教育全过程

2006年，中共十六届六中全会通过的《中共中央关于构建社会主义和谐社会若干重大问题的决定》提出，要“建设社会主义核心价值体系”，坚持把社会主义核心价值体系融入国民教育和精神文明建设全过程、贯穿现代化建设各方面。2007年，党的十七大进一步提出：“切实把社会主义核心价值体系融入国民教育和精神文明建设全过程，转化为人民的自觉追求。积极探索用社会主义核心价值体系引领社会思潮的有效途径，主动做好意识形态工作，既尊重差异、包容多样，又有力抵制各种错误和腐朽思想的影响。”2010年7月13日，胡锦涛总书记在全国教育工作会议上再次强调，“把社会主义核心价值体系融入国民教育全过程”。切实把社会主义核心价值体系融入国民教育全过程是科学发展观教育理论的重要内容。学校作为推动社会主义核心价值体系融入国民教育全过程的重要载体，要把社会主义核心价值体系教育作为学校教育的一根红线，贯穿到学校各项工作的各个方面，努力使学生成为社会主义核心价值体系的深入学习者、坚定信仰者、积极传播者和模范践行者。

一、社会主义核心价值体系的科学内涵

建设社会主义核心价值体系，是党的十六届六中全会在思想文化建设上的一个重大理论创新，是在我国经济体制深刻变革、社会结构深刻变动、利益格局深刻调整、思想观念深刻变化的新形势下，凝聚和统一社会各阶层、各利益群体思想的有力武器，党的十七大首次将“建设社会主义核心价值体系”纳入报告中，指出社会主义核心价值体系是社会主义意识形态的本质体现。马克思主义指导思想、中国特色社会主义共同理想、以爱国主义为核心的民族精神和以改革创新为核心的时代精神、社会主义荣辱观，是社会主义核心价值体系的基本内容。

（一）马克思主义指导思想是社会主义核心价值体系的灵魂

马克思主义指导思想决定了社会主义核心价值体系的性质和方向。我国是社会主义国家，中国共产党是中国特色社会主义事业的领导核心，马克思主义是我们立党立国的根本指导思想，是党和工人阶级的意识形态和世界观的理论基础，这就决定了马克思主义是社会主义意识形态的旗帜，是社会主义核心价值体系的灵魂。

马克思主义是迄今为止人类历史上最科学、最先进、最严密的思想体系，是人们认识世界、改造世界的强大思想武器，是全党全国各族人民的共同精神支柱。毛泽东思想和中国特色社会主义理论体系是马克思主义基本原理同中国具体实际相结合的产物，是马克思主义中国化的理论成果，是中国化的马克思主义，坚持用马克思主义中国化的最新理论成果来武装全党、教育人民，是我们党始终保持先进性、不断推进事业发展、胜利完成历史使命的一个决定性因素。

第一，坚持马克思主义的指导地位，是积极应对意识形态领域新挑战的需要

在经济全球化的背景下，国外敌对势力把中国作为意识形态上的主要

对手，实施“西化”、“分化”的图谋一直没有改变。同时，国内改革深化带来的社会经济成分、组织形式、物质利益、就业方式的日益多样化，决定了不同社会群体的价值取向、道德观念、文化选择必然趋于多样化。市场经济的发展在带来历史进步与文化活力的同时，也对社会生活产生着不容忽视的负面影响。非马克思主义的意识形态也会有所滋长，小生产的思想观念、封建残余的思想观念、愚昧落后的思想观念、资产阶级的腐朽思想观念不会自动退出历史舞台，各种思想文化相互渗透、相互激荡更加激烈。在对外开放和发展市场经济的条件下，思想文化领域的斗争将是长期的、复杂的，有时甚至还会尖锐化。我们要坚持用发展着的马克思主义指导实践，牢牢掌握意识形态的指导权、主动权、话语权，反对指导思想“多元化”、“模糊化”、“边缘化”等错误的思想倾向。在坚持马克思主义指导地位的前提下，尊重差异，包容多样，充分挖掘并鼓励不同阶层、不同群体所蕴涵的积极向上的精神，更好地用社会主义核心价值体系引领社会思潮，最大限度地形成社会共识，凝聚力量，齐心协力建设中国特色社会主义。

第二，坚持马克思主义的指导地位，也是在新的历史条件下发展马克思主义的必然要求

要始终坚持用马克思主义中国化的最新成果武装全党、教育人民，不断巩固和发展社会主义意识形态，把握和谐文化建设的性质和方向；要坚持把马克思主义基本原理同中国具体实际相结合，不断作出符合我国社会发展进步要求和人民群众实践需要的新的理论概括，使马克思主义中国化的理论成果具有更加鲜明的时代特色；要扎根于中国的土壤，把马克思主义真理的力量深深熔铸在民族的生命力、创造力、凝聚力之中，使马克思主义中国化的理论成果具有更加鲜明的民族特色；要始终走在时代前列，敏锐把握时代特征，准确反映时代要求，使马克思主义中国化的理论成果具有更加鲜明的时代特色，从而更好地为新的历史条件下党和人民事业的发展提供科学理论指导。

（二）中国特色社会主义共同理想是社会主义核心价值体系的主题

中国特色社会主义共同理想是社会主义核心价值体系的主题。理想和信念要解决的是精神支柱和精神动力的问题。一个民族、一个国家，如果没有共同的理想和信念，就等于没有精神支柱，就会失去凝聚力和生命力。邓小平指出：“现在中国提出‘四有’，有理想、有道德、有文化、有纪律。其中我们最强调的，是有理想。”① “我们共产党人的最高理想是实现共产主义，在不同历史阶段又有代表那个阶段最广大人民利益的奋斗纲领。”②江泽民指出：“在全社会形成共同理想和精神支柱，是有中国特色社会主义文化建设的根本。”③ 胡锦涛也指出：“理想信念，是一个政党治国理政的旗帜，是一个民族奋力前行的向导，也是有志青年奋发向上的动力。”④

在社会主义初级阶段，中国特色社会主义共同理想就是坚定对中国共产党的信任，坚定走中国特色社会主义道路，坚定对实现中华民族的伟大复兴的信心。这一共同理想是社会主义核心价值体系的主题。要正确理解和把握中国特色社会主义共同理想的科学内涵。

第一，中国特色社会主义共同理想是一个综合性的社会理想

根据理想的层次和类型，可以将理想分为个人理想和社会理想。个人理想描绘的是个人生活事业的理想状态，而社会理想描绘的是社会发展的理想状态。个人生活于社会中，个人理想离不开社会理想。中国特色社会主义共同理想是一种社会理想，对于个人理想具有整合作用，是若干个人理想的寄托和发育之所。当代中国人对自身生活和发展的若干期望和设想，事实上是以中国经济社会的持续发展为背景的。所以，个人理想能否正确定位和实现，离不开对中国特色社会主义共同理想这一社会理想的认识和

---

①② 邓小平. 邓小平文选：第三卷［M］. 北京：人民出版社，1993：190.

③ 江泽民. 江泽民文选：第二卷［M］. 北京：人民出版社，2006：33.

④ 中共中央文献研究室. 十六大以来重要文献选编：中［G］. 北京：中央文献出版社，2006：636.

把握。

第二，中国特色社会主义共同理想是一个具体的阶段性理想

党的最高理想和最终目标是实现共产主义，而对共产主义远大理想的追求是一个漫长的过程，必须经过若干个阶段性理想的不断追求和实现才能完成。中国特色社会主义共同理想是社会主义初级阶段人们所普遍追求的比较切合中国实际的阶段性的理想目标，在实现了21世纪前20年全面建设小康社会的目标，再继续奋斗几十年，到21世纪中叶基本实现现代化，把我国建设成为富强、民主、文明、和谐的社会主义国家这一理想目标之后，中国特色社会主义道路还将继续向前延伸，中国特色社会主义事业还将进一步向前推进，中国社会将进入新的发展阶段，中国特色社会主义共同理想还会增添新的内容。

第三，中国特色社会主义共同理想是全体中国人民都认同并追求的理想

在社会生活中往往会出现众多不同的理想，但并不是所有的理想都能成为共同的理想。有的理想只代表了少数人或个别人的利益和愿望，因而它只能成为个别或少数人的追求目标。中国特色社会主义理想之所以能成为共同理想，就是因为它代表和反映了中国社会最广大人民的根本利益和发展意愿，能够为广大人民群众所认同和接受。

中国特色社会主义共同理想，集中代表了我国工人、农民、知识分子和其他劳动者、建设者、爱国者的利益和愿望，具有令人信服的必然性、广泛性和包容性，具有强大的感召力、亲和力和凝聚力；这个共同理想，把国家、民族与个人紧紧地联系在一起，强调了国家基本实现现代化、民族实现伟大复兴、人民过上富裕生活，有利于调动全体人民的积极性共同为之奋斗；这个共同理想，既体现了现阶段党的奋斗目标，又体现了党的最终奋斗目标，要求共产党员把为最高理想而奋斗同为现阶段共同理想而奋斗统一于建设中国特色社会主义的实践；这一共同理想为全国各族人民指明了共同奋斗目标和前进方向，代表了中国各族人民的根本利益和要求，具有团结全国各族人民，同心同德建设中国特色社会主义的强大凝聚力。

当代青年是中国特色社会主义的未来，是祖国和民族的希望，必须通过学习，进一步增强对中国特色社会主义的坚定信念，对当代中国马克思主义的坚定信仰，牢固树立中国特色社会主义共同理想。

（三）民族精神和时代精神是社会主义核心价值体系的精髓

民族精神和时代精神是社会主义核心价值体系的精髓。民族精神和时代精神具有丰富的思想内涵。要坚持和弘扬以爱国主义为核心的民族精神和以改革创新为核心的时代精神。

民族精神是一个民族在长期的共同生活和共同的社会实践基础上形成和发展的，为民族大多数成员所认同和接受的思想品格、价值取向和道德规范，是一个民族的心理特征、文化传统、思想情感等的综合反映。民族精神是民族文化最本质、最集中的体现，是一个民族赖以生存和发展的精神支撑。在五千多年的历史发展中，中华民族形成了包括 56 个民族广泛认同的思想品德、价值取向和道德规范，形成了以爱国主义为核心的团结统一、爱好和平、勤劳勇敢、自强不息的伟大民族精神。这个民族精神，同党领导人民在长期革命、建设和改革中形成的优良传统和时代精神结合在一起，是中华民族生生不息、发展壮大的强大精神动力。江泽民指出："民族精神，积千年之精华，博大精深，根深蒂固，是中华民族生命机体中不可分割的重要成分。"① 民族精神已经深深融入我们的民族意识、民族品格、民族气质之中，成为各族人民团结一心、共同奋斗的价值取向。

时代精神是一个社会在最新的实践中激发出来的，反映社会进步的发展方向、引领时代进步潮流、为社会成员普遍认同和接受的思想观念、价值取向、道德规范，是一个社会最新的精神气质和精神风貌的综合体现。在当代中国改革开放和社会主义现代化建设的伟大实践中，进一步铸就了以改革创新为核心的时代精神。这一时代精神是马克思主义与时俱进的理

① 江泽民. 江泽民文选：第二卷［M］. 北京：人民出版社，2006：231.

论品格、中华民族富于进取的思想品格与改革开放和现代化建设实践相结合的伟大成果，已经深深融入我国经济、政治、文化、社会建设的各个方面，成为各族人民不断开创中国特色社会主义事业新局面的强大精神力量。

民族精神与时代精神作为中华民族崇高精神的两个方面，相辅相成，相互交融，密不可分。民族精神是时代精神的基础和渊源，时代精神是民族精神在当代中国的发扬和光大，时代精神的形成离不开民族精神，时代精神又为民族精神的发展增添了新的内涵。弘扬以爱国主义为核心的民族精神，必须把中华民族的优秀历史传统和新时期形成的以改革创新为核心的时代精神结合起来，使二者统一于改革开放和社会主义现代化建设的伟大实践中，凝聚在建设中国特色社会主义的共同理想中，共同构成中华民族自立自强的精神品格，成为推动中华民族伟大复兴的精神动力。

在建设中国特色社会主义的进程中，弘扬民族精神和时代精神有着十分重要的意义。弘扬民族精神和时代精神有利于对内凝聚和动员民族力量、对外展示民族形象，是应对国外敌对势力“分化”、“西化”图谋的强大思想武器。弘扬民族精神和时代精神，能够凝聚全国各族人民的力量，使全体人民保持昂扬向上的精神状态，发扬锐意进取，奋发图强的拼搏精神，是全面建设小康社会、实现中华民族伟大复兴的重要保证。在新世纪新阶段，尤其要发扬以改革创新为核心的时代精神。努力营造良好的有利于改革开放的环境，形成有利于自主创新的体制机制，进一步塑造中华民族改革创新的时代精神。在建设中国特色社会主义的伟大实践中，要不断丰富民族精神和时代精神的内涵，增强社会主义先进文化的吸引力、凝聚力和感召力。大力弘扬学生思想政治教育的主旋律，必须培育和弘扬以爱国主义为核心的民族精神和改革创新为核心的时代精神。

（四）社会主义荣辱观是社会主义核心价值体系的基础

社会主义荣辱观是社会主义核心价值体系的基础，是对与社会主义市场经济相适应、与社会主义法律规范相协调、与中华民族传统美德相承接的社会主义思想道德体系全面系统、准确通俗的表达。它旗帜鲜明地指出了在社会主义市场经济条件下，应当坚持和提倡什么、反对和抵制什么，为全体社会成员判断行为得失、作出道德选择、确定价值取向，提供了基本的价值准则和行为规范。2006年3月，胡锦涛在看望出席全国政协十届四次会议的委员时指出，要教育广大干部群众特别是青少年树立以“八荣八耻”为主要内容的社会主义荣辱观：坚持以热爱祖国为荣、以危害祖国为耻；以服务人民为荣、以背离人民为耻；以崇尚科学为荣、以愚昧无知为耻；以辛勤劳动为荣、以好逸恶劳为耻；以团结互助为荣、以损人利己为耻；以诚实守信为荣、以见利忘义为耻；以遵纪守法为荣、以违法乱纪为耻；以艰苦奋斗为荣、以骄奢淫逸为耻。

社会主义荣辱观，具有深刻的思想内涵。爱国主义是民族精神的核心，是我国各族人民共同的精神支柱，是激励全国人民团结奋斗的光辉旗帜，我们每一个人都应坚持祖国利益高于一切，自觉把个人理想同祖国的前途命运紧密地联系在一起，把对祖国的热爱化作建设中国特色社会主义的力量。为人民服务是中国共产党的根本宗旨，是社会主义道德建设的核心所在，社会主义公民的主人翁地位要求公民在享受权利的同时，承担服务他人与社会的义务和责任，要坚持以服务、实现、维护和发展最广大人民群众的根本利益作为判断是非荣辱的标准。崇尚科学是人类社会文明进步的基本要求，也是当代公民基本素质的具体体现，一个国家的现代化，首先是科学技术的现代化，要树立科学思想，倡导科学方法，弘扬科学精神，普及科学知识，形成崇尚科学的社会风尚，养成健康文明的生活方式。热爱劳动是社会主义道德区别于一切剥削阶级道德的重要标志，是社会主义道德观的基本要求。社会主义劳动者要以主人翁的态度对待劳动，充分发挥劳动者的积极性、主动性和创造性，为建设中国特色社会主义作出自己的贡献。团结互助是社会主义社会人与人之间关系的基本特征，求同存异、同舟共济，把各种力量凝聚起来，同心同德为社会主义现代化建设事业而奋斗。诚实是立身之基，守信是兴业之本，诚实守信，是市场经济条件下所有经济组织与经济活动参与者的立身之本，是对公民普遍的道德要求，是市场经济发展的道德前提，是构建社会主义和谐社会的道德基础。树立法纪意识，强化法纪观念，培养法纪精神，建立协调统一的道德秩序和法律秩序，才能维护社会的稳定和发展。艰苦奋斗是中华民族的传统美德，也是促进人类社会不断进步的精神力量，艰苦奋斗要求人们在改造客观世界和主观世界的活动中，不畏艰难困苦、锐意进取、坚韧不拔、奋发有为，大力提倡艰苦创业、厉行节约、勤俭办事的作风，发扬自强不息、开拓创新的精神。

树立和实践社会主义荣辱观，具有重大的现实意义。

第一，树立和实践社会主义荣辱观，是促进我国经济社会协调发展的必然要求

社会主义荣辱观的提出，对于凝聚人心、提升人的思想境界，激发人们的精神活力，提供了基本价值取向。只有树立正确的荣辱观，才能建立与社会主义市场经济相适应、与社会主义法律规范相协调、与中华民族传统美德相承接的社会主义思想道德体系，更好地促进我国经济社会又快又好地健康发展。

第二，树立和实践社会主义荣辱观，是构建社会主义和谐社会的思想道德基础

只有在全社会大力倡导和树立社会主义荣辱观，净化社会风气，鼓舞人们积极向上，才能形成维系社会和谐的精神纽带和道德风尚，才能为构建社会主义和谐社会奠定坚实的思想基础。

第三，树立和实践社会主义荣辱观，是建设社会主义核心价值体系的需要

只有分清是非荣辱，明辨善恶美丑，才能形成正确的价值观，形成良好的社会道德风尚。一个改革开放充满活力的中国，不仅要向世界展示物质文明的丰硕成果，更要向世界展示中华民族的精神面貌。

社会主义核心价值体系这四个方面的内容，相互联系、相互贯通，相

互促进，是一个有机统一的整体。坚持马克思主义的指导地位，抓住了社会主义核心价值体系的灵魂；树立中国特色社会主义共同理想，突出了社会主义核心价值体系的主题；培育和弘扬民族精神和时代精神，把握了社会主义核心价值体系的精髓；树立和践行社会主义荣辱观，打牢了社会主义核心价值体系的基础。建设社会主义核心价值体系，要把这四个方面作为一个整体来理解，全面贯彻和落实其基本精神。

二、学校建设社会主义核心价值体系的重大意义

（一）建设社会主义核心价值体系是实现学校科学发展的现实需要

核心价值体系是揭示阶级、政党、国家的核心价值，在社会意识形态中处于核心地位，对阶级、政党、国家的生存发展起核心作用的思想体系。任何社会都有自己的核心价值体系，“社会主义核心价值体系是社会主义意识形态的本质体现。”

随着改革开放的不断深入、社会主义市场经济的不断发展、社会结构的调整和改革、现代科技的不断飞跃、信息媒体的日趋广泛，当今世界各种思想文化交流频繁，人们思想活动的独立性、选择性、多变性和差异性明显增加，正确思想与错误思想相互交织，进步观念与错误观念相互影响，这些现象在学校有着突出的表现。同时，教育领域的改革逐步向深层次推进，必然会出现不同的思想交锋，甚至出现各种矛盾，需要做好深入细致的思想政治工作加以引导和化解。面对这种复杂的形势，我们必须本着对党的教育事业高度负责的态度，自觉地用社会主义核心价值体系统领学校的发展。只有在学校中加强社会主义核心价值体系建设，坚持用马克思主义特别是中国化的马克思主义占领学校思想理论阵地，坚持引导学生学习和践行社会主义核心价值体系，坚持以社会主义核心价值体系推进和谐校园建设，才能促进教育事业的科学发展。

2004 年 5 月 10 日，胡锦涛总书记在全国加强和改进未成年人思想道德

建设工作会议上深刻指出："提高全民族的思想道德素质要从未成年人抓起，促进人的全面发展也要从未成年人抓起。"2005 年 1 月，胡锦涛同志在全国加强和改进大学生思想政治教育工作会议上又深刻指出："培养什么人、如何培养人，是我国社会主义教育事业发展中必须解决好的根本问题……青年学生的思想政治状况、道德品质、科学文化素质和健康素质如何，不仅直接关系现阶段中华民族的素质，而且直接关系未来中华民族的素质。特别是青年学生思想政治素质如何，更是直接关系到党和国家的前途命运。"① 当今世界正在发生广泛而深刻的变化，当代中国正在发生广泛而深刻的变革。社会主义基本制度能否在中国经久不衰，中国特色社会主义事业能否兴旺发达，直接取决于能不能培养造就合格的建设者和可靠的接班人。当前，学校思想政治教育既面临十分有利的条件，也面临十分严峻的挑战。在新形势、新任务下坚持用社会主义核心价值体系引领学生思想政治教育显得十分重要而迫切。各级各类学校一定要联系改革开放和社会主义现代化建设的实际，联系学生的思想实际，开展好马克思主义理论教育，开展好基本国情和形势政策教育，深入开展党的基本理论、基本路线、基本纲领和基本经验教育，用社会主义核心价值体系教育学生，用马克思主义中国化最新成果武装学生头脑，坚定当代学生的马克思主义信仰，帮助学生树立正确的世界观、人生观、价值观，帮助学生确立在中国共产党领导下走中国特色社会主义道路、实现中华民族伟大复兴的共同理想和坚定信念。

（二）社会主义核心价值体系是学校思想政治教育的核心内容

坚持以社会主义核心价值体系引领学生思想政治教育，增强社会主义意识形态的吸引力和凝聚力，具有重要的理论意义和现实意义。

---

① 中共中央文献研究室．十六大以来重要文献选编：中［G］．北京：中央文献出版社，2006：632－633.

第一，学校开展思想政治教育要坚持用马克思主义武装学生

学校作为思想文化生产和传播的重要阵地，马克思主义如果不去占领，就会给其他非马克思主义思潮带来可趁之机。坚持学校思想政治教育的正确方向，最根本的是坚持和确立马克思主义的指导地位。当前各种复杂思潮不可避免地对学生产生影响，因此加强和改进大学生思想政治教育工作尤为迫切而且任务十分艰巨。加强和改进思想政治工作，就要坚持马克思主义在意识形态领域的指导地位，不断增强党的思想理论工作的创造力、说服力、感召力，着力回答重大理论和实际问题。要以马克思主义中国化的最新成果武装学生头脑，引导他们坚定地树立正确的世界观、人生观和价值观；要着力提高学生用马克思主义理论指导实践的能力，使广大学生学会用马克思主义的基本理论、基本观点和基本立场，明辨是非，自觉抵制社会上的错误思潮，为他们在理论上的成熟和政治上的坚定奠定坚实的思想基础。

第二，学校开展思想政治教育要引导学生树立中国特色社会主义共同理想

有共同理想，才能有共同步调。摆脱贫穷落后，走向富强、民主、文明、和谐，实现中华民族的伟大复兴，是中华儿女世世代代的梦想和追求。鸦片战争以来一百多年的历史充分证明，中国共产党的领导和中国特色社会主义道路，是历史的选择、人民的选择，只有坚持这条道路才能实现中华民族的伟大复兴。中国特色社会主义共同理想，体现了中国人民对美好生活的向往和追求，是国家和民族不断发展的精神动力。加强对学生的理想信念教育，就要教育学生把党在社会主义初级阶段的目标、国家的发展、民族的振兴与个人的幸福紧密联系在一起；要把共同理想的教育与革命传统教育、艰苦奋斗教育、学生学习生活结合起来，在实践中长期坚持，在载体上不断创新，在措施上更加有力，使学生不断增强对中国特色社会主义共同理想的信念，对中国共产党领导的信任，对社会主义制度、改革开放事业、全面建设小康社会目标的信心。

第三，学校思想政治教育要引导学生树立民族精神和时代精神

民族精神是民族文化最本质、最集中的体现，以爱国主义为核心的伟大民族精神，已经深深地融入我们的民族意识、民族品格、民族气质之中，成为全国各族人民团结一心、共同奋斗的价值取向。以改革创新为核心的时代精神，是中华民族富于进取的思想品格与改革开放和现代化建设实践相结合的伟大成果，是全国各族人民不断开创中国特色社会主义事业新局面的强大精神力量。中华民族生生不息、薪火相传、奋发进取，靠的就是这样的精神；中华民族抵御外来侵略、赢得民族独立和解放，靠的就是这样的精神；中华民族在新的历史时期，抓住机遇，加快发展，由贫穷走向富裕，靠的也是这样的精神；建设社会主义和谐社会，实现全面建设小康社会的宏伟目标，还是要靠这样的精神。培育和弘扬以爱国主义为核心的民族精神和以改革创新为核心的时代精神，是思想政治教育的主旋律。加强民族精神和时代精神教育，应该坚持用历史来教育学生，让学生从中国的传统文化中汲取足够的精神营养，自觉树立以爱国主义为核心的团结统一、爱好和平、勤劳勇敢、自强不息的伟大民族精神。同时，要培养学生的改革与创新精神，鼓励他们在坚定理想信念的基础上主动学习、借鉴和吸收一切先进思想，努力使自己与时代发展同步。

第四，学校开展思想政治教育要引导学生自觉践行社会主义荣辱观

社会主义荣辱观是检验学生思想道德素质高低的试金石，而思想道德素质是一个人整体素质高低的重要标准。树立正确的荣辱观，是形成良好社会风气和校园风气的基础，是开展学生思想政治教育的价值坐标，也是提升学生思想政治教育水平的一项基础性工作。以荣辱的标准来衡量学生日常表现中的对与错、合适与不宜，并及时地作出肯定与否定、赞扬与批评等评价，可以使广大学生明辨是非，避免违规犯错，同时也能促进他们自身的发展。如果能指导学生通过积极的自我教育来进行主观上的自省，树立起正确的荣辱观，就能够促使其自觉地向先进人物学习，更快地提高自己的思想道德水平。学生正处于世界观、人生观和价值观形成的重要时

期，他们学习科学文化知识，参与社会实践，社会交往更加广泛，但由于生活经验和社会阅历的不足，在复杂的社会环境和重大的人生课题面前，往往容易陷入迷惘。因此，加强对学生的荣辱观教育就成为他们健康成长的需要，成为为共产主义理想而奋斗的思想道德基础。加强社会主义荣辱观教育，首先要提高学生的思想觉悟，使他们能够自觉地运用马克思主义的立场、观点和方法指导自己的行动。其次，要将爱国主义、集体主义、社会主义思想，贯穿于社会主义荣辱观教育的全过程。这样就有助于培养学生的集体主义精神、正确的劳动观念、良好的社会规范和社会主义的公民道德。

加强和改进学生思想政治教育是一项长期而艰巨的任务，积极探索适合当代学生特点的有效方法和途径，是学校德育工作取得成效的必然要求。学校要坚持把社会主义核心价值体系教育切实融入学生思想政治教育的全过程，提高学生思想道德素质，潜移默化地影响和教育学生，激励学生更加自觉地加强思想政治修养，努力把自己培养成为德智体美全面发展的社会主义合格建设者和可靠接班人。

（三）社会主义核心价值体系是引领学校人才培养的根本指针

加强社会主义核心价值体系教育，是培养合格的社会主义建设者和可靠的接班人的需要。教育是培养人、造就人的社会活动，学校教育则担负着为社会主义现代化建设培养人才的重大任务。社会主义学校就要为培养社会主义事业的合格建设者和可靠接班人服务。也就是说，我们培养的学生必须把坚持社会主义方向作为他们价值的取向。而社会主义核心价值体系是中国人民和中国共产党价值取向与价值目标的集中体现，是中国特色社会主义社会系统得以运转、社会主义秩序得以维持的基本精神依托，是社会主义意识形态的本质体现，它为学校培养德智体美全面发展的社会主义事业的合格建设者和可靠接班人指明了努力方向，提供了发展动力，明确了基本途径。

第一，马克思主义指导思想在社会主义核心价值体系中处于统领地位，是社会主义意识形态的灵魂，是我们党和国家的指导思想

用马克思列宁主义、毛泽东思想、邓小平理论、“三个代表”重要思想和科学发展观武装青少年学生，可以帮助他们树立正确的世界观、人生观和价值观，掌握认识世界和改造世界的强大思想武器。当前，我国改革进入攻坚阶段，发展面临挑战，受其影响，青少年的思想困惑、疑虑增多。这就要求学校思想政治教育工作者积极关注青少年的利益诉求，从青少年学生最直接、最现实的问题入手，立足社会主义核心价值体系，在解决诉求中努力推进马克思主义大众化，用中国特色社会主义理论为他们解疑释惑、解决问题，统一和提高他们的认识并增强他们的信心，让更多的青少年学生选择和信仰马克思主义，用科学的理论和坚定的信仰指引自己健康成长。

第二，中国特色社会主义理想，反映了中国人民的根本利益和共同愿望，揭示了民族振兴、国家富强、人民幸福、社会和谐的必由之路

中国特色社会主义共同理想，是在中国共产党领导下，走中国特色社会主义道路，把我国建设成为富强、民主、文明、和谐的社会主义现代化国家。这个共同理想，把党在社会主义初级阶段的目标、国家的发展、民族的振兴与个人的幸福紧密联系在一起，集中代表了我国各族工人、农民、知识分子和其他劳动者、爱国者的共同利益和愿望，是保证全体人民团结一致，克服困难，争取胜利的强大精神武器。青少年是祖国和民族的未来，中国特色社会主义共同理想也代表了他们的理想和愿望。学校只有用中国特色社会主义共同理想教育青少年，才能帮助他们树立正确的理想信念，引导他们坚定不移地走中国特色社会主义道路，并为建设富强、民主、文明、和谐的社会主义现代化国家而努力奋斗。

第三，以爱国主义为核心的民族精神，以改革创新为核心的时代精神是中华民族生生不息、薪火相传的精神支撑，是中国人民开拓进取、创造崭新业绩的力量源泉

当今社会，大力弘扬民族精神和时代精神，使全体人民始终保持昂扬

向上的精神风貌，是和谐文化建设的主旋律。我们抓住社会主义核心价值体系的精髓，用民族精神和时代精神激励青少年，可以帮助他们树立热爱祖国、振兴中华的坚定信念和与时俱进、勇于创新的开拓意识，使其传承中华民族历经磨难而不倒、饱经风霜而弥坚的精神实质，把握自强不息、团结奋进的精神内涵，不断增强民族自尊心、自信心和自豪感，并最终凝聚在爱我中华、振兴中华的旗帜下，使中国特色社会主义道路越走越宽广。

第四，社会主义荣辱观为全体社会成员判断行为得失、作出道德选择提供了统一的价值标准，体现了中华民族传统美德、优秀革命道德与时代精神的完美融合

以“八荣八耻”为主要内容的社会主义荣辱观，是民族精神和传统美德的升华，是社会主义初级阶段的道德特征。它精辟概括了爱国主义、社会主义、集体主义思想，旗帜鲜明地提出青少年要坚持什么、反对什么，倡导什么、抵制什么。荣辱观渗透在整个社会生活之中，不仅影响着社会风气，体现着社会的价值导向，标志着社会的文明程度，而且对社会的经济发展有巨大的反作用。我们要用社会主义荣辱观教育和引领青少年，帮助他们树立中国特色社会主义道德观念，养成良好的道德情操。因此，用社会主义核心价值体系教育青少年，对培养青少年成为有理想、有道德、有文化、有纪律的，德、智、体、美全面发展的中国特色社会主义建设者和接班人具有深远的战略意义。

三、把社会主义核心价值体系融入学校教育全过程的原则

胡锦涛总书记在党的十七大报告中明确指出，要切实把社会主义核心价值体系融入国民教育和精神文明建设的全过程，转化为人民的自觉追求。社会主义核心价值体系是一个相对完整的思想观念体系，是一个有机的整体。在学校，必须把社会主义核心价值体系的基本要求融入学校教育的全过程，融入学校文化建设的各个方面，渗透到教书育人的各个环节。

（一）坚持以人为本，充分体现教育事业的人文关怀

在教学工作中要注重以人为本，尊重人的需要，启发人的自觉性。根据马斯洛的需要层次论，人对尊重的需要是人的较高层次的社会性需要的一部分，是社会中的人对自我评价和自我尊重以及社会评价和社会尊重的渴望。随着社会的进步，物质生活的丰富与人的素质的提高，人们的精神需要越来越强烈，从一定意义上讲，互相尊重与信任的良好的人际关系对启发人的自觉性起着决定作用。满足人的尊重需要是学校教育工作取得实效的重要前提。

在教学工作中要注重以人为本，调动人的积极性。在当前的社会主义市场经济社会中，人们的主体意识越来越强，人们的行为表现越来越趋利化，利益越来越多元化，人们一方面可以堂堂正正地争取自己的合理利益，促进生产力的发展与社会的进步。另一方面考虑问题的出发点与判断是非的标准会发生偏差，使一些人不能正确处理好国家、集体与个人三者之间的利益关系，甚至不择手段地去追求个人利益。这就要求学校教育工作者去引导青少年学生树立正确的义利观，处理好各种利益关系。

在教学工作中要注重以人为本，彰显人的价值，激发人的创造性。要培养与造就全面发展的人，就要开发人的价值，提高人的能力和培养人的个性。价值包括社会价值和个人价值两个方面，两者是对立统一的整体。现代社会已经将每个人紧密地联系在一起，如果没有彼此之间的有效协助、配合与支持，就不能促进社会的进步与发展。同样，没有每个人个性的创造性发展，社会的进步与发展也是不可能的，或是大打折扣的。学校教育工作的开展，不能堵塞师生个性发展的道路，而是要引导个人发展，为个人发展创造必要的条件与环境。因此，学校应当且必须深化教育教学改革，构建有利于创新精神涌流和创新人才涌现的培养模式，使当代学生能紧跟时代前进的步伐，勇于开拓，善于创造。

同时，学校教育事业的发展要充分体现人文关怀。学校教育工作中对

于学生人文精神的关怀应该成为我们值得关注的问题。在学校思想政治教育中，应该加强对学生个性化人格品质的关注与形成。教育对象的特殊性要求当前的学校思想政治教育应当相应负起引导学生形成具有独特人格的个性化的人文精神的重任。以对学生人文精神关怀为基点，从观察每个学生的独特个性内涵入手，有的放矢地对其进行正面的、健康的教育与引导，从而使其形成积极向上的个性化的人格品质，促进其全面发展。对学生人文精神的关怀不仅仅是学校思想政治工作的一个重要内容，同时也是整个社会发展与进步的必然要求。青少年是民族的希望，青少年的人文素质决定了社会文明进步的程度，个性化的人格品质赋予了青少年睿智敏感的创新意识和创新能力，具有较强时代特征的文化底蕴，同时带给了青少年丰富深广的精神内涵和成熟完善的心理文化积淀。由此，对于学校思想政治教育者来说，时刻以对青少年学生人文关怀为基点来开展工作，是培养具有较高人文品位和较强人文素养的社会有用之才与栋梁之材的必然选择，也是人的全面发展的必然需要和社会发展与进步的必然途径。

（二）坚持重在建设，着力铸就青少年的精神支柱

当前在改革日益深化的条件下，坚持把社会主义核心价值体系作为引领青少年成长成才的行动指南和强大思想武器，用社会主义核心价值体系铸就青少年的精神支柱，使青少年树立远大理想、坚定信念，不断巩固和加强党执政的青年群众基础，具有重大而深远的意义。

第一，坚持马克思主义指导思想是青少年成长成才的根本方向

赢得青少年，就是赢得未来。只有马克思主义才能发展中国，只有走中国特色社会主义道路才能发展中国，这是经过历史证明和实践检验的颠扑不破的真理。只有坚持马克思主义指导思想，才能有效引领社会思潮，团结广大的青少年共同进步。随着我国经济体制的深刻变革，特别是互联网的迅猛发展，广大青少年思想观念发生了深刻变化，思想活动的独立性、多样性明显增强，在价值观念和价值追求上日益呈现出个体化、自我化的

趋势。坚持马克思主义的指导地位，深入学习马克思主义中国化的最新理论成果，用科学理论武装、教育青少年，掌握马克思主义立场、观点、方法，就能使广大青少年掌握认识世界和改造世界的强大思想武器，在人生的关键时期树立正确的世界观、人生观、价值观，转化为指导学习、工作、生活的行动指南，真正成长为理想远大、德才兼备的高素质人才。

第二，树立中国特色社会主义共同理想是青少年奋发成才的精神支柱

中国特色社会主义共同理想，是号召各族人民团结奋斗的精神旗帜，更是凝聚青少年团结奋进的理想灯塔，高举中国特色社会主义伟大旗帜，树立中国特色社会主义共同理想，是党对青少年的根本政治要求。青少年阶段是实现人生理想的重要时期，中国特色社会主义共同理想，蕴涵着丰富的人生哲理，昭示了社会、民族、个人发展的总体趋势，指引了中华民族崛起的必由之路，为青少年成长成才确立了人生的坐标。

第三，秉承以爱国主义为核心的民族精神和以改革创新为核心的时代精神是青少年砥砺意志的力量源泉

民族精神和时代精神是中国特色社会主义现代化建设的强大精神动力。当代青少年尤其需要弘扬民族精神和时代精神，从祖国的悠久历史和灿烂文化中汲取精神营养，逐步培养爱国情操，增强民族自尊心和社会责任感，认清自己所承担的伟大历史使命。爱国主义精神是青少年净化灵魂的必备品格，在中华民族的历史上，爱国主义已深深融入我们的民族品格之中，是各族人民共同的精神支柱；悲壮的百年近代史是青少年发奋成才的生动教材，百年来中华民族的艰辛历程和屈辱的历史事实，势必激发青少年树立民族自尊心和自豪感，把爱国之情转化为立志报国的具体行动；改革开放的伟大实践逐步形成了与时俱进、开拓进取、求真务实、奋勇争先的时代精神，有力地证明了改革开放是决定当代中国命运的关键抉择，走中国特色社会主义道路是实现中华民族伟大复兴的必由之路。培育和弘扬以改革创新为核心的时代精神，就是要通过展示改革开放以来取得的辉煌成就和壮丽篇章，使青少年不断增强改革创新的信心和能力，把思想和行动统

一到党的路线方针、政策上来，在构建社会主义和谐社会的征程中谱写青春篇章。

第四，践行社会主义荣辱观是青少年锤炼品德的坚实基础

以“八荣八耻”为主要内容的社会主义荣辱观，旗帜鲜明地指出了什么是真善美、什么是假恶丑，既有先进性的导向，又有广泛性的要求。青少年正处在学知识、长身体的黄金时期，培养什么样的人，关系着祖国的兴旺、民族的前途。青少年能否身体力行社会主义荣辱观，是检验其思想品德素质高低的试金石。自觉践行爱国守法、明礼诚信、团结友爱、敬业奉献的基本道德规范，才会树立正确的道德观念，增强分辨是非、善恶的认识能力，培养乐于助人、包容自信、尊老爱幼、与人为善的品格，树立法制意识和自律意识。以社会主义荣辱观来引导和衡量青少年的日常行为，能够使广大青少年进一步确立明辨是非、荣辱的标准，确定正确的价值取向，从小养成勤奋学习、埋头苦干、团结协作、勇于奉献的良好习惯和道德素质，不断提高道德修养，成长为中国特色社会主义事业的合格建设者和可靠接班人。

（三）坚持尊重差异、包容多样，用马克思主义占领学校意识形态阵地

第一，学校要坚持和巩固马克思列宁主义、毛泽东思想、邓小平理论和“三个代表”重要思想的指导地位

学校意识形态领域客观存在着不同的思想观念和理论见解，这一方面是社会经济、政治变化的结果，另一方面也是人们的价值评价不同使然，是人们的认知水平、能力觉悟、社会心态、社会期待等综合反映的结果。坚持马克思主义在学校意识形态领域的指导地位，并不是要排斥各种学术理论观点以及多样化的思想文化形式并存。尊重差异、包容多样是坚持和发展马克思主义的题中之义。在广大学校特别是高等学校，开展正常的理论探讨、学术交流、思想争鸣，营造生动活泼、求真务实的教学环境、学术环境和科研氛围，是贯彻“百花齐放、百家争鸣”方针，发展社会主义先进文化和教育科学事业的必然要求。只要能满足广大师生的精神需求，

有利于社会主义科学文化和教育事业发展，有利于马克思主义主导意识形态丰富、发展和发挥作用的科研学术和文化活动，都应予以鼓励和支持。但是，“尊重差异，包容多样”是有明确的前提的，这就是我们必须更加坚定地坚持马克思主义的指导地位不动摇，坚持用发展着的马克思主义指导学校的教学和科研，牢牢掌握学校意识形态领域的指导权、主动权、话语权。因为“尊重差异，包容多样”的目的是充分挖掘各方面积极向上的思想精神，使先进的文化得到发展，健康的文化得到支持，在广大师生中最大限度地形成思想共识，凝聚力量，绝不是允许各种错误的甚至反马克思主义的社会思潮滋长，更不允许动摇我们的主流意识形态，在指导思想上搞多元化。用马克思主义占领学校意识形态阵地要求加强党对学校意识形态工作的领导，确保学校意识形态领域的指导权、主动权、话语权牢牢掌握在忠于党、忠于人民、忠于马克思主义的人手里。毛泽东指出：“掌握思想领导是掌握一切领导的第一位。”① 胡锦涛在全国宣传思想工作会议上也强调指出，党管宣传，党管意识形态，是我们党在长期实践中形成的重要原则和制度，是坚持党的领导的一个重要方面，必须始终牢牢坚持，任何时候都不能动摇。加强党对学校意识形态工作的领导，首要的是坚持党管干部、党管人才的原则。领导权是阶级统治权的集中表现，思想路线和政治路线确定之后，干部因素就具有了决定性的意义。为此，要进一步加强学校领导班子建设，把那些政治上清醒坚定、思想理论修养好、坚持马克思主义、坚持走中国特色社会主义道路、组织能力强、既熟悉专业业务又熟悉意识形态工作的优秀干部选拔到领导岗位上来。

第二，加强学校马克思主义理论队伍建设

马克思主义是科学，只有掌握了这门科学的人，才能在复杂的意识形态领域斗争中，确保马克思主义的指导权、主动权和话语权。要着力造就一支忠诚于马克思主义事业，能够自觉运用马克思主义的立场、观点、方

---

① 毛泽东. 毛泽东文集：第二卷［M］. 北京：人民出版社，1993：435.

法解决科学领域和现实中的问题，既有政治责任感、社会责任感和学术责任感，又有学术造诣和创新能力的马克思主义理论队伍，牢牢控制学校意识形态理论阵地的制高点。

第三，加强学校思想政治工作队伍建设

学校思想政治工作队伍在加强学生思想政治教育中负有重要职责，因此要加大学校政工干部的培养培训力度，按照德才兼备和专兼结合的原则，选拔更多政治素质强、思想作风好、知识水平高的党员干部和教师从事学校思想政治教育，建设一支政治强、业务精、纪律严、作风正的专兼职结合的思想政治工作队伍。

（四）坚持持之以恒，始终以发展着的马克思主义武装青年学生

始终以发展着的马克思主义武装青年学生，是各级各类学校的一项长期和重要的工作。从本质上讲，用发展的马克思主义武装学生，就是引导学生树立正确的世界观、人生观和价值观，坚定社会主义理想信念，拥护党的领导，做一个合格的建设者和接班人。马克思主义是发展的理论，只有始终以发展的马克思主义武装学生，才能确保我们的事业后继有人，而坚持用发展的马克思主义武装学生，就必须不断加大创新力度，确保理论武装头脑工作有成效。在高校要着力做好以下工作。

第一，要加大学科建设创新力度，为马克思主义理论教育提供强大平台

马克思主义理论一级学科及所属二级学科既是基础理论研究学科，又是应用理论研究学科，学科的基本理论建设与学科的实践应用同等重要。在学科发展的定位上，必须坚持学术性与意识形态性的统一、科学性与政治性的统一、理论性与实践性的统一。既要研究马克思主义的科学体系、理论范畴、思想观点、创新思维及马克思主义理论教育、思想政治教育的方式方法等，又要适应当代世界形势的变化，特别是要紧密结合中国特色社会主义经济政治文化社会建设的实践，创造当代中国马克思主义的学术概念、学术语言，创新马克思主义的学术观点、学术方法。

第二，要加大实施新课程方案创新力度，为马克思主义理论教育提供坚强阵地

教材是教学之本，准确把握教材的精神和主要内容，是提高教学质量的关键。要通过开展培训、专题辅导、交流讨论、观摩考察等多种形式，引导教师把握教材的主线，明确教材的重点，吃透教材的基本精神，努力把优秀教材转化成优秀教案，进而在教学研究上创新。深入研究新教材使用过程中遇到的新情况、新问题，总结概括教学的体会和经验，及时推广提高讲授水平的形式和办法，以指导和推动教学实践。围绕新教材确定一批重大科研项目，重点加强对各门课程理论体系和教学体系的研究；加强对新方案各门课程之间以及与大学相关课程之间相互关系的研究；加强对新方案各门课程教学方法的研究；加强优化教学手段、不断推进教学改革的研究。

第三，要加大师资培养创新力度，为马克思主义理论教育提供优秀的教师

一是选拔准入机制要创新。根据马克思主义理论教育改革和发展的需要，制定相应的任职资格标准，实行严格的准入制度。二是合理核定专职教师编制，按照学生人数及教学任务，确定适当的师生比例，从根本上解决专职教师偏少、授课任务超重的问题。三是深化人事制度、管理制度和分配制度改革，吸引和鼓励学校相关专业课的教师及其他科研部门的专业人员加入、充实和壮大马克思主义理论教育的专职队伍。四是制订规划，从现在起，着手培养一批能够贯通马克思主义哲学、政治经济学、科学社会主义和能够贯通思想道德修养与法律基础的硕士、博士，充实到学校马克思主义理论教师队伍中。

四、切实把社会主义核心价值体系贯穿到学校教育各个方面

（一）把社会主义核心价值体系融入学校教育和人才培养全过程

学生作为特定的群体，正处于价值观形成发展的关键时期，如何运用

社会主义核心价值体系引导教育学生，帮助他们树立正确的价值观念，是学校思想政治教育工作的一项重要而紧迫的任务。应该看到，当前学生的价值取向主流是积极进步的。学生们思想活跃，追求上进，崇尚奋斗，积极参与社会竞争，努力实现自我价值，但也出现了一些值得注意的新特点：一是价值取向多样化，对一些明显不同甚至相互对立的价值观念持兼收并蓄的态度。应该说，价值取向的多样化具有一定的积极意义，但也容易造成积极与消极、正确与错误的价值观交织并存的局面，易使正确的价值导向受到淡化、曲解甚至冲击。二是价值目标选择重个人理想轻社会理想，更多地关注自己的发展和个人的利益，对他人、集体和社会漠不关心。有的学生不仅缺乏对社会的责任感，甚至对父母、对自己也不负责任。三是价值评判标准存在偏差。一些学生错误地把经济收入多寡、职权大小、社会地位高低作为衡量人生价值大小的标准，有些学生对自己和他人的评价持双重标准，只求权利、不尽义务，对社会要求高、对自己要求低。学校思想政治教育必须直面当代学生价值观现状，用社会主义核心价值体系积极加以引导。

一是价值取向方面。在我国，基本的价值导向应该是坚持集体主义。它的精神实质是：从无产阶级和人民的根本利益出发，自觉地坚持集体利益高于个人利益；积极在服务社会和关心集体中求得个人的自由发展，努力发挥个人主动性为国家和社会作出贡献；当二者发生矛盾时，能够做到个人利益服从集体利益。随着时代的发展，我们对集体主义的理解也应该与时俱进：集体主义最基本的要求是个人对集体、对社会的责任感，其实质并不排斥个性的发展和个人利益，而是更加强调个人和集体、个人利益与社会利益的协调统一。

二是价值目标方面。在社会转型带来的多样文化背景下，我们的价值目标体系应该是社会主义核心价值体系。在这个体系指引下，应该吸收借鉴全人类共同的优秀文化理念和先进的价值观念，与时俱进，按照先进性与广泛性相结合的原则，把价值观教育的重心放到实践层面，克服过去价值观教育中理想化色彩过浓的缺点，用更加务实的目标体系引导学生树立理想与现实完美结合的价值观。

三是价值评判方面。在社会主义市场经济条件下确立价值评价的标准，需要正确处理好个人和集体、贡献和索取、精神和物质三方面的关系，确立一种既反映社会主义市场经济体制和现代化发展的本质要求，又能为大多数人接受的价值标准。这个评价标准的核心应该是：以人的能力在社会生活中得到充分正确发挥为本位。集体的最大功能在于集中个人的力量做个人无法做的事，而个人对集体的贡献主要依赖于他的能力。一个人的能力强弱、对集体的贡献大小，决定了这个人从社会中获得回报的大小。

四是价值实践方面。当代学生在价值认知层面存在的问题还不是特别突出，但在具体的价值行为上与其价值认知水平差距很大。所以在学生价值观构筑过程中，应把重点放在价值实践这个环节上。要培养学生自我评价、自我指导的能力，并把这种能力转化为具体行为和积极实践，使他们能够适应复杂多变的生活，提高分析、处理道德问题和社会问题的能力，避免价值失范行为的发生。在多元化的社会面前，教育者必须解放思想，更新观念，从授人以“鱼”向授人以“渔”转变，在价值观教育中遵循个人取向和集体取向相统一、一元性和多元性相统一的原则，通过师生互动，全面促进学生自我价值判断、自我价值选择和自我教育能力的提高。

（二）把社会主义核心价值体系融入课堂教学、社会实践和学生管理的全过程

第一，坚持把社会主义核心价值体系教育与课堂教学相结合

在课堂教学特别是思想政治理论课教学中要重点突出社会主义核心价值观的内容，充分发挥课堂教学在核心价值观教育中的主渠道作用。一是加强马克思主义理论教育，其目的是帮助青少年学生树立正确的世界观、人生观和价值观。二是加强中国特色社会主义共同理想教育。要从思想政治理论的高度，使学生充分认识中国特色社会主义共同理想的科学性，不

仅在情感上，更能从世界观的高度，理性地接受和认同中国特色社会主义的价值目标，牢固树立中国特色社会主义共同理想。三是加强以爱国主义为核心的民族精神教育和以改革创新为核心的时代精神教育。学校思想政治教育必须大力弘扬民族精神和时代精神，引导学生深刻领会中华民族数千年血脉相传的伟大民族精神，并自觉成为民族精神的继承者和发扬者；把握改革与创新这个时代最强音，培养与时俱进、开拓进取、求真务实、奋勇争先的时代精神，培养勇于创新的学习和实践勇气，走在时代前列。四是加强以“八荣八耻”为主要内容的社会主义荣辱观教育。其目的是规范学生的道德行为和情操，引导学生成为社会的合格公民。同时，通过开设形势政策教育课，开办以弘扬社会主义核心价值观为主要内容的专题讲座、报告会，努力使社会主义核心价值观教育在青年学生中取得入耳、入脑、入心的效果。

第二，坚持把社会主义核心价值体系教育与学生社会实践活动相结合

社会主义核心价值观的教育重在实践。中共中央宣传部、教育部《关于进一步加强和改进高等学校思想政治理论课的意见》中提到“把实践教学与社会调查、志愿服务、公益活动、专业课实习等结合起来，引导青年学生走出校门，到基层去，到工农群众中去。要通过形式多样的实践教学活动，提高学生思想政治素质和观察分析社会现象的能力，深化教育教学的效果”。要达到这样的要求，就必须坚持马克思主义的指导思想，树立中国特色社会主义共同理想。同时在社会实践活动中加强爱国主义教育，组织学生参观纪念馆、革命家故居等，感受老一辈无产阶级革命家为共产主义事业所做出的丰功伟绩，也可以从博大精深、源远流长的中国文化中汲取营养，体会和感悟以爱国主义为核心的民族精神；结合时代特征参观新农村建设，感受时代的进步和发展，体会建设中国特色社会主义是新时期爱国主义的主题；用改革创新的时代精神指导学生在实践中培养创新意识，加强学生社会实践、动手能力和解决实际问题能力的培养，我们可以结合学生专业课实践和学生下乡、下社区、下基层等多种形式，让学生在实际

工作中锻炼和培养自己动手能力以及解决问题的能力，通过自己的亲身实践感受理论与现实的差距，利用自己的智力资源激发改革与创新的潜能。

第三，坚持把社会主义核心价值体系教育与学校学生管理相结合

学校学生管理要坚持以人为本、德育为先的办学理念，构建全程、全员、全方位的德育工作格局，就必须将社会主义核心价值体系融入教书育人、管理育人、服务育人的各个环节中去。学生管理服务包括教学管理、学生管理、后勤管理等各个方面。任课教师要率先垂范、言传身教，自觉宣传、践行社会主义核心价值体系，切实履行育人职责，以良好的思想道德品质和高尚的人格潜移默化地影响学生。学校管理工作者要切实承担起育人职责，按照社会主义核心价值体系的要求，不断推进制度创新、模式创新和日常管理等方面的创新，积极构建体现科学、民主、以人为本、诚信和公平正义的工作机制。要突出以学生为本的服务理念，从学生最关心、最直接、最现实的利益问题入手，强化服务意识，提高服务质量，切实解决贫困生资助、就业指导、心理咨询等事关学生切身利益的问题，切实将社会主义核心价值体系教育与解决学生成长成才中的实际问题结合起来，把培养人、教育人与关心人结合起来，在优化服务、解决学生实际问题的过程中增强社会主义核心价值体系的感染力和影响力。除了提升服务意识，学生管理工作要体现以人为本的理念，还要注重发挥学生的主体能动性，调动他们积极参与学生管理工作的积极性，使他们变被动管理为自我管理，尤其要突出他们在日常教育管理方面的主动性，引导他们从小事做起、从细微处做起，自觉践行社会主义核心价值体系。

（三）把社会主义核心价值体系融入学校校园文化建设全过程

把社会主义核心价值体系融入学校校园文化建设全过程，就是要坚持以科学的理论做指导，努力营造良好的育人氛围，努力建设与和谐校园相契合的校园和谐文化，从而促进人才培养质量的全面提高，充分发挥学校的人才培养和服务社会等功能作用。

第一，坚持以马克思主义为指导，凸显大学校园文化的思想引导力

我们正处在价值观念深刻变革的时代，先进文化、健康文化、落后文化、腐朽文化同时并存，正确思想和错误思想、主流意识形态和非主流意识形态相互交织。在这样的背景下，学校要建设有利于人才培养的和谐校园文化，其根本就在于坚持用马克思主义统领校园文化建设，离开这个根本点，学校校园文化的发展就会走入歧途。事实上，受西方文化思潮和价值观念的影响，少数人主张文化中立或文化西化，否定马克思主义的科学性，否定马克思主义在意识形态领域的指导地位，这种思想或多或少在学校中也有所反映。如果我们放弃马克思主义的指导地位，各种腐朽的思想和文化必将充斥大学校园，在这样的文化背景下，青少年不可能得到健康发展，学校也不可能培养出合格人才。因此，我们必须旗帜鲜明地用马克思主义中国化的最新成果武装师生、教育师生，使马克思主义的理想、信念及价值观真正成为广大师生的主导意识和精神支柱，从而引导广大师生坚定正确的政治信念，自觉调整自己的人生目标。

第二，牢固树立中国特色社会主义共同理想，彰显学校校园文化的感召力

中国特色社会主义共同理想，就是在中国共产党的领导下，走中国特色社会主义道路，实现中华民族的伟大复兴。学校是培养发展中国特色社会主义建设者和接班人的摇篮，而学校校园文化建设的根本任务就是要教育和引导广大师生员工牢固树立中国特色社会主义共同理想。因此，学校和谐校园文化建设必须坚持并牢固树立中国特色社会主义共同理想，自觉用中国特色社会主义的共同理想去教育和引导师生员工，充分激发广大师生为了发展中国特色社会主义事业，为了中华民族的伟大复兴而奋发向上的热情，努力用共同理想感召广大师生，将自己的理想和追求融入到发展中国特色社会主义的伟大实践之中。

第三，弘扬以爱国主义为核心的民族精神，提升学校校园文化的精神凝聚力

历史表明，学校总是和国家、民族的命运联系在一起，是继承和弘扬

民族精神的重要载体。因此，要把以爱国主义为核心的民族精神的培养作为学校和谐校园文化建设的核心内容，在和谐校园文化的建设实践中，通过以爱国主义为核心的民族精神的教育，引导广大师生树立强烈的民族自尊心和坚定的民族自信心，自觉坚持和弘扬中华民族爱国主义的优良传统和民族精神，形成维护国家利益、促进民族进步的强大精神动力和高尚情感；通过以爱国主义为核心的民族精神的培养，切实引导广大师生主动成为民族精神的传播者和实践者。要让广大学生在潜移默化的教育中深刻地体会到，只有在追求繁荣富强的大“我”中才能真正体现小“我”的人生价值。

第四，要培育以改革创新为核心的时代精神，发挥学校校园文化的育人功能，促进学生全面发展

学校要把以改革创新为核心的时代精神作为和谐校园文化建设的重要内容，加强理论创新，提升校园文化的整体水平。面对新形势、新任务，学校应该组织专门的队伍对校园文化建设进行深入系统的理论研究和探索，应该积极探索校园文化建设的新途径、新载体、新路子，最大限度地挖掘校园文化的思想性、知识性以及社会价值，不断提升校园文化的品质品位，充分发挥校园文化的功能作用。要把树立创新精神、提高创新素质、培养创新人才作为建设和谐校园文化的主要内容，努力营造有利于创新人才脱颖而出的校园文化氛围和人文环境。

第五，牢固树立和认真实践以“八荣八耻”为主要内容的社会主义荣辱观，增强学校校园文化的道德约束力

广大师生不仅应是社会先进文化的倡导者，而且应是社会公德的践行者，更应成为社会主义荣辱观的实践者。因此，学校应举办一些以社会主义荣辱观为主题的文化活动，例如，开展专题党团组织生活，举办主题班会、举办专题报告和讲座，引导广大师生牢固树立和认真实践社会主义荣辱观，强化道德责任意识，不断提升道德素质，养成良好品行，努力构筑起抵御不良风气的思想道德防线。

（四）把社会主义核心价值体系融入学校教育、家庭教育、社会教育“三结合”的国民教育全过程

国民教育体系包括学校教育、社会教育和家庭教育。把社会主义核心价值体系融入国民教育全过程，也就是要把社会主义核心价值体系的基本内容通过一定的方式方法，同国民教育的内容有效结合起来，特别是同思想教育的内容有机结合起来，在帮助人们确立正确的世界观、人生观和价值观方面发挥重要作用。

第一，要把社会主义核心价值体系融入学生思想政治教育的全过程

其一，学校必须全面贯彻党的教育方针，把社会主义核心价值体系融入学校教育全过程，坚持用马克思主义中国化的最新成果武装学生头脑，进一步推进马克思主义中国化最新成果的“三进”工作，切实增强马克思主义理论教育的实效性。其二，要牢固树立“以人为本、德育为先”的教育理念，坚持全员育人、全过程育人、全方位育人，使广大教师坚持育人为本、为人师表，不仅要教好书，更要育好人，自觉用良好的师德风范和良好的道德行为影响和教育学生。其三，要以社会主义荣辱观为价值标准，积极引导学生树立良好的思想道德品质。要努力发挥道德模范的榜样作用，特别是要注重学生身边典型的示范作用，充分发挥他们可亲、可信、可学的优势，引导学生自觉遵守爱国守法、明礼诚信、团结友善、勤俭自强、敬业奉献等基本道德规范，使广大学生明确区分是非、善恶、美丑的界限，自觉履行法定义务、社会责任、家庭责任，推动形成良好校风学风，形成和谐的人际关系和文明的社会风尚。其四，积极拓展开展社会主义核心价值体系教育的新途径，探索新方法，充分发挥学校思想品德课、形势政策课的主渠道作用，发挥党团组织、校园文化、社会实践等在思想教育方面的重要作用，进一步改革和完善思想政治教育的教学内容和教学方法。

第二，全社会要为全体公民特别是学生价值观教育营造良好的社会舆论氛围

其一，新闻宣传舆论部门要利用各种媒体大力宣传社会主义核心价值

体系，通过弘扬主旋律，为开展好青少年思想教育提供良好的社会舆论氛围。其二，各类互联网站要牢牢把握正确导向，唱响网上先进文化主旋律，积极开发教育资源，开展形式多样的网络思想政治教育活动。其三，要大力发展文化事业和文化产业，为社会各界特别是为学生提供更多更好的文化产品和文化服务。其四，要充分发挥各类博物馆、纪念馆、展览馆、烈士陵园等爱国主义教育基地和青少年活动中心等场所的作用，定期组织学生参观学习，使教育基地的育人功能和学校的德育工作有机结合，发挥更大教育作用。

第三，在家庭教育方面，必须充分发挥好家庭教育在学生思想教育中的特殊作用

家长是子女的第一任老师，家庭是青少年成长的第一课堂。家长要以自身良好的品行修养为青少年作出表率。作为家长，不仅要教给子女各类知识和技能，而且更要重视对孩子的思想教育、品德教育、人格教育、心理健康教育和文明礼仪教育。家长应率先垂范，从自身做起，从小事做起，要求孩子做到的自己一定首先做到，要以自身良好的品行修养为青少年作出表率，积极引导教育他们树立正确的世界观、人生观、价值观、道德观、是非观和荣辱观，做对祖国、对人民、对社会有用的合格人才。

总之，把社会主义核心价值体系融入学校教育全过程是一项系统化工程。只有把学校教育、家庭教育和社会教育有机结合起来，建立健全家庭、学校、社会三位一体的全方位思想政治教育体系，真正形成党政工团妇各职能部门齐抓共管的工作机制，才能使社会主义核心价值体系真正融入学校教育的全过程。

第五章

大力推进未成年人思想道德建设

未成年人是祖国未来的建设者，是中国特色社会主义事业的接班人。我们党在革命、建设和改革的各个历史时期，都十分关心未成年人的健康成长，高度重视未成年人的思想道德建设。以胡锦涛同志为总书记的党中央关于加强和改进未成年人思想道德建设的理论观点、战略决策和工作部署，内容十分丰富，是科学发展观教育理论的重要内容和组成部分。

一、推进未成年人思想道德建设的重要性和紧迫性

实现中华民族伟大复兴，需要一代又一代人的不懈努力。培养和造就千千万万具有高尚思想品质和良好道德修养的合格建设者和可靠接班人，需要从未成年人抓起。加强和改进未成年人的思想道德建设既是一项紧迫的现实任务，又是一项长远的战略任务。

（一）党高度重视未成年人的健康成长

新中国成立后，毛泽东同志就提出了培养造就千百万社会主义事业接班人的战略任务，号召儿童们“好好学习，天天向上”，做新中国的新主

人。进入改革开放新的历史时期，邓小平同志明确提出，青少年是祖国的未来，一定要教育好我们的后代，培养造就有理想、有道德、有文化、有纪律的社会主义一代新人。江泽民同志也反复强调，培养社会主义事业接班人是全党全社会的共同责任，学校、社会、家庭都要为青少年的健康成长创造良好的环境和条件，努力培养造就千百万社会主义事业接班人。

2002 年 11 月，党的十六大以来，以胡锦涛同志为总书记的党中央，高度重视未成年人的健康成长，从全面建设小康社会的战略高度，作出了进一步加强和改进未成年人思想道德建设的战略决策。党中央、国务院经过深入调查研究和广泛征求意见，于 2004 年 2 月 26 日颁发了《关于进一步加强和改进未成年人思想道德建设的若干意见》（8 号文件），对新世纪新阶段进一步加强和改进未成年人思想道德建设提出了明确要求，作出了全面部署。2004 年 5 月 10—11 日，中央召开全国加强和改进未成年人思想道德建设工作会议，进一步研究和部署全国加强和改进未成年人思想道德建设工作。胡锦涛总书记在会上发表了重要讲话，对未成年人思想道德建设作了深刻阐述。2007 年 10 月，党的十七大召开，胡锦涛同志在《高举中国特色社会主义伟大旗帜，为夺取全面建设小康社会新胜利而奋斗》的报告中，论述了建设社会主义和谐文化的问题，明确提出要"动员社会各方面共同做好青少年思想道德教育工作，为青少年健康成长创造良好社会环境"。[①]

（二）加强和改进未成年人的思想道德建设的意义

加强和改进未成年人的思想道德建设，关系到一代又一代"有理想、有道德、有文化、有纪律"的社会主义新人的培育，可以说是历史的重托、时代的呼唤和人民的期望，具有十分重大的现实意义和长远的历史意义。

第一，加强和改进未成年人思想道德建设，是推动党和国家事业不断

---

① 中共中央文献研究室．十七大以来重要文献选编：上［G］．北京：中央文献出版社，2009：27.

发展的必然要求

实现全面建设小康社会的宏伟目标，进而实现社会主义现代化和中华民族的伟大复兴，是艰巨而长期的事业，需要一代又一代中华儿女不懈奋斗。我国未成年人数量规模十分庞大。国家统计局2008年2月28日公布的《2007年国民经济和社会发展统计公报》显示，截至2007年年末，我国总人口为13.2129亿，其中0—14岁的未成年人为2.5660亿，占总人口比重的19.4%。这些成长中的未成年人是党和国家的未来，是中华民族的希望。党和国家的事业要靠今天的未成年人去继承，祖国和民族的未来要靠今天的未成年人去开创。要使广大未成年人成长为中国特色社会主义事业的合格建设者和可靠接班人，不仅要大力提高他们的科学文化素质，而且更要大力提高他们的思想道德素质。只有培养造就千千万万具有高尚思想品质和良好道德修养、掌握现代化建设所需要的丰富知识和扎实本领的建设者和接班人，才能确保党和国家的事业代代相传，才能实现党和国家的长治久安。

第二，加强和改进未成年人思想道德建设，是提高全民族素质、促进人的全面发展的必然要求

提高全民族素质、促进人的全面发展，是全面建设小康社会的重要内容。未成年人的思想道德素质，不仅直接关系现阶段中华民族的素质，而且直接关系未来中华民族的素质。不断提高未成年人的思想道德素质，是提高全民族素质、促进人的全面发展的基础性工作。青少年时期既是长身体、学知识的最佳时期，也是世界观、人生观、价值观形成的关键时期。在这个时期形成的思想道德观念对他们的一生影响很大。提高全民族的思想道德素质要从未成年人抓起，促进人的全面发展也要从未成年人抓起。只有使我国未成年人从小培养起爱祖国、爱人民、爱劳动、爱科学、爱社会主义的良好精神，形成积极向上、文明礼貌、团结友爱、克己奉公、助人为乐的品德，确立为国家、为人民、为民族奋斗的志向，提高全民族素质、促进人的全面发展才能具有坚实的基础。

第三，加强和改进未成年人思想道德建设，是增强我国发展后劲和国际竞争力的必然要求

无论现在还是未来，综合国力竞争的实质是人才竞争，而人才竞争归根结底是人的素质的竞争。中华民族要始终屹立于世界先进民族之林，就必须培养一代又一代高素质的人才。未来我国的人才大军，必然要以现在的未成年人为主体。要使广大未成年人成为祖国和人民的有用之材，就必须在提高他们的科学文化素质的同时，大力提高他们的思想道德素质。要通过教育引导广大未成年人了解中华民族灿烂文明的古代历史，了解近代以来我国人民为争取民族独立和解放而英勇奋斗的历史，了解我们党团结带领人民进行社会主义建设和改革的历史，使他们从小就树立起热爱祖国、决心为祖国的繁荣昌盛贡献自己全部力量的坚定信念，树立起自强不息、不怕困难、勇往直前的奋斗精神，树立起与时俱进、昂扬向上、勇于创新的开拓意识，努力成为祖国现代化事业发展的强大后备军。

第四，加强和改进未成年人思想道德建设，是坚持立党为公、执政为民的必然要求

未成年人的成长，牵动亿万家长的心，涉及亿万家庭的幸福，关系到最广大人民群众的根本利益。关心未成年人的成长，为他们身心健康发展创造良好的条件和社会环境，是党和国家义不容辞的职责，也是我们实现好、维护好、发展好最广大人民根本利益的重要方面。关心爱护未成年人，加强他们的思想道德建设，既是开创国家和民族更加美好未来的战略工程，也是实现亿万家庭最大希望和切身利益的民心工程，必须把加强和改进未成年人思想道德建设作为坚持立党为公、执政为民的一项重要工作来部署、来落实。

（三）我国未成年人思想道德建设的基本经验

新中国成立以来，我国社会主义事业之所以能够不断发展进步、充满生机和活力，极为重要的一条，是由于我们党成功地、源源不断地培养和

造就了亿万社会主义事业的建设者和接班人。

我们党在开展未成年人思想道德建设方面积累了重要经验。归结起来，主要有以下五条。

第一，坚持把马克思主义作为根本指针，始终坚持未成年人思想道德建设工作的正确方向

科学的理论是开展未成年人思想道德建设的行动指南。坚持用马克思主义指导未成年人思想道德建设，使之始终沿着正确的政治方向前进，是做好未成年人思想道德建设工作的根本前提。要坚持用科学的理论武装人，根据未成年人的特点，由浅入深、循序渐进地进行辩证唯物主义和历史唯物主义基本观点的教育，引导他们逐步认识社会发展规律，全面认识国情，增强对中国特色社会主义事业的理解和认同，打牢提高思想道德素质的理论基础。

第二，坚持把培养有理想、有道德、有文化、有纪律的公民作为根本目标，不断培育社会主义事业的合格建设者和可靠接班人

培育未成年人，必须注重引导他们树立为祖国为人民贡献智慧和力量的正确理想，坚定走社会主义道路和建设社会主义的信念，形成爱国守法、明礼诚信、团结友善、勤俭自强、敬业奉献的基本道德，掌握为祖国、为人民服务所需要的科学文化知识和本领，养成遵守法律、社会公德和社会生活基本规范的良好习惯，实现德智体美全面发展，努力成为社会主义事业的合格建设者和可靠接班人。

第三，坚持把树立正确的世界观、人生观、价值观作为根本任务，不断促进未成年人形成正确的思想道德观念

树立正确的世界观、人生观、价值观，是未成年人健康成长的关键，也是决定未成年人思想道德建设成败的关键。必须在未成年人中积极主动、切实有效、持之以恒地开展思想道德教育，加强爱国主义、集体主义、社会主义教育，引导他们增强辨别是非、善恶、美丑的能力，增强抑制错误思潮和腐朽思想侵蚀的能力，使他们能够正确认识世界、正确对待人生、

正确选择生活道路、正确把握生活准则。

第四，坚持把教育与社会实践相结合作为根本途径，不断提高未成年人思想道德建设的成效

教育与生产劳动相结合，与社会实践相结合，是马克思主义教育理论的一个基本观点，对于包括未成年人在内的广大青少年的健康成长具有重要指导意义。推进未成年人思想道德建设，必须坚持教育与社会实践相结合的教育方针。既重视课堂教育又重视社会实践，既进行认知教育又开展实践教育，使未成年人在社会实践中向人民学习，了解社会，磨炼意志，培养创新精神和实践能力，努力做到知与行的统一，成为既有崇高理想又能脚踏实地为祖国、为人民服务的合格接班人。

第五，坚持把全党重视、全社会共同参与作为根本举措，不断增强推进未成年人思想道德建设的合力

未成年人思想道德建设是一项系统工程，需要全党高度重视、全社会共同参与。必须坚持把未成年人思想道德建设摆在党和国家工作的重要位置，大力倡导关心未成年人思想道德建设的社会主义新风尚，充分调动社会各方面的积极性，有效整合社会资源，形成促进未成年人健康成长的强大合力。

上述经验，对于我们进一步加强和改进未成年人思想道德建设具有重要指导意义，必须长期坚持。同时，要根据时代发展的要求，坚持与时俱进、开拓创新，在实践中不断开创未成年人思想道德建设的新局面。

（四）新形势下未成年人思想道德建设面临的挑战和新课题

近些年来，党和国家在未成年人思想道德建设方面做了大量工作，取得了积极进展。我国改革开放和社会主义现代化建设，特别是教育科技事业的不断发展，为未成年人提升思想道德素质提供了更加有利的条件，开辟了更加广阔的空间。我国广大未成年人生活在改革开放的时代，他们胸怀远大理想，勇于自立自强，乐于接受新生事物，热爱祖国、积极向上、

团结友爱、文明礼貌是当代未成年人精神世界的主流。总体而言，我国未成年人的思想道德状况是好的。

同时，我们也要清醒地认识到，面对国际国内形势的深刻变化，未成年人思想道德建设既面临新的机遇，也面临严峻挑战。一方面，我国对外开放的进一步扩大，为广大未成年人了解世界、增长知识、开阔视野提供了更加有利的条件；但另一方面，国际敌对势力与我们争夺接班人的斗争也日趋尖锐和复杂，他们利用各种途径加紧对我国未成年人进行思想文化渗透，某些腐朽没落的生活方式对未成年人的影响也不可低估。我国社会主义市场经济的深入发展，社会经济成分、组织形式、就业方式、利益关系和分配方式的日益多样化，为未成年人的全面发展创造了更加广阔的空间，与社会进步相适应的新思想新观念正在丰富着未成年人的精神世界。与此同时，一些领域道德失范、诚信缺失，假冒伪劣、欺骗欺诈活动有所蔓延；一些地方封建迷信、邪教和黄赌毒等社会丑恶现象沉渣泛起，成为社会公害；一些成年人价值观发生扭曲，拜金主义、享乐主义、极端个人主义滋长，以权谋私等消极腐败现象屡禁不止等，也给未成年人的成长带来不可忽视的负面影响。互联网等新兴媒体快速发展，给未成年人学习和娱乐开辟了新的渠道。与此同时，腐朽落后文化和有害信息也通过网络传播，腐蚀未成年人的心灵。在各种消极因素影响下，少数未成年人精神空虚、行为失范，有的甚至走上违法犯罪的歧途。这些新情况、新问题的出现，使未成年人思想道德建设面临一系列新考验。

这些情况和问题，给我们提出了一系列亟待认真研究解决的重要课题。胡锦涛总书记将这些课题概括为“五个如何”：如何在改革开放和发展社会主义市场经济、社会价值观呈多样化发展的趋势下，教育和引导未成年人树立正确的世界观、人生观、价值观？如何着眼于促进人的全面发展，使未成年人的思想道德素质、科学文化素质和健康素质得到全面提高？如何既为未成年人茁壮成长创造良好的物质生活条件，又适应新时代的特点充分满足他们日益增长的精神文化需要？如何在更加开放的环境中既引导未成年人借鉴吸收外国文明进步的有益成果，又引导他们学习和了解中华民族博大精深的优秀文化、并从中汲取丰富的营养来充实自己？如何既遵循社会主义思想道德建设的一般规律，又根据未成年人的特点、遵循未成年人思想道德建设特殊规律来规划和推进未成年人思想道德建设工作？这些问题，集中体现了我国未成年人思想道德建设面临的挑战，也为我们指明了下一步工作的努力方向。

（五）大力推进未成年人思想道德建设的改进与创新

时代在发展，社会在前进，未成年人思想道德建设的环境、对象、任务和渠道都发生了很大变化。必须适应新形势新情况，在观念、内容、方法和体制机制等方面努力改进创新，以增强未成年人思想道德建设工作的针对性和实效性。要重点在充分体现时代性、准确把握规律性、大力增强实效性三个方面狠下工夫。

第一，要适应不断发展变化的客观实际，努力增强未成年人思想道德建设的时代感。要把坚持优良传统同弘扬时代精神结合起来，既大力发扬光大中华民族的优良传统和中国共产党人的革命传统，又使与改革开放和发展社会主义市场经济相适应的新思想、新道德、新观念深入人心。要根据未成年人接受信息途径发生的新变化，善于运用互联网等现代传媒，创新未成年人思想道德建设的手段。

第二，要认真研究未成年人思想道德建设中的新情况、新问题，深入总结正反两方面的经验，不断探索和把握未成年人成长的规律。要从未成年人身心成长的实际出发，根据他们生理、心理和思想可塑性强等特点，紧紧抓住影响他们思想道德观念形成和发展的关键环节，区分不同年龄层次，确定思想道德教育的重要内容，各有侧重、循序渐进地进行有针对性的教育，努力增强未成年思想道德教育的科学性。

第三，要坚持求真务实，针对未成年人思想道德建设方面存在的突出问题，确定合适的内容，选择恰当的方式，开展有针对性的教育和引导活动。要适应未成年人的接受能力，因势利导，循循善诱，生动形象，润物无声，做到入耳、入脑、入心。要坚持从实际出发，不能超越未成年人的接受能力，不要提大而空的口号，不要提做不到的要求。要把思想道德教育和知识性、科学性、娱乐性、趣味性统一起来，把思想道德教育形式的多样性和思想道德实践活动的多样性统一起来，深入浅出，寓教于乐，注重激励他们的内在认知和要求。要坚持以人为本，把诚心诚意为未成年人健康成长服务作为思想道德建设的出发点和落脚点，既教育人，又服务人。对未成年人要多尊重、多理解、多关心、多帮助，不能仅仅把他们当做教育和管理的对象。要切实维护未成年人的权益，满腔热情地帮助他们解决在学习、生活、成长中遇到的实际问题。要牢固树立实践育人的理念，精心组织开展主题鲜明、内容丰富、形式新颖、吸引力强的思想道德实践活动。通过广泛的社会实践活动，使未成年人的思想感情得到熏陶、精神生活得到充实、道德境界得到升华。

二、未成年人思想道德建设的指导思想、主要任务和基本原则

中国共产党是一个有理论、有路线、有纲领、有目标、有谋略的成熟的政党，它以马克思主义及其中国化的理论成果作为自己的指导思想，同时它所领导的每项事业也都在马克思主义指导下形成做好各项工作的具体方针和原则。我们党的这样一个特点，使它能够应对各种复杂的局势和承担起艰巨的任务，带领人民群众不断从胜利走向更大的胜利。在全面建设小康社会、加快推进社会主义现代化的历史进程中，党中央、国务院对大力加强未成年人的思想道德建设作出了总体部署，明确提出了新形势下做好这项工作的指导思想、主要任务和基本原则。

（一）未成年人思想道德建设的指导思想

加强和改进未成年人思想道德建设，是改革开放新时期党领导的一项

重大战略任务，它必须在明确的思想指导下有领导有步骤地进行。根据2004年2月《中共中央国务院关于进一步加强和改进未成年人思想道德建设的若干意见》的明确规定，结合此后党在指导思想上的与时俱进，可以对加强和改进未成年人思想道德建设的指导思想做如下表述：坚持以马克思列宁主义、毛泽东思想和中国特色社会主义理论体系为指导，深入贯彻党的十六大、十七大精神，全面落实《爱国主义教育实施纲要》、《公民道德建设实施纲要》和《中共中央国务院关于进一步加强和改进未成年人思想道德建设的若干意见》，紧密结合全面建设小康社会和构建社会主义和谐社会的实际，针对未成年人身心成长的特点，积极探索新世纪新阶段未成年人思想道德建设的规律，坚持以人为本，教育和引导未成年人树立中国特色社会主义理想信念和正确的世界观、人生观、价值观，养成高尚的思想品质和良好的道德情操，努力培育有理想、有道德、有文化、有纪律的德、智、体、美全面发展的中国特色社会主义事业建设者和接班人。

这一指导思想主要包括以下五个方面的内容：

一是以马克思主义为指导，特别是以马克思主义中国化最新理论成果即中国特色社会主义理论体系为指导，明确未成年人思想道德建设的社会主义的性质和方向。

二是全面落实中共中央于1984年8月颁布的《爱国主义教育实施纲要》、中共中央2001年9月颁布的《公民道德建设实施纲要》和中共中央、国务院2004年2月颁布的《中共中央国务院关于进一步加强和改进未成年人思想道德建设的若干意见》。这三个文件对未成年人思想道德建设具有重要而直接的指导意义。

三是紧密结合全面建设小康社会和构建社会主义和谐社会的实际。认清未成年人思想道德建设的社会背景，认清我们所处的社会主义初级阶段的实际和全面建设小康社会的实际，以及构建社会主义和谐社会的实际。加强和改进未成年人思想道德建设工作要从这样的社会实际出发，并符合社会实际的要求。

四是切实遵循未成年人思想道德建设的规律，按规律办事。要遵循未成年人思想道德素质发生发展的规律，遵循未成年人思想道德教育的规律，把握未成年人思想道德建设的特点和接受能力，科学地有针对性地做好这项工作。

五是努力造就全面发展的中国特色社会主义事业建设者和接班人。要坚持以人为本，德育为先，德才并重，促进未成年人全面发展，教育和引导未成年人树立建设中国特色社会主义的理想信念，使他们成长为中国特色社会主义事业的合格建设者和可靠接班人。

（二）未成年人思想道德建设的主要任务

1. 从增强爱国情感做起，弘扬和培育民族精神

从增强爱国情感做起，弘扬和培育以爱国主义为核心的“团结统一、爱好和平、勤劳勇敢、自强不息”的伟大民族精神，把民族精神教育贯穿于未成年人教育的全过程和各个方面。深入进行中华民族优良传统教育和中国革命传统教育，进行中国历史特别是近现代史教育，引导广大未成年人认识中华民族的历史和传统，了解近代以来中华民族的深重灾难和中国人民进行的英勇斗争，从小树立民族自尊心、自信心和自豪感，增强民族认同感、民族志气和民族气节。

2. 从确立远大志向做起，树立和培育正确的理想信念

通过进行中国革命、建设和改革开放的历史教育与国情教育，积极引导广大未成年人正确认识社会发展规律，正确认识国家的前途和命运，培育正确的理想信念，把个人的成长进步同中国特色社会主义伟大事业、同祖国的繁荣富强紧密联系在一起，为未来担负起建设祖国、振兴中华的光荣使命做好准备。

3. 从规范行为习惯做起，培育良好道德品质和文明行为

要着力培育良好的道德品质和文明行为，大力普及“爱国守法、明礼

诚信、团结友善、勤俭自强、敬业奉献”的基本道德规范，积极倡导集体主义精神和社会主义人道主义精神，引导广大未成年人牢固树立心中有祖国、心中有集体、心中有他人的意识，懂得为人做事的基本道理，规范和养成良好的文明生活习惯，具备文明生活的基本素养，学会正确处理好人与人、人与社会、人与自然等基本关系。

4. 从提高基本素质做起，促进未成年人全面发展

努力培育未成年人的劳动意识、创造意识、效率意识和环境意识，培育他们的进取精神、科学精神和团队精神，培育他们的民主法制观念和诚信观念，增强自学、自理、自强、自律能力，增强动手能力、自主能力和自我保护能力，增强正确对待困难和挫折的能力，引导未成年人保持朝气蓬勃、昂扬向上的精神状态，激励他们勤奋学习、大胆实践、勇于创造，使他们的思想道德素质、科学文化素质和健康素质得到全面提高，成为全面发展的社会主义新人。

（三）未成年人思想道德建设的基本原则

思想道德建设的基本原则，是指开展思想道德建设工作必须遵循的准则和基本规范。未成年人思想道德建设工作是一个系统工程，包括许多不同的方面，而每个方面都有相应的规范和要求。因此，未成年人思想道德建设的原则不是单一的，而是多个方面的。《中共中央国务院关于进一步加强和改进未成年人思想道德建设的若干意见》提出了以下四个方面的基本原则。

1. 相适应原则

未成年人的思想道德建设不是孤立的，它是整个社会主义精神文明建设特别是社会主义思想道德建设的一部分，因而它在目标确定和内容选择方面有着自己的基础依据和限定条件。《中共中央国务院关于进一步加强和改进未成年人思想道德建设的若干意见》中提出：“坚持与培育‘四有’新

人的目标相一致、与社会主义市场经济相适应、与社会主义法律规范相协调、与中华民族传统美德相承接的原则。”这一原则又包括两个方面的内容：

在目标确定方面，未成年人的思想道德建设必须坚持与培育“四有”新人的目标相一致。改革开放以来，邓小平同志结合新的历史条件，针对社会主义精神文明建设的任务，提出了培育“有理想、有道德、有文化、有纪律”的社会主义“四有”新人的目标，并作出了精辟概括和经典性阐述。“四有”新人，成为社会主义精神文明建设、社会主义先进文化建设、社会主义的思想道德建设和思想政治工作的目标。未成年人的思想道德建设，以达到这个目标作为自己的根本任务，它必须坚持与培育“四有”新人的目标相一致的原则。

在内容选择方面，未成年人思想道德建设必须与社会主义思想道德体系的性质和要求相适应，与社会主义核心价值体系的性质和要求相适应。党的十六大提出，建立社会主义思想道德体系，必须做到与社会主义市场经济相适应，与社会主义法律规范相协调，与中华传统美德相承接，从三个方面对社会主义思想道德体系建设作出了基本的限定和规定。党的十六届六中全会又提出了构建社会主义核心价值体系的战略任务，并把社会主义思想道德体系建设的内容包含其中，这是对社会主义思想道德体系建设的进一步丰富、发展和完善。当前，加强未成年人思想道德建设必须坚持“与社会主义市场经济相适应，与社会主义法律规范相协调，与中华传统美德相承接”的要求，建设社会主义核心价值体系，也是我们加强和改进未成年人思想道德建设的重要内容。

2. “三贴近”原则

以胡锦涛同志为总书记的党中央，结合党的宣传思想文化工作的新形势新任务，明确提出了“贴近实际、贴近生活、贴近群众”的“三贴近”方针和原则。这个方针和原则指明了新时期增强宣传思想工作的针对性、实效性的方向。其中，“贴近实际”，是强调实际的重要性，在继续坚持理论指导的同时，更加注重实际，更加贴近实际。学习和掌握理论对指导实际工作非常重要，但在宣传思想工作中，由于理论的抽象和枯燥，它又往往成为人们学习和接受的障碍。歌德说过：理论是灰色的，而生活之树长青。我们不能轻视理论，但宣传思想工作中确实要更加突出实际，让事实来说话，让现实来作证。只有贴近了实际，只有把理论与实际结合起来，才能增强理论的吸引力和感染力。"贴近生活"，是在工作与生活的关系上更加强调和突出现实生活的方面。工作与生活是人们生存和发展的两个基本方面，工作当然是首要的，如果只讲工作不讲生活，只联系工作而不联系生活，也会使宣传思想工作降低亲和力和感染力。所以，在注重工作的同时，突出强调一下注重生活的一面，对于宣传思想工作来说无疑是十分必要的。"贴近群众"，是我们党的宗旨在宣传工作上的反映。宣传思想工作不但要对上级负责，更要对群众负责，对宣传教育的对象负责。只有这样，才能受到广大群众的欢迎。

"三贴近"原则具有广泛的适用性，对于精神文明建设、思想道德建设以及思想政治工作等，都具有重要指导意义。当它运用于大学生思想政治教育时，就是"贴近实际、贴近生活、贴近大学生"的原则；当它运用于未成年人思想道德建设时，就是"贴近实际、贴近生活、贴近未成年人"的原则。

在未成年人思想道德建设中，坚持"三贴近"，就是既要遵循思想道德建设的普遍规律，又要考虑未成年人身心成长的特点和接受能力，从他们的思想实际和生活实际出发，深入浅出，寓教于乐，循序渐进，多用鲜活通俗的语言，多用典型的实际事例，多用喜闻乐见的形式，多用疏导的方法、参与的方法、讨论的方法，进一步增强工作的针对性和实效性，增强其吸引力和感染力。

3. 知行统一原则

知行统一是中国传统文化的重要思想，也是马克思主义的重要观点。知与行的统一，也就是认识与实践的统一，对于个体来说就是认知与行为的统一。不论是教育还是学习，都不能知行脱节，不能只停留在认识和知识上，而是要转化为自觉的行动和实践。未成年人的思想道德教育，必须坚持知与行相统一的原则，既要重视课堂教育，更要注重实践教育、体验教育和养成教育，注重引导未成年人自觉和自主地参与实践，把学习道德知识与自觉遵循道德规范统一起来。

4. 教管结合原则

思想教育与加强管理相结合，这是新时期思想政治教育和思想道德建设的重要原则。它体现的是在自律与他律的关系上，在激励与约束的关系上，坚持两个方面的统一和结合。对于尚未成人的少年儿童来说，更应该坚持教育与管理相结合的原则，把思想道德教育融入家庭、学校和社会的管理之中。要不断完善思想道德教育与社会管理、自律与他律相互补充及促进的运行机制，综合运用教育、法律、行政、舆论等手段，更有效地引导未成年人健康成长，规范他们的行为。

三、推进未成年人思想道德建设的重大举措和主要途径

（一）推进中小学思想道德教育

首先，学校是对未成年人进行思想道德教育的主渠道，必须按照党的教育方针，把德育工作摆在素质教育的首要位置，贯穿于教育教学的各个环节。要把弘扬和培育民族精神作为思想道德建设的极为重要的任务，纳入中小学教育的全过程。

加快中小学思想品德课、思想政治课的改进和建设，充分利用和整合各种德育资源，深入研究中小学生思想品德形成的规律和特点，把爱国主义教育、革命传统教育、中华民族美德教育和民主法制教育有机统一于教材之中，并保证占有适当分量，努力构建适应21世纪发展需要的中小学德育课程体系。积极改进中小学思想品德、思想政治课教学方法和形式，采用未成年人喜闻乐见、生动活泼的方式进行教学，把传授知识同陶冶情操、

养成良好的行为习惯结合起来。要积极探索实践教学和学生参加社会实践、社区服务的有效机制，建立科学的学生思想道德行为综合考评制度。要因地制宜，积极开展各种富有趣味性的课外文化体育活动、怡情益智的课外兴趣小组活动和力所能及的公益性劳动，培养学生的劳动观念和创新意识，丰富学生的课外生活。要加强心理健康教育，培养学生良好的心理素质。要把思想品德教育与法制教育紧密结合起来，使二者有机统一，相辅相成。要在中小学生中广泛开展“珍惜生命、远离毒品”教育和崇尚科学文明、反对迷信邪教教育，坚决防止毒品、邪教进校园。要加强工读学校建设，对有不良行为的未成年人进行矫治和帮助。

要采取有效措施，改革课程设置、教材和教学方法，切实减轻中小学生的课业负担，为加强学生思想道德建设，增强创新精神和实践能力，培育德智体美全面发展的社会主义事业接班人创造良好条件。

其次，要根据不同年龄段学生的特点，修订和完善中小学生《守则》和日常行为规范。对小学生重点是规范其基本言行，培育良好习惯。对中学生重点是加强爱祖国、爱人民、爱劳动、爱科学、爱社会主义的教育，引导他们树立正确的理想信念和世界观、人生观、价值观。制定和推行行为规范，要以促进学生全面发展为出发点和落脚点，反映时代和社会进步的要求，体现对学生的尊重与信任，引导学生自觉遵纪守法。

再次，切实加强教师职业道德建设。学校全体教职员工要树立育人为本的思想，认真贯彻《中华人民共和国教育法》、《中华人民共和国教师法》和《中小学教师职业道德规范》，热爱学生，言传身教，为人师表，教书育人，以高尚的道德情操引导学生德智体美全面发展。教育行政部门和学校要制定和完善有关规章制度，调动全体教师的工作积极性与责任感，充分发挥广大教师在全面推进素质教育进程中的主力军作用。要完善学校班主任制度，高度重视班主任工作，选派思想素质好、业务水平高、奉献精神强的优秀教师担任班主任。学校各项管理工作、服务工作也要明确育人职责，做到管理育人、服务育人。

（二）发挥少先队、青年团的作用

首先，加强中学团组织建设，把中学共青团工作纳入学校素质教育的总体布局和规划中，推荐优秀青年教师做团的工作。要办好中学生业余团校，配合学校党组织办好高中生业余党校，在确保质量、坚持标准的前提下，做好在高中生中择优培养发展党员的工作。加强对中学学生会工作的指导，更好地发挥学生会的作用。

其次，把少先队工作纳入教育发展规划，把对少先队工作的指导、检查、考核纳入教育行政部门的督导、评估范围。各级共青团组织和教育行政部门的有关负责同志要参与同级少先队工作委员会工作。中小学校党组织和行政部门要积极支持少先队开展活动，并选派优秀青年教师担任少先队辅导员，把少先队辅导员培训纳入师资培训体系。要建立和完善校外辅导员制度，选聘热心少先队工作、有责任心、有能力、有经验的人士担任校外志愿辅导员。少先队干部要实行民主选举，定期轮流任职。共青团组织和教育、民政等部门要密切协作，积极推进社区少工委建设，扩大少先队工作的覆盖面。

（三）重视和发展家庭教育

家庭教育在未成年人思想道德建设中具有特殊重要的作用。要把家庭教育与社会教育、学校教育紧密结合起来。各级妇联组织、教育行政部门和中小学校要切实担负起指导和推进家庭教育的责任。要与社区密切合作，办好家长学校、家庭教育指导中心，并积极运用新闻媒体和互联网，面向社会广泛开展家庭教育宣传，普及家庭教育知识，推广家庭教育的成功经验，帮助和引导家长树立正确的家庭教育观念，掌握科学的家庭教育方法，提高科学教育子女的能力。充分发挥各类家庭教育学校团体的作用，针对家庭教育中存在的突出问题，积极开展科学研究，为指导家庭教育工作提供理论支持和决策依据。

党政机关、企事业单位和社区、村镇等城乡基层单位，要关心职工、居民的家庭教育问题，教育引导职工、居民重视对子女特别是学龄前儿童的思想启蒙和道德品质培养，支持子女参与道德实践活动。注意加强对成年人的思想道德教育，引导家长以良好的思想道德修养为子女作出表率。要把家庭教育的情况作为评选文明职工、文明家庭的重要内容。特别要关心单亲家庭、困难家庭、流动人口家庭的未成年子女教育，为他们提供指导和帮助。

要高度重视流动人口家庭子女的义务教育问题。进城务工就业农民流入地政府，要建立和完善保障进城务工就业农民子女接受义务教育的工作制度和机制。流出地政府要积极配合做好各项服务工作。民政部门及其所属的儿童福利机构和流浪儿童求助保护机构，要按照《中华人民共和国未成年人保护法》等有关法律法规的要求，做好孤残儿童合法权益的保护工作和流浪儿童的求助保护工作。

（四）深入开展未成年人道德实践活动

未成年人道德品质的养成，不仅在于学习道德知识，更在于亲身参加道德实践活动，通过亲身体验，可以进一步培育道德情感和磨炼道德意志。因此，必须广泛深入开展未成年人道德实践活动。

思想道德建设是教育与实践相结合的过程。要按照实践育人的要求，以体验教育为基本途径，区分不同层次未成年人的特点，精心设计和组织开展内容鲜活、形式新颖、吸引力强的道德实践活动。各种道德实践活动都要注重思想内涵，强化道德要求，并与丰富多彩的兴趣活动和文体活动结合起来，注意寓教于乐，引导和培养未成年人的兴趣爱好，使未成年人在自觉参与实践活动中思想感情得到熏陶，精神生活得到充实，道德境界得到提升。需要注意的是，面向中小学生开展的活动，要经教育行政部门或学校党团队组织统一协调和部署，把学生安全和社会效益放在首位。要采取多种手段，支持中西部地区和农村开展未成年人道德实践活动。

组织开展丰富多彩的主题宣传教育活动。各种法定节日，传统节日，革命领袖、民族英雄、杰出名人等的诞辰和逝世纪念日，建党纪念日、红军长征、辛亥革命等重大历史事件纪念日，“九一八”、“南京大屠杀”等国耻纪念日，以及未成年人的入学、入队、入团、成人宣誓等有特殊意义的重要日子，都蕴藏着宝贵的思想道德教育资源。要抓住时机，整合资源，集中开展思想道德主题宣传教育活动。要组织丰富多彩的主题班会、队会、团会，举行各种庆祝、纪念活动和必要的仪式，引导未成年人弘扬民族精神，增强爱国情感，提高道德修养。每年的“公民道德宣传日”，在面向社会公众开展道德教育的同时，要注意组织好面向未成年人的宣传教育活动。要丰富未成年人节假日参观旅游活动的思想道德内涵，精心组织夏令营、冬令营、革命圣地游、红色旅游、绿色旅游以及各种参观、瞻仰和考察等活动，把深刻的教育内容融入到生动有趣的课外活动之中，用祖国大好风光、民族悠久历史、优良革命传统和现代化建设成就教育未成年人。

要运用各种方式向广大未成年人宣传介绍古今中外的杰出人物、道德楷模和先进典型，激励他们崇尚先进、学习先进。通过评选三好学生、优秀团员和少先队员、先进集体等活动，为未成年人树立可亲、可信、可敬、可学的榜样，让他们从榜样的感人事迹和优秀品质中受到鼓舞、汲取力量。

（五）营造有利于未成年人思想道德建设的社会氛围

未成年人理想信念的树立，思想品质的培育，道德情操的培养，文明习惯的养成，美好心灵的塑造，需要社会方方面面的支持，需要营造积极、健康、向上的良好社会环境。

加强以爱国主义教育基地为重点的未成年人活动场所的建设、使用和管理。充分发挥爱国主义教育基地对未成年人的教育作用。各类博物馆、纪念馆、烈士陵园等爱国主义教育基地，要创造条件对全社会开放，对中小学集体参观一律实行免票，对学生个人参观可实行免费或半票。要采取聘请专业人才、招募志愿者等方式建立专兼结合的辅导员队伍，为未成年人开展活动进行指导和帮助。加强青少年宫、儿童活动中心等未成年人专门活动场所的建设和管理。坚持把社会效益放在首位，坚持面向未成年人、服务未成年人的宗旨，积极开展教育、科技、文化、艺术、体育等未成年人喜闻乐见的活动，把思想道德建设内容融于其中，充分发挥其对未成年人的教育引导功能。各级政府要把未成年人活动场所建设纳入当地国民经济和社会事业发展总体规划。在大城市，要逐步建立布局合理、规模适当、功能配套的市、区、社区未成年人活动场所。中小城市要因地制宜重点建设好市级未成年人活动场所。有条件的城市要辟建少年儿童主题公园。经过几年的努力，做到每个县都有一所综合性、多功能的未成年人活动场所。

净化未成年人的成长环境。坚持不懈地开展“扫黄”、“打非”斗争，加强文化市场监管，坚决查处和打击传播淫秽、色情、凶杀、暴力、封建迷信和兜售伪科学出版物等毒害未成年人的违法犯罪行为。严格审查面向未成年人的游戏软件内容，查处含有诱发未成年人违法犯罪行为和恐怖、残忍等有害内容的游戏软件产品。制定相关法规，加强对玩具、饰品制作销售的监管，坚决查处宣扬色情和暴力的玩具、饰品。严格未成年人精神文化产品的进口标准，严把进口关，既要有选择地把世界各国的优秀文化产品介绍进来，又要防止境外有害文化的侵入。

加强对互联网上网服务营业场所和电子游戏经营场所的管理。严格执行《互联网上网服务营业场所管理条例》，按照取缔非法、控制总量、加强监管、完善自律、创新体制的要求，切实加强对网吧的整治和管理。认真落实未成年人不得进入营业性网吧的规定，网吧终端设备上要安装堵截色情等不健康内容的过滤软件，有效打击违法行为。推广绿色上网软件，为家长监管未成年人在家庭中的上网行为提供有效技术手段。各有关部门要依法治理利用电子邮件、手机短信等远程通信工具和群发通信传播有害信息、危害未成年人身心健康的违法行为。

加强对营业性歌舞娱乐场所、电子游艺厅、录像厅等社会文化场所的管理。认真落实《互联网上网服务营业场所管理条例》和国务院办公厅转发文化部等部门《关于开展电子游戏经营场所专项治理意见的通知》、《关于开展网吧等互联网上网服务营业场所专项整治意见的通知》规定，进一步优化校园周边环境，中小学校园周边二百米内不得有互联网上网服务营业场所和电子游戏经营场所，不得在可能干扰学校教学秩序的地方设立经营性娱乐场所。

各类大众传媒都要增强社会责任感，把推动未成年人思想道德教育作为义不容辞的职责，为加强和改进未成年人思想道德建设创造良好舆论氛围。要发挥各自优势，积极制作、刊播有利于未成年人身心健康的公益广告，增加数量，提高质量，扩大影响。各级电台、电视台都要开设和办好少儿专栏或专题节目。中央电台要进一步办好少儿频道，各地要切实抓好中央电视台少儿频道的落地、覆盖工作。省（区、市）和副省级城市电视台要创造条件逐步开设少儿频道。少儿节目要符合少年儿童的欣赏情趣，适应不同年龄层次少年儿童的欣赏需求，做到知识性、娱乐性、趣味性、教育性的统一。各类报刊要关心未成年人思想道德建设，加强宣传报道。面向未成年人的报纸、刊物和其他少儿读物，要把向未成年人提供更好的精神食粮作为自己的神圣职责，努力成为未成年人开阔眼界、提高素质的良师益友和陶冶情操、愉悦身心的精神园地。

加强少年儿童影视版的创作生产，积极扶持国产动画片的创作、拍摄、制作和播出，逐步形成具有民族特色、适合未成年人特点、展示中华民族优良传统的动画片系列。积极探索与社会主义市场经济发展相适应的少年儿童电影发行、放映工作新路子，形成少年儿童电影的发行放映院线。

各类互联网站都要充分认识所肩负的社会责任，积极传播先进文化，倡导文明健康的网络风气。重点新闻网站和主要教育网站要发挥主力军作用，开设未成年人思想道德教育的网页、专栏，组织开展各种形式的网上思想道德教育活动。在有条件的校园和社区内，要有组织地建设一批非营业性的互联网上网服务场所，为未成年人提供健康有益的绿色网上空间。信息产业等有关部门要制定相关政策，积极推进这项工作。学校要加强对校园网站的管理，规范上网内容，充分发挥其思想道德教育功能。要遵循网络特点和网上信息传播规律，充分考虑未成年人的兴趣爱好，加强网上正面宣传，唱响主旋律，打好主动仗，为广大未成年人创造良好的网络文化氛围。

积极推动少儿文化艺术繁荣健康发展。加强少儿文艺创作、表演队伍建设，注重培养少儿文艺骨干力量。鼓励作家、艺术家肩负起培养和教育下一代的历史责任，多创作思想内容健康、富有艺术感染力的少儿作品。加大政府对少儿艺术演出的政策扶持力度，增强少儿艺术表演团体发展活力。文化、教育、共青团、妇联、文联、作协等有关职能部门和人民团体要认真履行各自的职责，党委宣传部门要加强指导协调，大力繁荣和发展少儿文化艺术。

要充分考虑未成年人成长进步的需求，精心策划选题，创作、编辑、出版并积极推荐一批知识性、趣味性、科学性强的图书、报刊、音像制品和电子出版物等未成年人读物和视听产品。有关部门要继续做好面向未成年人的优秀影片、歌曲和图书的展演、展播、推介工作，使他们在学习娱乐中受到先进思想文化的熏陶。积极鼓励、引导、扶持软件开发企业，开发和推广弘扬民族精神、反映时代特点、有益于未成年人健康成长的游戏软件产品。积极推进全国文化信息资源共享工程建设，让健康的文化信息资源通过网络进入校园、社区、乡村、家庭，丰富广大未成年人的精神文化生活。

（六）加强对未成年人思想道德建设的领导

各级党委和政府要把加强和改进未成年人思想道德建设作为一项事关全局的战略任务，纳入经济社会发展总体规则，列入重要议事日程，切实加强组织和领导。要形成党委统一领导、党政群齐抓共管、文明委组织协调、有关部门各负其责、全社会积极参与的领导体制和工作机制。地方各级党委主要负责同志要负起领导责任，经常分析未成年人思想道德状况，及时了解未成年人思想道德建设工作情况，认真研究解决重大问题。各级政府要把未成年人思想道德建设摆在重要位置，狠抓措施的落实；要给予必要的财力支持，并随着财政收入的增长逐步加大支持力度。

中央精神文明建设指导委员会负责指导全国未成年人思想道德建设工作，督促检查各地区各部门贯彻落实中央关于加强和改进未成年人思想道德建设工作部署情况，组织协调各有关部门和社会各方面共同做好未成年人思想道德建设工作。各地文明委要在同级党委领导下，担负起相应责任。要采取切实措施，充实和加强各级文明委的办事机构，搞好思想建设、组织建设和作风建设，使其更好地履行职能，发挥作用。各级宣传、教育、文化、体育、科技、广播影视、新闻出版和工会、妇联等群团组织，在加强和改进未成年人思想道德建设中担负着重要责任，要结合业务工作，发挥各自优势，明确职责，密切配合，形成合力。要加强对未成年人成长规律的科学研究，为做好未成年人思想道德建设工作提供科学依据。要充分发挥民主党派、工商联和无党派人士在未成年人思想道德建设中的作用。

要建立健全学校、家庭、社会相结合的未成年人思想道德教育体系，使学校教育、家庭教育和社会教育相互配合，相互促进。城市社区、农村乡镇和村民委员会，以及其他一切基层组织要切实担负起加强未成年人思想道德建设的社会责任，整合利用各种教育资源和活动场所，开展富有吸引力的思想教育和文体活动，真正把教育引导未成年人的工作落实到基层。要把为未成年人健康成长创造良好社会环境作为创建文明城市、文明社区、文明村镇、文明单位的重要内容。各级党委、政府和社会各界都要认真贯彻《中华人民共和国未成年人保护法》，切实维护未成年人的合法权益。要着力建设好中小学及幼儿园教师队伍，各类文化市场管理队伍，青少年宫、博物馆、爱国主义教育基地等各类文化教育设施辅导员队伍，老干部、老战士、老专家、老教师、老模范等“五老队伍”，形成一支专兼结合、素质较高、人数众多、覆盖面广的未成年人思想道德建设工作队伍。要重视关心下一代工作委员会的工作，支持他们为加强和改进未成年人思想道德建设贡献力量。

第六章

切实加强和改进新形势下大学生思想政治教育

胡锦涛总书记关于加强和改进大学生思想政治素质的一系列重要论述，继承和发展了马克思主义和我们党的思想政治教育理论，正确回答了“培养什么人、如何培养人”的问题，是中国特色社会主义理论体系的重要内容，也是科学发展观教育理论的重要组成部分，具有鲜明的时代特征，闪耀着真理的光辉。

一、加强和改进大学生思想政治教育的重要性与紧迫性

加强和改进大学生思想政治教育，事关广大青年学生的全面发展和健康成长，事关中国特色社会主义事业的兴旺发达，事关国家和民族的前途与命运，影响深远，意义重大。

（一）加强和改进大学生思想政治教育直接关系到党和国家的前途命运

思想政治教育工作，是我们党的政治优势。加强和改进大学生的思想政治教育，是党的思想政治教育工作中一项十分重要的内容。通过思想政

治教育，使一代又一代的青年学生健康成长，是我们党和国家事业兴旺发达的重要保证。大学生思想政治素质是大学生世界观、人生观、价值观的综合体现。他们政治素质的高低，思想品德的优劣，直接关系到社会主义现代化建设的成败和中华民族的伟大复兴。

第一，加强和改进大学生思想政治教育，是实现全面建设小康社会和中华民族伟大复兴的必然要求

胡锦涛总书记指出："大学生是国家宝贵的人才资源，是民族的希望、祖国的未来。"[①] 当代大学生不仅要有较高的科学文化素质、健康的身体素质和心理素质，更需要良好的思想政治素质。只有大力提高大学生的思想政治素质，才能确保党和人民的事业代代相传、长治久安。加强和改进大学生思想政治教育工作，教育和引导好青年大学生，对于全面实施科教兴国、人才强国战略，确保社会主义建设事业兴旺发达、后继有人，对于实现全面建设小康社会具有重大而深远的战略意义。胡锦涛同志站在党的事业后继有人、国家和民族兴旺发达的战略高度，高度重视加强和改进大学生思想政治教育工作，充分肯定培养合格的大学生对于建设中国特色社会主义、全面建设小康社会、实现中华民族伟大复兴的极端重要性，对当代大学生群体寄予了殷切的期望。

第二，加强和改进大学生思想政治教育，是提高全民族素质、促进人的全面发展的必然要求

促进全民族思想道德素质、科学文化素质和健康身体素质的提高，是实现全面建设小康社会宏伟目标的重要内容。大学生是最富有生机、最富有活力、代表着国家和民族未来和希望的社会群体之一，大学生思想道德素质的提高，对全民族思想道德素质的提高具有示范作用、辐射作用和推动作用，是提高全民族整体素质的重要基础，也是提高全民族思想道德素质的内在要求。

---

① 胡锦涛. 大学生是国家宝贵人才资源［N］. 人民日报（海外版），2005－01－19.

第三，加强和改进大学生思想政治教育，是加强党的执政能力建设，确保中国特色社会主义事业兴旺发达、后继有人的客观需要

不断培养造就中国特色社会主义事业的建设者和接班人，是增强党的执政能力的重要内容和重要基础。党的十六届四中全会作出的《关于加强党的执政能力建设的决定》，明确将“坚持马克思主义在意识形态领域中的指导地位，不断提高建设社会主义先进文化的能力”作为加强党的执政能力建设的重要方面，并明确把全面贯彻党的教育方针，努力探索新方式、新方法，推进马克思主义中国化最新成果“进教材、进课堂、进头脑”，切实抓好青少年的思想品德和心理素质教育，培养德智体美全面发展的社会主义建设者和接班人，作为提高建设社会主义先进文化能力的重要内容。据此，我们认为，加强和改进大学生思想政治教育，确保中国特色社会主义事业后继有人和兴旺发达，对于加强党的执政能力建设有着重要的战略意义。

第四，加强和改进大学生思想政治教育，是大学生成长成才的内在要求

当代大学生生活在改革开放的伟大时代，他们热爱党、热爱祖国、热爱人民、热爱社会主义，“意气风发投身改革开放和社会主义现代化建设，以炽热的爱国情怀和可贵的奉献精神，为推动科学发展、促进社会和谐作出了重要贡献。实践充分证明，广大青年和青年学生确实是堪当重任、大有希望的一代”。[①] 但是，在发展社会主义市场经济和对外开放的条件下，大学生思想活动的独立性、选择性、多变性、差异性明显增强，受到各种思想文化的影响。目前，在一部分大学生中也存在一些突出的思想问题，主要是：有的政治信仰迷茫、理想信念模糊，有的社会责任感不强、团结协作意识较差，有的艰苦奋斗精神不足、心理素质脆弱，有的受到拜金主义、享乐主义、极端个人主义影响较深，等等。这些问题的存在，不利于

---

① 胡锦涛. 致全国青联十一届全委会和全国学联二十五大的贺信［N］. 人民日报，2010－08－25.

大学生身心健康发展。在思想文化选择多样化环境下学习生活的大学生，只有努力提高自身的思想政治素质，树立起远大理想和崇高信念，才能不断增强明辨是非和抵御各种错误思潮影响的能力，使自己成长为对国家对人民的有用之材。

（二）党的十六大以来大学生思想政治教育工作的成就

党的十六大以来，以胡锦涛同志为总书记的党中央始终把加强大学生思想政治教育工作作为贯穿中国特色社会主义事业全过程的一项重要战略任务。按照党中央的要求和部署，各高校坚持育人为本、德育为先，在加强改进中创新发展，在重点突破中整体推进，大学生思想政治教育工作进入全面加强、创新发展的时期。回顾十六大以来大学生思想政治教育的发展历程，总结十六大以来大学生思想政治教育工作的成就与经验，对于我们在新的历史起点上不断开创大学生思想政治教育新局面具有重要启示。

第一，大学生思想政治教育在我国教育工作中的特殊重要地位得到确立

2004 年 8 月，中共中央、国务院下发《关于进一步加强和改进大学生思想政治教育的意见》即中央 16 号文件，对大学生思想政治教育工作作出全面部署。2005 年 1 月，中央召开了全国加强和改进大学生思想政治教育会议，研究部署大学生思想政治教育工作，胡锦涛等中央领导同志出席会议并作重要讲话，形成了全党全社会合力推进大学生思想政治教育的全新局面。在党的十七大报告中，胡锦涛总书记明确指出：要切实把社会主义核心价值体系融入国民教育和精神文明建设全过程，转化为人民的自觉追求；要加强和改进思想政治工作，注重人文关怀和心理疏导，用正确方式处理人际关系；要全面贯彻党的教育方针，坚持育人为本、德育为先，实施素质教育，提高教育现代化水平，培养德智体美全面发展的社会主义建设者和接班人，办好人民满意的教育。大学生思想政治教育工作地位得以全面加强。

第二，高校思想政治理论课建设取得重要的阶段性成果

一是编写出版了马克思主义理论研究和建设工程重点教材。党的十六大以来，以胡锦涛同志为总书记的党中央，从战略和全局的高度，对高校思想政治课程体系的调整和改革作出了新的部署。中央提出，高校思想政治课程要坚持正确的政治方向，高举中国特色社会主义伟大旗帜，用马克思主义中国化的最新成果武装大学生；坚持以人为本，突出学生的主体地位，贴近实际、贴近生活、贴近学生，调动学生的参与热情，解决学生关注的理论和现实问题；坚持解放思想、改革创新，完善课程体系，改进教学内容，创新方法手段，不断增强教育教学的针对性、实效性、吸引力和感染力；坚持统筹推进学科体系、教材体系和教师队伍建设，既促进学理支撑，又注重人才保证；坚持加强宏观指导，建立有效的领导体制和工作机制，形成工作合力。按照中央的要求，马克思主义理论研究和建设工程集中理论界的优秀专家，精心组织编写了大学生思想政治理论课教材。2007年，《思想道德修养与法律基础》、《毛泽东思想和中国特色社会主义理论体系概论》、《中国近现代史纲要》、《马克思主义基本原理概论》等政治理论教材出版发行，有力地推进了马克思主义中国化最新成果进教材、进课堂、进头脑工作。

二是设立了马克思主义理论一级学科及所属的包含思想政治教育在内的六个二级学科，为用马克思主义理论武装大学生提供了强有力的学理支撑。

三是全力推进高校思想政治理论课教师队伍建设。2008 年 10 月，中宣部、教育部下发了《关于进一步加强高等学校思想政治理论课教师队伍建设的意见》，强调着力抓好教学科研组织建设和学科建设两个关键环节。各高校落实文件精神，独立设置了思想政治理论教学科研组织机构，把思想政治理论课教学科研组织机构建设和马克思主义理论学科建设紧密结合起来，强化了大学生思想理论教育的主渠道作用，为深入推进社会主义核心

价值体系建设搭建了坚实的平台[1]。

第三，大学生思想政治教育工作队伍建设得到明显加强

2006年，教育部制定了《普通高等学校辅导员队伍建设规定》和《2006—2010年普通高等学校辅导员培训计划》，进一步明确辅导员队伍的角色定位、工作定位、工作职责和素质要求，规范了辅导员队伍建设的选聘、培养和发展机制。2007年9月，教育部公布了首批21个教育部高校辅导员培训和研修基地，自2008年始，辅导员骨干依托辅导员基地攻读思想政治教育专业博士学位工作全面实施，拓展了思想政治教育队伍建设的视野，建立了一支高素质的大学生思想政治教育队伍。在加强学校党政干部和共青团干部、辅导员和班主任这支大学生思想政治教育队伍建设的基础上，进一步把思想政治理论课和哲学社会科学课教师纳入大学生思想政治教育工作队伍主体之中，培养了一大批高校思想政治理论课教学骨干和学术带头人。与此同时，调动一切积极因素共同做好大学生的思想政治教育工作。目前，已初步建成一支以专为主、专兼结合、优势互补、结构合理、素质较高、动态平衡的较为稳定的大学生思想政治教育工作队伍。

第四，多渠道、多层次、全方位的思想政治教育育人体系初步形成

一是逐步建立起党委统一部署，以校长及行政为主负责实施的德育管理体制。经过十年的探索和实践，按照育人为本、德育为先和教书育人、管理育人、服务育人的新要求，高校大学生思想政治教育正在逐步建立健全党委统一领导、党政齐抓共管、专兼职队伍相结合、全校紧密配合、学生自我教育的领导体制和工作机制。

二是打造思想政治教育网络新平台。完善校园网建设与管理制度体系，开展丰富生动的网上思想教育活动，及时运用互联网及其衍生的载体，

---

① 课题组．高校马克思主义理论建设30年回顾与展望　高校马克思主义理论建设30年的成就与经验［J］．高校理论战线，2008（12）．

传播思想政治教育的丰富内容，采取开放式、交互式、多媒体的方式实时快捷地开展思想政治教育活动，探索灵活多样的大学生思想政治教育新途径。

三是打造校园文化建设新平台。系统推进高校校园文化建设，努力建设体现社会主义特点、时代特征和学校特色的校园文化，为大学生健康成长营造良好的环境。

四是构建起较为完善的大学生心理健康教育平台。将心理健康教育纳入学校德育工作体系，建立融心理健康教育、心理辅导或心理咨询于一体的专门机构，大力推进心理健康教育。

五是进一步夯实大学生社会实践活动平台。将社会实践活动纳入教育教学总体规划，加强对社会实践活动的组织领导，规范体系建设，丰富活动内容，创新活动方式，增强活动效果，逐步完善了社会实践与专业学习相结合，与服务社会相结合，与勤工助学相结合，与择业就业相结合，与创新创业相结合的管理体制。

六是按照思想政治教育与解决实际问题相结合的原则，进一步加大了济困助学的资助力度以及毕业生就业、创业的指导力度，有效地增强了教育的针对性，提高了教育的实效性。

（三）大学生思想政治教育工作面临的新形势新挑战

2004 年 8 月，中共中央、国务院颁发《关于进一步加强和改进大学生思想政治教育的意见》以来，各地各部门各高校认真贯彻落实中央决策部署，紧紧围绕立德树人这一根本任务，抓住关键环节，采取有效措施，创新途径方法，完善体制机制，扎实推进各项工作，大学生思想政治教育工作呈现良好发展态势，大学生思想政治面貌发生可喜变化，健康向上成为主流。与此同时，我们也要看到，与党和国家事业发展要求相比，与大学生健康成长的需要相比，与广大人民群众的期望相比，大学生思想政治教育工作面临着许多新情况新问题，亟须进一步加强和改进。

第一，意识形态领域斗争日趋复杂，使大学生思想政治教育工作面临新挑战

伴随全球经济一体化、文化多样化浪潮的发展，国际敌对势力与我争夺下一代的斗争更加尖锐复杂，大学生受到西方文化思潮和价值观念的冲击，某些腐朽没落的生活方式对大学生的影响也不可低估。意识形态领域历来是敌对势力同我们激烈争夺的重要阵地，国际敌对势力通过各种途径和手段，企图用潜移默化的方式使年轻一代全盘接受西方的价值观和政治制度，最终达到他们推翻中国共产党领导和我国社会主义制度的政治目的。我们绝不能丧失警觉。我们必须正确认清国际敌对势力对我大学生实施西方价值观和政治观渗透的严峻形势，进一步明确新形势下加强坚持不懈地用马克思主义科学理论武装青年大学生，在积极引导他们吸收人类优秀文明成果的同时，也要有效地批判和抵制西方腐朽落后思想文化；要在大力提高大学生科学文化素质和健康素质的同时，下工夫提高大学生思想政治素质，引导大学生树立正确的理想信念，增强政治鉴别力，有效防范和抵御敌对势力的思想渗透。

第二，对外开放扩大和社会主义市场经济改革的深入发展，给大学生思想政治教育工作提出了新要求

随着我国社会深刻变革，人们思想活动的独立性、选择性、多变性和差异性进一步增强，各种思想文化相互激荡。今后一个时期既是我国的“发展机遇期”，又是“矛盾凸显期”，热点难点问题增多，统一思想、凝聚力量的任务极为繁重。这些变化，难免会给大学生健康成长带来一定负面影响。特别是互联网等新兴媒体的出现，对传统教育管理方式提出了挑战，创新大学生思想政治教育方式方法极为紧迫。

第三，高等教育的改革发展，给大学生思想政治教育工作提出了新的任务

随着高等教育规模的不断扩大和改革的不断深化，大学生思想政治教育工作面临着一些新的问题。如少数高校没有把大学生的思想政治教育摆

在各项工作的首位，没有贯穿于教育教学的全过程；高校思想政治理论课实效性不强，思想政治教育与大学生思想实际结合不紧；哲学社会科学一些学科教材建设滞后，思想政治教育学理支撑不力；少数教师为人师表做得不好，影响了育人的效果；学生管理工作与形势发展要求不相适应，思想政治教育工作队伍建设亟待加强；等等。如何准确把握当代大学生的思想、生活及学习的特点，有针对性地开展思想政治教育，进一步增强大学生思想政治教育的说服力和实效性，是加强和改进高校思想政治教育的一项极为紧迫的重要任务。

二、加强和改进大学生思想政治教育的指导思想、基本原则与主要任务

以胡锦涛同志为总书记的党中央，高度重视加强和改进大学生思想政治教育工作。在继承毛泽东、邓小平、江泽民同志有关思想政治教育工作的论述基础上，胡锦涛同志结合当代大学生思想政治教育的实际情况，全面系统阐述了新时期加强和改进大学生思想政治教育的指导思想、基本原则、方式方法，科学地概括了加强和改进大学生思想政治教育的内容要求，赋予了大学生思想政治教育新的内涵，丰富和发展了党的大学生思想政治教育内容体系。

（一）加强和改进大学生思想政治教育工作的指导思想

指导思想是做好各项工作的理论基础。加强和改进大学生思想政治教育工作，必须坚持正确的指导思想。

第一，必须坚持以马克思列宁主义、毛泽东思想、邓小平理论和“三个代表”重要思想为指导，深入贯彻落实科学发展观

马克思主义是我们党的指导思想，是建设中国特色社会主义的根本指针，也是加强和改进大学生思想政治教育工作必须坚持的“方向”和高举

的“旗帜”。邓小平同志指出“学校应该永远把坚定正确的政治方向放在第一位”。[①] 江泽民同志在深刻总结思想政治教育的经验教训的基础上强调：“越是经济建设和日常事务繁忙的时候，越要学习马列主义、毛泽东思想，越要关心政治，关心人的精神状态，绝不能见物不见人，甚至在日益复杂的斗争中迷失方向。”[②] 高校作为思想文化传播的重要阵地，必须坚持以马克思主义为指导，特别是要坚持用马克思主义中国化的最新理论成果——中国特色社会主义理论体系武装大学生，教育他们学会运用马克思主义的立场、观点、方法科学地认识世界；帮助他们形成正确的世界观、人生观和价值观，引导他们正确认识国家的前途和命运，树立远大的理想和坚定的信念，明确自身肩负的社会责任。

第二，必须紧密联系全面建设小康社会的实际

十六大以来，党对大学生思想政治教育作出了比较全面系统的论述，体现了党的大学生思想政治教育指导思想的“与时俱进”。需要指出的是，指导思想不能是空洞的理论和说教，只有结合实际才有说服力和感染力。因此，当前加强和改进大学生的思想政治教育工作，必须紧密结合全面建设小康社会的实际，坚持实事求是的原则，既要明确我们的目标追求，又要理性认清现阶段的发展现状，为思想政治教育奠定坚实的现实基础。

第三，必须坚持理想信念、爱国主义、思想道德和基本素质教育

中央16号文件从四个方面阐明了加强和改进大学生思想政治教育的指导思想。这四个方面包括：理想信念教育、爱国主义教育、思想道德教育、素质教育。四个方面的内容既独立又统一、既相互联系又相互贯通，构成了完整的指导思想体系。理想信念是大学思想政治教育的核心内容，爱国主义教育是永恒的主题，思想道德教育是素质教育体系的重要组成部分。加强和改进大学生思想政治教育，必须把不断增强学生的爱国主义、集体

① 邓小平．邓小平文选：第二卷［M］．北京：人民出版社，1994：104.

② 新时期党的建设文献选编［G］．北京：人民出版社，1991：712.

主义、社会主义思想作为“素质教育的灵魂”。①

第四，必须坚持解放思想、实事求是、与时俱进

解放思想、实事求是、与时俱进，对于推进大学生思想政治工作自身的发展有着十分重要的意义。进入新世纪，我们所面临的形势和任务已经并将继续发生重大而深刻的变化，大学生思想政治工作的任务十分繁重，形势要求我们必须结合实际需要，不断解放思想，与时俱进，进一步提高大学生思想政治工作的针对性、实效性，使其更好地体现时代性，富有创造性，把握规律性，在为大局服务中推进自身的创新发展。

第五，必须坚持以人为本，贴近实际、贴近生活、贴近大学生，增强吸引力、感染力

坚持以人为本、服务大学生，是高校思想政治教育的出发点和落脚点，也是大学生思想政治教育工作的内在要求。“党的思想政治工作，从根本上说就是做人的工作。”② 传统的大学生思想政治教育，主要通过课堂教学来完成，在教育中表现为“五重五轻”现象，即重灌输，轻引导；重知识传授，轻能力培养；重课堂教学，轻社会实践；重理论说教，轻行为养成；重共性，轻个性。实践证明，这种教育方式不符合学生思想品德养成规律，脱离社会生活和学生的思想实际，针对性、实效性差，学生厌学，教师难教。为此，新时期的大学生思想政治工作，必须贴近生活、贴近学生，准确把握大学生的思想脉搏，在教学内容、教学方法、教育手段等方面进行改革和创新，因人制宜、因事制宜、因时制宜，切实提高大学生思想政治工作的针对性和实效性。

（二）加强和改进大学生思想政治教育工作的基本原则

《中共中央国务院关于进一步加强和改进大学生思想政治教育的意见》

① 江泽民. 江泽民文选：第二卷［M］. 北京：人民出版社，2006：329.

② 邓小平. 邓小平文选：第二卷［M］. 北京：人民出版社，1994：255.

和胡锦涛同志在全国加强和改进大学生思想政治教育工作会议上的讲话，明确提出了加强和改进大学生思想政治教育的基本原则，即坚持教书与育人相结合；坚持教育与自我教育相结合；坚持政治理论教育与社会实践相结合；坚持解决思想问题与解决实际问题相结合；坚持教育与管理相结合；坚持继承优良传统与改进创新相结合。[①]“六个结合”，反映和体现了我们党长期以来特别是改革开放以来，对大学生思想政治教育工作经验的科学总结，具有鲜明的现实针对性和强烈的时代感。

第一，坚持教书与育人相结合的原则

教书与育人相结合，体现了我国教育事业必须为社会主义现代化服务和“培养德智体美全面发展的社会主义建设者和接班人”的基本思想。教书育人是一个不可分割的整体。教书的过程就是一个对学生的精神世界起潜移默化作用的过程，无论是传授知识还是进行思想教育，都是为了育人。教书是育人的基础，育人是教书的目的。离开育人，教书便从根本上失去意义。

第二，坚持教育与自我教育相结合的原则

教育与自我教育相结合，既体现了对学校教育作用的重视，又体现了对受教育者的尊重和信任，是外部教育和内在教育的统一，是“以人为本”理念在思想政治教育工作中的体现。坚持教育与自我教育相结合的原则，要充分发挥学生的积极性和创造性，相信他们有能力搞好自我教育；要充分发挥学校教师、党团组织的作用，引导大学生自觉加强自我教育。

第三，坚持政治理论教育与社会实践相结合的原则

政治理论教育与社会实践相结合，既重视课堂教育，又彰显了社会实践对大学生成才的重要性。青年成长的正确方向，就是在党的领导下，走与工农群众相结合、与中国革命建设实践相结合的道路。对青年学生来说，

---

① 中共中央、国务院《关于进一步加强和改进大学生思想政治教育的意见》[N]. 人民日报，2004-10-15.

基层一线是了解国情、增长本领的最好课堂，是磨炼意志、汲取力量的火热熔炉，是施展才华、开拓创业的广阔天地。要引导大学生自觉到基层一线去发挥才智，到艰苦的环境里去经受锻炼，到祖国和人民最需要的地方去建功立业，切实走好迈向社会的第一步，开辟事业发展的新天地。①

第四，坚持解决思想问题与解决实际问题相结合原则

解决思想问题与解决实际问题相结合，体现了思想政治教育工作的人文关怀和人情关爱，是提高思想政治教育工作实效性的需要。思想政治教育工作的任务是要解决人的思想问题，而思想问题在很多情况下又是由实际问题引起的。这就要求我们必须把帮助大学生解决思想问题和实际问题有机结合起来，把工作的着力点放到解决学生实际生活中遇到的问题上来。

第五，坚持教育与管理相结合的原则

只教不管或单纯依靠行政管理，都不能达到预期的目的。只有在教育中结合管理，在管理中渗透教育，才能取得最佳的教育效果。管理能保证思想政治教育的有效实施，思想政治教育又能提高学生服从管理、遵守纪律的自觉性，两者相得益彰。

第六，坚持继承优良传统与改进创新相结合的原则

继承和创新的关系是既一脉相承又与时俱进的关系。我们党在长期的革命和建设中，形成了较为系统的思想政治教育工作优良传统，积累了丰富的思想政治教育工作经验，这些经验揭示了思想政治教育工作的规律性，是当前大学生思想政治教育工作的宝贵资源。但时代在发展，情况在变化，思想政治教育工作也必须根据时代的发展、情况的变化而改进和创新。

（三）新形势下加强和改进大学生思想政治教育工作的主要任务

2009 年 5 月 2 日，胡锦涛总书记在同中国农业大学师生代表座谈讲话

---

① 孙承斌. 胡锦涛总书记同中国农业大学师生共迎五四青年节［N］. 人民日报，2009 - 05 - 03.

中明确提出："当代青年要在党的领导下，以执著的信念、优良的品德、丰富的知识、过硬的本领，勇敢地担负起历史重任，同广大人民群众一道，奋力开创中国特色社会主义事业新局面。"2011 年 4 月 24 日，胡锦涛总书记在庆祝清华大学建校 100 周年大会上发表重要讲话，寄语当代大学生要努力做到"三个结合"：即把文化知识学习和思想品德修养紧密结合起来，以只争朝夕的精神，刻苦学习科学文化知识，认真学习中华优秀文化和人类文明成果，夯实理论功底，提高专业素养，努力用人类创造的一切文明成果丰富自己。同时，又要积极加强自身思想品德修养，认真学习中国特色社会主义理论体系，牢固树立正确的世界观、人生观、价值观，胸怀远大理想，陶冶高尚情操，培育科学精神，把个人成长成才融入祖国和人民的伟大事业之中，以实际行动创造无愧于人民、无愧于时代的业绩，谱写壮丽的青春乐章。把创新思维和社会实践紧密结合起来，在打好知识根基的前提下，提高创新思维能力，不断认识和掌握真理。同时，要坚持理论联系实际，积极投身社会实践，在解决实际问题的过程中增长才干，不断提高实践能力、创新创业能力，切实掌握建设国家、服务人民的过硬本领，为走上社会、成就事业打下坚实基础。把全面发展和个性发展紧密结合起来，坚持德才兼备、全面发展的基本要求，在发展个人兴趣专长和开发优势潜能的过程中，在正确处理个人、集体、社会关系的基础上保持个性、彰显本色，实现思想成长、学业进步、身心健康有机结合，在德智体美相互促进、有机融合中实现全面发展，努力成为可堪大用、能负重任的栋梁之材。胡锦涛总书记的重要论述深刻回答了"培养什么人"和"怎样培养人"这一我国社会主义教育事业发展中必须解决好的根本问题，同时，也进一步明确了大学生思想政治教育"开展什么教育"和"怎样教育"的主要任务。

第一，以理想信念教育为核心，深入进行正确的世界观、人生观、价值观教育

理想信念，是一个政党治国理政的旗帜，是一个民族奋力前行的向导，

也是有志青年奋发向上的动力。开展大学生思想政治教育，必须紧紧抓住理想信念教育这个核心，通过持之以恒的教育，切实促进大学生树立正确的世界观、人生观、价值观。要坚持不懈地用马克思主义中国化最新成果武装大学生头脑，使中国特色社会主义理论体系真正进教材、进课堂、进头脑，认真解答大学生关心的重大理论和实际问题，为大学生坚定理想信念提供正确理论指导和强大精神支柱。要深入开展党的基本理论、基本路线、基本纲领和基本经验教育，开展中国革命、建设、改革教育，开展基本国情和形势政策教育，开展科学发展观教育，使大学生正确认识社会发展规律，正确认识国家的前途命运，正确认识自己的社会责任，确立在中国共产党领导下走中国特色社会主义道路、为实现中华民族伟大复兴而奋斗的共同理想和坚定信念。要教育广大大学生树立理想、坚定信念，自觉把自己的人生追求同祖国的前途命运联系起来，树立为祖国繁荣富强贡献青春力量的远大志向。要教育学生珍惜年华，刻苦学习，努力用人类创造的一切优秀文明成果武装自己，掌握为祖国、为人民服务的真才实学。要创造条件让大学生深入群众，投身实践，切身感受时代脉搏，虚心向人民学习，认真克服自己的弱点和不足，更快更好地成长和成熟起来。要引导鼓励学生磨炼意志、砥砺品格，树立用诚实劳动创造美好生活的思想和精神，从小事做起，从一点一滴做起，时刻准备着担当历史重任，在为实现中华民族伟大复兴的奋斗中谱写壮美的青春之歌。

第二，要以爱国主义教育为重点，深入进行民族精神教育

中国特色社会主义事业的建设者和接班人，必须具有强烈的爱国主义情感。要在大学生中大力弘扬以爱国主义为核心的团结统一、爱好和平、勤劳勇敢、自强不息的伟大民族精神，倡导一切有利于民族团结、祖国统一、人心凝聚、社会和谐的思想和精神，倡导一切有利于国家富强、人民幸福的思想和精神，引导大学生增强民族自尊心、自信心、自豪感，做到以热爱祖国、贡献全部力量建设社会主义祖国为最大光荣，以损害社会主义祖国利益、尊严和荣誉为最大耻辱。要深入开展中华民族优良传统和中

国革命传统教育，使大学生了解中国共产党在领导中国人民建立和建设新中国的奋斗中表现出来的革命气概，认识到中国共产党是民族精神的继承者和创造者。要把中华民族优良传统教育同中国革命传统教育有机结合起来，既大力弘扬民族优良传统，又大力弘扬井冈山精神、长征精神、延安精神、大庆精神、“两弹一星”精神、雷锋精神、抗洪精神、奥运精神等革命传统和时代精神，努力使中华民族优良传统、中国革命传统和改革开放的时代精神成为大学生的精神支柱。

第三，以基本道德规范为基础，深入进行公民道德教育

形成良好的道德情操和道德修养，能够自觉遵守道德规范、进行道德自律，是做一名合格公民必须具备的基本素质。大学时期是人生形成自觉道德意识的重要阶段，在这个时期形成的思想道德观念对他们一生影响很大。高校应该把帮助和促进大学生形成良好的道德情操和道德修养摆在重要位置。要认真贯彻《公民道德建设实施纲要》，广泛开展社会公德、职业道德和家庭美德教育，积极开展道德实践活动，把道德实践活动融入大学生学习生活之中，引导大学生自觉遵守爱国守法、明礼诚信、团结友善、勤俭自强、敬业奉献的基本道德规范，养成良好的道德品质和文明行为。要加强法制教育和诚信教育，增强大学生的遵纪守法意识和诚实守信意识，提高大学生遵法守规的自觉性；要教育学生认识到诚信是立身之本、做人之道，牢固树立守信为荣、失信可耻的道德观念，引导他们在实际生活中讲诚信、讲道德，努力做到言必信、行必果。

第四，以大学生全面发展为目标，深入进行基本素质教育

促进大学生全面发展，对促进人的全面发展、提高全民族素质具有重大意义。高校教育必须坚持以人为本，以大学生全面发展为目标，引导广大大学生既要学会做事，又要学会做人；既要打开视野、丰富知识，又要增长创新精神和创新能力；既要提高记忆力、注意力、观察力、思维力等智力因素，又要培养兴趣、情感、意志和性格等人格因素；既要增长学识才干，又要增进身心健康。要加强社会主义民主法制教育，加强人文素质

和科学精神教育，加强集体主义和团结合作精神教育，促进大学生思想道德素质、科学文化素质和健康素质协调发展，引导大学生在增长科学文化知识的过程中提升思想政治素养，努力使自己成长为德智体美全面发展的社会主义建设者和接班人。

三、创新大学生思想政治教育工作的方式方法

胡锦涛总书记指出："进一步加强和改进大学生思想政治教育工作，既要认真坚持我们党在长期实践中积累起来的宝贵经验和被实践证明是正确的行之有效的重要原则，又要解放思想、实事求是、与时俱进，根据时代发展的要求，不断在观念、内容、方法和体制机制等方面改进创新，不断总结和创造新经验。要在体现时代性、把握规律性、增强实效性三个方面狠下工夫。"① 他强调："要坚持继承优良传统与改进创新相结合，坚持党的思想政治工作的优良传统，积极探索新形势下大学生思想政治教育工作的新途径新办法。"继承优良传统是改进创新的基础和前提，改进创新是优秀传统的延续和发展。创新大学生思想政治教育的观念、内容、方法和体制机制，既要继承和弘扬优秀传统，又要结合形势的发展和大学生的实际需求，坚持解放思想，不断与时俱进，不断创新方式方法，促进大学生思想政治教育更好地体现时代性、把握规律性、增强实效性。

（一）充分发挥课堂教学在大学生思想政治教育中的主导作用

加强和改进大学生思想政治教育，关键是要抓住一个中心。这个中心就是以育人为中心，牢固树立"学校教育、育人为本，德智体美、德育为先"的思想观念，把育人融入于学校工作的各个方面，贯穿于教育教学的各个环节，努力形成全员育人、全程育人、全方位育人的局面。高等学校

① 胡锦涛. 大学生是国家宝贵人才资源［N］. 人民日报（海外版），2005－01－19.

思想政治理论课是大学生思想政治教育的主渠道。思想政治理论课是大学生的必修课，是帮助大学生树立正确的世界观、人生观、价值观的重要途径。要充分发挥课堂教育教学的主导作用和思想政治理论课的主渠道作用，理直气壮地讲授马克思主义。要发挥各门课程的育人功能，深入发掘其思想政治教育资源，把思想政治教育融入大学生学习的各个环节。

第一，要加强和改进思想政治理论课教学

思想政治理论课是对大学生进行思想政治教育的主渠道，体现了社会主义大学的本质要求。抓好这项工作，就抓住了用科学理论武装大学生的首要问题。要以马克思主义中国化最新成果为中心内容，完善思想政治理论课的课程体系，向大学生系统地讲授马克思主义、毛泽东思想和中国特色社会主义理论体系的科学内涵与精神实质，帮助大学生确立在中国共产党领导下走中国特色社会主义道路、实现中华民族伟大复兴的共同理想和坚定信念。要紧密结合国际局势和时代发展要求，紧密结合我国改革开放和现代化建设实际，紧密结合大学生思想实际，精心编写好针对性和实效性强的思想政治理论课教材。要改进教学方法，倡导启发式、参与式、研究式教学方式，加强教学实践环节，运用现代化教学手段，激发大学生的学习热情，不断增强思想政治理论课的吸引力和感染力。要采取有效措施，不断提高思想政治理论课教师的理论素养、科研能力和教学水平。各高校要把思想政治理论课教学摆在重要位置，充分发挥其主导作用，不断推进“三进”工作。

第二，要加强形势政策教育

组织好形势与政策教育宣讲。要通过举办高层次形势报告会，组织理论工作者、实际工作者面向师生开展宣讲教育活动。要按照中宣部关于形势政策教育的总体部署，按照教育部制定的每半年一期的形势与政策教育要点，紧密结合学校师生关注的热点问题和思想特点，组织专家学者编写形势与政策教育宣讲提纲。要不断丰富形势与政策教育资源，及时配发《时事报告》等形势教育文字、音像资料，逐步建立形势与政策教育资源库。组织好形势与政策课教学。形势与政策课由课堂教学、实践教学和讲座报告三部分组成。课堂教学要以专题教学为主；实践教学要以社会实践中的“体验教育”为主；讲座报告要以时政热点等为主要内容。组织好媒体形势与政策教育宣传。要在各类媒体重要时段、重要版面开设形势与政策教育专栏专题，努力推出一批有分量、有深度的报道、评论和理论文章，采用领导访谈、专家解读、系列报道等形式，全方位、多角度地开展形势与政策教育宣传。同时，要积极探索新形势下开展形势与政策教育的新机制。要建立课堂教学专题讲授制度，建立讲座报告制度，建立重大节庆日和重大事件教育制度，建立“体验教育”制度。要把形势与政策教育与“三下乡”、青年志愿者等实践教育活动结合起来，使师生在社会实践的亲身体验中接受教育。要有计划地开展以爱国主义教育为主线的社会实践活动，组织师生参观爱国主义教育基地，参观城乡经济社会发展的重点项目，开展社会调查研究，深入体验现代化建设所取得的巨大成就等。

第三，要用马克思主义指导高校哲学社会科学教学

哲学社会科学多数学科都具有鲜明的意识形态政治属性。高校哲学社会科学课程担负着帮助大学生坚定社会主义政治方向，确立正确的理想信念，提高思想道德修养和精神境界的重要职责。哲学社会科学学科有很多是专业学科，更容易引起大学生的兴趣和重视，对大学生思想的影响更直接、更深刻、更长远。在学习借鉴西方哲学社会科学有益成果的过程中，必须从中国的国情和实际出发，始终坚持用当代马克思主义统领哲学社会科学教学，既要破除对马克思主义的错误的和教条式的理解，又要坚决抵制各种否定马克思主义的错误观点，把马克思主义中国化的最新理论成果贯穿到哲学社会科学教学活动之中。要精心组织编写全面反映毛泽东思想、中国特色社会主义理论体系的哲学、政治经济学、科学社会主义、中共党史以及政治学、社会学、法学、史学、新闻学和文学等哲学社会科学重点学科教材。要积极推进理论创新，回答大学生普遍关心的、改革开放和现代化建设中的重大理论和实际问题，努力形成以当代中国马克思主义为指

导的具有中国特色、中国风格、中国气派的哲学社会科学学科体系和教材体系。要建设一支坚持正确的政治方向、学贯中西、理论功底扎实的马克思主义哲学社会科学教学科研骨干队伍。要坚持“学术研究无禁区，课堂讲授有纪律”的原则，确保高校哲学社会科学课堂教学的正确导向。

第四，要大力加强师德建设

教师是人类灵魂的工程师，是学生成长进步的导师。高校所有课程都具有育人功能，所有教师都负有育人职责。长期以来，广大教师为人师表，教书育人，敬业奉献，赢得了党和人民的信赖，赢得了全社会的尊重。但在新形势下，教师队伍建设也出现了不适应的状况。加强师德建设势在必行，这是做好大学生思想政治教育的关键。要抓住教师职前培养、职后培训、职务聘任等关键环节，加强马克思主义理论教育，加强教书育人、为人师表教育，加强学风和学术道德教育。广大教师要以高度负责的态度，率先垂范、言传身教，以良好的思想、道德、品质和人格给大学生以潜移默化的影响。要把思想政治教育融入到大学生专业学习的各个环节，渗透到教学、科研和社会服务各个方面。要深入发掘各类课程的思想政治教育资源，在传授专业知识过程中加强思想政治教育，使学生在学习科学文化知识过程中，自觉加强思想道德修养，提高政治觉悟。要严格教育教学纪律，切实加强教材管理，在讲台上和教材中不得散布违背宪法和党的路线方针政策的错误观点和言论。要教育引导教师深入发掘蕴涵在各门课程中的思想政治教育资源，在知识传授过程中对大学生进行思想政治教育。要完善教师职业道德规范，建立科学有效的评估体系，制订可操作的实施办法，全面提高师德水平，努力造就一支高素质的教师队伍。

（二）不断拓展新形势下大学生思想政治教育的有效途径

新形势下，社会实践、校园文化、网络信息对大学生的思想影响越来越大，应充分发挥它们的作用，努力通过拓展新的途径来增强大学生思想政治教育的针对性和有效性。要积极组织开展社会实践活动，将其纳入教学计划，规定学时和学分，使之制度化、规范化。要大力建设体现社会主义特点、时代特征和学校特色的校园文化，广泛开展丰富多彩、积极向上的学术、科技、体育、艺术和娱乐活动，把德育与智育、体育、美育有机结合起来，寓教育于文化活动之中。要努力建设一批融思想性、知识性、趣味性、服务性于一体的校园主网站，大力开展生动活泼的网络思想政治教育活动，严格校园网管理，形成网络思想政治教育工作体系，牢牢把握网络思想政治教育的主动权。

第一，深入开展社会实践活动

社会实践是大学生思想政治教育的重要环节。胡锦涛总书记在全国加强和改进大学生思想政治教育工作会议上的讲话指出，要坚持政治理论教育与社会实践相结合，既搞好课堂教育，又注重引导大学生深入社会、了解社会、服务社会，进一步强化实践育人的功能。

教育与生产劳动和社会实践相结合是党的教育方针的重要内容，理论教育和实践教育相结合是大学生思想政治教育的基本原则。要坚持把思想政治教育贯穿于大学生社会实践的全过程，引导大学生在丰富多彩的社会实践中了解社会、认识国情，加深对中国特色社会主义建设实践的理解，加深对党的路线方针政策的认识，密切同人民群众的感情，坚定在中国共产党领导下，走中国特色社会主义道路的共同理想和信念。

大学生“三下乡”活动，是新形势下大学生社会实践活动的深化和发展，具有扎实的群众基础和广阔的发展前景。要广泛发动大学生利用寒暑假等时间开展“三下乡”活动。要在高校和地方党政领导下，开展群众急需、学生可为的实践服务活动，增强实践服务的针对性和实效性，切实为群众办实事、做好事、解难事。

要按照受教育、长才干、作贡献的要求，认真开展好以教学实践、专业实习为主要内容的实践教学以及军政训练等社会实践活动。同时，要与时俱进、开拓创新、广辟渠道，引导大学生深入开展社会调查、生产劳动、志愿服务、科技发明、勤工助学、“红色之旅”学习参观等内容丰富、为广大学生喜闻乐见的社会实践活动，并从大学生的鲜活实践中不断总结经验，推陈出新，使更多大学生通过社会实践受益。

第二，扎实推进校园文化建设

校园文化具有重要的育人功能。推进校园文化建设，是对大学生进行思想政治教育的重要途径。在建设校园文化的过程中，要始终坚持马克思主义的指导地位，把马克思主义中国化的最新成果贯穿于文化宣传、活动开展、学术讲坛等校园文化建设的各环节和过程之中，使马克思主义理想、信念和价值观深入人心，成为师生活动的主导意识，成为凝聚人心的精神力量；要大力弘扬以爱国主义为核心的民族精神和以改革创新为核心的时代精神，引导师生树立坚定的民族自尊心和自信心，营造有利于创新人才脱颖而出和科技自主创新的文化氛围。加强校园文化建设，要牢固树立社会主义荣辱观，不断强化道德责任意识，切实提升道德素质，认真构筑起抵御不良风气的思想道德防线，真正发挥先进文化引领、示范和辐射作用，达到知荣辱、讲正气、促和谐的良好效果。

营造良好的校园文化氛围。胡锦涛总书记指出："我们必须把发展社会主义先进文化放到十分突出的位置，着眼于提高人的素质、促进人的全面发展，加强思想道德建设，发展教育科学文化，培育有理想、有道德、有文化、有纪律的社会主义公民。"① 这就决定了社会主义的校园文化建设必须以培养高素质的社会主义事业的合格建设者和接班人为根本出发点和落脚点，必须把坚持育人为本、德育为先的思想体现到对教师的素质要求和对学生的培养目标中，引导全校师生员工树立正确的世界观、人生观、价值观，形成良好校园文化氛围，达到校园"精神育人"和"空气养人"。

提升校园文化的品位。当前，某些高校在校园文化建设中存在着重硬件投入、搞形象工程，轻软件培育、忽视品格塑造的现象，不利于真正提

① 中共中央文献研究室．十六大以来重要文献选编：下［G］．北京：中央文献出版社，2008：316.

升学校的文化品位。发展是和谐的根基，而人是发展之根本，“以人为本”是科学发展观的核心，只有坚持“以人为本”，才能实现校园的真正和谐。为此，推进高校校园文化建设，需要改变以往那种以制度“防”和“堵”的思路，把师生权利摆在更加突出的位置，制订人性化的制度，保障师生从事校园文化活动的机会和权利，形成有益于促进人的自由而全面发展的、有益于科学创新的、充满生机与活力的和谐校园环境。需要搭建民主平台，营造民主、平等、和谐的管理氛围，让教师参与学校的决策与管理，让教师感到“家”的温暖，不以行政命令压抑教师的个性，让教师的精神和人格得到自由的舒展。需要根据当代大学生个性和理性都已得到较大发展的特征，鼓励学生参加有品位、有积极意义的文化活动，引导学生形成健康而高尚的文化品位。此外，对于一些经过长期摸索而形成的经典文化节目，也要以制度的形式加以保存并传承下去；对于师生正当的文化要求，如时尚概念的探讨、联谊形式的交往、娱乐活动的组织等，要加以制度保证。以此满足师生的文化权利，提升校园文化的品位。

开展多元自主的校园文化活动。高校校园文化活动是指为满足大学生精神需要和提高大学生道德修养及综合素质而举办的一系列学术、艺术、文化、体育、娱乐等活动。这些活动扩大了学生的知识面，陶冶了学生的情操，丰富了学生的生活，提高了学生的创新能力，能培养学生的组织管理、综合协调、团队协作、语言表达等能力，是高校重要的实践教育环节，是弘扬大学精神的重要内容和具体载体。通过开展多元自主的活动，让学生在组织和参与的过程中吸收丰富的精神营养，增进同学间的了解和交流，增强群体意识和创新精神，在潜移默化中陶冶情操，完善品格，提升素质，将个人理想融入到建设中国特色社会主义的伟大实践之中，把个人追求与全体人民的共同追求统一起来，把个人奋斗与实现中华民族伟大复兴的宏伟事业统一起来。[1]

---

① 鞠华. 关于高校和谐校园文化建设研究［J］. 今日科苑，2009（2）.

第三，主动占领网络思想政治教育新阵地

信息网络化是世界经济发展和社会进步的客观趋势。充分利用网络对学生进行思想、政治、道德和心理素质教育，是提高思想政治教育工作的覆盖率和时效性的内在要求，是建设和谐校园文化的内在要求。高校思想政治教育工作要针对网络环境的特点，充分发挥信息网络技术的优势，拓展高校思想政治教育渠道，加强高校思想教育网站建设，构筑大学生网上精神家园。

全面加强校园网建设，主动占领网络思想政治教育新阵地。要使网络成为弘扬主旋律、开展思想政治教育的重要手段。要坚持马克思主义对网络文化的主导地位，坚持用中国特色社会主义理论体系武装教育广大学生，广泛深入地开展理想信念教育，引导大学生牢固地树立起正确的世界观、人生观和价值观。要大力弘扬中华民族优秀文化，增强大学生的民族自豪感和自信心，使他们能自觉抵制西方的“文化侵略”。要尊重学生的主体意识，通过在网上与学生诚恳平等的交流，建立起师生互信的朋友关系，及时准确地了解学生的真实思想状况，进一步提高思想教育网站的吸引力和针对性，引导学生积极主动地参与思想政治教育活动。

建立一支德才兼备的网络化思想政治工作队伍。提高思想政治教育工作者的网络技能和知识水平，及时掌握较全面的思想信息，是思想政治教育者顺利开展工作的基本条件。师生和谐是校园和谐的核心。教育者和受教育者双方在网上坦诚交流，有助于培养和谐的师生关系，增进感情和理解，提高思想政治教育的实效性和说服力，更好地发挥网络思想教育工作的作用与展示其魅力。

（三）切实帮助大学生解决实际问题

思想政治教育说到底是做人的工作，必须把解决思想问题与解决实际问题结合起来，把引导学生与服务学生结合起来，既要教育人、引导人，又要关心人、帮助人，为大学生健康成长创造有利条件。

第一，做好高校贫困家庭学生资助工作，确保他们顺利完成学业

做好这项工作，不让一个大学生因家庭经济贫困而辍学，是党中央、国务院的要求，这不仅是经济问题，也是政治问题，体现了社会公正，教育公平，体现了社会主义制度的优越性，体现了党和政府的关怀。要认真落实国家关于解决高校贫困家庭学生困难问题的相关政策，有关部门要尽快落实助学贷款各项措施，各级财政要进一步加大对贫困家庭学生资助力度，高校要确保收入的一定比例足额用于资助贫困家庭学生。政府和高校要为贫困家庭学生勤工助学创造条件。要在全体学生中加强艰苦奋斗、自立自强、勤俭节约教育。在资助贫困家庭学生时，要注意方式方法，体现人文关怀。

第二，做好毕业生就业服务指导工作，帮助大学生成才立业

做好毕业生就业服务指导工作，关系到实施人才强国战略和全面建设小康社会的全局，关系到广大毕业生及其家庭的切身利益，关系到高校和社会的稳定。要坚持"面向市场，双向选择，完善服务，加强指导"的就业方针，建设好以政府为依托、提供公共服务的人才和就业市场，使其成为毕业生就业服务的主渠道。高校要做好大学生就业服务指导工作，建立健全大学生就业服务机制和体系，及时了解社会人才需求情况，准确提供就业信息，积极为大学生就业创造条件。要教育引导大学生树立正确的择业观念，准确把握就业形势，确立符合自身实际的就业目标。特别要鼓励大学生发扬艰苦奋斗和甘于奉献的崇高精神，到基层、到西部、到祖国最需要的地方去建功立业。

第三，做好管理和服务工作，满足大学生学习生活合理需求

管理和服务在思想政治教育中发挥着不可或缺的作用，是全方位育人的重要环节。要把大学生思想政治教育与做好为大学生服务工作紧密结合起来，了解大学生的愿望要求，关心大学生的冷暖疾苦，帮助大学生解决实际困难。要不断提高管理和服务水平，从关心大学生学习生活的一点一滴做起，从切实解决大学生反映的一个一个问题抓起，切实加强大学生宿

舍、食堂、澡堂和活动中心的管理，认真解决大学生对学习、伙食、住宿和文体活动等方面的合理需求，在科学严格的管理和细致入微的服务中，增强思想政治教育的实效。学校在后勤改革中，要把后勤社会化管理与学校育人职责有机结合起来，不断增强服务的育人功能。

第四，做好大学生心理健康教育，帮助大学生培养良好的心理素质

现代社会竞争激烈，大学生面临的学习、生活、情感和就业等压力明显增大，由此产生的心理问题明显增多。心理问题已成为影响大学生健康成长的新的重要因素，要予以高度重视。要积极开展心理咨询工作，为大学生提供及时、有效、高质量的心理健康指导与服务，有针对性地帮助大学生处理好学习成才、择业交友、健康生活等方面的具体问题。要通过多种形式的心理健康教育，教育引导大学生掌握心理调节的有效方法，提高克服困难、经受考验、承受挫折的能力，培养良好心理素质，始终保持积极健康向上的心理状态。

四、完善大学生思想政治教育的体制机制

加强和改进大学生思想政治教育，完善机制和体制至关重要。“如何把思想政治教育工作贯穿于高校教育、管理和服务的全过程，形成大学生思想政治教育的有效机制”，是胡锦涛总书记对加强和改进大学生思想政治教育工作提出的新任务新要求。党的十六大以来，特别是中发［2004］16号文件意见下发以来，我国大学生思想政治教育工作的体制机制建设全面加强，领导机制、工作机制、队伍机制和保障机制等体制机制逐步形成，制度保障进一步完善。但是，面对胡锦涛总书记提出的新要求和大学生思想政治教育面临的新形势新任务，不断健全和完善大学生思想政治教育的体制机制，仍是当前加强和改进大学生思想政治教育工作需要研究和解决的一项重要课题。

（一）健全完善大学生思想政治教育工作的领导体制和工作机制

第一，把完善大学生思想政治教育工作的体制机制摆在更加突出的位置

各级党委和政府，要站在培养中国特色社会主义事业的建设者和接班人的战略高度，进一步提高对建立和完善大学生思想政治教育工作长效机制重要性和紧迫性的认识。认识是行动的先导，不断提高对加强和改进大学生思想政治教育工作的认识，统一思想，加强领导，是做好这项工作的关键。学校各级党组织、领导干部和教职员工，要把思想认识统一到党中央加强对大学生思想政治教育的重要部署和要求上来，要像抓教学、科研和学科建设那样，扎扎实实地抓好大学生思想政治教育及其长效机制建设，不断增强做好这项工作的使命感、紧迫感和责任感。

第二，进一步完善大学生思想政治教育的领导体制

健全领导体制机制，是形成完善大学生思想政治教育有效机制的关键，是真正落实大学生思想政治教育目标任务的重要保证。各级党委和政府要担负起政治责任，把大学生思想政治工作列入重要议事日程，切实加强领导。要健全完善党委统一领导、党政群齐抓共管、有关部门各负其责、全社会大力支持的领导体制。

第三，进一步完善大学生思想政治教育的工作机制

要按照中央的精神和部署，结合工作实际，研究制订具体办法和措施，建立健全与法律法规相协调、与高等教育健康发展相衔接、与大学生成长成才需要相适应的思想政治教育和管理的制度体系。要制定具体政策措施，加强和改进高校思想政治理论课教育教学、形势政策教育、哲学社会科学学科教材体系建设。要健全研究机制。各级宣传和教育行政部门要组织专家学者积极开展理论研究，为加强和改进大学生思想政治教育提供理论支持和决策依据；各地哲学社会科学规划工作领导部门要把大学生思想政治教育重大问题研究列入社会科学研究和发展规划。各所高等学校思想政治教育研究会等学术研究机构和团体要加强自身建设，发挥在大学生思想政

治教育科学研究、决策咨询、工作指导等方面的重要作用。要不断加强大学生党建和思想政治教育的理论研究，探索和把握大学生思想成长的规律，研究当代大学生的最新思想行为特点，探索大学生思想认识与环境变化的内在联系，为加强和改进大学生思想政治教育工作提供学理支撑。要完善考核评估机制，把大学生思想政治教育工作作为高校办学质量和水平评估考核的重要指标，纳入高校党的建设和教育教学评估体系。要完善保障机制，加大大学生思想政治教育工作的经费投入。教育行政部门和学校要合理确定专项经费投入科目，列入预算，资助大学生思想政治教育的教材建设、学科建设、队伍建设、社会实践活动等项工作，不断改善条件、优化手段，确保各项工作顺利开展。要完善服务机制，针对大学生思想政治教育中存在的突出问题，着力为他们办好事、解难事、办实事。要为大学生专业实习和社会实践创造条件，提供便利；要把高校毕业生就业作为就业工作的重要组成部分，常抓不懈，完善毕业生就业市场机制，健全毕业生就业服务体系，落实毕业生自主创业、灵活就业的各项扶持政策。要动员社会各方力量，完善资助困难大学生的机制，帮助大学生解决实际困难。

（二）健全完善大学生思想政治教育工作的合力机制

加强和改进大学生思想政治教育工作是一项系统工程，必须把社会各方面的力量动员起来，把社会各方面的资源整合起来，使它们充分发挥作用、密切配合。各高校要切实担负起加强和改进大学生思想政治教育工作的责任，建立健全党委统一领导、党政群齐抓共管、全体教职员工全员育人、全方位育人、全过程育人的工作机制。高校所有教师都担负着教书育人的光荣职责，都要为人师表、言传身教、率先垂范，自觉承担起对学生开展思想政治教育的神圣职责。各级宣传、教育等党政有关职能部门和共青团等群众组织，在大学生思想政治教育中担负着重要责任，要按照分工协作的要求，认真担负起各自应尽的职责，发挥各自优势，共同做好工作。要把大学生思想政治教育工作的各项目标任务具体分解到有关部门和单位，采取有力措施，加强督促检查，保证各项任务落实到位。

第一，进一步健全学生党建工作机制，充分发挥党组织的政治优势和组织优势

大学生党建是落实把德育工作放在首位的重要保证，要把学生党建工作作为做好大学生思想政治教育的抓手，建立起长效机制，切实抓实、抓好。要严格按照学校党委有关发展学生党员工作的文件精神和要求，建立、完善学生党员教育培训制度，做好入党积极分子培训工作，加强学生党员的发展和管理工作。要认真总结先进性教育活动中的好经验、好做法，积极开展加强党的先进性建设的理论研究，不断创新工作方式和活动形式，完善基层党组织建设机制，提高基层党组织的创造力、凝聚力和战斗力，确保党总支的政治核心作用、党支部的战斗堡垒作用和党员的先锋模范作用不断得到加强和进一步发挥，使基层党组织和广大共产党员永葆先进性。要建立一整套具有系统性、操作性的学生社区党建组织生活制度，开辟学生公寓党建工作新阵地，探索建立学生社区党建工作研究室，以学院公寓楼为单位，设立学院党建工作室，各楼层成立党建工作小组，楼层设立党员责任区，形成和完善学校党建“纵向到底，横向到边”的格局，全面开创大学生党建工作新局面。

第二，进一步健全团组织活动机制，充分发挥共青团在教育、团结和联系大学生方面的优势和作用

共青团是党领导下的先进青年的群众组织，是党的助手和后备军，在大学生思想政治教育中具有重要作用和特殊优势。学校各级团组织要通过完善工作机制，组织开展形式多样、内容丰富多彩的为广大青年学生所喜闻乐见的思想政治教育活动，全面实施大学生素质拓展计划，深入开展各种社会实践活动，大力建设富有时代特征和别具特色的校园文化，积极推进网络思想政治教育工作，形成网上网下思想政治教育的合力，竭诚为大学生的成长成才服务。要不断加强团支部建设，要坚持以党建带团建，始终做到党有号召，团有行动，把加强团的建设作为学校党建的重要任务，

切实加强对优秀团员的培养，认真做好推荐优秀共青团员入党工作。

第三，进一步健全学生组织自我教育、自我管理、自我服务机制，充分发挥学生会、学生社团、班级、宿舍在大学生思想政治教育工作中的优势和作用

做好大学生思想政治教育工作，必须高度重视学生主体性作用的发挥，强化学生组织建设，通过建立健全科学的体制机制，不断扩展学生会、学生社团、班级、宿舍的自我教育、自我管理、自我服务功能。要充分发挥学生会的桥梁和纽带作用，依托班级，积极组织开展主题鲜明、生动有效的思想政治教育活动。要加强对学生社团的领导和管理，规范社团活动，选派政治强、业务好的教师加强对社团的指导，坚持正面引导的原则，支持和引导大学生社团自主开展活动，大力扶持理论学习型社团，积极鼓励科技服务型社团，支持和引导兴趣爱好型社团，大力倡导社会公益型社团，不断推进大学生思想政治教育进社团工作。要大力加强班集体建设，组织开展丰富多彩的主题班会和文体活动，丰富大学生的精神文化生活，发挥班集体团结学生、组织学生、教育学生的作用。要充分认识和发挥学分制情况下学生宿舍在学生思想政治教育中的重要作用，积极开展学生公寓大学生党建与思想政治教育活动，完善以学生公寓为阵地的大学生教育管理工作体系，让学生党员与入党积极分子担任舍长，加强对宿舍舍长的管理，以学生宿舍为单位成立学习小组，舍长担任组长，积极开展以宿舍为单位的各种理论和业务学习活动，并不断推进学生公寓文化创建活动，进一步丰富宿舍文化内涵，提高宿舍文化品位。

第四，进一步健全大学生思想政治教育队伍建设机制，充分发挥他们的教书育人、管理育人、服务育人的优势和作用

做好大学生思想政治教育工作是全校每一名教职员工的共同职责，学校各级党政干部和共青团干部、思想政治理论课和哲学社会科学课教师、辅导员和班主任三支队伍是大学生思想政治教育工作队伍的主体。建设高素质、高质量和高水平的思想政治教育队伍并充分发挥他们的积极性，是

加强和改进大学生思想政治教育并建立长效机制的重中之重。要完善大学生思想政治教育工作队伍的选拔、培养和管理机制，按照政治强、业务精、纪律严、作风正的要求，坚持专兼结合的原则，研究和制定加强高校思想政治教育工作队伍建设的具体意见，吸引更多的优秀教师从事学生思想政治教育工作。要建立分层次的培训体系，形成多形式的培训格局，采取切实措施，培养一支坚持以马克思主义为指导，理论功底扎实，勇于开拓创新，善于联系实际，老中青相结合的哲学社会科学学科带头人和教学骨干队伍，培养一支奉献精神强、能成为学生的知心朋友和人生导师的辅导员和班主任队伍，培养一支政治强、业务精、作风正的党政管理干部队伍，使他们在大学生思想政治教育中发挥更大的作用。要选拔推荐一批从事政治教育思想的骨干进一步深造，攻读思想政治教育相关专业的硕士、博士学位，学成后专职从事思想政治教育工作。要完善实践机制，采取有效措施，组织思想政治教育工作者参加社会实践、挂职锻炼、学习考察等活动，不断提高他们的工作能力和水平。要建立完善大学生思想政治教育专职队伍的激励和保障机制，完善思想政治教育队伍的专业职务系列，从思想政治教育专职队伍的实际出发，解决好他们的教师职务聘任问题，鼓励支持他们安心本职工作，成为思想政治教育方面的专家。要建立专项评优奖励制度，定期评比表彰思想政治教育工作先进集体和个人，树立、宣传、推广一批先进典型，不断扩大思想政治教育队伍的影响力。

（三）健全协调机制，积极营造大学生健康成长的良好社会环境

大学生理想信念的树立、思想品质的培育、道德情操的培养、文明习惯的养成、美好心灵的塑造，需要社会方方面面的共同支持，需要营造健康向上的良好社会环境，特别是要大力营造良好的文化舆论环境、校园周边环境。

第一，进一步健全宣传、理论、新闻、文艺、出版等相关部门与机构的协调机制，为大学生思想政治教育工作创造良好的文化舆论环境

宣传、理论、新闻、文艺、出版等机构和部门，是对大学生进行思想

政治教育的重要阵地，担负着为大学生提供精神食粮和满足他们精神文化需求的重要职责。要建立常规联系机制，推动这些部门和机构互相配合，充分发挥舆论的导向作用，坚持团结稳定鼓劲、正面宣传为主，唱响主旋律，为大学生思想政治教育营造良好的社会舆论氛围。各级政府和企事业单位要鼓励和支持面向大学生的公益性文化活动，要大力发展文化事业和文化产业，为大学生提供更多更好的文化产品和文化服务。文化部门和艺术团体要进一步推进高雅文化进校园活动，丰富校园文化生活，提高学生艺术修养。要充分发挥爱国主义教育基地对大学生的教育作用，各类博物馆、纪念馆、展览馆、烈士陵园等爱国主义教育基地，要对大学生集体参观免票开放，鼓励和吸引更多大学生自觉接受历史、国情和社会教育，进一步增强他们的民族情感，进一步坚定跟党走中国特色社会主义道路的信念和信心。要完善网络管理制度，督促各类网站依法加强管理，主动承担社会责任，净化网络环境，坚持正确导向，积极开发教育资源，开展形式多样的网络思想政治教育活动。同时，要建立激励机制，支持重点新闻网站不断改进创新，切实增强网络思想政治教育平台的吸引力和影响力。

第二，进一步健全相关部门的配合机制，营造有利于大学生健康成长的校园周边环境

各级党委和政府要为高等学校创建良好的校园周边育人环境。党政机关、社会团体、企事业单位以及街道、社区、村镇等要主动配合做好大学生思想政治教育工作。要把优化校园周边环境作为推进社会主义精神文明建设的重要任务，结合城市改造和社区建设搞好规划，加强综合治理。要依法加强对高校周边的文化、娱乐、商业经营活动的管理，坚决取缔干扰高校正常教学、生活秩序的经营性娱乐活动场所，严厉打击各种刑事犯罪活动，及时处理侵害学生合法权益、身心健康的事件和影响学校、社会稳定的事端，维护学校的正常秩序，切实为大学生健康成长营造和谐的校园周边环境。

胡锦涛总书记在全国加强和改进大学生思想政治教育工作会议上的讲

话指出，青年代表未来，青年创造未来。只有赢得青年，才能赢得未来。加强和改进大学生思想政治教育工作，培养一代又一代中国特色社会主义事业的合格建设者和可靠接班人，是时代的要求、历史的重托、人民的期望，意义重大。在新阶段、新形势下，大学生思想政治教育工作面临着许多新课题、新任务。进一步加强和改进大学生思想政治教育工作，必须全面深入地贯彻落实胡锦涛总书记的讲话和中央 16 号文件精神，既要认真坚持我们党在长期实践中积累起来的宝贵经验和被实践证明是正确的行之有效的重要原则，又要解放思想、实事求是、与时俱进、努力创新，根据时代发展的要求，不断在理念、内容、手段、方法和体制机制等方面改进创新，不断总结和创造新经验，不断增强思想政治教育的针对性和实效性，努力开创大学生思想政治教育的新局面。

第七章

努力形成具有中国特色、中国风格、中国气派的哲学社会科学学科体系和教材体系

党的十六大以来，以胡锦涛为总书记的党中央对发展繁荣哲学社会科学作出了一系列重要论述。这些论述，内容丰富，思想深刻，系统地阐述了发展哲学社会科学对实现社会主义现代化和中华民族伟大复兴的重大意义，明确了高校哲学社会科学繁荣发展和高校思想政治教育的新任务，科学地回答了我们应当建设什么样的哲学社会科学以及如何发展哲学社会科学等一系列重大问题。这些思想集中体现在党的中央领导集体的一系列讲话和中共中央、国务院颁布的一系列重要文件中，反映了以胡锦涛同志为总书记的党中央对发展繁荣哲学社会科学的高度重视，为新时期哲学社会科学的发展指明了方向。这些思想属于科学发展观教育理论的重要组成部分。哲学社会科学所担负的认识世界、传承文明、创新理论、咨政育人、服务社会的任何一项职能，都离不开教育事业的发展。

一、繁荣发展哲学社会科学的重要意义

（一）我们党历来高度重视繁荣发展哲学社会科学

繁荣和发展哲学社会科学，始终是我们党的一项战略任务。人类社会发展的历史表明：自然科学与哲学社会科学犹如车之两轮，鸟之两翼，缺一不可，同等重要。自然科学的发展离不开哲学社会科学，哲学社会科学的发展离不开自然科学。自然科学研究上的伟大发现有助于人们推进哲学社会科学研究的发展，而人们对自然科学的研究、评价和应用都离不开哲学社会科学的引导，哲学社会科学的发展促进人类认知水平的提高，直接或间接地推动自然科学的发展。

我们党历来高度重视哲学社会科学，始终把这项工作放到关系党的事业兴旺发达、关系社会主义前途命运的高度来认识和强调。毛泽东历来把党的理论建设，包括哲学社会科学研究，看做是革命事业的重要组成部分。早在革命战争年代，毛泽东就指出："指导一个伟大的革命运动的政党，如果没有革命理论，没有历史知识，没有对于实际运动的深刻的了解，要取得胜利是不可能的。"① 他还提醒我们："要知道革命如不提高革命理论，革命胜利是不可能的。过去我们注意的太不够，今后应当加紧理论研究。"②

进入改革开放新时期，邓小平特别重视哲学社会科学研究工作，把社会科学与自然科学同等看待。他要求全党必须高度重视社会科学研究工作。他强调，我们国家要实现现代化，要赶超世界先进水平，从何着手呢，要从科学和教育着手。针对当时国内只承认自然科学而不承认社会科学的认识，他在科学和教育工作座谈会上的讲话明确指出："科学当然包括社会科

① 毛泽东．毛泽东选集：第二卷［M］．北京：人民出版社，1991：533.
② 毛泽东．毛泽东著作专题摘编：下［M］．北京：中央文献出版社，2003：1916.

学。”[①] “自然科学固然重要，要搞好，社会科学也很重要。”[②] 他还强调，思想理论战线上的同志，都应当是人类灵魂的工程师，在整个社会主义现代化建设事业特别是社会主义精神文明建设过程中，他们所担负的责任尤其重大。

党的十三届四中全会以后，以江泽民为核心的党的第三代中央领导集体，高度重视哲学社会科学。1995 年 5 月，江泽民同志在全国科学技术大会上明确指出：“科学当然包括社会科学。自然科学是人类认识和改造自然的科学。社会科学是人类认识和改造社会、促进社会进步的科学。”[③] 他认为：“当代科学技术的发展，使得自然科学、技术与社会科学之间相互影响、渗透，联系愈来愈紧密，由此产生的综合学科、交叉学科层出不穷，社会经济和科技已经形成一个复杂的大系统。自然科学的发展丰富了社会科学理论。马克思主义的科学世界观和方法论，对自然科学的研究有着重要的指导作用。我们提倡社会科学工作者要注意学习自然科学知识，自然科学工作要注意学习社会科学知识。我们要在实现中国社会主义现代化的伟大事业中，加强自然科学和社会科学的紧密结合，深刻认识并掌握当今经济和社会发展的内在规律，运用科学的理论和方法去指导实践。”[④] 2001 年 7 月，江泽民同志在北戴河讲话中用“四个同样重要”概括了自然科学与哲学社会科学的关系，即“哲学社会科学与自然科学同样重要，培养高水平的哲学社会科学家与培养高水平的自然科学家同样重要，提高全民族的哲学社会科学素质与提高全民族的自然科学素质同样重要，任用好哲学社会科学人才并充分发挥他们的作用与任用好自然科学人才并充分发挥他们的作用同样重要。我们实施科教兴国战略，包括自然科学和社会科学两个方面。哲学社会科学工作者与自然科学工作者要互相学习，优势互补，

---

① 邓小平. 邓小平文选：第二卷［M］. 北京：人民出版社，1994：48.
② 邓小平. 邓小平思想年谱［M］. 北京：中央文献出版社，1998：47.
③ 江泽民. 论科学技术［M］. 北京：中央文献出版社，2001：47.
④ 同③，48.

密切合作，共同进步。”① 2002 年 4 月，江泽民同志在考察中国人民大学时提出了“五个高度重视”：“我们要始终高度重视哲学社会科学在治党治国和建设有中国特色社会主义事业中的巨大作用，高度重视哲学社会科学领域高等教育的改革和发展，高度重视改善哲学社会科学研究和人才培养的条件，高度重视哲学社会科学研究领域重大课题的攻关，高度重视为哲学社会科学发展作出杰出贡献的学者的成就和作用。”在党的十六大报告中，江泽民同志再次强调：“坚持社会科学和自然科学并重，充分发挥哲学社会科学在经济和社会发展中的重要作用。”②

党的十六大以来，以胡锦涛为总书记的党中央高度重视哲学社会科学的繁荣和发展，把哲学社会科学放到关系党和国家事业发展全局的战略高度来思考和认识。2004 年 3 月，中共中央发出《关于进一步繁荣发展哲学社会科学的意见》（以下简称《意见》）。《意见》强调，在全面建设小康社会、开创中国特色社会主义事业新局面、实现中华民族伟大复兴的历史进程中，哲学社会科学具有不可替代的作用。必须进一步提高对哲学社会科学重要性的认识，大力繁荣发展哲学社会科学。2004 年 5 月，胡锦涛同志在中共中央政治局第十三次集体学习时强调：“哲学社会科学的发展水平，体现着一个国家和民族的思维能力、精神状况和文明素质。中国特色社会主义事业的兴旺发达，离不开自然科学的繁荣发展，也离不开以马克思主义为指导的哲学社会科学的繁荣发展。在全面建设小康社会、加快推进社会主义现代化的历史进程中，在实现中华民族伟大复兴的历史进程中，哲学社会科学具有不可替代的重大作用。”③

在我们党的正确领导下，哲学社会科学工作对于中国革命、建设和改

① 江泽民. 江泽民论有中国特色社会主义（专题摘编）[M]. 北京：中央文献出版社，2002：275.

② 中国共产党第十六次全国代表大会文件汇编 [G]. 北京：人民出版社，2002：40.

③ 始终坚持马克思主义的指导地位　大力推进哲学社会科学繁荣发展 [N]. 北京：人民日报，2004-05-30.

革开放都发挥了极其重要的作用。在新民主主义革命和社会主义建设时期，哲学社会科学对于传播马克思主义，实现马克思主义中国化，取得新民主主义革命胜利和社会主义建设成就，作出了重要贡献。十一届三中全会以来，哲学社会科学对于党的思想路线的重新确立和指导思想的丰富发展，对于用马克思列宁主义、毛泽东思想、邓小平理论和“三个代表”重要思想武装全党、教育干部和人民，对于深化共产党执政规律、社会主义建设规律、人类社会发展规律的认识，对于推动改革开放和促进社会主义物质文明、政治文明、精神文明协调发展，对于弘扬和培育民族精神，引导人们树立有利于中国特色社会主义事业发展的思想观念，都作出了重要贡献。

（二）繁荣发展哲学社会科学事关党和国家事业发展的全局

我们党之所以如此重视哲学社会科学的繁荣和发展，缘于以下几点。

第一，哲学社会科学能对社会实践产生巨大作用

理论问题，不管是自然科学理论，还是社会科学理论，都很重要。从自然科学来讲，比如爱因斯坦的相对论是一个很大的突破，使20世纪的原子能科学以及微电子科学，发生了一场革命，从而极大地推动了生产力的发展。从社会科学来讲，马克思主义自19世纪中叶产生以来，在工人运动中得到广泛传播。19世纪末20世纪初，马克思主义发展到列宁主义阶段。列宁根据资本主义发展不平衡的规律，得出社会主义革命有可能首先在几个或单独一个国家胜利的结论。他领导俄国十月革命取得胜利，使社会主义变成活生生的现实，开辟了人类历史新纪元。所以，无论是自然科学的发展，还是社会科学的发展，一旦形成新的理论，就会直接或间接地对社会实践产生巨大的作用。正如江泽民同志所说：“一个党、一个国家、一个民族，特别是像我们这样一个大党、大国和人口众多的民族，如果没有科学理论的武装和各种新知识的掌握，就不可能有真正的腾飞，不可能有现

代化的前途。”① 建设中国特色社会主义，是一项前无古人的伟大事业，需要在实践和理论上不懈进行探索，不断在实践的基础上提出创新的理论，用发展着的理论指导实践。在这个实践和理论的双重探索中，哲学社会科学具有不可替代的重要作用。正因为如此，党的十六大以来，胡锦涛同志强调，我们一定要从党和国家事业发展全局的战略高度，把繁荣发展哲学社会科学作为一项重大而紧迫的战略任务抓紧抓好，推动我国哲学社会科学有一个新的更大发展，为中国特色社会主义事业提供强有力的思想保证、精神动力和智力支持。

第二，哲学社会科学的发展对于推进社会的全面发展具有不可替代的作用

改革开放以来，我们党在长期的社会实践中认识到，哲学社会科学，是人们认识世界、改造世界的重要工具，是推动历史发展和社会进步的重要力量。哲学社会科学的研究能力和成果，也是综合国力的重要组成部分。建设中国特色社会主义，应是我国经济、政治、文化全面发展的进程，是我国物质文明、政治文明、精神文明全面建设的进程。哲学社会科学建设，是社会主义精神文明建设的重要组成部分，又是为推进社会主义社会的物质文明、政治文明、精神文明建设服务的。因此，加强哲学社会科学研究，对党和人民事业的发展极为重要，我们不仅要大力发展自然科学，而且要大力发展哲学社会科学，并用这些方面的知识来全面提高全体人民的思想道德素质和科学文化素质。

第三，在治党治国、建设社会主义政治文明的实践中，哲学社会科学发挥着理论保障和智力支持的作用

哲学社会科学对于推动党的建设、党和政府决策的民主化和科学化、社会管理的法制化，都发挥着重要的咨询和参谋作用。广大领导干部掌握哲学社会科学知识，有助于深化对社会主义现代化建设规律的认识，有助

---

① 江泽民. 论党的建设［M］. 北京：中央文献出版社，2001：145.

于提高驾驭复杂局面的能力，有助于提高领导水平。2005 年 5 月，在听取中国社会科学院的工作汇报之后，胡锦涛特别强调："在全面建设小康社会、开创中国特色社会主义事业新局面的伟大历史进程中，哲学社会科学具有不可低估的战略地位和不可替代的重要作用。概括起来，就是要为巩固全党全国人民团结奋斗的共同思想基础提供理论支撑，为党和政府决策的科学化、民主化提供科学依据，为经济建设和社会发展提供探索成果和发展思路，为广大人民提供有益的精神食粮，为增强中华文明的影响力、促进祖国和平统一、实现中华民族伟大复兴提供强有力的思想保证、精神动力和智力支持。"①

党的十六大以来以胡锦涛同志为总书记的党中央对繁荣发展哲学社会科学的重要论述，非常深刻地阐明了哲学社会科学在经济社会发展中独特的地位和作用，这对于各级党委和政府更加重视哲学社会科学工作，对于广大哲学社会科学工作者更加努力地做好科研工作具有重要的指导意义。

（三）在新世纪新阶段，哲学社会科学工作面对新的时代课题，肩负着新的历史任务

新中国成立后特别是改革开放以来，在党和国家的高度重视下，我国哲学社会科学事业的发展取得了长足的进展，呈现出繁荣景象，为推进马克思主义中国化、时代化、大众化，为推进改革开放和社会主义现代化建设，为服务党和国家决策，为弘扬中华文明、建设先进文化、增强国家软实力，作出了重要贡献。进入新世纪以来，哲学社会科学战线认真贯彻中央精神，坚持高举旗帜、围绕大局、服务人民、改革创新，积极推动哲学社会科学繁荣发展。一是围绕着马克思主义基础理论研究，积极参与马克思主义理论研究与建设工程，深入研究马克思主义的立场、观点和方法。二是围绕推进马克思主义中国化、时代化、大众化，深入研究阐释中国特

---

① 冷溶．科学发展观与中国特色社会主义［M］．北京：社会科学文献出版社，2006：227.

色社会主义理论体系，研究阐释科学发展观等重大战略思想，进一步深化了人们对党的理论创新成果的认识。三是围绕加快经济增长方式转变和正确应对国际经济形势新变化尤其是国际金融危机带来的冲击，深入研究改革发展中的重大问题，为推动经济社会又好又快发展提供了有力的智力支持。四是深入总结和宣传阐释革命、建设和改革取得的伟大成就和成功经验，为坚定人们走中国特色社会主义道路的自觉性提供了理论支撑。五是围绕建设社会主义核心价值体系，深入研究阐释核心价值体系的深刻内涵和基本要求，深入回答人们关注的热点难点问题，很好地统一了人们的思想，凝聚了共识。六是围绕实施马克思主义理论研究和建设工程，加强对社会研究力量的组织协调，加大对重点课题的研究力度，推出了一批哲学社会科学的重点教材，推动研究工作取得了实质性进展。七是广泛开展对外学术交流，积极吸收借鉴国外哲学社会科学的有益成果，同时推动哲学社会科学优秀成果走向世界，逐步增强了我国哲学社会科学在国际学术问题上的话语权。八是围绕造就高素质的人才队伍，实施全国宣传文化系统“四个一批”人才培养工程，组织开展大规模教学科研骨干培训，进一步提高了哲学社会科学工作者的思想政治水平和业务能力。九是围绕科研体制改革，各级各类科研机构的科研管理正逐步走上科学化的轨道。十是围绕着基本条件保障，哲学社会科学的经费投入逐年增多，多渠道的融资体制正在逐步形成，哲学社会科学经费不足的状况得到明显改善。“十一五”期间，哲学社会科学工作成果丰硕、富有成效，保持了繁荣发展的良好态势，为巩固马克思主义指导地位、筑牢全党全国人民团结奋斗的共同思想基础作出了重要贡献，为提高全民族科学文化素质、促进人的全面发展作出了重要贡献，为促进改革发展稳定、全面推进小康社会建设作出了重要贡献。

进入新世纪新阶段，哲学社会科学面临着难得的发展机遇。新中国成立六十多年特别是改革开放三十多年来我国经济社会发展取得的巨大成就和宝贵经验，中国特色社会主义理论体系的形成与发展，党和国家对哲学社会科学的高度重视及全社会的大力支持，我国对外开放不断深化与国际文化交流日益广泛，为进一步繁荣发展哲学社会科学提供了实践基础、思想资源和社会环境。国家经济实力的增强和哲学社会科学研究经费的逐步增长，为进一步繁荣发展哲学社会科学奠定了较好的物质基础。中国国际地位和国际影响的明显提高，文化软实力的不断增强，国际社会对中国发展道路和发展模式的高度重视，为进一步繁荣发展哲学社会科学提供了良好的国际条件。

经过改革开放特别是新世纪以来的快速发展，目前，哲学社会科学发展开始进入构建一个以马克思主义为指导，具有中国特色、中国风格、中国气派哲学社会科学的新时期，开始迈入立足创新，提升质量，实现从重数量增长向重质量提升转变的新阶段。哲学社会科学研究呈现出一系列新的阶段性特征，突出体现在：哲学社会科学受到越来越普遍的关心和重视，但是哲学社会科学的战略地位还没有受到普遍重视，与自然科学四个“同等重要”地位有待进一步落实；基本形成了门类较为齐全、布局较为合理的学科、教材体系，但学科、教材体系还不能及时地适应经济社会的发展，哲学社会科学基础理论研究特别是反映当代马克思主义最新成果的理论研究和教材及学科建设亟待加强；产生了一大批有深度、有分量、有广泛影响的优秀科研成果，但是高质量的科研成果并不多，科研成果的整体质量和水平有待进一步提升；培养了一支相当规模、较高水平的哲学社会科学教学研究队伍，同时学术大师、学术名家数量尚显不足，特别是在国内外有重要影响力的学术领军人物极度缺乏，理论队伍建设特别是中青年理论人才培养相对滞后；哲学社会科学研究创新平台建设初具规模，同时学术影响力和社会影响力有待进一步提高，创新环境需要进一步改善，成果转化机制需要进一步健全；与国外大学和科研机构的学术交流与合作日益广泛，同时实质性、高水平国际学术交流和合作尚显不够，特别是在国际学术舞台上的话语权有待进一步加强；基本建立了符合哲学社会科学发展规律的科研制度，同时中国特色的科研体制机制还有待进一步完善。

在全面建设小康社会、加快推进社会主义现代化的新的发展阶段，哲学社会科学工作面对新的时代课题，肩负新的历史任务。从思想文化建设来看，牢固确立当代中国特色社会主义理论体系的指导地位，巩固全党全国人民团结奋斗的共同思想基础，迫切需要深入研究阐述这一理论体系的时代背景、实践基础、科学内涵、精神实质和历史地位；满足人民群众日益增长的文化需求，迫切需要提供更多更好的精神产品；面对世界范围内各种思想文化相互激荡，迫切需要巩固马克思主义在意识形态领域的指导地位，大力弘扬和培育民族精神。从经济社会发展实际来看，我们正在新的历史起点上向前迈进，面临的矛盾和困难的复杂性、艰巨性世所罕见，推动中国特色社会主义事业顺利发展，要求哲学社会科学对经济社会发展的新形势、新变化作出科学分析，对影响和制约经济社会发展的新矛盾、新问题进行研究并作出回答，更好地服务改革发展稳定的大局。从党的自身建设看，党所处的历史方位和执政环境发生深刻变化，面临许多重大考验和挑战，系统总结党的建设的实践经验，以改革创新精神推进党的建设新的伟大工程，研究解决好党的建设遇到的新情况、新问题，进一步探索加强党的建设的有效途径和办法，以更多有价值的研究成果推动党的建设的实践创新、理论创新、制度创新，十分重要、十分紧迫。从国际形势发展变化看，当今世界正处在大发展、大变革、大调整时期，中国同世界的关系发生了历史性变化。如何正确判断国际形势的发展变化和基本趋势，坚持统筹国内国际两个大局，深化对内政和外交互动规律的认识，赢得我国发展主动权，迫切需要哲学社会科学加强研究，作出回答。

正因为如此，党的十六大以来，我们党一再强调：一定要从党和国家事业发展的全局高度，增强责任感和使命感，把繁荣发展哲学社会科学作为一项重大而紧迫的战略任务，切实抓紧抓好，努力推动我国哲学社会科学事业有一个新的更大发展。党的十七大报告明确提出，要“繁荣发展哲学社会科学，推进学科体系、学术观点、科研方法创新，鼓励哲学社会科学界为党和人民事业发挥思想库作用，推动我国哲学社会科学优秀成果和优秀人才走向世界”。

二、繁荣发展哲学社会科学的指导方针和目标

繁荣发展哲学社会科学，必须坚持科学的指导思想和正确的方针。党的十六大以来，以胡锦涛为总书记的党中央，对繁荣发展哲学社会科学的指导思想和基本方针作出重要论述。

（一）繁荣发展哲学社会科学的指导方针

第一，必须坚持马克思主义的指导地位

我国是社会主义国家，我们党是以马克思主义为理论基础和行为指南的党，是否重视以马克思主义为指导的社会科学，不仅是一个认识问题，而且是一个政治问题。邓小平同志指出："今后要求从中央起，各级党委一定要把思想理论工作放在正确的轨道和重要地位上。我们是一个马克思主义的大党，我们自己不重视马克思主义的研究……我们讲高举马列主义、毛泽东思想的旗帜，不就成了说空话吗？"①

江泽民同志在考察中国社会科学院时强调："要坚持以马克思主义为指导。这是我国哲学社会科学沿着正确方向健康发展的根本保证。坚持以马克思主义为指导，最重要的是要善于把马克思主义的基本原理同中国的实际相结合，不断推进马克思主义的中国化，在实践中丰富和发展马克思主义。"②

党的十六大以来，胡锦涛同志始终旗帜鲜明地强调要以马克思主义为指导。他高度重视坚持马克思主义指导地位的重要性。他指出："必须坚持用马克思列宁主义、毛泽东思想、邓小平理论和'三个代表'重要思想统

① 邓小平. 邓小平文选：第二卷［M］. 北京：人民出版社，1994：181.

② 江泽民在考察中国社会科学院时的讲话［N］. 人民日报，2002-07-17.

领我国哲学社会科学工作。”①

首先，马克思主义是我们立党立国的根本指导思想，也是社会主义文化建设的根本指导思想，是社会主义核心价值体系的灵魂，决定着我国文化事业的性质和方向。胡锦涛同志指出：“马克思主义是我国哲学社会科学的根本指导思想，必须坚持用马克思列宁主义、毛泽东思想、邓小平理论和‘三个代表’重要思想统领我国哲学社会科学工作，保证我国哲学社会科学始终沿着正确的方向发展。”②在党的十七大报告中，胡锦涛同志强调：“要巩固马克思主义指导地位，坚持不懈地用马克思主义中国化最新成果武装全党、教育人民，用中国特色社会主义共同理想凝聚力量，用以爱国主义为核心的民族精神和以改革创新为核心的时代精神鼓舞斗志，用社会主义荣辱观引领风尚，巩固全党全国各族人民团结奋斗的共同思想基础。”

其次，马克思主义是科学的世界观与方法论，从事哲学社会科学研究，必须掌握马克思主义的立场、观点和方法，树立科学的世界观。正因为如此，胡锦涛同志要求：“广大哲学社会科学工作者要刻苦学习马克思主义理论，坚持把马克思主义的立场、观点、方法贯穿到哲学社会科学工作中，用发展着的马克思主义指导哲学社会科学研究，同时为丰富和发展马克思主义理论作出自己的贡献。”③

再次，对于意识形态领域，社会主义思想不去占领，资本主义思想就必然会去占领。面对冷战结束后意识形态领域内斗争的新形势，胡锦涛同志郑重地告诫全党：“世界范围内社会主义和资本主义在意识形态领域的斗争和较量是长期的复杂的，有时甚至是非常尖锐的。”“必须保持高度警觉，做到警钟长鸣。”他指出：“意识形态工作是党的一项十分重要的工作。经验告诉我们，经济工作搞不好要出大问题，意识形态工作搞不好也要出大问题。”“大量事实说明，在集中力量进行经济建设的同时，一刻也不能放

---

①②③　始终坚持马克思主义的指导地位　大力推进哲学社会科学繁荣发展［N］. 人民日报，2004－05－30.

松意识形态工作。”① 他指出，当前，我国意识形态领域总体形势是好的，马克思主义在意识形态领域的指导地位不断巩固和加强，但我们必须清醒地看到，意识形态领域的斗争仍然是长期的、艰巨的、复杂的。因此，他特别强调：“关键是我们自己要有主心骨，要巩固和发展马克思主义在意识形态领域的指导地位。”②胡锦涛同志站在党的执政地位的高度，明确指出，做好哲学社会科学工作，最根本的是要把握三条：一是要毫不动摇地坚持马克思主义基本原理，坚持正确的政治方向。要把马克思主义立场观点方法贯穿到哲学社会科学工作中，用发展着的马克思主义指导哲学社会科学的发展；二是要划清重大是非界限。只有在这些重大问题上分清是非界限，保持清醒头脑，坚持正确的政治方向和政治立场，及时排除各种错误思想倾向的干扰，才能保证马克思主义在哲学社会科学中的指导地位；三是要始终坚持解放思想、实事求是，与时俱进，积极推进理论创新。

第二，坚持为人民服务、为社会主义服务的方向和百花齐放、百家争鸣的方针

中国特色的哲学社会科学必须是为人民服务、为社会主义服务的哲学社会科学。1980 年 1 月，邓小平指出：“文艺是不可能脱离政治的。任何进步的、革命的文艺工作者都不能不考虑作品的社会影响，不能不考虑人民的利益、国家的利益和党的利益。培养社会主义新人就是政治。社会主义新人当然要努力去实现人民的利益，捍卫社会主义祖国的荣誉，为社会主义祖国的前途而英勇献身。”③ 1991 年 7 月，江泽民同志明确指出：“我们的文化必须坚持为人民服务、为社会主义服务，充分体现人民的利益和愿望，满足人民不同层次的、多方面的、丰富的、健康的精神需要，激发人民建设社会主义的积极性。”④ 江泽民同志要求，广大哲学社会科学工作者

①② 中共中央文献研究室. 十六大以来重要文献选编：下［G］. 北京：中央文献出版社，2008：684.

③ 邓小平. 邓小平文选：第二卷［M］. 北京：人民出版社，1994：256.

④ 江泽民. 江泽民论有中国特色社会主义［M］. 北京：中央文献出版社，2002：385.

要自觉把为人民服务、为社会主义服务作为学术研究工作的根本出发点和价值取向。

“百花齐放，百家争鸣”，是我们党繁荣和发展我国科学文化事业的基本方针，也反映了哲学社会科学发展的特点和规律。1956 年，毛泽东同志就曾明确指出：“艺术问题上的百花齐放，学术问题上的百家争鸣，我看应该成为我们的方针。”① 1957 年，毛泽东再次强调：“‘百花齐放，百家争鸣’这两个口号，就字面看，是没有阶级性的，无产阶级可以利用它们，资产阶级也可以利用它们，其他的人们也可以利用它们。”② 改革开放新时期，邓小平一再强调要坚持“双百”方针。他曾明确指出：“无论如何，思想理论问题的研究和讨论，一定要坚决执行百花齐放、百家争鸣的方针。”③ 同时，他又特别强调“思想文化界要多出好的精神产品，要坚决制止坏产品的生产、进口和流传。资产阶级自由化的宣传，也就是走资本主义道路的宣传，一定要坚持反对。”④ 党的十三届四中全会后，江泽民同志指出，在贯彻“双百”方针的过程中，要把学术问题与政治问题区别开来，把学术研究与理论宣传区别开来。“我们要在坚持四项基本原则的前提下，努力创造勇于探索和创新的活跃气氛，提倡不同学术观点的争鸣和切磋，提倡同志式的批评和反批评。”⑤ 政治理论宣传要有纪律，学术研究没有禁区。对思想认识问题要积极引导。对事关政治方向、事关重大原则的问题，要旗帜鲜明，分清是非，保证哲学社会科学沿着正确的方向发展。“我们反对用行政手段干预学术自由，对学术问题妄加评判，擅作结论。科学领域的真伪和是非，最终要靠实践去检验。”⑥ 在研究探索中，不同观点、不同学派通过争鸣，去粗取精、去伪存真，接近真理。这是哲学社会科学理论创

① 毛泽东．毛泽东文集：第七卷［M］．北京：人民出版社，1999：54－55.

② 同①，233.

③ 邓小平．邓小平文选：第二卷［M］．北京：人民出版社，1994：183.

④ 邓小平．邓小平文选：第三卷［M］．北京：人民出版社，1993：145.

⑤ 江泽民．江泽民论有中国特色社会主义［M］．北京：中央文献出版社，2002：385.

⑥ 江泽民．论科学技术［M］．北京：中央文献出版社，2001：7.

新的重要环节。只有发扬学术民主，活跃学术空气，形成民主、团结、和谐、融洽的环境，哲学社会科学才能发展和繁荣。他要求广大哲学社会科学工作者要振奋精神，敢于开拓新领域，敢于提出新观点，敢于创立新学派。党的十六大以来，胡锦涛同志多次强调必须认真坚持“双百”方针。他深刻指出，要鼓励不同学术观点、不同学术流派的争论和切磋，提倡说理充分的批评与反批评，形成求真务实、生动活泼的理论创新氛围。也就是说要注意区分思想认识问题、学术问题和政治问题的界限，做到具体问题具体分析，是什么问题解决什么问题，不能把学术问题上升为政治问题去解决。反之，对于政治问题也不能采取自由讨论的办法解决。

第三，坚持解放思想、实事求是、与时俱进，积极推进理论创新

坚持党的思想路线，解放思想、实事求是、与时俱进，是我们党先进性和增强创造力的决定性因素。坚持解放思想、实事求是，这是发展哲学社会科学的内在要求和必由之路。与时俱进是马克思主义的理论品质，也是我国哲学社会科学保持蓬勃活力的重要保证。

繁荣发展哲学社会科学，首先必须坚持解放思想、实事求是。在改革开放新时期，邓小平同志始终强调要坚持解放思想、实事求是的思想路线。他把实事求是称为马克思主义的精髓和毛泽东思想的精髓。党的十三届四中全会之后，江泽民同志继续坚持解放思想、实事求是的思想路线，并把这一思想路线贯穿到哲学社会科学的繁荣发展之中。1995 年，江泽民同志在全国科学技术大会上明确指出：“科学的思维，科学的态度，科学的方法，其本质就是解放思想，实事求是。邓小平同志善于运用科学思维和方法，坚持解放思想，实事求是，为我们树立了光辉的典范。我们要以邓小平同志为榜样，坚持解放思想、实事求是的思想路线，在尊重科学规律，继承前人理论和经验的基础上，勇于创新，不断在实践中认识真理、发展真理。”① 在考察中国社会科学院时，江泽民同志再次强调：要坚持解放思

① 江泽民. 论科学技术［M］. 北京：中央文献出版社，2001：62 - 63.

想、实事求是。解放思想、实事求是的思想路线，是我们党的生命线。在新形势下进行理论创新，必须始终不渝地坚持这一思想路线，坚持勇于追求真理和探索真理的革命精神。只有坚持解放思想、实事求是、与时俱进，我国哲学社会科学才能蓬勃发展、充满活力。进入新世纪以来，胡锦涛同志突出强调了哲学社会科学的创新问题，并把解放思想、实事求是当做理论创新的前提。

坚持解放思想、实事求是、与时俱进，必须不断根据实践的要求进行创新。创新是一个民族进步的灵魂，是一个国家兴旺发达的不竭动力。创新，包括理论创新、制度创新、科技创新、文化创新以及其他各方面的创新。其中理论创新是基础，是关键，其他一切创新都是在理论创新的指导和推动下进行的。要使党和国家的事业不停顿，首先理论创新不能停顿。江泽民同志要求，广大哲学社会科学工作者要勇于探索，勤于思考，努力为推进理论和实践的发展作出自己的贡献。他希望广大哲学社会科学工作者要增强创新意识，在推动理论创新、制度创新、科技创新方面不断取得新的成绩。进入新世纪新阶段，胡锦涛同志特别强调哲学社会科学在建设创新型国家中的作用。2006 年 1 月，他在全国科学技术大会上讲话指出："要大力繁荣发展哲学社会科学，促进哲学社会科学与自然科学相互渗透，为建设创新型国家提供更好的理论指导。"① 2007 年，在党的十七大报告中，胡锦涛指出，要推进学科体系、学术观点、科研方法创新。他还要求，加强各学科之间的交流与合作，提供合作和兼容精神，形成哲学社会科学研究的整体创新合力。

（二）繁荣发展哲学社会科学的目标和任务

繁荣发展哲学社会科学，必须有明确的目标和任务。党的十六大以来，

---

① 中共中央文献研究室. 十六大以来重要文献选编：下［G］. 北京：中央文献出版社，2008：194.

胡锦涛同志根据新世纪新阶段的阶段性特征，对繁荣发展哲学社会科学的目标和任务作了一系列重要论述。

2003 年 12 月，在全国宣传思想工作会议上，胡锦涛同志强调："哲学社会科学研究要立足国情，立足当代，以深入研究重大现实问题为主攻方向，加强马克思主义理论研究和建设，努力担负起认识世界、传承文明、创新理论、咨政育人、服务社会的职责。"

2004 年 4 月，胡锦涛同志在会见中央实施马克思主义理论研究和建设工程工作会议代表时强调：思想理论建设是党的建设的根本。一个马克思主义政党，只有坚持以科学的理论为指导，才能制定正确的路线方针政策，才能凝聚全党全国人民为崇高的理想和目标而奋斗。胡锦涛强调，当今世界政治、经济、文化、科技、军事等领域出现了一系列新变化、新矛盾、新问题，我国改革发展也面临着一系列新任务、新情况、新课题。我们党要带领全国各族人民抓住重要战略机遇期，全面建设小康社会，把改革开放和现代化建设继续推向前进，就必须进一步高扬马克思主义理论的伟大旗帜，用马克思主义中国化的最新成果邓小平理论和"三个代表"重要思想武装全党、教育人民，用发展着的马克思主义指导新的实践，并在实践中不断丰富和发展马克思主义。正是基于以上考虑，中央决定实施马克思主义理论研究和建设工程。这是关系党和国家事业发展的战略任务，是中央加强党的理论建设的重大举措，意义深远，任务繁重。他希望大家进一步增强责任感和使命感，满腔热忱地投身于马克思主义理论研究和建设工程，始终坚持解放思想、实事求是、与时俱进，大力弘扬理论联系实际的马克思主义学风，深入研究马克思主义基本原理，深入研究邓小平理论和"三个代表"重要思想，深入研究重大的理论和实际问题，为马克思主义在中国的发展，为全面建设小康社会、开创中国特色社会主义事业新局面作出新的更大的贡献。①

① 人民日报，2004－04－29.

2006 年 11 月，在中共十六届六中全会第二次全体会上，他进一步指出，要加强马克思主义理论研究和建设，坚持以实际问题为中心的研究方向，把理论研究与现实问题研究紧密结合起来，把深化研究与宣传普及紧密结合起来，研究回答干部群众普遍关心的深层次思想认识问题，更好地用党的理论创新成果析事明理、解疑释惑、统一思想，为改革开放和现代化建设提供有力指导。①

《意见》指出，在新世纪新阶段，繁荣发展哲学社会科学的总体目标是，努力建设面向现代化、面向世界、面向未来，有中国特色的哲学社会社会科学。力争用 10 年左右时间，形成全面反映马克思列宁主义、毛泽东思想、邓小平理论和“三个代表”重要思想的教材体系，形成具有时代特点、结构合理、门类齐全的学科体系；形成人尽其才、人才辈出的人才培养选拔和管理机制，充分发挥我国哲学社会科学认识世界、传承文明、创新理论、咨政育人、服务社会的重要作用。

为了实现这个总目标，《意见》还提出了具体的目标任务。

第一，加强哲学社会科学传统学科、新兴学科和交叉学科的建设

一要按照巩固、调整、发展的原则，加强传统学科建设，使传统学科增强活力，适应时代的发展；二要积极扶持新兴学科、交叉学科，使之成为哲学社会科学新的生长点，带动哲学社会科学的更新发展；三要推进哲学社会科学与自然科学的交叉渗透，推进哲学社会科学不同学科之间的交叉渗透。

第二，加强哲学社会科学基础研究和应用对策研究

一要把基础研究和应用对策研究紧密结合起来，以应用对策研究促进基础研究，以基础研究带动应用对策研究；二要重点扶持关系哲学社会科学发展全局的研究项目，扶持对学科创新发展起关键性作用的研究项目，

---

① 中共中央文献研究室. 十六大以来重要文献选编：下［G］. 北京：中央文献出版社，2008：685.

扶持对弘扬民族精神、传承民族文化有重大作用的研究项目，扶持对经济社会发展和国家安全有重要影响的研究项目；三要充分运用信息技术等先进手段，改进研究方法，提高研究水平；四要加强哲学社会科学文献、资料的整理和研究工作。

第三，加强哲学社会科学的宣传和普及

掌握必备的哲学社会科学知识，特别是马克思主义辩证唯物主义和历史唯物主义，对于人们正确认识纷繁复杂的社会现象，提高道德素养和精神境界是十分重要的。为了加强哲学社会科学的宣传和普及工作，《意见》明确提出：一要充分发挥报刊、图书、广播电视、互联网等大众媒体的作用，大力宣传哲学社会科学研究的优秀成果，扩大优秀成果的社会影响力，推动优秀成果更多更及时地应用于实际；二要适应建设学习型社会和促进人的全面发展的需要，加强哲学社会科学知识的普及教育，在国民教育中加大人文社会科学知识的比重，不断提高全民族的哲学社会科学素质。

第四，加强哲学社会科学宏观管理体制和微观运行机制建设

一要建立健全党委统一领导、各部门分工负责的哲学社会科学管理体制；二要形成既能把握正确方向，又有利于激发哲学社会科学发展活力的引导机制；三要形成既能有效整合资源，又能充分发挥各方面积极性的调控机制；四要深化哲学社会科学各单位的内部改革，转变管理方式，增强活力，壮大实力，形成创新能力和自我发展能力强的运行机制；五要重视哲学社会科学领域立法工作。

第五，加强哲学社会科学工作的对外开放

一要扩大哲学社会科学领域的国际交流，注意引进国外哲学社会科学优秀成果、研究方法、管理经验；二要大力实施哲学社会科学“走出去”战略，采取各种有效措施扩大我国哲学社会科学在世界上的影响；三要注重选拔政治思想素质好、有一定学术造诣的中青年专家学者出国交流；四要在扩大哲学社会科学对外交流的过程中，注意防止照抄照搬、食洋不化的现象，坚决抵制反动、腐朽的思想文化的侵蚀。

三、繁荣发展哲学社会科学的战略举措

（一）加强马克思主义理论学科建设

学科建设是繁荣发展哲学社会科学的基础。党的十六大以来，以胡锦涛为总书记的党中央为了推进马克思主义理论创新，作出了实施马克思主义理论研究和建设工程的重要决定，并着力加强了马克思主义理论学科建设。

2004 年 1 月，《意见》明确提出："力争用 10 年左右时间，形成全面反映马克思列宁主义、毛泽东思想、邓小平理论和'三个代表'重要思想的教材体系，形成具有时代特点、结构合理、门类齐全的学科体系。"2004 年，中央在深入分析我国意识形态领域的状况，对马克思主义在中国的现状充分调研的基础上，提出实施马克思主义理论研究与建设工程。这一年的 4 月，中央专门召开马克思主义理论研究与建设工程工作会议，明确工程建设的主要任务是：把邓小平理论、"三个代表"重要思想和科学发展观作为研究重点，以重大现实问题为主攻方向，把马克思主义在中国发展的最新理论成果贯穿到哲学社会科学的学科建设、教材建设中，进一步加强马克思主义理论队伍建设。学科建设被确定为工程建设的重要任务。

2005 年 12 月，根据中共中央、国务院《关于进一步加强和改进大学生思想政治教育的意见》和中共中央《关于进一步繁荣发展哲学社会科学的意见》精神，国务院学位委员会、教育部发出了《关于调整增设马克思主义理论一级学科及所属二级学科的通知》，《通知》指出：为了加强马克思主义理论体系研究、马克思主义发展史和马克思主义中国化研究、思想政治教育研究，推进党的思想理论建设和巩固马克思主义在高等学校教育教学中的指导地位，加强高校思想政治理论课建设、培养思想政治教育工作队伍，国务院学位办决定在《授予博士、硕士学位和培养研究生的学科、专业目录》中增设马克思主义理论一级学科及所属二级学科。《通知》要

求，要努力建成以马克思主义理论一级学科、二级学科为骨干，以哲学、政治经济学、科学社会主义等哲学社会科学分领域研究为支撑的马克思主义学科体系，为马克思主义理论研究和教学提供有力的学科支撑。

“马克思主义理论”作为一门从整体上研究马克思主义基本原理和科学体系的学科，它主要研究马克思主义基本原理及其形成和发展的历史，研究它在世界上的传播与发展，特别是研究马克思主义中国化的理论与实践，同时把马克思主义研究成果运用于马克思主义理论教育、思想政治教育和思想政治工作。它包括六个二级学科：马克思主义基本原理、马克思主义发展史、马克思主义中国化研究、国外马克思主义研究、思想政治教育和中国近现代史基本问题研究。

截至2008年，全国各高校已设立马克思主义理论一级学科博士点21个，二级学科博士点103个；一级学科硕士点73个，二级学科硕士点453个。马克思主义理论学科的设立，扭转了一度出现的马克思主义学科萎缩的趋势。马克思主义理论学科建设的逐步深入，也为加强和改进高校思想政治理论课提供了有力的学理支撑。

（二）精心组织编写哲学社会科学重点学科教材

教材是从事教学的主要依据。教材建设是学校教育教学工作的重要组成部分，是衡量学校办学水平的重要标志，是提高教学质量的基础性工作。教材建设是学科建设和人才培养的重要基础。2004年1月，《意见》明确提出：组织编写全面反映邓小平理论和“三个代表”重要思想的哲学、政治经济学、科学社会主义以及政治学、社会学、法学、史学、新闻学和文学等学科的教材，进一步推动邓小平理论和“三个代表”重要思想进教材、进课堂、进学生头脑工作。

2004年8月，中共中央、国务院发出《关于进一步加强和改进大学生思想政治教育的意见》，提出要精心组织编写反映毛泽东思想、邓小平理论和“三个代表”重要思想的哲学社会科学教材。《意见》还对加强和改进高校思想政治理论课进行了全面部署，并把新课程的教材编写工作纳入马克思主义理论研究和建设工程。

2005 年 1 月，胡锦涛同志在全国加强和改进大学生思想政治教育工作会议上发表重要讲话指出："要发挥哲学社会科学学科课程在思想政治教育中的重要作用，精心组织编写哲学社会科学重点学科教材，努力形成以当代马克思主义为指导的具有中国特色、中国风格、中国气派的哲学社会科学学科体系和教材体系。"①

根据中央精神和胡锦涛同志讲话精神，2005 年 5 月，中央宣传部、教育部联合下发的《关于加强和改进高等学校哲学社会科学学科体系与教材体系建设的意见》，提出要根据中央实施马克思主义理论研究与建设工程的战略部署和总体要求，全面开展高等学校哲学社会科学重点教材建设工作。中宣部制定下发的《马克思主义理论研究和建设工程高等学校哲学社会科学重点编写教材总体规划》，提出了教材编写的指导思想、总体目标、具体规划和工作机制，确定了高校哲学社会科学重点编写教材计划。

近几年来，在党中央的高度重视下，充分体现马克思主义中国化最新成果的教材体系建设取得明显进展：第一批 9 种重点教材，大部分已经出版；第二批 9 种重点教材，大部分进入工程咨询委员会审议阶段；第三批 10 种重点教材正在拟定编写提纲；第四批 9 种重点教材招标工作正在审批过程中。高校思想政治理论课教材已于 2006 年陆续出版，在全国 2000 多万大学生中使用。新教材在内容、形式和体例等方面都有较大创新，贴近大学生的思想实际，回答了大学生关心的问题，对提高高校思想政治课教学实效，培养社会主义合格建设者和可靠接班人，起到了重要作用。

（三）努力增强思想政治理论课的吸引力和感染力

高校思想政治理论课是社会主义大学的本质体现，是引导大学生坚定

① 中共中央文献研究室. 十六大以来重要文献选编：中 [G]. 北京：中央文献出版社，2006：641.

中国特色社会主义理想信念、掌握马克思主义科学理论和科学方法的重要途径，是开展大学生思想政治教育的主课堂、主渠道。正确认识和切实解决好这个问题，事关党和国家的长治久安，事关中华民族的前途命运。

党的十六大以来，以胡锦涛为总书记的党中央高度重视大学生思想政治教育。2004 年 8 月，中共中央、国务院颁发《关于进一步加强和改进大学生思想政治教育的意见》，明确指出："思想政治理论课是大学生的必修课，是帮助大学生树立正确世界观、人生观、价值观的重要途径，体现了社会主义大学的本质要求。要按照充分体现当代马克思主义最新成果的要求，全面加强思想政治理论课的学科建设、课程建设、教材建设和教师队伍建设，进一步推动邓小平理论和'三个代表'重要思想进教材、进课堂、进大学生头脑工作。要联系改革开放和社会主义现代化建设的实际，联系大学生的思想实际，把传授知识与思想教育结合起来，把系统教学与专题教育结合起来，把理论武装与实践育人结合起来，切实改革教学内容，改进教学方法，改善教学手段。要加强对思想政治理论课的宏观指导，采取有力措施，力争在几年内使思想政治理论课教育教学情况有明显改善。"

2005 年 1 月，胡锦涛同志在加强和改进大学生思想政治教育工作会议上发表重要讲话。胡锦涛同志强调："切实改革教学内容、改进教学方法、改善教学手段，努力增强思想政治理论课的吸引力和感染力。"

2011 年 4 月 24 日，胡锦涛同志在庆祝清华大学建校 100 周年大会上发表重要讲话，对高等学校如何培养高素质人才和青年学生如何成才问题提出了新的要求。他指出："全面提高高等教育质量，必须大力提升人才培养水平。高等教育的根本任务是人才培养。要坚持把促进学生健康成长作为学校一切工作的出发点和落脚点，全面贯彻党的教育方针，坚持育人为本、德育为先、能力为重、全面发展，着力增强学生服务国家服务人民的社会责任感、勇于探索的创新精神、善于解决问题的实践能力，努力培养德智体美全面发展的社会主义建设者和接班人。"胡锦涛同志的这段重要论述，既是对高校整个教育工作的要求，更是对思想政治理论课的新要求。

（四）造就一支高水平的哲学社会科学队伍

繁荣发展哲学社会科学，归根结底要靠广大哲学社会科学工作者的不懈努力和创造性劳动。大力促进我国哲学社会科学事业的繁荣发展，必须充分发挥广大哲学社会科学工作者的作用。进入新世纪以来，江泽民同志曾强调："我国哲学社会科学事业的发展，需要造就一批用马克思主义武装起来、立足中国、面向世界、学贯中西的思想家和理论家，造就一批理论功底扎实、勇于开拓创新的学术带头人，造就一批年富力强、政治和业务素质好、锐意进取的青年理论骨干。"党的十六大以来，胡锦涛同志反复强调，要做好哲学社会科学工作，关键在人，在于抓好人才的培养和使用。要下大力气培养造就一批既有较高马克思主义理论造诣，又具有较强创新精神的高素质人才。

2004 年 1 月，《意见》明确指出，人才资源是第一资源。在哲学社会科学研究领域，没有一流的人才，就没有一流的研究成果，也就没有一流的哲学社会科学。培养高水平的哲学社会科学家，与培养高水平的自然科学家同样重要。进入新世纪以来，我国哲学社会科学界积极引进优秀人才，培养好、用好现有人才，队伍结构不断优化，整体素质不断提高，自身的可持续发展能力大大增强。

2004 年 5 月，在中央政治局第十三次集体学习时，胡锦涛强调，造就一支高素质的哲学社会科学队伍，是繁荣发展哲学社会科学的关键。他指出，要全面贯彻人才强国战略，高度重视哲学社会科学人才的培养，努力营造有利于优秀人才脱颖而出、人尽其才的良好机制。要按照政治强、业务精、作风正的要求，努力造就一批用马克思主义武装起来、立足中国、面向世界、学贯中西的思想家和理论家，造就一批理论功底扎实、勇于开拓创新的学科带头人，造就一批年富力强、政治和业务素质良好、锐意进取的青年理论骨干。

2005 年 11 月，在中央政治局第二十六次集体学习时，胡锦涛再次强调，搞好马克思主义理论研究，很关键的一个问题是要建设一支政治强、业务精、作风正的马克思主义理论队伍。要加强对马克思主义理论拔尖人才的重点扶持，造就一批学贯中西、在国内外有广泛影响的马克思主义理论大家；加强对崭露头角的学术新秀的重点培养，造就一批各学科各专业的领军人物；加强对高校马克思主义专业人才的重点培养，造就一批高素质、有志于从事马克思主义理论研究的后备人才。

那么，怎样才能培养高素质的哲学社会科学人才呢？

第一，《意见》提出了完善人才培养机制的任务

为了培养造就高水平的哲学社会科学队伍，要"完善哲学社会科学人才培养选拔和管理机制"。紧紧抓住培养人才、吸引人才、用好人才三个环节，形成优秀人才脱颖而出、人尽其才的良好机制。加大人事制度改革力度，建立既能体现哲学社会科学特点，又能发挥市场作用的开放、灵活的人才配置机制，鼓励人才合理流动。要推行聘用制，改革职称制度，完善职称评聘体制，做到能上能下、能进能出。要完善分配制度，重实绩、重贡献。

第二，《意见》强调了思想道德建设和学风建设的重要性

要加强哲学社会科学队伍的思想道德和学风建设。哲学社会科学研究是一种复杂的创造性精神劳动，全社会都要尊重哲学社会科学工作者。哲学社会科学工作者要树立正确的世界观、人生观和价值观，坚持严谨治学、实事求是、民主求实的学风。要深入实际，深入群众，立足中国，放眼世界，努力从人民群众广阔而丰富的实践中提炼研究题材，汲取思想养分，提出真知灼见，创造学术精品。要增强社会责任感，加强学术道德修养，提倡做人、做学问相一致，坚决抵制各种不正之风，自觉维护哲学社会科学工作者的良好形象。

2010年6月，国家颁布了《国家中长期人才发展规划纲要（2010—2020年）》。《纲要》对如何培养哲学社会人才作了明确规定：要继续实施"四个一批"人才培养工程，加强哲学社会科学、新闻、出版、文艺等领域

高层次人才队伍建设。注重培养造就一批马克思主义理论家特别是中青年理论家。依托重大哲学社会科学研究项目，大力培养哲学社会科学学术带头人。

四、加强党对哲学社会科学的领导

党的领导是哲学社会科学沿着正确方向前进的关键，是繁荣发展哲学社会科学的根本保证。江泽民同志曾强调："要坚持和改善党对哲学社会科学事业的领导。各级党委和政府都要加强对哲学社会科学研究工作的领导，加大支持力度，同时要认真研究和把握哲学社会科学研究工作的规律，改进领导方式，不断提高领导水平。要全面落实党的知识分子政策，尊重知识、尊重人才，充分调动广大哲学社会科学工作者的积极性、主动性和创造性，认真听取他们的意见和建议，重视他们的研究成果，关心他们的学习、工作和生活，做他们的知心朋友，为加快发展哲学社会科学多办实事。"①

党的十六大以来，胡锦涛同志在多次讲话中都明确要求，各级党委和各级领导干部特别是主要负责同志都要从提高党的执政能力、巩固党的执政地位、完成党的执政使命的战略高度来谋划意识形态工作，加强和改进对意识形态工作的领导，提高做好新形势下意识形态工作的能力，牢牢掌握意识形态工作的领导权和主动权。

为了加强和改善党对哲学社会科学工作的领导，党中央明确提出了以下要求。

（一）重视哲学社会科学的发展

胡锦涛同志强调，各级领导要充分认识理论工作在社会主义现代化事

---

① 江泽民．江泽民文选：第三卷［M］．北京：人民出版社，2008：494.

业中的重要地位，真正在头脑中把理论放到重要位置上去。在进行重大决策时，要实现决策的科学化、民主化，应该经常就经济社会发展的重大问题主动请一些理论工作者来咨询、商量或组织论证，使社会科学的研究成果能够及时地运用到实际工作中去，并能有效地保证实际工作在理论的指导下顺利开展。党委和政府要高度重视哲学社会科学工作，全面贯彻落实中央的有关方针政策。要努力把握哲学社会科学的发展规律，改进领导方式，提高领导水平，为繁荣发展哲学社会科学创造良好的环境。要坚持党管干部、党管人才的原则，加强哲学社会科学单位的领导班子建设，把那些忠诚于马克思主义、坚定走中国特色社会主义道路，熟悉哲学社会科学工作的人选拔到领导岗位上来。

（二）充分发挥哲学社会科学界的思想库、智囊团的作用

胡锦涛同志强调："各级领导干部要同知识分子交朋友，特别要同那些学术造诣高、社会影响大的知识分子加强联系，主动听取他们的意见，发挥他们的积极性、主动性、创造性，使广大知识分子积极认同和传播我国社会主义核心价值体系，自觉投身社会主义先进文化建设。"①《意见》明确要求：党委和政府要经常向哲学社会科学界提出一些需要研究的重大问题，注意把哲学社会科学优秀成果运用于各项决策中，运用于解决改革发展稳定的突出问题中，使哲学社会科学界成为党和政府工作的思想库和智囊团。

（三）正确处理思想理论领域的问题

《意见》强调，要注意区分学术问题和政治问题的界限。不要把学术探讨中出现的问题当做政治问题，也不要把政治倾向性问题当做一般学术问题。学术问题的研究和讨论没有禁区，理论宣传和教学要有纪律。在事关

① 中共中央文献研究室. 十六大以来重要文献选编：下［G］. 北京：中央文献出版社，2008：687.

一、教育教学改革的时代背景

（一）提出教育教学改革的社会背景

党的十一届三中全会后，我们党开启了改革开放历史新时期，从“以阶级斗争为纲”转向“以经济建设为中心”。邓小平指出，由于“‘文化大革命’的一个大错误是耽误了十年人才的培养”，所以，社会主义现代化要“搞好教育和科学工作，我看这是关键。没有人才不行，没有知识不行”[①]。社会主义现代化建设要靠人才，而人才的培养靠教育，教育的发展、教育的改革就成为这时期国家改革事业的重要一部分。1978 年 3 月 18 日，在全国科学大会开幕式上的讲话中，邓小平强调：“我们要全面地正确执行党的教育方针，端正方向，真正搞好教育改革，使教育事业有一个大的发展，大的提高。”[②] 当时，我国教育领域面临的主要问题是教育体制问题，体制改革遇到了诸多的思想认识和体制内在阻力。1985 年 5 月 19 日，在全国教育工作会议上的讲话中，邓小平同志指出：我们党内“还有相当一部分同志，包括一些高级干部，对于发展和改革教育的必要性，认识不足，缺乏紧迫感”[③]。同年，《中共中央关于教育体制改革的决定》得以颁布，由此，开启了我国教育改革的大幕。

在党的领导下，经过全国人民的艰苦努力，改革开放后，我国各项社会主义建设事业取得了巨大的成就。20 世纪 90 年代，邓小平南巡讲话后，我国社会主义市场经济不断发展，工业现代化水平不断提高，第三产业蓬勃跃进。但是，在快速的发展中，我国也面临着发展过程中相伴而生的问题，如环境污染，资源浪费等。要解决社会、经济、文化发展中遇到的问题，解决社会主义现代化建设中遇到的问题，需要高素质的人才，尤其是

---

① 邓小平．邓小平文选：第三卷［M］．北京：人民出版社，1993：9．

② 邓小平．邓小平文选：第二卷［M］．北京：人民出版社，1994：95．

③ 同①，121．

具有创新精神和实践能力的人才，江泽民提出："创新的关键在人才，人才的培养靠教育。"①

中国进入21世纪，社会主义现代化建设取得了巨大的进步。世界多极化、经济全球化深入发展，科技进步日新月异，人才竞争日趋激烈。我国工业化、信息化、城镇化、市场化、国际化深入发展，经济发展方式加快转变，这些都凸显了要更加关注人的主体地位。对个体存在的尊重和引导都对培养人的教育教学提出了新的改革要求。胡锦涛总书记提出要"不断更新教学理念，丰富教学内涵，改进教学方法"。②

（二）提出教育教学改革的政治体制背景

改革开放以来，我国的政治体制改革逐步推进，政府的管理理念、管理方式逐渐转变以适应社会主义现代化建设的需求。这种管理思想和管理体制的改革给教育领域提出了相应的改革要求。教育管理的基本理念、基本体制和机制逐渐提上议事日程。随着我国社会主义民主的完善，社会主义法制的健全，对人的重视程度实现了前所未有的进步。江泽民同志在党的十六大报告中提出："全民族的思想道德素质、科学文化素质和健康素质明显提高……形成全民学习、终身学习的学习型社会，促进人的全面发展。"③ 胡锦涛总书记在党第十七大报告中提出："科学发展观，第一要义是发展，核心是以人为本。"④ "以人为本"的思想，是党的全心全意为人民服务的根本宗旨的时代表征，体现了"党是最广大人民的根本利益的代表"的思想。教育教学改革和发展也要以人为本，扎实推进。因此，《教育规划纲要》在战略主题中提出"坚持以人为本、全面实施素质教育是教育改革

① 江泽民．江泽民文选：第二卷［M］．北京：人民出版社，2006：237.

② 胡锦涛．在北京大学师生代表座谈会上的讲话［R］．北京：人民出版社，2008：5.

③ 江泽民．江泽民文选：第三卷［M］．北京：人民出版社，2006：543.

④ 胡锦涛．高举中国特色社会主义伟大旗帜　为夺取全面建设小康社会新胜利而奋斗——在中国共产党第十七次全国代表大会上的报告［R］．北京：人民出版社，2007：15.

发展的战略主题。”

（三）提出教育教学改革的经济发展背景

社会主义现代化建设需要大量的各类经济人才。《中共中央关于教育体制改革的决定》中提出：“党的十二届三中全会关于经济体制改革的决定，为我国社会生产力的大发展、为我国社会主义物质文明和精神文明的大提高，开辟了广阔的道路。”“教育必须为社会主义建设服务，社会主义建设必须依靠教育。”经济发展需要各级各类人才，教育教学也要为培养各级各类人才进行改革。这时期提出的教育改革发展目标是“要造就数以亿计的工业、农业、商业等各行各业有文化、懂技术、业务熟练的劳动者。要造就数以千万计的具有现代科学技术和经营管理知识，具有开拓能力的厂长、经理、工程师、农艺师、经济师、会计师、统计师和其他经济、技术工作人员。还要造就数以千万计的能够适应现代科学文化发展和新技术革命要求的教育工作者、科学工作者、医务工作者、理论工作者、文化工作者、新闻和编辑出版工作者、法律工作者、外事工作者、军事工作者和各方面党政工作者”。①

社会主义计划经济向市场经济转型需要创新人才。邓小平南巡讲话后，人们对市场经济有新的突破性的认识，我国逐渐确立了建立社会主义市场经济的改革方向。社会主义市场经济的发展，需要各类具有创新精神和实践能力的人才、自主创业的人才。教育改革也要适应经济体制改革的方向和经济发展的需要进行相应的改革和发展。

加快转变经济发展方式对人才素质提出更高要求。胡锦涛总书记在党的十七大报告中指出实现未来经济发展目标，关键要在加快转变经济发展方式、完善社会主义市场经济体制方面取得重大进展。要大力推进经济结

---

① 中共中央关于教育体制改革的决定［G］//教育部政策研究与法制建设司. 现行教育法规与政策选编. 北京：教育科学出版社，2002：374－375.

构战略性调整，更加注重提高自主创新能力、提高节能环保水平、提高经济整体素质和国际竞争力。① 针对上述经济发展的目标，教育教学改革要培养学生服务国家服务人民的社会责任感、勇于探索的创新精神和善于解决问题的实践能力。

（四）提出教育教学改革的思想背景

中国特色社会主义理论体系的形成和发展，是教育教学改革理论与实践发生发展的思想动因。

邓小平理论坚持解放思想、实事求是，抓住“什么是社会主义、怎样建设社会主义”这个根本问题，深刻揭示了社会主义的本质。在社会主义发展道路问题上，强调走自己的路，不把书本当教条，不照搬外国的模式，走中国现代化建设的道路；在社会主义发展阶段上，坚持以中国的基本国情为依据，不能脱离实际，超越阶段；在社会主义发展动力问题上，强调改革也是一场革命，也是解放生产力，是中国现代化的必由之路，僵化停滞是没有出路的。这些思想对教育教学改革提供了坚实的政治思想理论基础。党的十一届三中全会后，我国教育领域在各方面取得了巨大的进步。但是“轻视教育、轻视知识、轻视人才的错误思想仍然存在，教育工作方面的‘左’的思想影响还没有完全克服”②。因此，在邓小平理论指导下，国家确定了教学改革的主攻方向是恢复正常的教学秩序、加强教材建设、提高教师的教学业务水平等方面。

“三个代表”重要思想的核心是“代表中国先进生产力的发展要求，代表中国先进文化的前进方向，代表中国最广大人民的根本利益”。“三个代表”是辩证统一的关系，发展先进生产力，是发展先进文化、实现最广大

---

① 胡锦涛. 高举中国特色社会主义伟大旗帜　为夺取全面建设小康社会新胜利而奋斗——在中国共产党第十七次全国代表大会上的报告［R］. 北京：人民出版社，2007：21.

② 中共中央关于教育体制改革的决定［G］//教育部政策研究与法制建设司. 现行教育法规与政策选编. 北京：教育科学出版社，2002：375.

人民根本利益的基本条件。不断发展先进生产力和先进文化，归根结底是为了满足人民群众日益增长的物质文化生活需要，不断实现最广大人民的根本利益。贯彻“三个代表”重要思想，关键在坚持与时俱进，核心在坚持党的先进性，本质在坚持执政为民。它是我们党的立党之本、执政之基、力量之源，是加强和改进党的建设、推进我国社会主义现代化建设的强大理论武器。在“三个代表”重要思想指导下，我国教育教学改革确立了要实施素质教育，培养学生的创新精神和能力的目标。

科学发展观强调必须坚持把发展作为党执政兴国的第一要务，更好实施科教兴国战略、人才强国战略、可持续发展战略，着力把握发展规律、创新发展理念、转变发展方式、破解发展难题，提高发展质量和效益，实现又好又快发展，为发展中国特色社会主义打下坚实基础。在发展与人的关系上，科学发展观认为要促进人的全面发展，做到发展为了人民、发展依靠人民、发展成果由人民共享。① 科学发展观的核心是“以人为本”，社会主义现代化建设要以“以人为本”，我们的教育教学的改革和发展也要“以人为本”。在教育教学过程中，以学生为主体，促进学生的全面发展；在学校发展中，以教师为主体，促进教师的发展。教育教学改革的目标是学生的全面发展，终身发展，真正实现马克思提出的人的全面的、充分的、自由的发展。科学发展观主张的全面协调可持续发展，要求教育教学改革发展的方向是教育的均衡发展、人的全面发展、教育的公平发展、学生与教师的终身发展，教育教学要满足社会发展的需要和人的全面发展的要求。

（五）提出教育教学改革的国际背景

我国改革开放初期，世界还处在冷战时期，军事实力的竞争还是世界竞争的重点。虽然没有世界大战，但是局部的战争和纷争仍然存在，中国

① 胡锦涛. 高举中国特色社会主义伟大旗帜　为夺取全面建设小康社会新胜利而奋斗——在中国共产党第十七次全国代表大会上的报告［R］. 北京：人民出版社，2007：15.

处在与诸多的西方发达国家的对峙之中。这样的国际环境促使中国快速地恢复被“文革”破坏的学校教育事业，使教育教学走向正轨，消除教育教学中存在的观念问题、体制问题。这时期的教育教学改革更多地着眼于外部的要求，更多地从教育的外在形式入手进行改革，而较少考虑教育教学自身的规律性发展。

冷战结束后，国际的军事对峙基本消失，各国的竞争逐渐转向了经济实力和军事力量的竞争，经济的主导作用慢慢地呈现。我们党审时度势，根据国际政治、经济、军事、文化发展的状况，提出以经济建设为中心不动摇的国策。教育教学改革和发展也要求为四化建设提供人才，尤其为经济建设提供人才。

21 世纪，世界各国逐渐认识到，人才成为立国的根本，成为竞争的重点。胡锦涛总书记指出“人才资源是第一资源”①，“无论是发达国家还是发展中大国，都把科技人力资源视为战略资源和提升国家竞争力的核心因素”②。世界科学技术的进步、经济的可持续发展、环境的保护、人类空间的拓展，都需要创新型人才来实现。“科技创新，关键在人才。杰出科学家和科学技术人才群体，是国家科技事业发展的决定性因素。”“源源不断地培养造就大批高素质的具有蓬勃创新精神的科技人才，直接关系到我国科技事业的前途，直接关系到国家和民族的未来。”③“高素质人才是决定国家和民族前途命运的重要力量，是建设创新型国家的强大依托。”④ 这些重要论述给教育教学改革和发展提出了新的要求，那就是，要“着力提高学生服务国家服务人民的社会责任感、勇于探索的创新精神和善于解决问题的实践能力”⑤。

---

①②③ 胡锦涛. 坚持走中国特色自主创新道路　为建设创新型国家而努力奋斗——在全国科学技术大会上的讲话［R］. 北京：人民出版社，2006：16.

④ 胡锦涛. 在北京大学师生代表座谈会上的讲话［R］. 北京：人民出版社，2008：4－5.

⑤ 国家中长期教育改革和发展规划纲要（2010—2020 年）［G］//《教育规划纲要》工作小组办公室. 全国教育工作会议文件汇编. 北京：教育科学出版社，2010：87.

（六）提出教育教学改革的教育实践背景

改革开放初期，我国的教育事业面临百废待兴的局面，存在教育思想混乱、教育体制不顺、课程教材陈旧、教学模式不符合人才培养的要求、教育教学评价标准不科学等一系列问题。《中共中央关于教育体制改革的决定》认为教育教学存在的主要问题是：在教育事业管理权限的划分上，政府有关部门对学校主要是对高等学校统得过死，使学校缺乏应有的活力；而政府应该加以管理的事情，又没有很好地管起来；在教育结构上，基础教育薄弱，学校数量不足、质量不高、合格的师资和必要的设备严重缺乏，经济建设大量急需的职业和技术教育没有得到应有的发展，高等教育内部的科系、层次比例失调；教育思想、教育内容、教育方法与现代化要求不相适应；从小培养学生独立生活和思考的能力很不够，发扬立志为祖国富强而献身的精神很不够，生动活泼地用马克思主义思想教育学生很不够，不少课程内容陈旧，教学方法死板，实践环节不被重视，专业设置过于狭窄，不同程度地脱离了经济和社会发展的需要，落后于当代科学文化的发展。因此，《决定》提出："要从根本上改变这种状况，必须从教育体制入手，有系统地进行改革。"具体来说，首先要"改革管理体制"，其次要"调整教育结构"，最后要"改革同社会主义现代化不相适应的教育思想、教育内容、教育方法"。以体制改革为主线的教育教学改革思想逐步明确。

20 世纪 90 年代，我国的改革开放和社会主义现代化建设进入了一个新阶段。同时，义务教育、职业技术教育、高等教育、成人和民族教育、农村基础教育、国际教育交流等方面教育教学改革取得了巨大的成就。但是，那时我国教育整体上还很落后，如："教育的战略地位在实际工作中还没有完全落实；教育投入不足，教师待遇偏低，办学条件较差；教育思想、教学内容和教学方法程度不同地脱离实际；学校思想政治工作还需要进一步加强和改进；教育体制和运行机制不适应日益深化的经济、政治、科技体制改革的需要。”① 基于上述问题，党和国家提出这一时期教育改革和发展的目的是“提高民族素质，多出人才，出好人才”。提出教育教学改革的策略是“深化教育改革，坚持协调发展，增加教育投入，提高教师素质，提高教育质量，注重办学效益，实行分区规划，加强社会参与的发展战略”②。

进入21世纪，我国社会主义现代化建设取得了巨大的成就，开辟了中国特色社会主义教育发展道路，建成了世界最大规模的教育体系，保障了亿万人民群众受教育的权利。但是，教育教学在诸多方面需要加强改革，“教育观念相对落后，内容方法比较陈旧，中小学生课业负担过重，素质教育推进困难；学生适应社会和就业创业能力不强，创新型、实用型、复合型人才紧缺；教育体制机制不完善，学校办学活力不足；教育结构和布局不尽合理，城乡、区域教育发展不平衡，贫困地区、民族地区教育发展滞后；教育投入不足，教育优先发展的战略地位尚未得到完全落实”③。《教育规划纲要》提出了改革思路：按照面向现代化、面向世界、面向未来的要求，适应全面建设小康社会、建设创新型国家的需要，坚持育人为本，以改革创新为动力，以促进公平为重点，以提高质量为核心，全面实施素质教育，推动教育事业在新的历史起点上科学发展，加快从教育大国向教育强国、从人力资源大国向人力资源强国迈进，为中华民族伟大复兴和人类文明进步作出更大贡献。

二、教育教学改革的主要内容

推进教育教学改革，要解放思想，大胆突破，勇于创新，鼓励试验，

---

① 中国教育改革和发展纲要（中共中央、国务院印发，1993年2月13日发布）［G］//教育部政策研究与法制建设司. 现行教育法规与政策选编. 北京：教育科学出版社，2002：388.

② 同①，391.

③ 国家中长期教育改革和发展规划纲要（2010—2020年）［G］//《教育规划纲要》工作小组办公室. 全国教育工作会议文件汇编. 北京：教育科学出版社，2010：81.

对教育教学观念、教学内容、教育方法、评价制度等进行系统改革。胡锦涛强调要“改进培养模式、教育内容、教育方法，着力提高教育质量”①。“每一个学校，都要爱护和培养学生的好奇心、求知欲，帮助学生自主学习、独立思考，保护学生的探索精神、创新思维，营造崇尚真知、追求真理的氛围，为学生的禀赋和潜能的充分开发创造一种宽松的环境。”为了实现上述目标“这就要求我们必须转变那种妨碍学生创新精神和创新能力发展的教育观念、教育模式，特别是由教师单向灌输知识，以考试分数作为衡量教育成果的唯一标准，以及过于划一呆板的教育教学制度”②。温家宝同志也提出：“新时期教育改革发展的主要任务，就是全面贯彻党的教育方针，创新人才培养模式，提高人才培养水平，做到因材施教，鼓励个性发展，促进人人成才，形成人才辈出、拔尖创新人才不断涌现的局面。”③

（一）教育教学思想观念的更新

教育教学观念的更新，要求我们必须以科学发展观为指导，尤其是坚持“以人为本”，全面协调持续发展，方法是统筹兼顾。具体来说，创新教育教学观念要从下列几点着手：坚持全面发展的观念、人人成才观念、多样化人才观念、终身学习观念、系统培养观念、教育创新观念。“教育的根本任务应该是培养人才，人才培养观念更新和培养模式创新要成为规划的亮点。”④ 改革开放以来我国在教育教学实践中提出并实施的“全面发展”、“教育公平”、“免费义务教育”、“教育均衡发展”、“减轻学业负担”、“教育大众化”、“终身学习和学习型社会”及“办人民满意的教育”等都是科

① 胡锦涛. 在全国优秀教师代表座谈会上的讲话［R］. 北京：人民出版社，2007：4.

② 胡锦涛. 教育必须以提高国民素质为根本宗旨（1999年6月15日）［G］//中共中央文献研究室. 十五大以来重要文献选编：中. 北京：人民出版社，2000：881－882.

③ 温家宝同志在全国教育工作会议上的讲话［G］//《教育规划纲要》工作小组办公室. 全国教育工作会议文件汇编. 北京：教育科学出版社，2010：39.

④ 温家宝. 百年大计　教育为本——在国家科教领导小组会议上的讲话［R/OL］. http：//www.gov.cn/ldhd/2009－01/04/content_1194983.htm.

学发展观在教育教学方针政策中的充分体现。

1. 树立全面发展的观念

全面发展就是要“坚持文化知识学习与思想品德修养的统一、理论学习与社会实践的统一、全面发展与个性发展的统一”。[①] 实现学生全面发展的基本途径是素质教育。改革开放以来，高考制度恢复后，在我国教育领域慢慢形成了“应试教育”的倾向，“分数”、“应试”逐渐成为教育教学的目标，甚至是唯一目标。由此带来了我国教育中的诸多问题，过于强调“认知能力”，忽视品德、价值观、心理等教育，教学只注重“灌输”，忽视学生的主体性培养，教育组织形式是单一的班级授课制，等等。党和国家认识到应试教育不能培养出具有创新精神和实践能力的人才，必须改革，实施素质教育。胡锦涛总书记强调，素质教育“必须把德育、智育、体育、美育等有机地统一在教育活动的各个环节中。学校教育不仅要抓好智育，更要重视德育，还要加强体育、美育、劳动技术教育和社会实践，使诸方面教育相互渗透、协调发展，促进学生的全面发展和健康成长。”[②] 也就是说，素质教育的核心是全面发展教育，素质教育的核心目标是促进学生的全面发展。

2. 树立人人成才的观念

2010 年 7 月，胡锦涛在全国教育工作会议的讲话中指出：“必须坚持以人为本。坚持以人为本、全面实施素质教育是教育改革和发展的战略主题，是贯彻党的教育方针的时代要求，核心是解决好培养什么人、怎样培养人的重大问题，重点是面向全体学生、促进学生全面发展，着力提高学生服务国家服务人民的社会责任感、勇于探索的创新精神、善于解决问题的实

---

① 国家中长期教育改革和发展规划纲要（2010—2020 年）［G］//《教育规划纲要》工作小组办公室. 全国教育工作会议文件汇编. 北京：教育科学出版社，2010：89.

② 中共中央国务院关于深化教育改革，全面推进素质教育的决定［N］. 光明日报，1999－06－17.

践能力。”① 同时，“要牢固树立人人都可以成才的观念”②。

“以人为本”要重视每一个人，重视每一个人的发展。在教育教学上，我们要树立“人人成才”的观念，信任每一个学生，相信每一个学生都有自己的智力优势和发展潜能。“天生我材必有用”，“三百六十行，行行出状元”，每个人经过合适的教育都会在社会中找到自己的位置和角色，每个人都有“用武之地”。“人人成才”的观念要求我们教育工作者要面向全体学生进行教育教学活动，促进学生健康成长，不能让任何一个孩子掉队。“努力办好每一所学校，教好每一个学生，不让一个学生因家庭经济困难而失学。”③

“人人成才”的观念凸显了党和国家对教育公平的追求，体现了现代教育的基本价值追求。孔子在2000多年前就提出“有教无类”的教育公平思想，教育公平是千百年来中国人民的追求之一。坚持教育公平是科学发展观教育思想的核心之一。胡锦涛总书记在党的十七大报告中指出：“教育是民族振兴的基石，教育公平是社会公平的重要基础。”④ 胡锦涛强调：“保证人民享有接受教育的机会，是党和政府义不容辞的职责，也是促进社会公平正义、构建社会主义和谐社会的客观要求。”⑤ 在全国教育工作会议上，胡总书记谈到要“坚持教育的公益性和普惠性，把促进公平作为国家基本教育政策……保障公民依法享有受教育的权利，重点是促进义务教育均衡发展和扶持困难群众……着力促进公共教育资源配置公平……加快缩小城

---

① 胡锦涛同志在全国教育工作会议上的讲话［G］//《教育规划纲要》工作小组办公室. 全国教育工作会议文件汇编. 北京：教育科学出版社，2010：13.

② 胡锦涛在全国人才工作会议上的讲话（2003年12月19日）［R/OL］. http：//www. people. com. cn/GB/shizheng/1024/2256582. html.

③ 国家中长期教育改革和发展规划纲要（2010—2020年）［G］//《教育规划纲要》工作小组办公室. 全国教育工作会议文件汇编. 北京：教育科学出版社，2010：86.

④ 胡锦涛. 高举中国特色社会主义伟大旗帜　为夺取全面建设小康社会新胜利而奋斗——在中国共产党第十七次全国代表大会上的报告［R］. 北京：人民出版社，2007：37.

⑤ 胡锦涛在中共中央政治局第三十四次集体学习时的讲话［R/OL］. http：//news. xinhuanet. com/edu/2006－08/31/content_ 5028441. htm.

乡、区域教育发展差距"①。关于教育公平，温家宝总理认为"我们讲教育公平，教育公平指的是人人都有上学的机会"②。这里的上学不仅仅指入学机会的公平，还包括上好学的公平，人人成才的公平。人人成才的观念要求我们办好教育，做到学生入学机会平等、教育教学过程平等和学业成绩评价平等。人人都有接受国家免费教育的权利，不论你的出身、社会地位、信仰等有什么不同。在教育教学过程中，教育工作者要一视同仁，关注每一位学生，根据学生的不同特质和潜能给予合适的教育，不能歧视后进生和学生有困难的学生，更不能弃之而不理，教育工作者要以爱心、热心、耐心、恒心来对待每一个学生，实现学生潜能的最大化发展。在学生学业评价上，教育工作者要一把尺子，一个标准，公平给予评价。在选拔优秀学生时，要除去偏见、偏心，公平选拔。对学生素质综合评价更要平等，以一把尺子衡量学生，以形成公平的社会氛围，使公平的种子和信念扎根于学生的心灵。

我国教育教学在一段时间内出现过只重视"分数"，只考虑学生的应试能力，甚至把学生作为物体来加以任意的塑造和雕琢，在一定程度上存在见"物"不见"人"的情况。在科学发展观指导下，社会各界和教育工作者逐渐改变了原有的思想观念，在实践中贯彻落实了"以人为本"的核心思想。"以人为本"的思想在教育教学中的实践化表现在诸多方面，如教育目的、教育事业发展目标、教育管理、课程设置、教学、教育教学评价，等等。我国教育领域逐步形成了促进学生德、智、体、美全面发展，培养学生的创新精神和实践能力，培养学生服务国家和人民的社会责任感和义务感等实施目标。在强调培养为社会主义现代化建设服务的人才的同时，又要使学生能够自主发展、展现个性，有自我的追求和创业理想。在学校

① 胡锦涛同志在全国教育工作会议上的讲话［G］//《教育规划纲要》工作小组办公室. 全国教育工作会议文件汇编. 北京：教育科学出版社，2010：19.

② 温家宝. 百年大计　教育为本——在国家科教领导小组会议上的讲话［R/OL］. http：//www. gov. cn/ldhd/2009 -01/04/content_ 1194983. htm.

发展中强调教师是学校主体，教师既是国家政策、方针、法律、价值观的实施者，人类文明的传递者，又是自我发展的主体，学校既是其工作的场所，又是其人生价值实现的舞台。国家保障教师的政治地位、职业地位，维护教师的合法权益，国家逐步提高教师的工资待遇，提高教师的社会地位，逐步实现了“使教师成为最受社会尊重的职业”①，充分实现了“把广大教师的积极性、主动性、创造性更好地发挥出来”② 的要求。对教师的关怀充分体现了教育“以人为本”的一个重要方面。

3. 树立多样化人才的观念

党和国家要求教育培养多种多样的人才，以实现每个人的潜质，满足国家对各种人才的需求。国家发展、社会发展、经济发展、文化发展要协调，不能偏废。这就要求教育要培养各种人才来满足社会需求。多样化人才观念既能够保证每个人得到全面发展，又能使培养的人才满足国家发展的需要。

坚持多样化人才观念首先要树立各类人才观念。现代社会是高度分工的社会，各行各业、各部门、各机构都承担不同的社会职责和职能，社会要协调发展、全面发展，需要各类人才来完成和实现各部门的职责和职能。社会主义现代化建设既需要行政管理人才，又需要工人、农民，还需要各类专业技术人员、第三产业从业人员、自由社会职业者，等等。胡锦涛强调，要“注重培育学生的主动精神，鼓励学生的创造性思维，引导学生在发掘兴趣和潜能的基础上全面发展”③。在人才培养观念上要改变单一的人才观念和做法，尊重个人的选择，鼓励个性的发展，找到个人的长处与社会需求的切合点，帮助学生在不同的社会领域成才成长。其次要树立各级人才观念。教育要培养的人才是分层次的，因为每个人的先天素质、努力程度等都存在差异，在同一能力要求上会存在水平的差异和层次。我们要

① 胡锦涛同志在全国教育工作会议上的讲话［G］//《教育规划纲要》工作小组办公室. 全国教育工作会议文件汇编. 北京：教育科学出版社，2010：22.

②③ 胡锦涛. 在全国优秀教师代表座谈会上的讲话［R］. 北京：人民出版社，2007：4.

以科学的态度对待不同层次人才的发展，我们“在出人才的问题上，要鼓励和支持冒尖，鼓励和支持当领头雁，鼓励和支持一马当先”，要“尊重学生的意愿和选择”①，而坚决反对“不准别人脱颖而出，谁一冒尖、一先进，就孤立人家，把人家挤压下去，以为这样大家都‘公平’了、舒服了，殊不知这是扼杀优秀人才、否定先进事物的极其错误的行为”②。同时，社会同一职业中所需要的素质能力也是有差异的，既需要高层次人才，也需要中级层次、一般层次、技能型人才。我们要创设各种条件，形成尊重初中级人才、技能型人才、复合型人才的社会氛围。多样化人才在培养模式上、成才方式上也要多样化。我们坚持“条条道路通罗马”，“不拘一格”培养人才。

4. 树立终身学习的观念

党的十七大报告提出：“发展远程教育和继续教育，建设全民学习、终身学习的学习型社会。”这是科学发展观坚持可持续发展在教育上的体现。终身学习的思想早已有之。我国古代大教育家孔子在自述一生学习经历时说：“吾十有五而志于学，三十而立，四十而不惑，五十而知天命，六十而耳顺，七十而从心所欲不逾矩。”③ 这说明孔子已经有了终身学习的思想。但是终身学习的概念产生仅几十年，而现在这一思想已经深入人心，被各国接纳并成为各国制定社会和教育发展政策的重要观念。

21 世纪是知识经济、信息时代，知识更新和信息变换的加速，使得一个人想仅仅通过在校学习来应对以后的生活和工作已经变得不可能，每个人不得不在学校后不断地进行知识的更新和能力的提高。从生命哲学角度看，人的生命存在具有未完成性，或者说生命是不断完善的过程，这一过程中人的生命的体现是通过不断的学习来实现的。同时，一个国家的持续

① 温家宝. 百年大计　教育为本——在国家科教领导小组会议上的讲话［R/OL］. http://www.gov.cn/ldhd/2009-01/04/content_1194983.htm.

② 江泽民. 江泽民文选：第二卷［M］. 北京：人民出版社，2006：334-335.

③ 孔丘. 论语·学而［M］. 长春：吉林人民出版社，2005：11.

发展也需要不断学习的个体来保证。因此，树立终身学习的观念，对构建学习型社会具有重要战略意义。终身学习的观念就是要求每一位社会成员拥有终身学习的理念和能力，鼓励人们通过多种形式和渠道参与终身学习，使学习贯穿于人生发展的每一个阶段，实现自己的自由、全面的发展。终身学习不仅仅是指学习是个终身的过程，还指终身学习是人的主体性学习，是人的生活方式和生存方式，体现人的一种权利。

5. 树立教育教学创新的观念

胡锦涛总书记指出："一个国家、一个民族要赢得发展、造福人类，必须注重自主创新。"科学发展的首要精神就是创新发展，通过创新解决发展过程中存在的问题和遇到的新问题。科学的本义就是创造、创新。科学发展观主张的发展也是创新的发展。在教育教学中，我们要树立教育教学创新的观念，不断推动教育事业的进步。

新世纪党和国家适时提出了建立"创新型国家"的战略目标。胡锦涛总书记在中国科学院第十五次院士大会、中国工程院第十次院士大会上的讲话中指出："科学技术迅猛发展深刻改变着经济发展方式，创新成为解决人类面临的能源资源、生态环境、自然灾害、人口健康等全球性问题的重要途径，成为经济社会发展的主要驱动力。"① 胡锦涛总书记在全国优秀教师代表座谈会上的讲话中指出"要推进教育体制改革和创新"，"积极推进教师教育创新"，"教师富有创新精神，才能培养出创新人才"。② 温家宝总理在全国教育工作会议上的讲话中指出："要深化课程和教学改革，创新教学观念、教学内容、教学方法，着力提高学生的学习能力、实践能力、创新能力。"③ "实现教育的科学发展，根本出路在改革创新。"④

---

① 胡锦涛. 在中国科学院第十五次院士大会、中国工程院第十次院士大会上的讲话［R］. 北京：人民出版社，2010：3－4.

② 胡锦涛. 在全国优秀教师代表座谈会上的讲话［R］. 北京：人民出版社，2007：6.

③ 温家宝同志在全国教育工作会议上的讲话［G］//《教育规划纲要》工作小组办公室. 全国教育工作会议文件汇编. 北京：教育科学出版社，2010：41.

④ 同③，31.

我们党从教育观念、教学模式、教学内容、教学方法、教育体制等方面强调了创新的重要性，教育创新是时代赋予教育的最重要特征。科学发展观教育理论教学改革思想强调了教育的发展要靠教育教学的改革，靠教育教学的创新。胡锦涛总书记强调，必须坚持改革创新，创新人才培养模式，深化办学体制改革，深化教育管理体制改革，加强教育国际交流合作，进一步消除制约教育发展和创新的体制机制障碍。《教育规划纲要》指出“教育要发展，根本靠改革”。提出了创新人才培养体制，改革教学内容、方法、手段等。教育教学创新理论是在总结我国社会主义现代化建设的基本经验，观照国际发展的趋势和国内发展的现实基础上提出的，是推动我国教育教学改革实践的重要指导思想。唯有实现教学改革的创新，才能保障教育教学事业高质量的发展。

（二）教育目的的诉求

胡锦涛总书记在培养什么人问题上提出：“重点是面向全体学生、促进学生全面发展，着力提高学生服务国家服务人民的社会责任感、勇于探索的创新精神、善于解决问题的实践能力。”[①] 科学发展观教学改革在教育目的上的诉求可以概括为面向全体学生、促进学生全面发展、培养学生的社会责任感、培养学生的创新精神和培养学生的实践能力。

新中国成立以来，较早提出人的全面发展思想的是毛泽东。1957 年在《关于正确处理人民内部矛盾的问题》中他提出：“我们的教育方针，应该使受教育者在德育、智育、体育几方面都得到发展，成为有社会主义觉悟的有文化的劳动者。”1986 年《中华人民共和国义务教育法》第三条规定：“义务教育必须贯彻国家的教育方针，努力提高教育质量，使儿童、少年在品德、智力、体质等方面全面发展。”1993 年《中国教育改革和发展纲要》

---

① 胡锦涛同志在全国教育工作会议上的讲话［G］//《教育规划纲要》工作小组办公室. 全国教育工作会议文件汇编. 北京：教育科学出版社，2010：13.

提出："教育改革和发展的根本目的是提高民族素质，多出人才，出好人才。各级各类学校要认真贯彻'教育必须为社会主义现代化的建设服务，必须与生产劳动相结合，培养德、智、体全面发展的建设者和接班人'的方针，努力使教育质量在90年代上一个新台阶。"① 1995年《中华人民共和国教育法》第五条规定："教育必须为社会主义现代化建设服务，必须与生产劳动相结合，培养德、智、体等全面发展的社会主义事业的建设者和接班人。"

江泽民同志认为各级各类学校要"努力培养德智体全面发展的'四有'新人"②，1999年6月15日，在第三次全国教育工作会议上的讲话中江泽民同志提出："努力造就'有理想、有道德、有文化、有纪律'的，德育、智育、体育、美育等全面发展的社会主义事业建设者和接班人。"胡锦涛总书记在党的十七大报告中提出"要全面贯彻党的教育方针……培养德智体美全面发展的社会主义建设者和接班人"。2010年7月13日，在全国教育工作会议上，胡锦涛总书记指出"教育的根本目的是培养德智体美全面发展的社会主义建设者和接班人"③。以往的教学只强调提高学生的认知以及学生"读、写、算"的能力，只注意学生系统知识的掌握，往往忽视学生的文化素质、道德素质、法律意识、价值观、人生观、合作意识、社会责任感及情感等方面的培养。这种在"应试教育"环境中培养的人才存在"高分低能"，缺乏合作意识、社会责任感，缺乏健康的生活情趣和方式，创新的意识和能力差等问题。培养全面发展的人才是我国不断追求的价值目标。联合国教科文组织在《教育——财富蕴藏其中》研究报告中提出教育的培养目标是：学会认知、学会做事、学会共同生活、学会生存。这也是现代

① 中国教育改革和发展纲要（中共中央、国务院印发，1993年2月13日发布）[G]//教育部政策研究与法制建设司．现行教育法规与政策选编．北京：教育科学出版社，2002：400.

② 江泽民．江泽民文选：第二卷[M]．北京：人民出版社，2006：371.

③ 胡锦涛同志在全国教育工作会议上的讲话[G]//《教育规划纲要》工作小组办公室．全国教育工作会议文件汇编．北京：教育科学出版社，2010：5.

人一生发展的四大支柱，这一思想突出了学生要全面发展，而不是片面成长。

我们要积极培养学生的社会责任感。胡锦涛总书记在同中国农业大学师生代表座谈时的讲话中指出“希望同学们把奉献社会作为不懈追求的优良品德”①。“天下兴亡，匹夫有责”，我们的教育要培养学生服务国家和社会的责任感。在多元文化并存的时代，我们的教育更应该通过教学改革，来培养学生服务国家和社会的责任感。我们“要切实强化社会责任感和历史使命感，把个人的成长进步融入到推动国家发展、民族振兴的时代洪流中去”。② 胡锦涛总书记希望“广大青年和青年学生自觉担当、奋勇向前，表现出强烈的爱国热情、高度的社会责任感、崇高的奉献精神，向祖国和人民、向全世界展示了当代中国青年崭新的精神风貌和优秀的整体形象”③。“希望广大青年学生把个人理想融入全民族的共同理想之中，坚定中国特色社会主义信念，积极投身改革开放和社会主义现代化建设，在为祖国、为人民的不懈奋斗中实现自己的人生价值。”④ “只有勇于担当、甘于奉献，才能真正体验到人生的快乐和幸福，成为品德高尚、精神充实的人。”⑤社会责任感和历史使命感关系到国家的存亡、民族的兴衰、个人的发展，教学改革要建立有利于社会责任感和历史使命感养成的环境，坚持正确的指导思想，采用合适的方法。“服务国家服务人民的社会责任感”充分体现了这一思想结合国情、强调“以人为本”、全面发展的价值追求。

培养目标完善丰富。新中国成立以来，我国逐步提出了培养“德智体美全面发展的社会主义建设者和接班人”的教育目的和教育方针。科学发展观教育理论提出，教育教学改革方向是：“培养德智体美全面发展的社会

①⑤ 胡锦涛. 在同中国农业大学师生代表座谈时的讲话［R］. 北京：人民出版社，2009：7.

② 胡锦涛. 在北京大学师生代表座谈会上的讲话［R］. 北京：人民出版社，2008：4.

③ 同①，2－3.

④ 同①，5.

主义建设者和接班人。"[①] "重点是面向全体学生、促进学生全面发展，着力提供学生服务国家服务人民的社会责任感、勇于探索的创新精神和善于解决问题的实践能力。"[②] 这一方针和主题较于原有的教育目的有了新的发展，更加具体、丰富和完善。"服务国家服务人民的社会责任感"是基于我国社会发展的现状和借鉴我国教育发展的经验而提出的，具有强烈的时代性和前瞻性。"创新精神和实践能力"，是我国教育教学改革急需解决的问题，更是我国教学改革的核心价值追求。这些都使我国的教学改革在目标上更明确，更易抓住改革的主要矛盾，使改革具有更强的可操作性、明确的目标性和现实的贴近性。

（三）教学模式方法的探索

胡锦涛总书记提出要"不断更新教学理念，丰富教学内涵，改进教学方法"。[③] 温家宝总理在谈及教学时认为："学和思的结合，行和知的结合，对于学生来讲非常重要，人的理想和思维，老师是不能手把手教出来的，而恰恰理想和思维决定人的一生。这不是分数能代表的。教学改革还要回到学、思、知、行这四个方面的结合，就是学思要联系，知行要统一。"[④] "要改革教育教学方式方法，注重启发式、探究式、讨论式、参与式教学。"[⑤] 科学发展观指导下的教学要实现教学以课堂、教师、教材为中心的教学模式向以学生为主体、教师主导的教学模式转变，充分发挥学生和教师的各自特点和作用。

---

① 国家中长期教育改革和发展规划纲要（2010—2020 年）［G］//《教育规划纲要》工作小组办公室. 全国教育工作会议文件汇编. 北京：教育科学出版社，2010：82.

② 同①，87.

③ 胡锦涛. 在北京大学师生代表座谈会上的讲话［R］. 北京：人民出版社，2008：5.

④ 温家宝. 百年大计　教育为本——在国家科教领导小组会议上的讲话［R/OL］. http://www.gov.cn/ldhd/2009-01/04/content_1194983.htm.

⑤ 温家宝同志在全国教育工作会议上的讲话［G］//《教育规划纲要》工作小组办公室. 全国教育工作会议文件汇编. 北京：教育科学出版社，2010：42.

1. 教育与生产劳动相结合

温家宝在全国教育工作会议上的讲话中指出：“要注重学知结合，知行并重，让学生不仅学到知识，还要学会动手，学会动脑，学会做事，学会生存，学会与别人共同生活。”①

早在19世纪，马克思就提出了教育与生产劳动相结合的观点，把生产劳动与教育的结合作为提高社会生产的一种方法，并认为教育与生产劳动的结合是造就全面发展的人的唯一方法。新中国成立后，毛泽东创造性地运用马克思这一思想，提出了理论与实践相结合、学以致用等思想。邓小平纠正了毛泽东晚年把教育和劳动等同的思想和做法，认为劳动只是教育过程的一部分，而不能用劳动代替教育，要结合实际情况运用“教劳结合”。1978年4月，邓小平在全国教育工作会议上的讲话中指出：“为了培养社会主义建设所需要的合格的人才，我们必须研究在新的条件下，如何更好地贯彻教育与生产劳动相结合的方针。”② 江泽民同志坚持了“教育与生产劳动相结合”的正确思想，并克服了具体实施过程中过分强调智育，忽视德、体、美等方面发展的做法，创造性地提出了“教育与社会实践相结合”的思想。在《关于教育问题的谈话》中，他指出“在我们的国家里，各级各类学校，都要认真贯彻执行教育为社会主义事业服务、教育与社会实践相结合的教育方针”③。江泽民在1999年全国教育工作会议上的讲话中强调：“象牙塔式的教育，不能适应当今时代的需要。教育同经济、科技、社会实践越来越紧密的结合，正在成为推动科技进步和经济社会发展的重要力量。”④

胡锦涛总书记在中国农业大学座谈会上的讲话指出：“希望同学们把深

① 温家宝同志在全国教育工作会议上的讲话［G］//《教育规划纲要》工作小组办公室. 全国教育工作会议文件汇编. 北京：教育科学出版社，2010：42.

② 邓小平. 邓小平文选：第二卷［M］. 北京：人民出版社，1994：107.

③ 江泽民. 关于教育问题的谈话［N］. 人民日报，2000-03-01（1）.

④ 江泽民. 江泽民文选：第二卷［M］. 北京：人民出版社，2006：355.

入实践作为成长成才的必由之路。古人讲，既要‘读万卷书’，又要‘行万里路’。”① 胡总书记在总结五四运动正确方向时认为“五四运动昭示的青年运动正确方向，就是在党的领导下，走与工农群众相结合、与中国革命实践相结合的道路”。所以“对青年学生来说，基层一线是了解国情、增长本领的最好课堂，是磨炼意志、汲取力量的火热熔炉，是施展才华、开拓创业的广阔天地。只有深入到基层中去，深入到群众中去，才能加深对社会的认识，增进同人民群众的感情，提高解决实际问题的能力”。② “教育与社会实践相结合”的思想更具有时代性、现实性、可操作性，更有利于素质教育的实施。

“教育与生产劳动和社会实践相结合”的精神实质主要包括：教育要为国家经济发展和社会进步服务，经济发展、社会进步为教育发展提供条件。现代社会劳动包含了体力劳动和脑力劳动，而且脑力劳动越来越占有更大的比重。教育与生产劳动和社会实践相结合的目的是培养全面发展的人，是提高学生服务国家、服务人民的社会责任感、勇于探索的创新精神和善于解决问题的实践能力的现实途径。

应试教育以升学为目的，以分数作为评价学生的标准和尺度，这种教育必然导致学生只注重书本知识的学习和钻研，使学生缺乏动手能力、实践能力，无法在实践中形成合作意识、增强为人民服务的责任感，无法提高创新精神和实践能力。我们的教育目的是促进学生的全面发展，不仅使学生在智力方面得到提高，还要培养学生的德、智、体、美全面发展。德育规律研究认为，德育过程包括道德认知、道德情感、道德意志和道德行为。也就是说，学生道德的掌握和良好品质的形成，需要一个过程。道德认知可以通过书本知识来掌握，学生也可以学习到大量的有关道德的知识，但引起学生的道德共鸣和道德情感的程度比较弱。而现实中的榜样等道德认知对象更具有生动性、鲜活性、启迪性和感召度，更容易唤醒学生的道

①② 胡锦涛. 在同中国农业大学师生代表座谈时的讲话［R］. 北京：人民出版社，2009：6.

德情感，和对道德行为的钦佩、内化和模仿。道德心理学认为现实的道德氛围、道德场景和道德事件更易激发学生内在的道德意识和道德情感。而道德意志和道德行为更要在实践中形成，更离不开道德实践的锤炼。总之，德育要与生产劳动和社会实践相结合才能完成。学生身体素质的养成，显然与在实践中锻炼是分不开的。美育主要是培养学生的审美感、审美观念、审美能力和创造美的能力等。这些素质一方面需要学习有关美的理论知识，同时更要接触大自然，感悟大自然，深入社会，感知社会生产生活的方方面面，接近艺术作品，等等。总之，教育与生产劳动和社会实践相结合，是培养德、智、体、美全面发展社会主义建设者和接班人的唯一途径。

教育与劳动相结合的思想在教育教学中就是要坚持知行统一。知行关系问题是中国古代重要的哲学命题。主要的观念有：知先行后，行先知后，知行合一。儒家、道家、法家等在知行关系上有不同的观点。在教学中落实知行论，具体来说，我们要开发实践课程和活动课程，让学生开展科学实验、生产实习和技能实训，并取得实在的成效。充分利用社会教育资源，开展各种课外、校外活动。加强中小学校外活动场所建设。加强学生社团组织指导，鼓励学生积极参与志愿服务和公益事业。“创立高校与科研院所、行业、企业联合培养人才的新机制。”① 支持学生参与科学研究，强化实践教学环节。

2. 注重学思结合

温家宝在全国教育工作会议上的讲话中指出：“教育不仅要传授知识，更重要的是启发思维，培养学习思考的能力。”②

学思结合简单地说，就是学习和思考要相互结合，相辅相成，相互促进，两者并重而不偏废。中国古代教育就特别注重学思结合。孔子是其中

① 国家中长期教育改革和发展规划纲要（2010—2020 年）［G］//《教育规划纲要》工作小组办公室. 全国教育工作会议文件汇编. 北京：教育科学出版社，2010：102.

② 温家宝同志在全国教育工作会议上的讲话［R］//《教育规划纲要》工作小组办公室. 全国教育工作会议文件汇编. 北京：教育科学出版社，2010：42.

最突出的代表。他提出："学而不思则罔，思而不学则殆。"[①] 即只知读书，却不会用脑进行思考而加以消化，就抓不住事物的要领，就会迷惘而无所得；只是左思右想，而不去读书获得实际知识，那会心存疑惑，思考就会失败。孔子认为学是求知的途径，重视学习文字上的间接经验，提出"博学于文"。学习的方式方面，他主张要经常复习、练习："学而时习之，不亦说乎？"[②]

孔子的学思结合的思想对我们今天创新教学模式具有重要的启发意义。在教学过程中，教师不但要鼓励学生学习知识，还要引导学生发挥主观能动性，进行积极、认真的思考，发展其发现问题和解决问题的能力，既要看到实物的现象，又要探究事物的本质和规律，既要知其然，又要知其所以然，使学生养成勤于思考的习惯和能力。[③] 教育教学中如果学生只"学"，不"思"，就会成为"书呆子"，填鸭式的灌输教育教学完全背离了"学思结合"的原则。学生知识的掌握只有通过艰苦的学习，而精神的培养和能力的提高需要深刻的思考。温家宝说："要鼓励学生独立思考、自由表达，增强他们的自信心，保护和激发他们的想象力、创造力。"[④]

在学思结合教学模式的构建和创新中，我们要以启发式教学为主导，以培养学习者学习能力、创新精神和实践能力为中心，构建多样综合的教学模式。倡导启发式、探究式、讨论式、参与式教学，帮助学生学会学习。激发学生的好奇心，培养学生的兴趣爱好，营造独立思考、自由探索的良好环境。

3. 因材施教

科学发展观的核心是"以人为本"。这一核心落实到教育上就要求我们

---

① 孔丘. 论语·为政［M］. 长春：吉林人民出版社，2005：16.

② 孔丘. 论语·学而［M］. 长春：吉林人民出版社，2005：1.

③ 孙培青. 中国教育史［M］. 上海：华东师范大学出版社，2000：37.

④ 温家宝同志在全国教育工作会议上的讲话［G］//《教育规划纲要》工作小组办公室. 全国教育工作会议文件汇编. 北京：教育科学出版社，2010：42.

根据学生特点，因材施教。

温家宝在北京市第三十五中学调研时强调：努力提高教学水平，做一名合格的人民教师，“要符合以人为本的要求。尊重学生、关爱学生、服务学生，为学生成长创造自由活泼的氛围，培养学生独立思考、勇于创造的能力，塑造学生大爱、和谐的心灵”。这要求教学要坚持因材施教的原则。

因材施教是指教师要从学生的实际情况、个别差异出发，有的放矢地进行有差别的教学，使每个学生都能扬长避短，获得最佳发展。我国伟大的教育家孔子就是因材施教的先驱，所谓“圣贤施教，各因其材”。孔子教学生既要“听其言”，又要“观其行”，在此基础上根据每个弟子不同的性格特点采取不同的教育方法。今天，我们要对不同智力发展水平的学生采用不同的教育方法，针对学生的个性特点进行个性化教育，根据学生的年龄特征、兴趣爱好开展有针对性的教育。

对待学习困难的学生，我们要不放弃，认真查找其学习困难的原因和影响因素，克服消极因素，激发积极因素，通过教师和学生的共同努力，使学生在自己现有素质基础上获得最大化发展。对待优秀学生，在教育教学中我们要使他们“吃得饱”，敏锐发现他们的长处和智力优势，提供给他们及时的恰当的教育教学。在升学方式方法上，健全公开、平等、竞争、择优的选拔方式，改进中学生升学推荐办法。结合实际情况推进分层教学、走班制、学分制、导师制等教学管理制度改革。

4. 教学整体改革思想

胡锦涛总书记强调要“完善中国特色社会主义现代教育体系”①，要“全面实施素质教育，深化教育体制改革，统筹城乡、区域教育，统筹各级各类教育，统筹教育发展的规模、结构、质量、效益，努力办好让人民群

① 胡锦涛同志在全国教育工作会议上的讲话［G］//《教育规划纲要》工作小组办公室．全国教育工作会议文件汇编．北京：教育科学出版社，2010：7.

众满意的教育”①。温家宝在全国科教领导小组上的讲话中指出“教学不光是课程的改革，应该是整个教学的改革，课程是其中的一部分”②。以往的教学改革只是“头痛医头，脚痛医脚”，只是某一方面的改革或改进。如单纯的教学方法改革，教学内容改革，教学模式改革等。单一的教学改革只能改变和改进教学的某一方面，如果没有其他方面改革的配合，只是修修补补，不能从整体上对教学改进产生影响。教学是一个完整的系统，系统的功能是系统各部分共同作用的结果，因此科学的教学改革要兼顾个人与社会、整体与部分、思想与行动、目标与过程等，统筹安排，整体推进，积极推进包括教学目标、教学内容、教学方法、教学评价等在内的全面的整体性改革。

（四）课程教材的改进

课程和教材是人类文化的精髓，是体现教学内容和教学方法的知识载体，是进行教学的基本工具，也是深化教育教学改革，全面推进素质教育，培养创新人才的重要保证。胡锦涛总书记在许多场合都强调了课程建设的重要性，提出要“改革教学内容”③。温家宝总理在北京市第三十五中学听课时强调“要立足于现代化建设对人才的实际需要，不断调整专业设置和课程设计”。

加强课程教材的管理是提高课程教材质量的重要保障。新中国成立以来，我国的课程教材管理经过了几个时期，新中国成立一直到 20 世纪 80 年代中期，我国在课程教材管理上主要实行“一纲一本”、编审合一的政策。1986 年，国家教委成立了全国中小学教材审定委员会及其下属的各学科教

---

① 胡锦涛在中共中央政治局第三十四次集体学习时的讲话［R/OL］. http://news.xinhuanet.com/edu/2006-08/31/content_5028441.htm.

② 温家宝. 百年大计　教育为本——在国家科教领导小组会议上的讲话［R/OL］. http://www.gov.cn/ldhd/2009-01/04/content_1194983.htm.

③ 胡锦涛. 在全国优秀教师代表座谈会上的讲话［R］. 北京：人民出版社，2007：6.

材审查委员会。委员会的成立，促进和规范了教材的编写与审定工作，为实现教材的编审分离，推动教材多样化格局的形成奠定了基础。2001 年国家新一轮基础教育改革的实施，教材的编写、审查分开制度正式确立，实现了“一纲多本”。

课程教材内容是学生直接认知和学习的对象，内容的质量直接决定着教学的效果和学生的发展。所以，知识内容须是经过人类长期的生产和生活检验的、系统的、成体系的科学知识。党和国家领导人历来重视课程教材内容的建设。早在 1977 年 8 月，邓小平同志在科学和教育工作座谈会上强调：“关键是教材。教材要反映出现代科学文化的先进水平，同时要符合我国的实际情况。”① 温家宝总理在国家科教领导小组会议上的讲话中指出：“希望课程设置更贴近学生的实际，贴近社会的实际，要求减轻学生的负担。”“要改革课程内容，使之具有时代特点，适应经济社会发展需要，有利于提高学生素质。”②

课程内容的选择会受到多种因素的制约和影响。从现实因素来讲，包括社会、学生、学科发展等；从理论因素看，课程的选择要受到其基础学科哲学、社会学、心理学等影响。教学改革中课程内容的改革是重要的一方面，课程的改革主要有以下几方面。

课程教材要贴近社会实际和生活。课程专家泰勒认为，教育目标的来源主要有三方面：对学生的研究；对当代社会生活的研究；学科专家对目标的建议。由此，课程的主要来源是学生、社会实际和学科专家的建议。课程内容要来源于社会生产和社会生活的实际，又要服务于社会生产和社会生活的实际。与学生的生活相联系，反映生活的需求和生活的知识。

课程教材要体现时代性，具有时代气息。在当今信息时代，知识更新的速度越来越快，课程内容也要根据时代的知识现状和未来发展，根据时

① 中共中央文献研究室. 邓小平论教育［M］. 北京：人民教育出版社，2004：38.

② 温家宝同志在全国教育工作会议上的讲话［G］//《教育规划纲要》工作小组办公室. 全国教育工作会议文件汇编. 北京：教育科学出版社，2010：42.

代生产和生活中的要求来选择和设计。如我国社会主义现代化建设的需求，多样文化、民主政治、社会主义核心价值观、市场经济等价值取向和时代特征都要体现在课程教材中。课程教材能反映学生生活的学校、社区、国家的时代气息。

课程教材要具有适量性。课程教材内容应该与学生身心发展水平的实际需要和承受能力相适应，与学生生活的特点相切合。过去我们在课程教材内容上存在着“繁、难、偏、旧”等问题，在“应试教育”的土壤中也孕育了题海战术，加之父母对子女成才的迫切愿望，导致学生的课业负担过重，一定程度上给学生的身心发展带来了负面的影响，不适应创新精神和实际能力的培养。在科学发展观指导下，党和国家领导人指出要改革课程教材内容，切实减轻学生负担，实施素质教育。“要切实减轻学生课业负担和学习压力，规范和从严控制各种教辅材料和课后班、补习班，让学生有更多的时间去思考，去锻炼，去选择性地读课外书，去了解社会，去接触书本上没有的知识，促进学生身心健康、全面发展。”①

课程教材内容要符合素质教育的要求，要充分体现人的整体素养。如人文课程与科学课程结合，理性课程与非理性课程结合、认知课程与非认知课程结合等。只有全面的课程教材体系，才能培养出全面发展的人。因此，我们要“文理科差别不要搞得太大，学理工的应该关心社会，提高人文素养；学文科的应该加强自然科学知识学习，提高科学素养”②。

2001 年开始的新课程改革取得实践性成就。1999 年 6 月，党中央、国务院在改革开放以来召开的第三次全教会上提出要深化教育改革，全面推进素质教育，构建面向 21 世纪的具有中国特色的基础教育课程体系。2001 年，经国务院同意教育部颁发了《基础教育课程改革纲要（试行）》，启动

---

① 温家宝同志在全国教育工作会议上的讲话［G］//《教育规划纲要》工作小组办公室．全国教育工作会议文件汇编．北京：教育科学出版社，2010：41－42．

② 温家宝．百年大计　教育为本——在国家科教领导小组会议上的讲话［R/OL］．http：//www.gov.cn/ldhd/2009－01/04/content_1194983.htm．

了新中国成立以来最为广泛和深刻的新一轮基础教育课程改革。新课程改革使我国的基础教育发生了一系列深刻的实践性变化：初步构建起具有中国特色的符合素质教育要求的新课程体系；教学方式正在发生着深刻变化，学生的主动性、创新精神和实践能力得到明显加强；注重学生全面考核和经常性考核的考试评价制度正在形成；极大地调动和激活了广大教育工作者的积极性，有力地促进了教师的专业发展和普遍提高；编写出一大批内容新颖、质量较高、丰富多样的新型教科书，基本上改变了过去偏难繁旧的状况。新一轮基础教育课程改革是党中央、国务院在新时期改革人才培养模式、加快培养创新型人才的战略性举措，是全面贯彻落实党的教育方针、全面实施素质教育的重要载体和关键环节，也是近年来教育战线推进教育改革的标志性成果之一。①

（五）教育教学评价的进展

科学发展观教育理论所坚持的教学评价标准是“能力本位”、“全面发展”，重点是培养学生的社会责任感、创新精神和实践能力。

教学评价是教学过程的重要一环，从不同的角度划分，教学评价有不同的类型。根据评价的对象不同，可以划分为计划评价、项目评价和材料评价；根据评价的基准不同，可以划分为相对评价、绝对评价和自我评价；根据评价的功能不同可以划分为诊断性评价、形成性评价和终结性评价。教学评价虽是对教学本身价值的判断，但是其本身也具有重要的功能，如诊断功能、调控功能和激励功能等。所以教学评价是完成教学任务、实现教学目标的重要手段和途径。

1. 教育教学评价的观念变化

以往的教学评价更多地关注评价的甄别、选拔功能，强调其外在的价值，而忽视了教学评价的教育功能、激励功能和调控功能。教学评价虽然

---

① http：//www. moe. gov. cn/edoas/website18/53/info1223455673534853. htm.

是对教学本身价值的判断和衡量，但它却具有内在的价值，如调控教学、改进教师教学、激发学生学习等作用。一般而言，不同的评价观念产生的评价效果不同甚至是截然相反。如教学评价中的相对评价，强调评价对象在整个评价全体中的位置和排名，尤其是以分数为衡量参照的评价，可能激发学习者的学习动机和竞争的欲望，但也有可能使学习者丧失信心，失去希望，而放弃努力。所以，教学评价观念的选择要慎重。

2. 教育教学评价的标准变化

人才评价标准是对人才的选择、使用、评价等问题的基本认识和观点。人才标准在不同的历史时期、不同的社会发展阶段、不同的国家地区是不同的。如新中国成立到改革开放之前，以“成分”和“出身”作为人才评价的标准。改革开放后，逐渐把学历和职称作为人才标准。20 世纪初，根据国际、国内发展的形势，我国又提出把能力作为人才评价的标准，真正把握了人才评价的规律和核心。

胡锦涛总书记在谈到人才标准时提出“把品德、知识、能力和业绩作为衡量人才的主要标准，不唯学历、不唯职称、不唯资历、不唯身份。”[①] 这一标准反映了我国当前对人才需求的根本要求，体现了时代发展的根本特征，是符合人才发展规律的评价标准，是科学的人才评价标准。

人才评价标准还要坚持多样性、多元化。以前我们总是把在某行业取得重大成就的人称为人才，把当了官的人当做人才，把拥有渊博知识和超高技能的人称为人才。如传统上将“凡具有中专及以上学历或初级专业技术及以上职称”的人称为人才。这样就把拥有一技之长或勤恳工作的人排除在人才之外，这是不正确的人才评价标准，也是不科学、单一的人才评价标准。其实，我国的社会主义现代化建设需要各方面的、多种类型的人才。多一种标准就多一批优秀人才。我们要坚持“人人可以成才”的观念，

① 胡锦涛在全国人才工作会议上的讲话（2003 年 12 月 19 日）［R/OL］. http：//www. people. com. cn/GB/shizheng/1024/2256582. html.

坚持科学、多样的人才标准。我们既需要拔尖创新人才，也需要专门人才，还需要高素质劳动者。

3. 改革教育教学评价的体系

《中共中央、国务院关于进一步加强人才工作的决定》提出，在人才评价方面，要建立以能力和业绩为导向，科学、社会化的人才评价机制。强调要根据德才兼备的要求，坚持群众路线，注重实践检验，构建以业绩为依据，由品德、知识、能力等要素构成的各类人才评价指标体系。

党和国家一直以来倡导人的全面发展，人的全面发展的内容可以概括为德、智、体、美等方面。党和国家提出以业绩、品德、知识和能力为要素的人才指标，是在原来人才指标增加了业绩因素。

德，主要是指人的思想品德，包括思想立场、世界观和道德品质。智，主要指人的智力，智能包括基本知识和技能、能力等方面。体，主要指健康的体魄。美，是指鉴赏美和创造美的兴趣、意识和能力。业绩是指人的活动和行动取得的进步性成果和贡献。业绩指标在一定程度上指向人才的外部，突出了只要在自己的工作岗位上积极工作，对社会和人民有所贡献，就会被认可。

三、教育教学改革的保障措施

（一）指导思想的发展

新中国成立后，在毛泽东思想的指导下，我们逐步建立了社会主义学校教学体系，确立了基本的教学模式和教学理念。在邓小平理论的指导下，我国学校教育为社会主义现代化建设，为改革开放培养了大批合格人才。在“三个代表”重要思想的指导下，我们逐步确立了社会主义市场经济条件下的教育改革思路。科学发展观继承和发展了马列主义、毛泽东思想、邓小平理论和“三个代表”重要思想，尤其是继承了解放思想、实事求是的核心思想。科学发展观教育理论根据国情、世情、教情确立了教学改革的主题，提出了教学改革的基本思想和方向。

（二）政策引导，制度保障

国家根据教学改革的需要及时颁布了一系列法规、政策制度。1985 年 5 月 27 日中共中央颁布了《中共中央关于教育体制改革决定》。《决定》是在国家确定了经济体制改革政策路线的背景下形成的，主要目的是提高民族素质，多出人才、出好人才，以体制改革为着眼点，调整教育结构。《决定》在教学方面提出的要求，主要是解决教学内容陈旧、教学方法死板、实践环节不被重视、教学不符合经济和社会发展的需要、落后于当时科学文化的发展等问题。《决定》确立了“改革同社会主义现代化不相适应的教育思想、教育内容、教育方法”的教学改革策略。

1993 年 2 月 13 日，中共中央、国务院颁布了《中国教育改革和发展纲要》。《纲要》是在“把教育摆在优先发展的战略地位，努力提高全民族的思想道德和科学文化水平”的教育战略主题下制定的，旨在建立与社会主义市场经济相适应的教育教学体制。在教学改革方面，《纲要》提出：“要按照现代科学技术文化发展的新成果和社会主义现代化建设的实际需要，更新教学内容，调整课程结构。加强基本知识、基础理论、基本技能的培养和训练，重视培养学生分析问题和解决问题的能力，注意发现和培养有特长的学生。中小学要切实采取措施减轻学生过重的课业负担。职业技术学校要注重职业道德和实际能力的培养。高等教育要进一步改变专业设置偏窄的状况，拓宽专业业务范围，加强实践环节的教学和训练，发展同社会实际工作部门的合作培养，促进教学、科研、生产三结合。”

2010 年 7 月 29 日，中共中央、国务院印发《国家中长期教育改革和发展规划纲要（2010—2020 年）》。《教育规划纲要》是根据党的十七大关于“优先发展教育，建设人力资源强国”的战略部署，为促进教育事业科学发展，全面提高国民素质，加快社会主义现代化进程而制定的。在教学上主要解决“教育观念相对落后，内容方法比较陈旧，中小学生课业负担过重，素质教育推进困难；学生适应社会和就业创业能力不强”的问题。纲要提出：创新人才培养体制、办学体制、教育管理体制，改革质量评价和考试招生制度，改革教学内容、方法、手段，建设现代学校制度。

为教学创造良好的外部政策和制度环境。胡锦涛总书记提出：“重点是促进义务教育均衡发展和扶持困难群众……着力促进公共教育资源配置公平……加快缩小城乡、区域教育发展差距。”① 如国家实行的免费师范生政策，使学生在学习中有了经济保障，这在客观上保障了教育公平。我国由于长期存在的城乡差距、东西部差距、重点校与非重点校的差距等，使我国长期存在义务教育发展严重不均衡的状况。国家实施义务教育均衡化发展，目的就是使各级各类学校教育实现公平。

胡锦涛总书记强调：“要强化政府对义务教育的保障责任，完善帮助贫困家庭学生上学的资助制度和扶持政策。”② 这些年来，我们全面推进义务教育阶段实施“两免一补”政策，在非义务教育阶段建立家庭经济困难学生资助体系。国家建立健全了对普通本科高校、高等职业学校和中等职业学校学生的国家奖学金、助学金制度，形成以国家奖、助学金和助学贷款为主体，勤工助学、特殊困难补助、学费减免有机结合的“奖、助、贷、补、免”的资助政策体系。政策实行之后，国家财政和各个学校用于资助困难学生的经费每年大概是500个亿，资助的学生是2000万人。其中，高等学校的资助面达到25%以上，中等职业学校的资助面达到90%以上。此外，还包括加大职业教育投入，逐步对农村职业教育实施免费政策。

（三）完善体制，创新机制

科学的教育教学体制是教学改革顺利进行的重要保障，理顺教育教学

① 胡锦涛同志在全国教育工作会议上的讲话［G］//《教育规划纲要》工作小组办公室. 全国教育工作会议文件汇编. 北京：教育科学出版社，2010：19.

② 胡锦涛在中共中央政治局第三十四次集体学习时的讲话［R/OL］. http://news.xinhuanet.com/edu/2006-08/31/content_5028441.htm.

体制，完善教育教学机制也是科学发展观教育理论的重要组成部分。胡锦涛在全国教育工作会议上的讲话中指出："必须坚持改革创新，创新人才培养模式，深化办学体制改革，深化教育体制改革，加强教育国际交流合作，进一步消除制约教育发展和创新的体制机制障碍，全面形成与社会主义市场经济体制和全面建设小康社会目标相适应的充满活力、富有效率、更加开放、有利于科学发展的教育体制机制。"①

从1985年颁布的《中共中央关于教育体制改革的决定》，到1993年的《中国教育改革和发展纲要》，再到2010年中共中央、国务院颁布的《国家中长期教育改革与发展纲要（2010—2020年）》，都突出了教育体制改革和完善对教学改革的指导与保障作用。《决定》在指出我国当前在教学方面面临的"课程内容陈旧，教学方法死板，实践环节不被重视"等问题后，强调"要从根本上改变这种状况，必须从教育体制入手，有系统地进行改革"。《中国教育改革和发展纲要》在体制改革中对"课程设置和课程标准"、"确定教学计划，选用教材和审定省编教材"等都作了规定。《教育规划纲要》更是从人才培养的角度明确人才培养体制改革的方向："更新人才培养观念"，"创新人才培养模式"，"改革教育质量评价和人才评价制度"。这些体制改革措施都涉及教学的目标、内容、方式方法、组织形式、教材、教学评价等方面，将有力地保障我国教学改革的顺利进行。

自改革开放以来，我国逐步确立了中国特色社会主义教育体制的基本框架。"我们与时俱进地推进教育管理体制、办学体制、投入体制等方面的改革，形成了多层次、宽领域、全方位的教育对外开放格局，确立了中国特色社会主义教育体制的基本框架。"② 近年来，按照科学发展观的要求，我国逐步推进了以制度创新为核心的教育体制改革，这些改革包括：教育

---

① 胡锦涛同志在全国教育工作会议上的讲话［G］//《教育规划纲要》工作小组办公室. 全国教育工作会议文件汇编. 北京：教育科学出版社，2010：15，16，17，18.

② 中共教育部党组. 人民教育奠基中国———新中国60年教育事业发展与改革的伟大成就［J］. 求是，2009（19）.

法律制度建设；建立公共教育财政制度；教育行政制度改革；社会参与制度改革；高等学校管理体制改革；建立中小学现代学校制度；高考制度改革；等等。

（四）以教学为中心，坚持教学方式方法的国情化、教情化

教学是现代教育尤其是现代学校教育的核心。学校教育以教学为中心是教育的应然，也是新中国成立以来教育发展与改革的经验教训的总结。教育坚持了以教学为中心，就会取得进步和发展；教育脱离了这一中心，就会止步不前。科学发展观教育理论强调“以人为本”，强调学生的全面协调持续发展，充分体现了对教学的重视。温家宝总理在全国教育工作会议上的讲话强调：“坚持以教学为中心，把培养人才作为高等学校的第一职责，学校和教师都要把主要精力放在搞好教学和培养好学生上。教授要上讲坛给本科生上课。科学研究也是高等学校的重要职能，但要与教学和培养人才紧密结合。”①《教育规划纲要》也指出：“把教学作为教师考核的首要内容，把教授为低年级学生授课作为重要制度。”② 温家宝总理2009年9月4日到北京市第三十五中学听了5节课，显示了党和国家对教学的重视。

教育教学的改革要立足国情、教情、校情。胡锦涛总书记强调要“立足社会主义初级阶段基本国情”③，“我们要坚持解放思想、实事求是、与时俱进，坚持以我国改革开放和现代化建设的实际问题、以我们正在做的事情为中心，着眼于马克思主义理论的运用，着眼于对实际问题的理论思考”④。胡锦涛总书记在谈到科学发展观学习活动时指出：“是在世情、国

---

① 温家宝同志在全国教育工作会议上的讲话［G］//《教育规划纲要》工作小组办公室. 全国教育工作会议文件汇编. 北京：教育科学出版社，2010：37－38.

② 国家中长期教育改革和发展规划纲要（2010—2020年）［G］//《教育规划纲要》工作小组办公室. 全国教育工作会议文件汇编. 北京：教育科学出版社，2010：102.

③ 胡锦涛同志在全国教育工作会议上的讲话［G］//《教育规划纲要》工作小组办公室. 全国教育工作会议文件汇编. 北京：教育科学出版社，2010：6.

④ 胡锦涛. 在纪念党的十一届三中全会召开三十周年大会上的讲话［R］. 北京：人民出版社，2008：38－39.

情、党情发生深刻变化，我国正处在改革发展关键阶段、我们面临的机遇和挑战都前所未有的背景下开展的。”① 在教育教学问题上胡锦涛总书记强调：“要全面推动教育事业科学发展，立足社会主义初级阶段基本国情，把握教育发展阶段性特征。”② 温家宝总理也强调：“要深深地懂得中国，结合中国的实际和国情，推进教育改革、优化教学结构、更新教学内容、改进教学方式。”③ 温家宝总理还从中外比较的角度，强调了我们的教学改革要结合自己的国情，提出：“从国内外的比较看，中国培养的学生往往书本知识掌握得很好，但是实践能力和创造精神还比较缺乏。这应该引起我们深入的思考，也就是说我们在过去相当长的一段时间里比较重视认知教育和应试的教学方法，而相对忽视对学生独立思考和创造能力的培养。”④ 教学改革要适应我国国情，就是要研究中国教学发展的客观规律，使教学改革符合中国教学发展的规律。教学改革要解决的问题是中国教育发展中的问题，也是要努力解决的我国学校教学面临的问题。同时，教学改革要体现中国教学未来的发展趋势，使教学更加符合我国创新型国家的建设目标。教学改革“要符合时代发展的要求。教育既要面向未来、面向世界、面向现代化，与时俱进；又要办出具有中国特色、中国风格、中国气派的现代化教育”⑤。教学改革还要立足学校的实际，结合学生、教师、地区文化等校情。温家宝总理说：“高校办得好坏，不在规模大小，关键是要办出特色，形成自己的办学理念和风格。”⑥ 教学改革要立足国情，解决中国的实际问题，这充分体现了科学发展观是实事求是、解放思想的核心精神。

---

① 胡锦涛. 在全党深入学习实践科学发展观活动总结大会上的讲话［R］. 北京：人民出版社，2010：1－2.

② 胡锦涛同志在全国教育工作会议上的讲话［G］//《教育规划纲要》工作小组办公室. 全国教育工作会议文件汇编. 北京：教育科学出版社，2010：10.

③④⑤ 温家宝. 教育大计 教师为本——温家宝在北京第三十五中学的讲话（2009年10月11日）［R/OL］. http：//www. gov. cn/ldhd/2009－10/11/content_ 1436183. htm.

⑥ 温家宝. 百年大计 教育为本——在国家科教领导小组会议上的讲话［R/OL］. http：//www. gov. cn/ldhd/2009－01/04/content_ 1194983. htm.

（五）提高教师素质

教学改革的关键是教师，教育质量提高的关键仍然是教师，教师的素质高低是教育教学改革是否成功的主导力量。《决定》指出："改革教育体制要调动各方面的积极性，最重要的是要调动教师的积极性。"《中国教育改革和发展纲要》也指出："建设一支具有良好政治业务素质、结构合理、相对稳定的教师队伍，是教育改革和发展的根本大计。"《教育规划纲要》指出"教育大计，教师为本。有好的教师，才有好的教育。"党和国家领导人也多次、在多种场合谈到教师对于教育发展和教学改革的意义。胡锦涛总书记指出"教育事业发展的关键在教师，必须紧紧依靠广大教师和教育工作者，遵循教育规律办学教学"①，2007 年在全国优秀教师代表座谈会上的讲话胡锦涛总书记强调："推动教育事业又好又快发展，培养高素质人才，教师是关键。没有高水平的教师队伍，就没有高质量的教育。"

胡锦涛总书记对提高教师素质，提出了具体要求：希望广大教师爱岗敬业、关爱学生；希望广大教师刻苦钻研、严谨笃学；希望广大教师勇于创新、奋发进取；希望广大教师淡泊名利、志存高远。②

---

① 胡锦涛同志在全国教育工作会议上的讲话［G］//《教育规划纲要》工作小组办公室. 全国教育工作会议文件汇编. 北京：教育科学出版社，2010：6.

② 胡锦涛. 在全国优秀教师代表座谈会上的讲话［R］. 北京：人民出版社，2007：5－7.

第九章

加强网络文化建设和管理，满足包括师生在内的人民群众日益增长的精神文化需要

互联网作为20世纪的一项重大基础性科技发明，引发了人类社会生产方式和生活方式的深刻变化。建设中国特色网络文化，满足包括师生在内的人民群众日益增长的精神文化需要，是新的时代背景下中国共产党在文化建设方面提出的新要求，也是科学发展观教育理论的重要组成部分。

一、深刻认识互联网兴起和网络文化发展带来的深刻影响

胡锦涛指出："互联网作为20世纪的一项重大基础性科技发明，引发了人类社会生产方式和生活方式的深刻变化，对世界经济、政治、文化、社会发展产生了重大影响。"①

① 胡锦涛2007年1月23日中共中央政治局第三十八次集体学习时的讲话［N］. 光明日报，2007-01-25.

（一）互联网和网络文化

1. 互联网

在人类历史上，从来没有任何一项技术及其应用像互联网一样发展那么迅猛。20 世纪 60 年代以来，以微电子技术为基础、因特网为工具体系、知识要素驱动为特征的现代信息技术迅猛发展。随着社会的信息化程度越来越高，网络的发展对社会生活产生了重大影响，同时，还以它便捷性、交互性、超时空性以及对资源的共享分配等特征，对教育领域中的教育理念、教育手段和教育管理模式产生着广泛而深远的影响，为教育的科学发展提供了难得的历史机遇和严峻挑战。

2. 网络文化

网络技术的广泛应用促进了人类精神文化活动向互联网延伸，孕育了具有信息时代特征的网络文化，极大地改变了文化生产、传播和消费方式，给我国社会主义文化建设带来了前所未有的机遇和挑战。在我国互联网已经成为重要的文化创作生产平台、文化产品传播平台和文化消费平台，网络文化已经成为人们精神文化生活的重要组成部分。

网络文化是在信息时代，以网络为介质而产生的一种新型文化形态，是文化在网络时代的延伸和发展。网络文化具有以下特征：

第一，虚拟性和真实性

人们正逐渐把网络社会看做是倾诉交流、购物交友、经商洽谈的“场所”。但是，网络社会所提供的实践环境与现实社会有很大的不同，网络社会虚拟的实践环境为“交往”提供了一定程度上可以容忍的“虚拟”（匿名性与隐私权），但网络的虚拟性并不能取代人们进入现实社会和接受现实实践的最终检验。

第二，互动性和即时性

传统媒体一般是单向传媒，而网络媒体则更强调双向或多向的互动式交流，网络媒体将信息传递给网民，网民可随时随地在网上发帖评论，网民可以利用网络进行通信和信息查询。与以往任何工具相比，网络更具有速度快、成本低、效率高的特点。

第三，丰富性和感观性

网络文化带给人们巨大的信息容量，淹没了遍布全球的网络用户。网络文化载体基本上是多媒体、超文本格式文件，它能将文字、声音、影像、颜色、音乐等有机地组合在一起，传递多感官的信息，仅需轻按鼠标就能进一步了解更多、更详细、更生动的信息，从而轻松快乐地接受教育，实现寓教于乐。

第四，开放性和多元性

网络连通了全世界，政治、经济、文化、科技等社会的方方面面几乎都被浓缩在网页上，人们不受时空限制可自由交往。网络文化中各种不同的价值取向、思想观念、宗教信仰、风俗习惯和生活方式等冲撞与融合，形成网络特有的文化交锋交融、互动共享的局面。

（二）网络文化对社会生活的影响和挑战

胡锦涛总书记说："互联网已成为思想文化信息的集散地和社会舆论的放大器，我们要充分认识以互联网为代表的新兴媒体的社会影响力。"①

第一，网络文化对社会的影响

一是网络文化对社会经济的影响。网络文化的发展改变了过去关于经济发展或财富增长的模式——即土地是财富之母，劳动是财富之父的根基，代之而来的是知识信息、平等交往、互利合作等成为最重要的财富增长因素。竞争不再是单靠价格、倾销等市场竞争的手段，而越来越依靠信用制度、风险共担、互利互惠、平行互动、对话交往等新的规则来导引。今天，网络大大缩短了人们的时空距离，扩大了人们的活动范围，加速了全球生产力的发展和知识技术的传播与互动。

① 胡锦涛. 在人民日报社考察工作时的讲话［R］. 北京：人民出版社，2008：7.

二是网络文化对社会政治的影响。网络文化对国内政治和国家间关系均产生了重大影响。在国内政治层面，互联网的发展加速了政治社会信息的流通和传递。一方面现实世界的信息越来越多地通过网络进行传送，增加了人们对外部世界的了解；另一方面网络文化将促使公众意见得到更充分的表达，扩大了他们对政治生活关注和参与的范围。网络传递信息的方便、迅速、及时，扩大了社会参政议政的渠道，增强了社会成员参政意识，使公民参与并影响政治决策过程的能力有较大幅度的提高。因此，通过发展电子政务，进一步提升政务公开化的程度和决策民主化的水平已经成为建设服务型政府当务之急。但是，网络在增强人类收集和利用信息能力的同时，也使编辑、传播和操纵虚假信息者有机可乘，不受任何约束规范的非理性参与和失范行为给现有的社会政治秩序带来一定的破坏。在国际政治层面，互联网也对国家文化主权和国家文化安全构成了极大的挑战。网络化在拓展人们的组织和整合能力的同时，也颠覆了传统的“从 2000 多年前被希腊哲学家阐述之后，便一直由个人认同的意识形态支撑”① 的有关主权与安全的观念，使意识形态的较量和维护国家文化主权的斗争从有形的现实世界扩展到无形的虚拟电子空间。

三是网络文化对社会文化的影响。现代信息网络技术是有别于传统的报纸、广播、电视三大媒体而兴起的“第四媒体”。网络时代的文化产业借助网络的复制不仅极大地提高了文化生产力，而且还极大地提高了文化产品的传播能力，使得空间和时间不再成为阻隔人类文明交流的障碍，使得人类社会得以在文明互动中发展成为可能。技术的积累和社会的需求促使了新兴文化产业的诞生，也使得文化产业与社会发展之间出现了全面的互动，构成社会的新的文化形态。

四是网络文化对社会生活的影响。网络时代，由于数字化技术广泛地

① 曼纽尔·卡斯特. 网络社会的崛起［M］. 夏铸九，王志弘，等，译. 北京：社会科学文献出版社，2003：27.

运用于人类社会生活的各个领域，网络世界代替了传统的信息载体，网络文化为现代人新的生存方式和发展提供了一个广阔的空间载体，使虚拟存在或不在场性成为人们可以选择的一种生活方式。

第二，网络文化对教育的影响和挑战

一是网络技术的发展为实现教育资源的均衡共享提供了可能。在传统社会里，由于获取信息和知识成本的高昂，并非每个人都能够得到自己所希望得到的知识和信息。传统意义上把知识结构分为自然科学和社会科学两大类。随着网络和信息技术的迅猛发展，目前，世界上普遍认同的观点是把知识结构分为四大类：①关于事实和现象的知识；②关于自然规律和原理方面的知识；③关于技能的诀窍方面的知识；④关于人力资源方面的知识。这种分类更能反映信息时代的本质特征及人们对知识的极大需求。网络正在改变世界，也在改变着我们的社会生活。一方面，它使人们获取知识的领域空前扩大，手段快捷便利，内容丰富多样，情景亦真亦幻，获取成本低廉。另一方面，它也为我们科学合理配置教育资源，把群众的需要与教育的实际供给能力有机统一起来，努力促进教育的公平公正，统筹城乡和区域教育发展，为人民群众提供更多更好的教育机会提供了条件和可能。

二是网络技术对教育手段的影响。传统的文化传播方式是以纸张和文字为载体的。计算机网络将千万台原本独立的计算机连接成相互关联的信息高速通道，人们坐在计算机前，只要在“链接点”或输入地址（URL）上轻轻敲击鼠标，便可获得来自世界各地的信息。网络社会使得多媒体及网络在教学中的作用也从一种辅助手段跃升为基础手段（称为计算机网络为基础的教学，即 WBI）。[①] 网络使人们突破时空、地域的界限，实现信息的全球交换与共享。网络文化对教育最为显著的影响还是阅读、写作和计算的变化：从文本走向超文本、从单纯文字发展到多媒体电子读物及同电

---

① 李祖详. 多媒体技术与网络文化背景下的教学新走向［J］. 前沿，2002（8）.

子资料库对话的高效率检索式阅读；从手写走向键盘、鼠标、扫描和语音输入，图文、声形并茂的多媒体写作方式，以及超文本结构的构思与写作、在与电子资料库对话中读写一体化和远程交流中写作的协同化与群体化；把传统的读写算融为一体，借助各类信息技术的统计与高效（多媒体）运算能力，已成为当前最基本的计算能力，运用信息技术建模、仿真与预测的能力（决策、运筹、博弈）在个体乃至人类发展中将会越来越重要。①

三是网络技术对教育途径的影响。网络技术的发展使得教育比以往任何时候更具有开放性。学者伽里森、尼珀和贝茨等人曾提出三代信息技术和三代远程教育的理论，他们认为三代信息技术对应着三代远程教育的发展。目前我国的远程教育正处在第二代远程教育向第三代远程教育的过渡阶段——即从利用广播电视、录音、录像等多种媒体学习途径逐步向以电子通信技术支持的网络媒体为主的支持师生之间、学生之间的相互作用的双向通信网络学习途径过渡。学生学习的方法和教师教学的方法都将发生改变。在传统的教育过程中，一个教师面对几十个，甚至更多的学生，全体学生在教师的引导下按照统一的程序、统一的进度、统一的内容进行教学，阻碍了学生创造性的发挥和个性的发展。网络在教育中的运用改变了学生的学习方式和途径，学生由原来的“不得不学习”变为“自己去学习”，网络学习是一种“交互式学习”，真正实现了“探究学习”。同时，传统教育导致的不同地域、不同学校间的教育途径将随着网络的普及趋于消失。网络技术的发展使“各个等级都变成了唯一的等级”②，现实社会中的某个特殊等级的人，并不能因为其在某些方面具有特殊的途径而享受特殊的教育。

四是网络技术的发展使个性化教育成为一种可能。由于人内心世界的丰富多彩性，人类的教育活动也因学生个性差异而有所不同，进而使

① 孟繁华，张静. 网络文化与师生关系［J］. 山东教育科研，2001（12）：12－14.
② 皮埃尔·勒鲁. 论平等［M］. 王允道，译. 北京：商务印书馆，1996：255.

个性教育成为历代教育家们所追求的教育教学方法。在中国古代，孔子提出了“因材施教”的教学思想，主张尊重学生的个性，在教学中根据学生的不同特点施以不同的教化。近代著名的教育家蔡元培主张“尚自然”、“展个性”。马克思主义认为教育应尊重个性，人的发展是个性与共性的辩证统一。胡锦涛总书记在全国教育工作会议上明确指出：“教育的根本目的是培养德智体美全面发展的社会主义建设者和接班人，必须全面贯彻党的教育方针，把促进学生健康成长作为学校一切工作的出发点和落脚点。”[①]我们今天所倡导的素质教育在理念上是个性化教育，是要让所有的学生接受到一种符合自身特点和需要的教育，在每个学生“自然性”的基础上促进他们身心的和谐发展。但在传统教育中，受到时空的限制，教育活动是同步的（同一年龄的学生在同一时间内，在同一教师指导下学习同一内容的知识），学生的学习很大程度上是被动的，学生个性化的发展在教育中是难以实现的。但是，网络能为人们的学习提供大量的、丰富的、个性化的教育资源，这些内容繁多、极具个性化的网上资源为受教育者提供了极具个性的学习机会。学生借助网络技术，可以随时随地畅游于各种网页、数据库，电子图书馆和电子杂志等信息的海洋里，进行基于自己兴趣和喜好的探索性的自主学习，使学生的多重自主选择成为可能。学生可直接在网上和教师探讨，以电子邮件、电子公告板的形式充分阐述并发表自己的见解。通过 E-mail 或多媒体的虚拟讨论会，与其他同学一起解决学习中的难题并通过这种方式学习到新知识，从而为个性化教育提供物质技术基础。

第三，网络文化对青少年学生的影响

网络的超时空性和互动性对青少年学生的生活方式和社会互动产生了积极的影响，有利于其社会化的进程；互联网信息的丰富性和快捷性开阔了青少年学生的知识视野，拓宽了他们的求知途径，有利于培养其科学文

① 胡锦涛同志在全国教育工作会议上的讲话［G］//《教育规划纲要》工作小组办公室. 全国教育工作会议文件汇编. 北京：教育科学出版社，2010：5.

化素质。但是，网络文化是一把双刃剑，它对青少年学生的成长也带来了一定的负面影响。

一是网络文化对青少年学生思想观念的影响。对于还在求学阶段的青少年学生来讲，他们的生活主要场所就是学校和家庭，生活空间狭小，信息闭塞。尤其是处在升学的重压之下，他们根本无暇顾及学习以外的事情，这就导致大部分青少年学生缺乏生活经验。网络媒体为他们了解社会、开阔视野、增长见识打开了认知世界的一道门。网络上形形色色的信息大大拓展了他们的视野，丰富了他们的生活。但是，网络信息纷繁复杂，良莠不齐。据有关部门调查，网络上非学术信息中47%与色情有关，每天约有2万张色情照片进入互联网，一些自控能力较弱的青少年学生出于新鲜好奇或冲动心理去搜寻色情、暴力游戏。据调查，有46.23%的大学生有浏览不健康网站的现象，因为好奇而去点击不健康网站的占83.02%。“从生活方式到处世心态，从价值观念到情感教育，大到国际政坛要闻，小到个人理财、穿着打扮，传媒为新人类（本书特指青少年学生）提供了众多的最新信息以及诠释。”① 网络文化在带给青少年学生知识和信息，愉悦他们身心的同时，也考验着青少年学生作为主体的自我调控能力和规范能力。伴随网络文化扩张而来的“越来越严重的道德滑坡、情感冷漠、信仰危机和人格丧失，标志着一些人对信息技术的盲从与过分依赖而使人迷失了自我”。② 人们在网上交换信息的过程中，不同国家之间的文化传统、思想观念、宗教信仰和生活方式等方面的冲突达到了前所未有的程度，极易破坏青少年学生尚未形成的世界观、价值观和文化观，对他们道德标准、价值观念和政治信仰将产生重大影响。面对网上令人眼花缭乱的诱惑，学生若没有一定的是非鉴别和道德约束能力，其思想道德素质将会受到极大的考验和冲击。

---

① 张鲁卿，孟昭强，唐汉．新人类：酷的一代［M］．北京：民主与建设出版社，2003：137.

② 郑永廷，银红玉．试论人的信息异化及其扬弃［J］．教学与研究，2005（6）.

二是网络文化对青少年学生生活方式的影响。消费文化随着网络的扩张而不断影响青少年学生的生活方式。消费文化一般是指当代西方发达资本主义国家出现的一种生活方式，这种生活方式以诱惑消费、追逐消费、炫耀消费为主要表现形式，并使消费成为经济活动的主导，甚至使消费取代生产成为主要经济活动的内容。这种消费至上、享乐至上的文化思潮对青少年学生危害极大。当他们沉浸在短期行为的消费热潮中，不仅丧失了物质再生产的可能性，而且也丧失了精神再生产的可能性，不仅激化了文化准则和社会结构准则的矛盾，而且暴露出社会结构和人的精神结构相当严重的内在矛盾，以及由这种矛盾所呈现的传统价值的合法性危机。

三是网络文化对青少年学生心理健康和人际交往的影响。随着网络的不断扩展，“网络上瘾症”、“网络孤独症”等对青少年学生的身心健康构成严重的危害。对网络“一网情深”已经成为一些青少年学生课堂上情绪低落、思维迟缓、逃课、补考的重要原因。网络的匿名性和隐蔽性给青少年学生提供了极大的张扬个性、放纵欲望的空间。在摆脱现实社会道德规范约束的情况下，极易放大“人性恶”的一面，在网络交往中以“自我快乐”为出发点，在 E-mail、QQ、BBS 中撒谎、讲粗话、谩骂他人的现象经常出现，畸形的网恋、网婚、裸聊等日益泛滥，导致网络道德失范比比皆是。甚至通过网络传播病毒，进行黑客入侵、破坏、诈骗、盗窃、侵犯和诽谤等网络犯罪行为。

因此，要根据青少年学生接受信息途径发生的新变化，“全面加强校园网建设，善于运用互联网等现代传媒，把思想政治教育的内容有机融入其中，开展生动活泼的网络思想政治教育活动，增强网络思想政治教育的吸引力和感染力，形成网络思想政治教育工作体系，牢牢把握网络思想政治教育的主动权”。[1]

---

① 胡锦涛2005年1月17日在全国加强和改进大学生思想政治教育工作会议上的讲话 [N]. 光明日报，2005－01－19.

二、加强网络文化建设和管理，满足包括师生在内的人民群众日益增长的精神文化需要

党中央、国务院高度重视互联网建设和网络文化发展。在互联网进入我国之初，针对互联网越来越渗透到了经济、社会、个人生活的方方面面这一新情况，中央就明确提出了“积极发展、加强管理、趋利避害、为我所用”的方针。党的十六大以来，以胡锦涛同志为总书记的党中央根据互联网发展出现的新情况，采取一系列切实有效措施，加强网络文化建设和管理。2004 年，中共中央办公厅国务院办公厅下发了《关于进一步加强互联网管理工作的意见》（中发办［2004］32 号）。十六届四中全会提出要“高度重视互联网等新型传媒对社会舆论的影响，加快建立法律规范、行政监管、行业自律、技术保障相结合的管理体制，加强互联网宣传队伍建设，形成网上正面舆论的强势。”① 2007 年年初，中央政治局专门就世界网络技术发展和我国网络文化建设与管理进行集体学习，胡锦涛同志指出，加强我国网络文化建设和管理，必须从中国特色社会主义事业总体布局和文化发展战略出发，坚持以邓小平理论和“三个代表”重要思想为指导，全面贯彻落实科学发展观，按照发展社会主义先进文化的要求，坚持积极利用、大力发展、科学管理，以先进技术传播先进文化，促进和谐文化建设，更好地满足人民群众日益增长的精神文化需要，为全面建设小康社会提供有力的思想保证和舆论支持。党的十七大又进一步明确提出，要加强网络文化建设和管理，营造良好网络环境。胡锦涛同志指出：“充分发挥互联网在我国社会主义文化建设中的重要作用，有利于提高全民族的思想道德素质和科学文化素质，有利于扩大宣传思想工作的阵地，有利于扩大社

---

① 中国共产党十六届四中全会《关于加强党的执政能力建设的决定》［N］. 人民日报，2004－09－20.

会主义精神文明的辐射力和感染力，有利于增强我国的软实力。我们必须以积极的态度、创新的精神，大力发展和传播健康向上的网络文化，切实把互联网建设好、利用好、管理好。”① 中央的这些重大决策部署，充分反映了我们党对信息化发展规律的深刻认识，反映了我们党对科学技术迅猛发展带来的文化发展战略机遇的准确把握，体现了我们党在信息化条件下加强执政能力建设的深谋远虑。

（一）坚持社会主义先进文化的发展方向，唱响网上思想文化的主旋律

互联网不仅仅是网络信息传播、增值服务的重要领域，而且也是重要的思想文化阵地。与传统的传播方式相比，网络遵循的是一种“去中心化”与又产生“新的中心”的传播方式。从字面看，“去中心化”与产生“新的中心”背道而驰，但事实上，这两者相互交织。现代的人们和过去一样，以各种方式认同自己，陷入了众多权威网络之中，并在其间分配资源。② 网络为同处一个平台上的交流者提供了平等交流的机会，网络为信息发布者提供了渠道，各种社会思潮、价值观念、生活准则和道德规范都可在此占据一席之地。胡锦涛总书记特别强调：“能否积极利用和有效管理互联网，能否真正使互联网成为传播社会主义先进文化的新途径、公共文化服务的新平台、人们健康精神文化生活的新空间，关系到社会主义文化事业和文化产业的健康发展，关系到国家文化信息安全和国家长治久安，关系到中国特色社会主义事业的全局。”③因此，我们要以创新精神，通过提高主流文化对各种思想观念和社会思潮的整合、引领能力，为建设中国特色社会主义提供强大精神动力和思想保证。

坚持社会主义先进文化的发展方向，唱响网上思想文化的主旋律，要

---

①③　胡锦涛. 2007 年 1 月 23 日中共中央政治局第三十八次集体学习时讲话［N］. 光明日报，2007－01－25.

②　约瑟夫·拉比德，弗里德里希·克拉托克维尔. 文化和认同：国际关系回归理论［M］. 金烨，译. 杭州：浙江人民出版社，2003：52.

坚持以科学发展观统领经济社会发展全局，确立马克思主义在我国网络文化建设中的指导地位，用社会主义的意识形态占领这一新的舆论宣传和文化阵地。马克思说："统治阶级的思想在每一时代都是占统治地位的思想。这就是说，一个阶级是社会上占统治地位的物质力量，同时也是社会上占统治地位的精神力量。支配着物质生产资料的阶级，同时也支配着精神生产的资料。"① 这是人类社会发展的一条普遍规律。建设中国特色社会主义是我国社会发展的价值目标，确保社会主义网络文化的先进方向具有战略意义。历史经验表明，文化思想领域历来是敌对势力同我们激烈争夺的重要阵地，如果这个阵地出了问题，就可能导致社会动乱甚至丧失政权。因此，要克服那种把网络领域看作天然的思想文化自由论坛从而甘愿让出这一宣传文化阵地的观念和行为。要把积极建立网络宣传和思想政治工作阵地作为党的先进性建设的基础工程。马克思主义政党的先进性首先表现在理论上的先进性，每当中国革命、建设和改革进入一个新的历史阶段，我们党始终都把思想理论建设摆在首位，坚持用马克思主义的科学理论武装全党，是我们不断保持党的先进性的根本经验。面对世界多极化、经济全球化的趋势深入发展，应对社会生活多样化和人的思想活动独立性、选择性、差异性明显增强的社会文化变迁，只有始终坚持马克思主义的指导地位，用党的理论创新成果指导新的实践，引领整合多样化的社会思潮，全党全国人民团结奋斗才会有共同坚实的思想理论基础。

高科技时代所出现的网络文化是一种新形态的文化，必须以社会主义核心价值体系引领网络文化的目标构建、建设中国特色网络文化。网络文化部门和网络文化工作者都要树立强烈的责任意识，坚决抵制那种借助网络不负责任地制造文化垃圾，消磨人们意志、涣散人们思想的错误行为。自觉地通过自己的辛勤努力和利用优秀的文化成果努力传播先进文化、倡导科学精神、塑造美好心灵、弘扬社会正气、凝聚人心、鼓舞斗志，充分

① 马克思，恩格斯. 马克思恩格斯选集：第一卷［M］. 北京：人民出版社，1995：98.

发挥网络文化在培育全社会成员共同理想方面的重要作用。

（二）提供更多更好的网络文化产品和服务，丰富人民群众的精神文化生活

“要提高网络文化产品和服务的供给能力，努力形成一批具有中国气派、体现时代精神、品位高雅的网络文化品牌。”[①] 目前，我国人民群众物质生活不断改善，精神文化需求日趋旺盛，正在把更多消费需求转向文化领域。人们思想活动的独立性、选择性、多变性、差异性明显增强，也需要我们提高网络文化产品和服务的供给能力。网络文化知识性与价值性的特征使得网络社会的思想政治教育环境不仅是一种技术性的存在，更是一种以人为主体的文化的展现。人们在适应网络空间生存需要的行为方式和交往方式的同时，也意味着一种新的文化模式的产生。人类未来的精神生活和物质生活，都必将与网络文化发生紧密的联系，处于“网”罩之下。“新的文化模式又在培养造就新一代的网络人，网络人按照网络生活的样式形成了与网络相适应的人格。”[②] 要立足中国国情、坚持重在建设，围绕满足人民群众精神文化需求，加强网络文化产品的创作生产，提供更多更好的网络文化产品和服务。

要大力运用新技术，积极开发新业务，培育新的文化产品和服务，努力形成一批具有中国气派、体现时代精神、品位高雅的网络文化品牌。要提高网络文化产品和服务的供给能力，提高网络文化产业的规模化、专业化、国际化水平，努力形成一批“立足中国、放眼世界、社会责任感强”，既能“引进来”又要“走出去”的网络文化骨干企业。

要把博大精深的中华文化作为网络文化的重要源泉，推动我国优秀文化产品的数字化、网络化，加强高品位文化信息的传播。以打造精品、创

---

① 胡锦涛. 2007 年 1 月 23 日中共中央政治局第三十八次集体学习时讲话［N］. 光明日报，2007－01－25.

② 陆俊. 重建巴比塔：文化视野中的网络［M］. 北京：北京出版社，1999：102.

品牌产品为基础，不断增强我国网络文化产业的自主创新能力，努力推动网络文化产品的创作和生产向原创为主转型升级。

要引导广大作家、艺术家等文化工作者以高度的政治责任感积极参与网络健康文化产品的创作。深入探索网上文化生产传播的规律，研究不同网民特别是青少年的接受心理，创作出更多体现时代精神、讴歌真善美、群众喜闻乐见的网络文化作品。要积极整合文化领域现有的网络文化资源，发挥公共文化机构，如图书馆、博物馆、文化馆等以及文化信息共享工程的作用，构建起公共文化服务的网络大平台。加强高品位文化信息的传播，推动网络文化发挥滋润心灵、陶冶情操、愉悦身心的作用。

（三）提高网上引导水平，形成积极向上的主流舆论

“要加强网上思想舆论阵地建设，掌握网上舆论主导权，加大正面宣传力度，形成积极向上的主流舆论。”[①] 网络是一把“双刃剑”，在给人们获取知识、增加财富和交往沟通提供便利的同时，加剧了世界范围内不同思想文化的相互激荡，使我国意识形态领域多样、多变的特点进一步凸显，抵御境内外敌对势力西化、分化战略图谋的任务进一步加重。网络传播所带来的即时性、开放性、多样性、虚拟性、多主体构建、多渠道影响的特点，使得网络信息共享和交换显现出极大的复杂性和不确定性，网络上社会群体性事件的放大扩散，思想领域杂音、噪音的传播，腐朽文化和落后文化的蔓延给引导网络舆论提出了新的挑战。

要坚持用正面声音占领网络阵地，确保正确舆论导向。掌握网上舆论主导权，是新形势下有效引导社会舆论的重要环节。要把握正确的舆论导向，及时宣传党的理论和路线、方针、政策，加大正面宣传力度。要深入研究网上舆论引导的特点和规律，及时掌握、深入研究、准确判断网上舆

① 胡锦涛. 2007 年 1 月 23 日中共中央政治局第三十八次集体学习时讲话［N］. 光明日报，2007 - 01 - 25.

情，讲求引导艺术，积极运用新技术，善于运用网民熟悉的语言和方式，牢牢把握网上舆论的制高点。要努力提高网上舆论引导的针对性和有效性，重点研究和辨别关乎国计民生、影响社会稳定、容易被利用的舆论热点，积极回答干部群众关心的理论问题，增强理论宣传的吸引力和影响力。

正确应对网上突发事件，要快速启动应急机制，抢占正面宣传舆论制高点。重大突发事件往往会因信息公开不及时，流言出现泛滥，给舆论处置带来压力。因此，只有及时满足受众的知情权才能首先“占位”，先声夺人，在第一时间把握舆论宣传的主动权，创造有利于事件解决的舆论环境，使不实的传闻和谣言没有产生、传播的空间和机会。

加强网上思想舆论阵地建设，加大扶持力度，创新体制机制，做大做强重点新闻网站，使之成为在国内外有重要影响的综合性网络媒体，成为引导思想舆论的生力军。针对网民关注的热点问题和具体事件，要把党和国家的决策部署同网民的关注点结合起来，疏导情绪，批驳谣言，反击错误言论，有效纠正认识偏差，使舆论引导真正入脑入心。在宣传报道中注重运用事实说话，在网评中善于运用“网言网语”循循善诱，做到有的放矢，以情动人、以理服人。

要大力发展网络文化技术，瞄准世界文化科技发展的战略前沿，加强数字技术、数字内容等核心技术的研发和应用，掌握自主知识产权，提高文化装备制造技术水平；要进一步加大新一代网络、“防火墙”、“电脑密码”等重点领域的技术攻关和研究开发力度，着力构筑政治、经济、文化等领域的过滤网站，抵御破坏性信息侵袭的同时，保证网络文化的优秀成果能更快地传输到各个相关领域，努力实现舆论全覆盖，媒体全联动的舆论引导强势，把社会主义意识形态贯穿到各级各类媒体传播之中。

（四）营造文明健康的网络环境，营造共建共享的精神家园

胡锦涛总书记指出：“要倡导文明办网、文明上网，净化网络环境，努

力营造文明健康、积极向上的网络文化氛围，营造共建共享的精神家园。”①

网络环境状况如何，关系到人们的身心健康，特别是关系到青少年的健康成长。随着互联网的迅速发展，加强网络道德建设，净化网络环境，努力营造文明健康、积极向上的网络文化环境，越来越成为人民群众的强烈呼声和全社会的共同要求。

要加强网络道德建设，创造文明健康的网上文明家园。要大兴网络文明之风，在网上广泛开展社会主义荣辱观宣传教育，大力弘扬体现国家发展和社会进步的思想文化，弘扬民族优秀传统文化，倡导科学精神、弘扬社会正气、塑造美好心灵、促进和谐文化建设。

要倡导文明办网、文明上网。要求各类重点新闻网站要树立社会主义荣辱观，建立规范的信息采集、制作和发布流程，对虚假新闻和有害信息要严格把关，及时删除，不跟风，不炒作。特别要关注解决青少年上网问题，通过社区、学校、家庭等方面共同努力，维护青少年合法权益，为他们的成长创造文明健康的网上空间。

要帮助和引导群众树立维护网络环境的责任和义务意识，遵守社会道德规范，自觉抵制网络低俗之风，共建文明健康的网上文明家园。坚持社会效益第一的原则，不链接含有有害信息的网站，抵制低级媚俗，消除淫秽、色情、暴力等有害信息，依法对用户在本网站上发布的信息进行监督，确保网络信息内容的合法和健康。

（五）坚持依法管理、科学管理、有效管理，维护国家文化信息安全

“要坚持依法管理、科学管理、有效管理，加快形成依法监管、行业自律、社会监督、规范有序的互联网信息传播秩序，切实维护国家文化信息

① 胡锦涛. 2007年1月23日中共中央政治局第三十八次集体学习时讲话［N］. 光明日报，2007-01-25.

安全。”① 随着信息化、网络化进程在各个领域的纵深发展，信息技术在造福于人类的同时，也存在着巨大的安全隐患，文化信息安全已成为国家综合安全的重要组成部分。

要综合运用法律、行政、经济、技术、思想教育、行业自律等手段，提高网络管理水平，加强对互联网的管理，加快形成依法监管、行业自律、社会监督、规范有序的互联网信息传播秩序。

要推进互联网管理法制化，加大执法力度，做到有法可依、有法必依、执法必严、违法必究。要落实好互联网视听节目服务管理规定，严格执行法人和产品准入制度，集中清理违规视听节目服务，要将手机网站、视频网站会员专区、聊天室、即时通讯群组、视频下载服务等纳入整治范围。要强化网络接入服务商的监管责任，电信运营企业和网络接入服务商要有专门的部门和人员负责监管，及时处理公众举报。要斩断淫秽色情网站赖以生存的利益链，全面清查和规范手机、固定电话为网站的代收费服务。要规范网上广告经营行为，对为淫秽色情网站提供广告、链接等推介服务的要严厉查处。完善监控措施，建立长效机制。

要加强未成年人在线法律保护，加大网上知识产权保护力度。要大力开展净化网络环境整治活动，严厉打击危害国家安全、传播网络淫秽色情等各种违规行为，严格查处互联网服务营业场所无照经营、互联网信息服务单位超范围经营、接受未成年人上网等违法行为。

要充分发挥行业组织自我教育、自我管理的作用，落实网络运营单位的管理责任，引导网站和从业人员自觉遵守国家法律和有关政策，规范行业行为，注重职业操守。要加大对关键技术、重要阵地、重点工程的政策扶持力度，加强网络安全和管理的技术开发，善于运用技术手段提高防范能力，切实维护国家文化信息安全。

---

① 胡锦涛. 2007年1月23日中共中央政治局第三十八次集体学习时讲话［N］. 光明日报，2007-01-25.

要加强网络人才队伍建设。网络文化处于信息技术应用的最前沿，处于思想舆论交锋的第一线。能否建设具有较高思想政治素质、过硬业务能力、富于开拓创新精神的人才队伍，直接关系到网络文化建设和管理的水平。要立足网络文化的现实需要和长远发展，突出建设好网络文化业务、经营管理、技术研发和监管执法四支队伍。加强信息产业发展与网络文化发展的统筹协调，切实把一手抓发展、一手抓管理的要求贯彻到网络技术、产业、内容、安全等各个方面，努力开创我国网络文化建设的新局面。

三、加快教育信息化进程，促进优质教育资源普及共享

在全国教育工作会议上，胡锦涛总书记指出：“要以教育信息化带动教育现代化，把教育信息化纳入国家信息化发展整体战略，加快教育信息基础设施建设，超前部署教育信息网络，加强优质教育资源开发和应用，构建国家教育管理信息系统，确保到2020年基本建成覆盖城乡各级各类学校的教育信息化体系，促进优质教育资源普及共享，加快全民信息技术普及和应用。”① 以现代信息技术为重要手段，整合社会学习资源，形成开放、灵活、方便的学习平台，促进优质教育资源普及共享，为广大人民群众接受教育、进行学习创造条件，是科学发展观教育理论的一个重大创新思想。

（一）发展现代远程教育，形成开放、灵活、方便的学习平台

现代远程教育是随着现代信息技术的发展而产生的一种新型教育方式。在工业经济时代，教育的模式是学生走进教室，而在信息经济时代，教育的模式是教室通向学生。它采用计算机多媒体技术，通过互联网、视频会议系统进行教学，体现出鲜明的时代特征。现代远程教育与传统远程教育

① 胡锦涛同志在全国教育工作会议上的讲话［G］//《教育规划纲要》工作小组办公室．全国教育工作会议文件汇编．北京：教育科学出版社，2010：23.

相比具有很多优势：它可以使高等教育不受校园的局限，有效解决教学资源紧张，使学习者可以共享一流的教育资源，极大地方便了学习者的自主学习；它能够实现实时教学的交互功能，达到与传统课堂教学同样的教学效果；它有利于培养学习者较强的信息获得能力和信息选择能力，有利于锻炼学习者的网络应用能力，有利于培养学习者的自我建构能力。

目前，我国远程教育已经产生了两次跨越式发展。第一次跨越式发展是 1978 年邓小平同志创造性地借鉴发达国家尤其是英国创办开放大学的经验，批准成立广播电视大学。他明确指出："要制订加速发展电视、广播等现代化教育手段的措施，这是多快好省发展教育事业的重要途径，必须引起充分的重视。"① 从此，我国广播电视教育掀开了崭新的一页。依托广播电视大学进行大规模的补偿性教育，在人口众多、教育资源短缺的情况下"多快好省"地发展高等教育，为我国改革开放初期工业化和现代化发展培养了大批急需的各类人才。第二次跨越式发展是 1998 年教育部正式启动国家现代远程教育工程，并陆续批准在 69 所高校开展现代远程教育试点。试点进一步推动了我国以广播电视教育为特征的第二代远程教育向以计算机网络为特征的第三代远程教育过渡，同时也有力地促进了我国高等教育大众化的发展。

现代远程教育在整合社会学习资源，形成开放、灵活、方便的学习平台方面起到了巨大作用。现代远程教育与传统广播电视教育的不同之处在于，人们可以在计算机网络的环境下，不受时间和空间的限制，完成"随时、随地的交互式"教学活动，使人们接受方便、高效的教育，教育质量得到明显提高。

现代远程教育打破了时间和空间的限制。它将课程、实验、疑难解答、作业、参考资料等做成课件，上传到网站，并及时更新。学生可以通过网络随时选择自己所需的课件进行点播学习，从而达到根据自己需要自主学

① 邓小平. 邓小平文选：第二卷［M］. 北京：人民出版社，1994：108.

习的目的。它通过先进的通讯设备，用现场直播的方式进行授课，使学生能及时地掌握教学内容，完成教学进度。这种采用计算机多媒体技术，通过互联网、视频会议系统进行教学的方式，使不同地点的学生与教师之间实现面对面的交流，进行讲授、提问、答疑和讨论，可以实现不同地点实时地、交互地、有选择地进行学习，体现出鲜明的信息时代学习的方式方法的特征。现代远程教育给教与学的概念赋予了新的内涵，将给教育带来深刻的变革，推动教育观念、教育思想、教育模式和教学方法的更新。

（二）加强教育信息化体系建设，促进优质教育资源共享

教育信息化体系最大的特点就是最大限度地开放教育资源，满足学习者个性化学习需求，使他们实现随时、随地学习自己所想学的知识的愿望，并提供完善的教学信息和咨询服务。教育信息化体系平台提供网络课程和相关信息介入、浏览，提供多种类课件或教育信息，提供教师布置作业、考试、评阅，提供包括辅导答题、交流讨论和各种网络化辅导教学工具，提供合理的虚拟教学环境，提供学习资源的辅助管理，帮助和引导学生完成学习。这种学习方式还为学习者提供方便、快捷、周到的服务，缓解了学习者的工学矛盾，得到了学习者的赞同。所有这些，为促进优质教育资源共享奠定了坚实的基础。

（三）以教育信息化带动教育现代化，推进学习型社会建设

在以知识经济为主要特征的 21 世纪，科技和人才在经济和社会发展中的地位、作用日益突出。综合国力竞争的核心是人才的竞争，人力资源是一切资源中最宝贵的资源。实现经济和社会发展，关键在人。可以说，谁掌握了知识和人才，谁就掌握了主动权。目前，我国人力资源开发的总体水平还比较低，要在综合国力竞争中占据有利位置，必须由过去主要重视物质资源、资本、设备等经济要素转变为更加重视人力资源和知识、教育、科技、信息等发展要素，建立一个无人不学、无时不学，全民学习、终身

学习的学习型社会。

终身学习是当今社会发展的必然趋势。一次性的学校教育已不能满足人们更新知识的需要，要以远程教育网络为依托，形成覆盖全国城乡的开放教育系统，为各类社会成员提供多层次、多样化的教育服务。① 胡锦涛同志在2010年全国教育工作会议上指出："要以终身学习理念引领学校教育改革，构建灵活开放的终身教育体系，努力做到学历教育和非学历教育协调发展、职业教育和普通教育相互沟通、职前教育和职后教育有效衔接，为努力形成全民学习、终身学习的学习型社会奠定坚实基础。"②

构筑终身教育体系、建设学习型社会是经济全球化网络化语境下的一种教育思潮，是世界各国教育改革和发展的共同趋势，是进入知识经济时代世界各国综合国力竞争的必然选择，也是保持个人、社会和经济可持续发展的不竭动力。现代信息技术的发展为建设人人学习、灵活学习的学习型社会提供了技术保障和物质基础。新世纪新阶段，我国经济社会发展进入一个以知识为主导、以科技创新为动力、以建设人力资源强国为目的的新时代，人们自我发展、自我提高、自我完善的愿望变得越来越强烈，学习作为人们一个基本生存和发展的生活方式，已从儿童、青少年扩展到全社会。

四、加强校园网络建设，使网络成为弘扬主旋律、开展思想政治教育的重要手段

《中共中央国务院关于进一步加强和改进大学生思想政治教育的意见》指出：要高度重视大学生生活社区、学生公寓、网络虚拟群体等新型大学生组织的思想政治工作，发挥大学生自身的积极性、主动性，增强教育效

---

① 江泽民在第三次全国教育工作会议上的讲话［R］. 人民日报，1999－06－16.

② 胡锦涛同志在全国教育工作会议上的讲话［G］//《教育规划纲要》工作小组办公室. 全国教育工作会议文件汇编. 北京：教育科学出版社，2010：15.

果。《意见》还指出：要全面加强校园网的建设，使网络成为弘扬主旋律、开展思想政治教育的重要手段。要根据大学生接受信息途径发生的新变化，全面加强校园网建设，善于运用互联网等现代传媒，把思想政治教育的内容有机融入其中，开展生动活泼的网络思想政治教育活动，增强网络思想政治教育的吸引力和感染力，形成网络思想政治教育工作体系，牢牢把握网络思想政治教育的主动权。

（一）加强校园网络文化建设

校园网络文化是校园文化和网络文化相结合的产物。所谓校园文化是高校所具有的特定的精神气质和文化氛围，是以学生为主体，以课外文化活动为主要内容，以校园为主要空间，以校园精神为主要特征的一种群体文化。校园网络文化是在网络环境中，以网络为介质而产生的一种新型文化形态，兼具校园文化和网络文化的基本特征，是校园文化在网络时代的延伸和发展。校园网络文化所特有的时代性和开放性、虚拟性和民主性、互动性和即时性、丰富性和感官性的特点，使校园网络文化建设面临许多新情况、新问题、新机遇和新挑战。

要建设一批熔思想性、知识性、趣味性、服务性于一炉的主网站。[①] 调查显示，青少年的网络应用结构存在一定程度的问题，主要表现在青少年对网络游戏等互联网娱乐功能的使用率较高，而对网络新闻、网络学习、电子图书等工具类应用的使用相对不足。[②] 因此，要加强校园主题网站建设，努力建设一批特色突出、影响力强、覆盖广泛的重点网站，“使校园网成为传播先进文化的新渠道、加强思想政治教育的新阵地、全面服务学生

① 李长春. 2005 年 1 月 17 日在全国加强和改进大学生思想政治教育工作会议上的讲话［N］. 光明日报，2005－01－19.

② 谢新洲，王秀丽，田丽，贾哲敏. 网民，掀起你的盖头来［N］. 光明日报，2010－05－27.

的新平台”。① 高校要利用先进的技术手段建设信息量大、覆盖面广、服务功能强、访问人次多，熔思想性、知识性、趣味性、服务性于一炉的校园主网站；利用网络平等、开放、立体、多维的优势，变革传统思想政治教育的平面、单向灌输模式，促进学生的自我教育，使网络宣传更具说服力和实效性，使校园网真正成为广泛吸引学生、被学生真心喜爱、受学生密切关注的主流媒体之一，成为学生上网的重要渠道。

（二）以社会主义核心价值体系引领校园网络文化建设

党的十七届四中全会指出，我们党在长期执政实践中，探索形成的关于加强执政党自身建设的基本经验是：坚持把思想理论建设放在首位。社会主义核心价值体系是社会主义意识形态的本质体现，是中国共产党在思想理论建设上的重大创新。用社会主义核心价值体系引领校园网络文化建设是高校思想理论建设全新的时代课题。

校园文化作为社会主义先进文化的重要组成部分，要坚持以马克思主义中国化的最新理论成果为指导，全面贯彻落实科学发展观，按照发展中国特色社会主义先进文化的要求，用中国化的马克思主义理论占领校园网络阵地，“坚持德育为先，立德树人，把社会主义核心价值体系融入国民教育全过程”②，把校园网建设成为“立德树人的新阵地，师生精神文化活动的新空间，校园文化和服务的新平台”③，逐步在校园网上形成具有时代特征、体现学校特点、符合青少年成长规律和思想实际的品位高雅的网络主流文化。

社会主义核心价值体系的先进性和科学性决定了其对校园网络文化建

---

① 李长春. 2005 年 1 月 17 日在全国加强和改进大学生思想政治教育工作会议上的讲话［N］. 光明日报，2005 - 01 - 19.

② 国家中长期教育改革和发展规划纲要（2010—2020 年）［G］//《教育规划纲要》工作小组办公室. 全国教育工作会议文件汇编. 北京：教育科学出版社，2010：88.

③ 李卫红. 在高校校园网络文化建设和管理工作研讨会上的讲话［N］. 中国教育报，2007 - 12 - 11.

设具有很强的指导性。以马克思主义为指导思想、以中国特色社会主义共同理想为主题、以中华民族精神和时代精神为精髓、以社会主义荣辱观为基础的社会主义核心价值体系，具有深厚的科学内涵、严密的逻辑体系、强大的实践作用和广泛的社会认同基础。作为一种新的校园网络文化，其发展过程中必然要接受社会主义核心价值体系指引，以规定其发展的基本方向，这样才能更好地引领多样思潮、澄清混杂观念、振奋精神、提升境界。

校园网络文化建设要以理想信念教育为核心，牢牢把握和谐校园建设的正确方向。要紧紧抓住用马克思主义中国化最新理论成果武装头脑这个首要任务，以中国特色社会主义共同理想培养学生坚定的政治信念、宽阔的胸怀、刻苦学习的奋斗意志，用以爱国主义为核心的民族精神和以改革创新为核心的时代精神培养学生的爱国情怀和创新意识、创新才干。要把社会主义荣辱观落实到学生的诚信意识和自律精神之中，促进学生形成正确的荣辱感和健全的道德人格。高校要把以改革创新为核心的时代精神作为和谐校园网络文化建设的最强音，把树立科学创新精神、提高科学创新素质、培养科学创新人才作为建设和谐校园网络文化的重要内容，努力营造有利于创新人才脱颖而出和科技自主创新的文化氛围，使校园网络文化与当代社会发展要求相适应，始终保持时代性、弘扬先进性，引领社会文化的前进方向。

社会主义核心价值体系是中国特色网络文化的重要内容，中国特色网络文化必须通过社会主义核心价值体系来引领网络中存在的各种各样的文化和思潮，在教育中加强甄别与引导、在引导中注重对话与相容、在共存中进行整合与凝聚，毫不动摇地用中国化的马克思主义理论指导网络文化建设，服务于培养社会主义事业合格建设者和接班人的总体目标，立足于中国特色社会主义建设的伟大实践，有针对性和有实效性地赋予网络文化以社会主义精神价值、道德支撑与思想内涵。

（三）构建中国特色社会主义校园网络思想政治教育体系

1. 经济全球化网络化背景下构建中国特色社会主义校园网络思想政治教育的特点及原则

中国特色社会主义校园网络思想政治教育体系既具有一般思想政治教育的特点，同时又具有现代思想政治教育的典型应用领域的新特点。

高校思想政治理论教育实质上就是马克思主义中国化、时代化、大众化的过程在高校思想政治工作中的具体体现。马克思主义的实践性是其最本质的特点，因此马克思主义理论的传播就不能仅仅是单纯的课堂教学，必须与社会实践相结合，在实践中深化理论的传播，这要求思想政治理论课教育教学必须科学地拓展实践教学的模式。邓小平坚持把思想政治教育放在国际国内的背景下来考察，他提出“教育要面向现代化，面向世界，面向未来”的教育观。坚持把解决思想问题同解决实际问题相结合，反对不关心群众，不解决实际问题的假马克思主义。胡锦涛提出，思想政治教育核心是要解决好培养什么人、怎样培养人的重大问题，“要坚持育人为本、德育为先，把立德树人作为教育的根本任务，努力培养德智体美全面发展的社会主义建设者和接班人”。同时，“要激发学生发展的内在动力，提高学生的创新精神和实践能力”。①

网络文化的虚拟性和“真实”性、互动性和即时性、丰富性和感官性、开放性和多元性，使“校园网已深入到教学、科研、社会服务等各个领域，成为高校师生获取信息、丰富知识、学习交流的重要渠道，在推动教育改革发展、促进思想文化交流、丰富师生精神生活等方面起到了积极作用。校园网络技术的发展和普及，拓展了思想政治教育工作的新途径，为加强

① 胡锦涛. 坚持把教育摆在优先发展战略地位　努力办好让人民群众满意的教育［N］. 光明日报，2006-08-31.

大学生思想政治教育带来了新的机遇”①。一方面，网络文化使得思想政治教育的内容更加丰富，形式更加多样；另一方面，也带来了许多新情况、新问题。因此，必须要坚持方向引导性原则。“深入开展理想信念教育，引导学生树立正确的世界观、人生观、价值观、荣辱观，增强学生热爱祖国、服务人民的使命感和责任感。”② 增强学生民族自豪感和自信心，不断增强中国特色社会主义网络文化的吸引力和影响力。

坚持平等互动原则。网络思想政治教育作为一种网络化生存方式下的价值教育形态，它与传统意义上思想政治教育有着重大的差异，网络文化的开放性和民主性打破了传统教育中教师与学生的主次格局，使教师和学生都成为网络文化背景下的主体，具有平等的话语权。思想政治教育要增强针对性、有效性和互动性，就必须自觉主动适应网络载体的运作模式和手段，寓教于乐，寓乐于学于平等交流的互动中。

坚持创新性原则。创新是一个民族进步的灵魂，创新也是提高思想政治教育有效性的推进器。正确把握网络社会成员虚拟性、私密性、信息丰富性等特点，在学生的信息获取、思想引导和沟通交流等方面创新网络思想政治教育的新方法、新途径，正确引导青年学生树立正确的人生观、价值观、世界观，增强其政治敏锐性和鉴别力。正确引导青年学生树立正确的网络观念，善于吸收有益的文化科技信息，使网络文化在青年学生健康成长中发挥积极的作用。

坚持自律与监管原则。《公民道德建设实施纲要》指出：“计算机互联网作为开放式信息传播和交流工具，是思想道德建设的新阵地。要加大网上正面宣传和管理工作的力度……要引导网络机构和广大网民增强网络道德意识，共同建设网络文明。”江泽民同志指出：“我们的党建工作、思想

---

① 胡锦涛. 2007 年 1 月 23 日中共中央政治局第三十八次集体学习时讲话［N］. 光明日报，2007 - 01 - 25.

② 胡锦涛. 坚持把教育摆在优先发展战略地位　努力办好让人民群众满意的教育［N］. 光明日报，2006 - 08 - 31.

政治工作、组织工作、宣传工作、群众工作，都应该适应信息网络化的特点，否则是很难做好的。”① 要营造一个良好的网络环境，一方面要培养学生的网络道德自律意识，自觉抵御网络不良信息的诱惑；另一方面，政府、学校、社会和家庭要齐抓共管，形成加强网络监督与管理的合力，净化网络环境，共同维护和促进网络的健康发展。

2. 建设一支强有力的网络思想政治工作队伍

“加强校园网络思想政治教育队伍建设，努力建设一支政治可靠、知识丰富、熟悉网络语言特点、掌握学生上网规律的网上思想政治队伍。”② 因此，加强教育培训、稳步提升队伍素质、培养人才，是建设一支网络思想政治教育管理队伍最有效的办法。学校思想政治工作者必须转变观念，增强网络阵地意识和网上教育的能力。

要加强对网络思想政治教育工作队伍的培训，努力建设一支政治强、业务精、作风正、纪律严的网络管理和舆论引导专业队伍，打造一批有影响的校园网络名主持、名编辑、名记者、名评论员，不断提高这支队伍的政治理论水平和网络操作技术水平。要加强对现有校园网络人员的教育培训，增强其政治意识、大局意识、责任意识，增强网络信息把关能力，提高网络意识形态工作的敏感性、研判能力、处置能力，使之既有深厚的政治理论素养，熟悉网络思想政治工作特点，懂得意识形态工作规律，又能熟练掌握网络技术和网络文化特点。

要重视对人才资源的整合和有效利用。建立一支包括思政课教师、辅导员、心理咨询师、网络中心技术人员、学生骨干以及校园各网站站长在内的管理队伍。充分利用网络化的教育手段，发挥网络思想政治教育工作的主动性、实时性和服务性作用。一方面，他们能够在思想政治工作网站

① 江泽民. 论科学技术［M］. 北京：中央文献出版社，2000：180.

② 《教育部共青团中央关于进一步加强高等学校校园网络管理工作的意见》，教社政【2004】17 号。

上进行动态教育，与学生进行互动式的交流，为学生解疑释惑；另一方面，他们又能够及时获取和发布思想政治教育信息，对网上不良信息进行过滤或清除，在信息大潮中起到“引导者”和“把关人”的作用。

目前，多数高校基本形成了一支以专职管理工作队伍为主导、以学生思想政治工作队伍为主体、以学生骨干为重点、以学生社团为补充的管理队伍。一些高校建立了专门的网络辅导员队伍，每个院系都配备了一名专门的网络辅导员，平时他们是开展经常性网络思想政治教育的组织员，当涉及稳定的突发事件需要处置时，又可以成为网络一线的战斗员。有的高校在加强技术管理的同时，着重加强了网络舆论引导队伍、网络监管队伍、网络技术队伍、网络评论员队伍和BBS版主队伍这五支队伍的建设，形成了网络思想政治教育的强大合力。有的高校通过“网上辅导员”、“网上评论员”和学生“红客”队伍，有效引导了网上舆论。① 一些高校提出了“政治方向明确、文化品位高雅、制作质量精良”的学生网站建设指导思想，并由学校党办校办、宣传部、学工部、研究生院、网络中心、管理信息中心等有关部门牵头，精心策划、认真组织、严格把关，列出专项经费予以投入，形成了颇具特色的、全方位、多层次、综合性的网络结构管理体系。事实证明，校园网络不仅仅是一个技术概念，同时它也具有社会性和文化性，网络社会既是一个虚拟的社会，也是一个现实性的社会。因此，校园网络的特点要求思想政治教育向网络延伸，建设一支素质高、技术强、专业化的工作队伍是十分必要的。

3. 构建新型的校园网络文化阵地

校园网是网络文化的载体，它不仅有益于加强高校与社会的交流与沟通，而且还作为校园里一个主要媒体和重要的信息源，发挥着宣传、教育、引导和活跃大学生文化生活的作用。

为此，要把学校校园网建成有吸引力的、有说服力的、有大面积覆盖率的主流网站。要形成校园网络体系，构建独特的数字校园网络文化环境。这

---

① 参阅冯刚. 高校思想政治教育创新发展研究［M］. 北京：中国人民大学出版社，2009：157.

个校园网络体系可以包括内网、外网两个部分，学校网、部门网、学生社区和学生个人网页等多个层次。内网应用于校内的管理和服务，外网则面向社会开放，向社会展示高校发展最新情况。要通过相关链接，把多个层次的网站整合在一起，形成一个独特的数字校园网络文化环境。据调查，高校大学生通过 QQ、BBS、BLOG、E-mail 四种网络平台载体与辅导员和专业课老师进行交流已经成为一种普遍应用的方式，成为高校思想政治教育一种及时便捷、平等互动且行之有效的新形式。要积极调动广大师生的参与积极性，努力营造健康文明的、富于时代特色且贴近师生生活的网上文化。

4. 建立网络文化导向教育机制

“凡是现实中的危机都会在网络上体现，凡是网络上的焦点问题都具有引发现实中对抗的可能性。”① 在全球化网络化背景下，高校作为一个既同社会生活有着千丝万缕的联系又有别于社会的集聚地，而校园网络则成了高校联系社会的最敏感的神经。当前学校网络危机事件包括四种类型：自然型网络危机事件，如“非典”、流脑、禽流感等疾病流行，水灾、火灾和地震灾害等外部自然突发事件给学校师生造成的影响和恐慌；社会型网络危机事件，如因网络舆论而爆发的抗议、示威和游行活动；内部产生型网络危机事件，如针对学校管理中存在的食堂问题、收费问题而举行的罢餐、罢课、请愿等；外部传入型网络危机事件，如网络犯罪、有害信息传播、“黑客”等。

高校网络危机事件具有以下特征：

一是“群体极化”现象。所谓“群体极化”现象，是“团体成员一开始即有某些偏向，在商议后，人们朝偏向的方向继续移动，最后形成极端的观点”。尤其是“在网络和新的传播技术的领域里，志同道合的团体会彼此进行沟通讨论，到最后他们的想法和原先一样，只是形式上变得更极端

① 张再兴. 网络思想政治教育研究［M］. 北京：经济科学出版社，2009：305.

了”。① 高校集中了大批高智商和思想奔放的青年学子，接受新事物快，理解能力强，大多数学生对问题有自己的见解。他们关注社会发展，对非常规事物有天然的敏感和好奇心理。同时，大学生最富有激情和活力，这个年龄段特有的热烈冲动使得外界客观事物作用于个体会产生强烈的主观体验。他们对事件的认识方式、他们的情绪和态度、他们的要求和意见对群体的行为会产生重要的影响，并借助网络、通讯和媒体将其迅速传播辐射到其他高校乃至全国。

二是影响极其深远。在网络危机事件中，情绪激动的学生最突出的特点是，迅速聚集并要求上街游行以扩大影响。这种群体活动严重影响了教学、科研和其他方面的正常秩序，易造成人们思想认识上的混乱和心理上的极度恐慌。由于大学生是备受社会关注的群体，这种事件的发生更容易引起社会各界反响。如果处理不及时或疏通不当，极易被社会上别有用心者所利用。加上现代传媒的发达，即使处理得当，很快平息，但它对社会广大阶层也将产生深远影响。

应对网络危机事件，维护校园稳定和安全是构建和谐校园的“优先工程”，是防患于未然的制度性安排。因此，校园网络预警机制和应急预案需要超前设想，尽可能地细化、量化和制度化。有力调动学校各部门应对网络危机事件的反应行动、处置协调能力以及最大限度减轻突发事件给学校所造成的损害或对社会造成的震动，为学校的和谐发展、科学发展打造一道安全屏障的首要措施。

建立高校网络危机事件预警机制，是新形势下高校思想政治教育管理急待拓展的重要内容。

第一，增强预警防范意识，建立信息收集和疏通机制

一般说来，高校网络危机事件都有一个酝酿、发生、发展乃至蔓延的

---

① 凯斯·桑斯坦著. 网络共和国——网络社会中的民主问题［M］. 黄维明，译. 上海：上海人民出版社，2003：47.

过程，期间总有一些信息和情绪通过各种渠道和迹象显现出来。系统科学家指出，行动者不是直接相互作用的，他们之间总是存在着某种媒介，有一个沟通系统①。这就需要高校各级管理部门具有较强的预警防范意识，加强舆情信息的搜集和管理，提高科学决策的能力。要充分利用现代科学技术和各学科的综合优势，建立信息收集和分析平台，准确把握危机动向，科学制定和调整工作计划和思路，有效提高对网络危机事件的反应能力。尤其要增强以针对性、主动性、实效性为主要内容的疏通机制意识。针对性就是要求我们在工作中，要抓住社会重点、热点问题和大学生亟待解决的问题；主动性即密切关注学生的思想和心理变化，调研学生的所求所需，及时回应学生的所思所问，帮助他们解决实际问题；实效性即在工作中切忌形式主义、教条主义，克服简单化、片面性，从实际出发，因地制宜，因人制宜，因事制宜，因时制宜，注重工作的效果。建立疏通校情民意充分表达的常设渠道，使师生员工的意见能够及时顺畅地传递到决策层，并且能够迅速得到妥善处理。要完善密切干群关系、师生关系的沟通机制，学校的各级管理者都要把服务群众、凝聚人心、协调利益、化解矛盾、排忧解难作为首要职责，真正做到“以师生为本”。

第二，整合学校组织资源，快速启动复合型预警应急机制

胡锦涛同志说：“切实加强我国应急机制和能力建设，努力形成一套集中领导、统一指挥、结构完整、功能全面，反应灵敏、运转高效的应急机制，以提高我们应对各种突发事件和风险的能力。”② 高校网络危机事件无论是什么性质或类型，带来的直接后果是对高校正常工作学习秩序的干扰和冲击。因此，事件发生后，必须整合全校的力量，落实工作预案，责任到人。在现代社会中，有序高效的政治沟通一般都是通过组织而非个人来实现的，因为社会组织可以整合个体分散的利益要求，以避免政治沟通主

① A. F. G. 汉肯. 控制论与社会［M］. 黎鸣，译. 北京：商务印书馆，1984：56.

② 胡锦涛. 坚决打赢防治非典攻坚战［R/OL］. 新华网，2003－04－29.

体原子化带来的无序和低效的负面结果。[①] 积极整合学校组织资源，学校主要领导要亲自到学生聚集地做思想疏导工作，研究生导师、学生工作干部也要深入教室、宿舍，做说服教育工作，摸清情况，稳定情绪，反馈信息。要充分发挥学生各类社团在网络危机事件中的积极引导、凝聚人心的作用。同时，要认真研究事件的类型和特点，按照各类事件的严重程度、可控性和影响范围等因素，形成一整套包括预测预警、应急处置、调查善后等快速反应机制，最大限度地抑制事件的影响和蔓延。

第三，发挥网络和媒体的作用，建立舆情披露和舆论导向教育机制

随着经济全球化和信息化时代的来临，集结了“现代性意义”与“时代话语”的网络将具体地域空间与全球空间联系起来，使得传统意义上的“历史”被重组为一种整体的“历史”[②]。网络空间的多维性和开放性，网络信息的复杂性和共享性，给教育客体在信息选择上带来了极大的自由，导致教育客体的“主导化”和教育主体的“去主体化”。随着学校对信息来源渠道的控制日益减弱，简单“照搬”和“套用”传统的教育模式显然不合时宜，极易使学校工作陷于被动。如一些专家学者研究了 2002 年前后“天津艾滋病扎针”事件的传播过程，认为，谣言或者说小众传播是扩张成大众传播或“社会公害”的“必要”条件，就是公众对于相关知识的不了解，导致误听误信，以讹传讹。因此，建立和完善校园网络安全防护、信息过滤、信息监测与路径控制等系统，建立透明、坦诚、可靠的信息发布和舆情披露机制，对控制危机、消解恐慌、稳定情绪有着非常重要的作用。树立政治意识、大局意识和责任意识，及时准确传播信息，积极有效引导舆论。同时，要加强网络宣传队伍建设，以形成网上正面舆论的强势，为大学生采取理智的行动提供重要导引，给那些“网络情绪型舆论”[③] 设置一道“防火墙”，以阻止失衡失准情绪的肆意传播蔓延。

---

① 谢岳. 组织结构的制度化重建：开放社会的政治整合［J］. 天津社会科学，2002（2）.

② 安东尼·吉登斯. 现代性的后果［M］. 田禾，译. 南京：译林出版社，2000：12.

③ 陈克祥，向科元. 遏制“网络情绪型舆论”负面影响［N］. 光明日报，2004－12－23.

第十章

教育振兴的关键在教师

科学发展观教育理论对教师队伍建设提出了一系列重要思想。这些思想主要体现在“重师”、“尊师”、“育师”三个方面。“重师”，强调的是教师于国于民的重要性；“尊师”，强调的是继承尊师重教的优良传统，切实加强教师队伍建设；“育师”，强调的是教师自身素质的培育。这些思想是对几代中央领导集体关于教师队伍建设思想的继承和发展，是一个比较完善的思想体系。

一、没有高水平的教师队伍，就没有高质量的教育

强调教师的重要性，是科学发展观教育理论的一个重要方面。以胡锦涛同志为总书记的党中央充分肯定教师对国家和民族的重要性。从理论、历史、现实的角度充分论述教师对人才培养、国家发展、民族兴旺的重要意义。在理论层面，强调教师是教育这一国家发展基石的奠基者；在历史层面，强调广大教师为我国教育发展大业和社会主义现代化建设事业作出了突出贡献；在现实层面，强调广大教师在全面推进中国特色社会主义现代化建设、全面建设小康社会的征程中发挥了更大作用。因此，教育大计，

教师为本。教师是社会主义精神文明的传播者和建设者。一个学校能不能为社会主义建设培养合格的人才，培养德智体美全面发展、有社会主义觉悟的有文化的劳动者，关键在教师。

（一）教育是国家发展的基石，教师就是基石的奠基者

邓小平曾指出："要特别注意调动教育工作者的积极性，要强调尊重教师。"① 江泽民同志说："振兴民族的希望在教育，振兴教育的希望在教师。教师是人类灵魂的工程师。这个职业是崇高而又艰辛的，应该受到全党全社会的尊敬。"② 胡锦涛同志强调："教师是人类文明的传承者。推动教育事业又好又快发展，培养高素质人才，教师是关键。没有高水平的教师队伍，就没有高质量的教育。"③

"教师是人类文明的传承者"这一论断以宽广的历史视角，阐述了教师对人类发展进步的重要性，把教师的重要地位与人类文明的延续和传承联系起来，赋予教师职业以更为深远的历史意义。社会主义中国六十多年的发展进步，充分证明了这一判断的正确性和科学性。

这一论断说明，我们的教师是"人类灵魂工程师"。教师不仅教给学生书本上的知识，帮助学生去发现、获取和运用知识，而且用赤诚的爱心去开启学生的心智，引导学生逐步认识自己、认识社会、认识他人，逐步形成崇高的理想、高尚的情操、博大的胸襟。教导学生学会做人，帮助学生学会用正确的价值观判断是与非，学会用自己的头脑进行思考，学会与他人共同生活，从而形成健全的人格。

这一论断说明，我们的教师是实施素质教育的优秀园丁。实施素质教育，观念是先导，关键在教师。广大教师全面贯彻党和国家的教育方针，坚持育人为本的教育观，坚持人才多样化、人人能够成才的人才观，坚持

---

① 邓小平．邓小平文选：第二卷［M］．北京：人民出版社，1994：45－50．

② 江泽民．江泽民文选：第一卷［M］．北京：人民出版社，2006：371．

③ 胡锦涛．在全国优秀教师代表座谈会上的讲话［N］．人民日报，2007－08－31．

德智体美全面发展的教育质量观，坚持为学生毕生发展和幸福奠定基础的教育价值观。在素质教育过程中，广大教师给学生传授新鲜的知识，给学生开拓思考与想象的空间，启迪学生去畅想、探索和创造。

这一论断说明，我们的教师是以身立教、为人师表、具有崇高师德的实践家。广大教师模范履行教师道德规范，具有热爱教育、献身教育的崇高职业理想和道德追求；具有热爱学生、诲人不倦的道德情感；具有关心集体、团结协作的道德风范；具有严于律己、为人师表的道德形象。广大教师是理想远大、品德高尚、廉洁从教、勇挑重担的榜样，是爱岗敬业、任劳任怨、知难而进、乐观向上的榜样，是坚韧不拔、自强不息、脚踏实地、埋头苦干的榜样，是自觉抵制唯心主义、个人主义、拜金主义、封建迷信及各种错误思潮侵蚀，以德修身、以德治教、以德育人的楷模。教师不仅是人类文明的传承者，更是中华民族文明的传承者。

胡锦涛同志指出："民族振兴的希望在教育，教育振兴的关键在教师。"① 为什么教育振兴的关键在教师？这是因为教师是科学知识的传播者和创造者。传授知识、传承文明，是人民教师的神圣职责。多年来，广大教师刻苦钻研学问，不断拓宽学术视野，积极更新知识结构，不断提升教学质量和科研水平，努力增强教书育人的本领，以高尚的职业理想，切实承担着教育者的社会责任，以严谨求实的治学风气和勤勉扎实的工作作风，为学生树立着榜样，为社会主义建设培养了大批人才。

教师是教育改革创新的倡导者和实践者。教育事业的科学发展，必须在新的起点上开创新的局面，广大教师是教育改革创新的直接参与者。只有调动广大教师积极投身教育改革实践，勇于探索，开拓进取，推动教育理念创新、教学方法创新和人才培养模式创新，我们才能在改革创新中切实破解教育发展难题。

---

① 胡锦涛考察北京教育［EB/OL］. 人民网 http：//www.people.com.cn/GB/shizheng/1024/2776516.html.

教师是良好社会风气的引领者和带动者。社会的发展与进步需要物质条件，更需要精神条件。人民教师学为人师，行为世范，不仅是学生的表率，也是社会的表率。广大教师带头坚持社会主义核心价值体系，践行社会主义荣辱观，弘扬伟大的抗震救灾精神和奥运精神，传承中华民族传统美德，倡导社会文明新风。广大教师积极树立高尚的精神追求，耐得住清苦，耐得住寂寞，甘为人梯，乐于奉献，以自身的模范行为影响着社会。

教师是学生健康成长的指导者和引路者。好的教师就像一盏明灯，温暖着孩子的心灵，照亮着孩子前进的道路。在社会主义建设的伟大征途中，广大教师热爱教育事业，珍爱教师的光荣称号，以人为本，关爱学生，以满腔热忱育人，开启学生智慧，陶冶学生情操，挖掘学生潜质，鼓励学生创造，为国家的发展和社会的进步、民族的振兴培养了大批栋梁之材。

（二）教师为我国教育事业和现代化建设作出了突出贡献

长期以来，广大教师忠诚于党的教育事业，在平凡岗位上默默奉献、辛勤耕耘，作出了卓越的贡献。2010 年 9 月 9 日，在第二十六个教师节即将到来之际，胡锦涛总书记来到中国人民大学及其附属中学，看望慰问师生员工，向广大教师致以节日祝贺。胡锦涛在中国人民大学世纪馆亲切接见了全国教书育人楷模和教育系统抗震救灾先进集体、先进个人代表。胡锦涛充满感情地说："长期以来，广大教师和教育工作者认真贯彻党的教育方针，忠实履行人民教师的神圣职责，辛勤耕耘，默默奉献，为我国教育事业发展付出了大量心血，作出了巨大贡献。"① 温家宝总理也高度肯定广大教师为我国教育事业和现代化建设作出的贡献。他说："长期以来，广大教师牢记自己的神圣使命，兢兢业业，默默耕耘，培养了一批又一批优秀人才，为我国教育事业和现代化建设作出了突出贡献，这种不计名利、甘为人梯，成功不必在我、奋斗当以身先的精神，充分体现了中国知识分子

① 全面提高教书育人水平　推动教育事业科学发展［N］. 人民日报，2010－09－10.

以天下为己任的崇高境界。”①

在共和国成长的每一个历史时期，无论是顺境还是逆境，无论在城市还是乡村、内地还是边疆、高原还是海岛，广大教师始终坚守信念，矢志不渝，无怨无悔，用自己的劳动和创造培育着祖国的下一代。在我们的教师队伍中，产生了徐特立、吴玉章、成仿吾、马寅初、蒋南翔、苏步青、周培源、霍懋征等德高望重的教育大家，涌现出孟二冬、方永刚、谭千秋等一批楷模。广大教师以高尚的理想追求、良好的道德素养和深厚的学识造诣，以身作则，行为世范，为全社会树立了榜样。特别是在2008年“5·12”汶川特大地震中，灾区教师舍生忘死，用鲜血和生命践行了人民教师的神圣职责，向世人展示了为人师表的精神风貌和人格魅力，赢得了全社会的广泛赞誉和尊重。

长期以来，我们的教师志存高远、爱国敬业。人民教师的神圣职责，就是传授知识，传承民族精神，弘扬爱国主义，为祖国和人民培养合格人才。广大教师忠诚于人民教师事业，以培育人才、繁荣学术、发展先进文化和推动社会进步为己任，并在深刻的社会变革和丰富的教育实践中履行自己的职责，百折不挠，奋勇直前，积极引导和帮助青少年学生树立正确的世界观、人生观、价值观，培育了大批社会主义建设的栋梁之材。

长期以来，我们的教师为人师表、教书育人；注重言教，更注重身教。教书者必先强己，育人者必先律己。教师的道德、品质和人格，对学生具有重要影响。虽然教师的日常工作是平凡的，但教育工作的意义却是很不平凡的。六十多年来，广大教师自觉加强道德修养，率先垂范，以脚踏实地、乐于奉献的工作态度和淡泊明志、甘为人梯的精神境界，教育和影响着广大学生，是广大青少年的良师益友。

长期以来，我们的教师严谨笃学、与时俱进。在教育事业发展和现代化建设历程中，广大教师求真务实、勇于创新、严谨自律，在教育创新中

---

① 温家宝. 教育大计　教师为本［N］. 人民日报，2009-09-04.

承担着重要的使命，努力发扬优良的学术风气和学术道德，培养出大批富有创新精神的创新人才。在当今时代，新知识层出不穷，知识更新周期不断缩短，教师作为知识的重要传播者和创造者，连接着文明进步的历史、现在和未来，正在不断以新的知识充实自己，正在成为热爱学习、学会学习和终身学习的榜样。

实践已经证明并将继续证明，我们的教师是一支师德高尚、业务精湛、无私奉献，党和国家信任、人民群众敬重的好队伍。新中国成立六十多年特别是改革开放三十多年来，中国教育事业取得了举世瞩目的伟大成就。集中到一点，就是实现了由人口大国向人力资源大国的历史性转变。一是城乡免费九年义务教育全面实现，切实满足了1.6亿孩子接受义务教育的需要。二是高等教育进入大众化阶段，2010年我国高等教育毛入学率达到26.5%，高校在学总规模3105万人，位居世界第一。三是职业教育取得突破性进展，中等职业教育和高等职业教育分别占到高中阶段教育和高等教育总规模的半壁江山。成绩是全党全社会共同努力的结果，也是广大人民教师辛勤付出的见证。

（三）教育大计，教师为本

时代发展、社会进步，离不开教师。国家兴衰在于教育，教育好坏在于教师。有好的老师，才能有好的教育。新中国成立六十多年来，广大教师为教育发展和民族振兴作出了巨大贡献。我们既要充分肯定中国教育取得的巨大成就，也要高度评价中国教师创造的成功经验，决不能妄自菲薄，要坚定决心、增强信心。同时也要看到，在新世纪新阶段，我国教育虽然“大”但还“不强”，发展还不够科学，质量还不够过硬，国家的发展对教育还有更高要求，社会的进步对教师还有更高的要求。

人民群众和社会发展对教育的更多更高的需求同优质教育资源供给不足的矛盾，是我国教育的基本矛盾。解决这个矛盾的根本出路在于建设高素质的教师队伍，发展高质量的教育。多年来教育改革发展的事实证明，全面实施素质教育，推进教育教学改革，关键在于有一支具有实施素质教育能力和水平的教师队伍。促进教育均衡发展，统筹城乡教育、区域教育协调发展，实现教育的公平和公正，关键在于有一支具有较高素质而且配置合理的教师队伍。加强和改进未成年人思想道德建设和大学生思想政治教育，关键在于有一支政治强、业务精、作风正、师德优的教师队伍。教师是教育事业的第一资源。面对全面建设小康社会和办让人民满意教育的新形势和新任务，教师的地位和作用显得更加重要而突出。

党的十七届五中全会、全国教育工作会议和《国家中长期教育改革和发展规划纲要（2010—2020年）》对今后一段时期我国教育改革发展作出了全面谋划和部署，开启了我国从教育大国向教育强国、从人力资源大国向人力资源强国迈进的历史征程。这对中国广大教师提出了新要求，布置了新任务。温家宝同志指出："百年大计，教育为本；教育大计，教师为本。如果说教育是国家发展的基石，教师就是基石的奠基者。"[①] 这是对广大教师在教育改革发展新征程中建功立业的充分肯定和殷切期待。为应对教育面临的新挑战、完成党和人民交给的新任务，广大教师应把握难得的历史机遇，迎难而上，为教育事业的科学发展、改革创新作出新贡献。

在新的历史条件下，广大教师要做积极把握教育事业科学发展总任务和总原则的模范。要牢记胡锦涛总书记强调的"五个必须"，积极贯彻"优先发展、育人为本、改革创新、促进公平、提高质量"二十字工作方针。二十字工作方针是我国教育事业科学发展"由大到强"的路线图。要充分理解这一方针的三个层面内涵：一是育人为本。这是教育事业科学发展的核心内容，是以人为本在教育工作中的最集中体现。二是促进公平、提高质量。这是教育事业科学发展的两大战略重点。今后我们如何解决"大而不强"，实现"由大到强"，关键是要促进教育公平和提高教育质量。三是优先发展、改革创新。这是实现促进公平、提高质量的两大重要保证。

---

① 温家宝. 教育大计　教师为本［N］. 人民日报，2009-09-04.

在新的历史条件下，广大教师要做积极适应教育事业外部形势新变化的带头人。从教育外部来看，世界各国综合国力的激烈竞争和我国社会主义现代化建设的快速发展，对我国教师素质提出了新的要求。进入 21 世纪，人类步入信息化、全球化的知识社会，人才资源越来越成为最重要的战略资源，教育在综合国力竞争中越来越具有决定性作用。加强教师队伍建设，提升国家教育实力，日益成为各国综合国力竞争的首选战略；实现全面建设小康社会的宏伟目标，培养数以亿计的高素质劳动者、数以千万计的专门人才和一大批拔尖创新人才，满足人民群众对于优质教育日益增长的需求，形成学习型社会，要求广大教师提供强有力的支持和服务。教育是为社会经济、政治、文化发展服务的，教育体制要随着经济体制、政治体制、文化体制的变化而调整，广大教师要积极适应社会主义经济建设、政治建设、文化建设、社会建设的新要求。

在新的历史条件下，广大教师要做大力培养创新型人才的实干家。当今世界正在进入知识不断创新、科学技术突飞猛进和经济全球化的时代。世界各国都把提高创新能力作为增强综合国力和核心竞争力，赢得国际竞争主动权的重要战略手段。建设创新型国家，教育是源头，人才是关键。而要培养适应时代要求和社会主义现代化建设需要的各级各类创新型人才，教师是关键。教师富有创新精神，才能培养出创新人才。教育的发展水平在很大程度上取决于教师队伍的整体素质。正是以孟二冬教授为代表的千千万万平凡的学者和普通教师，像胡锦涛总书记信中所赞誉的那样，以勤勉踏实的治学精神攀登学术高峰，作出了不平凡的业绩，以创造性的工作汇成了教育创新的源泉。面对我国走新型工业化道路，加快推进社会主义现代化建设进程，提高自主创新能力，全面建设小康社会和创新型国家的新形势、新任务，广大教师应更好地肩负起培养高素质人才的历史重任，为知识创新、技术创新和制度创新作出更大贡献。

在新的历史条件下，广大教师要做促进教育公平发展、均衡发展的实践者。保障群众享有公平接受良好教育的机会、促进人的全面发展，从根本上讲必须加快教育改革与发展。随着收入水平的提高，人民群众对多样化、高质量的教育需求日趋旺盛，他们不仅希望享有接受教育的机会，而且希望享有更高质量的良好教育。教育承载着人民群众对幸福生活的期待，寄托着亿万家庭对美好未来的期盼。实现现代化需要一代代人付出长期艰苦的努力，而为现代化建设提供强大的人才支持，满足人民群众日益增长的教育需求，是时代赋予广大教师的神圣使命。作为教育战线排头兵的教师，要增强紧迫感和责任感，积极实践教育公平，努力践行均衡发展，自觉肩负起教育公平发展、均衡发展的历史重任。

二、让教师成为社会上最受尊敬的职业

为什么要尊重教师、如何尊重教师，是科学发展观教育理论教师队伍建设思想的重要组成部分。从逻辑线索上看，尊师重教相关思想的脉络分明，一方面强调尊重教师既是中华民族的优良传统，也是我们党的优良传统，一方面强调尊重教师要落到实处，强调加强教师队伍建设事关教育发展的全局，事关科教兴国大业。以胡锦涛同志为总书记的党中央强调，教育是全民族共同的事业，全党全社会都要更加关心和支持教育事业；当前推动我国教育事业发展，必须充分发挥广大教师的重要作用，在全社会弘扬尊师重教的良好风尚，培养教师爱岗敬业、教书育人的高尚精神，全面提高教师素质，把广大教师的积极性、主动性、创造性更好地发挥出来。

（一）尊师重教是中华民族的优良传统

我国是具有五千年悠久历史的文明古国，中华民族具有尊师重教的优良传统。“尊重教师是重视教育的必然要求，是社会文明进步的重要标志，是尊重劳动、尊重知识、尊重人才、尊重创造的具体体现。”① “做学生的不

① 胡锦涛. 在全国优秀教师代表座谈会上的讲话［N］. 人民日报，2007－08－31.

论走到哪里，做出什么业绩，对老师的感激和爱戴之情永远不会改变。”①这说明，尊重教师不仅是对教育事业的重视，更是对人类文明的尊重。

我国古代欧阳修“携酒拜师”，杨时“程门立雪”，千百年来一直被世人津津乐道。毛泽东主席尊师重教的故事更被传为佳话。毛泽东主席十分敬重他的老师徐特立。他在给徐特立六十寿诞的贺信中深情地写道：“你是我二十年以前的老师，现在仍然是我的老师，将来必定还是我的老师。”并亲自为徐特立老师设生日宴，就餐时，徐特立对毛主席说：“您是全国人民的主席，应该坐上席。”毛泽东主席马上谦让说：“您是主席的教师，一日为师，终身为父，您更应该坐上席。”1947 年，国民党反动军队大举进攻革命圣地延安，为了彻底消灭敌人，党中央决定暂时撤离延安。临行前，他特地去看望徐特立老师，关心地询问老人家生活有什么困难没有，徐老不愿给组织添麻烦，就没提什么要求，只是徐特立的秘书无意中提到徐老胃不好，只怕路上喝不到热水，主席听后默默地亲自抱着自己使用的热水瓶，走进了徐老的窑洞……毛泽东主席为全国人民树立了尊师的光辉榜样。

（二）尊师重教是我们党和政府的一贯方针

我们党的几代中央领导集体都对教师工作给予了高度的重视，强调全社会都要尊师重教，并身体力行，为全社会树立了光辉榜样。

1949 年 10 月中华人民共和国成立至 1956 年初社会主义改造基本完成，是我国社会主义教育制度初步建立的阶段。包括教师在内的知识分子是共和国建设的重要力量。党和政府对原有教师实行了生活上“包下来”，政治上是信任的。对旧学校的教师，除了政治极端反动的分子外，全部留用；吸收和培训知识分子补充教师队伍；对失业教师进行救济，量才录用；对年龄较大且有声望的老专家，则养起来，并用其所长。与此同时，各级党组织和政府，还帮助教师通过经常性的政治学习、参加社会改革实践等，

① 温家宝．百年大计　教育为本［N］．人民日报，2009－01－05．

提高政治觉悟。为争取海外留学人员回国服务，政务院文教委员会成立办理留学生回国事务的委员会，接待新回国的留学人员。

党和政府在改造原有教师队伍的同时，很快建立起了从初级师范到师范大学独立的师范教育系统。为了在很短的时间里培养出更多的新师资，党和政府还确定通过发展高、中等师范学校和简易师范学校、速成师范班、短期训练班等，进行多种多样的短期训练，培养大量的人民教师。实践证明，新型人民教师队伍的建立，适应了新中国成立之初教育发展的基本需求。

1957 年的反右派斗争严重扩大化和 1958 年开展的“拔白旗”、“插红旗”运动以及 1959 年开展的“反右倾”斗争，使相当一部分教师受到了伤害和冲击。1962 年 3 月 2 日，周恩来在广州召开的科技工作会议和文艺工作会议上作的《论知识分子问题》的讲话提出，“我国大多数知识分子已有了根本的转变和极大的进步”①，要信任和帮助知识分子，改善同知识分子的关系，承认而且改正过去在知识分子工作中发生的错误。由此，开始了对知识分子工作的调整。教育系统各单位都对知识分子和教师的批判情况加以纠正，凡是批判错的或者部分错了的，都要甄别事实，分清是非，纠正错误。同时，还从政治上、生活上采取措施，提高知识分子和教师的政治地位，改善他们的生活待遇。根据实际情况，合理安排他们的工作，参与学校重大事务的决策，做到人尽其才，各得其所。这对提高教师的地位，调动教师的积极性和稳定教师队伍都起到了重要作用。“文革”十年间，社会主义教育发展遭受严重挫折，教师队伍遭到严重破坏。

改革开放后，教育事业大发展、教师队伍建设有了长足进步。1978 年 4 月 22 日，全国教育工作会议拉开了帷幕。邓小平在会上提出：“尊重教师的劳动，提高教师的质量。”“一个学校能不能为社会主义建设培养合格的人才，培养德智体全面发展、有社会主义觉悟的有文化的劳动者，关键在

---

① 周恩来教育文选［M］. 北京：教育科学出版社，1984：191.

教师。”“我们要提高人民教师的政治地位和社会地位。不但学生应该尊重教师，整个社会都应该尊重教师。”“应该热情地关心和帮助教师思想政治上的进步。”“积极地在优秀的教师中发展党员。”“要研究教师首先是中小学教师的工资制度。”①

1985年1月11日，第六届全国人民代表大会常务委员会第九次会议同意关于设立教师节的议案，确定每年9月10日为教师节。教师节建立后，党和国家领导人身体力行弘扬尊师重教的优良传统；党和国家还采取了一系列重大措施，提高教师的地位和待遇，推动教师队伍建设。时至今日，我国的教师工作已经成为社会上最受人尊重、最值得羡慕的职业之一。

1985年9月10日这天，对中国的全体教师来说是个难忘的日子，他们迎来了第一个属于他们的节日。国家主席李先念给全国教师写信祝贺教师节。中共中央宣传部、国家教委、共青团中央、北京市人民政府、全国教育工会等单位在人民大会堂隆重集会，庆祝新中国的第一个教师节。万里在会上发表讲话，代表中共中央和国务院向全国教师和教育工作者致以热烈祝贺。

教师节的设立，吹响了尊师重教的新号角，这一号角响彻了神州大地的每一个角落。从此，每年教师节，中央和地方党政领导及教育行政部门领导都要到各级各类学校慰问教师，表彰优秀教师，并为教师办实事、办好事，逐步使教师工作真正成为社会上最受人尊重、最值得羡慕的职业之一。形成尊师重教、尊重知识、尊重人才的社会风气，有利于全社会关心教育事业，有利于提高整个中华民族的科学文化素质。

2002年9月8日，在第十八个教师节来临之际，人民大会堂隆重集会，庆祝北京师范大学建校一百周年，为教师节的到来献上厚礼。江泽民同志出席庆祝大会，并发表重要讲话。他指出，推进教育创新，培养大批高素

① 何东昌. 中华人民共和国重要教育文献（1976—1990）［G］. 海口：海南出版社，1998：1067.

质人才，离不开教师的辛勤工作。我国广大教师，要率先垂范，做先进生产力和先进文化发展的弘扬者和推动者，做青少年学生健康成长的指导者和引路人，努力成为无愧于党和人民的人类灵魂的工程师。

十六大以来，以胡锦涛同志为总书记的党中央把“尊师重教”提到了国家战略的高度。在“尊师”方面，身体力行，既关心教师个人的冷暖和思想情感，也积极进行体制机制的改革和完善，为尊师重教打下坚实的制度基础。《国家中长期教育改革和发展规划纲要（2010—2020 年）》的制定和实施，标志着“尊师重教”纳入了国家宏观中长期战略规划。

2004 年 9 月 10 日，在第二十个教师节到来之际，中共中央总书记、国家主席胡锦涛考察北京市教育工作，亲切看望广大师生，实地了解办学情况。随后，胡锦涛一行先后来到和平里第四小学美术教师胡明亮和北京师范大学第一附属中学退休教师朱正威家中看望，并给他们送上花篮，向他们祝贺节日。

2006 年 9 月，胡锦涛在日理万机中，亲自给北京大学教授孟二冬的女儿复信。胡锦涛总书记对孟二冬教授关怀备至，赞扬他“为人师表，品德高尚”，是“教书育人的杰出楷模”，是“当代中国知识分子的优秀代表”。这体现了党中央对广大教师和教育工作者的亲切关怀和殷切期望，为全社会和全体人民树立了尊师重教的表率。

2007 年 8 月 31 日，在第二十三个教师节即将到来之际，党和国家领导人胡锦涛、温家宝、曾庆红和李长春在中南海亲切接见了全国优秀教师代表。胡锦涛同志与优秀教师代表座谈并发表重要讲话。他指出，必须高度重视和切实加强教师队伍建设，必须吸引和鼓励优秀人才从事教育工作，必须形成尊师重教的良好社会风气。①

2007 年，温家宝在十届全国人大五次会议上所作的政府工作报告中指出：“在教育部直属师范大学实行师范生免费教育，建立相应的制度。”5 月

① 胡锦涛. 在全国优秀教师代表座谈会上的讲话［N］. 人民日报，2007 - 08 - 31.

9日，国务院常务会议讨论通过《教育部直属师范大学实行师范生免费教育实施办法（试行）》。国务院决定在教育部直属师范大学实行师范生免费教育。采取这一重大措施，就是要进一步形成尊师重教的浓厚氛围，让教育成为全社会最受尊重的事业；就是要培养大批优秀的教师；就是要提倡教育家办学，鼓励更多的优秀青年终身做教育工作者。这一年的9月9日，国务院总理温家宝专程来到北京师范大学，看望刚刚入学的免费师范生，在英东学术会堂，与几百名学生和老师进行座谈。温总理说："目前，师范生免费教育制度已在全国六所师范大学试点。实施这一制度，就是要在全社会真正形成尊师重教的浓厚氛围，让教育真正成为最受尊重的事业，鼓励更多的优秀青年终身做教育工作者。我在教师节到来之际，来看望老师们，看望将来要成为老师的同学们，并和大家进行讨论、交流。"

2008年5月12日，四川汶川发生了特大地震，造成师生伤亡惨重，牵动着党中央、国务院和全国人民的心。胡锦涛总书记、温家宝总理等中央领导同志多次作出重要指示，要求不惜一切代价、尽最大努力搜救孩子和群众，并多次亲自前往灾区的学校、帐篷课堂看望慰问广大师生员工，实地了解灾区学校受灾情况，指导部署救灾工作，协调有关部门为灾区恢复教育教学秩序提供各种便利条件。六一前夕，胡锦涛同志前往陕西省宁强县看望了正在简易防震棚内复习功课的学生，并亲笔题写了"一方有难，八方支援，自力更生，艰苦奋斗"，勉励广大灾区少年儿童在今后的学习生活中继续自强不息、奋发努力，向党、向祖国、向人民交出优异的答卷。温家宝总理在北川中学的黑板上写下了"多难兴邦"，鼓励同学们要有信心、勇气和力量，学好本领、克服困难，更好、更快地成长。这些充分体现了党和政府对广大师生的亲切关怀，也为教育系统抗震救灾提供了强有力的领导保障。

从2009年1月1日起，义务教育阶段教师开始实行绩效工资，保证教师平均工资水平不低于当地公务员平均工资。为此，中央财政投入120亿元，地方政府也增加了投入。

六十多年来，我们党改进和加强了教师的培养、培训工作，已经建立起一支1600万人的教师队伍，教师队伍的整体素质不断提升，教师生活待遇和社会地位有较大提高。

（三）高度重视和切实加强教师队伍建设

胡锦涛同志指出："必须高度重视和切实加强教师队伍建设。要采取有力措施，保障教师的政治地位、社会地位、职业地位，维护教师合法权益。要随着经济发展不断提高教师待遇，依法保障教师收入水平，完善教师医疗、养老、住房等社会保障。"① 又明确提出教师队伍建设要做到三个"必须"：必须高度重视和切实加强教师队伍建设；必须吸引和鼓励优秀人才从事教育工作；必须形成尊师重教的良好社会风气。近年来，党和政府把教师队伍建设摆在教育工作的突出位置，实施城镇教师支援农村教育、农村学校教师特设岗位计划、高等学校高层次创造性人才计划、职业学校"双师型"教师培养、师范生免费教育试点和学校人事分配制度改革等重大举措，取得了显著成效。这一阶段，加强教师队伍建设的系列部署，全面、细致、深入，方案可操作、措施能兑现，集中突出了一个"实"字。

1. 高度重视和切实加强教师队伍建设，要着力贯彻四个原则

在建设创新型国家和人力资源强国的时代要求下，要以科学发展观为指导，紧紧围绕教育改革发展的主题，切实把教师队伍建设摆在重要战略地位，培养大批的合格教师、优秀教师和教育家，为国家教育事业新的发展提供动力和强有力的保障。教师队伍建设要着力贯彻以下四个原则。

一是坚持以教师为本的理念。我们要牢固树立尊重教师、依靠教师、服务教师的理念，把满足教师终身学习和全面发展的需要，把维护和保障教师切身利益，作为衡量教师教育工作的根本标准，作为教师教育和教师队伍建设工作的出发点和落脚点。要始终坚持人才强教，人才强校，重视

① 胡锦涛. 在全国优秀教师代表座谈会上的讲话［N］. 人民日报，2007-08-31.

教师资源的投入、开发和有效利用，把广大教师的积极性、主动性和创造性保持好、调动好和发展好。

二是坚持优先发展的战略地位。在社会主义现代化建设中，要把教育摆在优先发展的战略地位；在教育事业发展中，要把教师队伍建设摆在优先发展的战略地位。要从时代、全局和发展的战略高度，充分认识教师队伍建设对于教育发展和民族振兴的重大意义，切实摆到重要议事日程，优先考虑，优先安排，优先检查落实。历史和现实都说明，教师和教师教育工作怎么重视都不为过，怎么支持都不为多。

三是坚持把师德建设放在首要位置。教师素质中，思想道德是最重要的素质。教师是学生知识增长和思想进步的导师，教师的一言一行都会对学生产生重要而持久的影响。教师只有在思想政治上、道德品质上、教风学风上，以身作则，率先垂范，才能真正做到为人师表，教书育人。我们要坚持把师德建设摆在教师队伍建设的首要位置，坚持把师德建设作为教师队伍建设的一项重要而紧迫的任务，常抓不懈，常抓常新。

四是坚持统筹规划、协调发展的策略。我国教育发展的阶段性和非均衡性十分明显，地区之间、城乡之间的差别是一个客观现实。教师队伍建设既要从实际出发，分区规划、分类指导、分步实施，又要加强宏观统筹，统筹各级各类教师队伍建设的全面发展，统筹城乡和区域教师队伍的协调发展。

2. 高度重视和切实加强教师队伍建设，要正确处理四个关系

一是正确处理继承与创新的关系。我国教师队伍建设在多年的发展历程中，积累了许多丰富的经验，形成了独特的优良传统，是我国教育的宝贵财富，我们一定要继承和弘扬这些优良传统。但是，我们也必须看到，在新的历史时期，教师队伍建设面临着严峻挑战。我们不能固守过去的模式和成绩，要积极推进教师队伍建设的改革创新。推进教师队伍建设的创新是我国新时期教育发展的重大历史责任。

二是正确处理教师数量与教师质量的关系。由于社会经济因素和教育

人口的变化，我国中小学教师数量不足的矛盾趋于缓解，教师质量不高逐步成为矛盾的主要方面。因此，在教师队伍建设中一方面要根据当地教师队伍实际，调整培养数量和学科结构，做好人才储备工作；另一方面，要不断推进人才培养模式、课程体系和教学内容的改革，将提高教师质量作为工作的重中之重。

三是要处理教师队伍建设中教师教育和教师管理的关系。教师教育制度要与教师资格准入制度、聘任制度、职务制度等相互衔接，密切配合。推进教师教育事业发展，必须在提高教师地位待遇、完善教师资格制度、促进教师专业化发展、创设良好教师工作氛围等方面下工夫。要改革和完善教师管理制度，严格教师资格准入制度，健全教师考核评价机制，合理配置教师资源。①

四是要正确处理教师的学术问题与政治问题的关系。建设一支政治思想、道德素质和科学文化水平较高的教师队伍，对于教育事业发展具有决定性意义。能否正确执行知识分子政策，充分调动广大教师的积极性，是建设好这支队伍的关键。而在执行知识分子政策方面，其中重要的一点，是要正确处理教师的学术问题和政治问题的关系。要引导教师坚定正确的政治方向，坚持以马克思主义为指导开展学术研究，提高业务水平。要坚持“百花齐放、百家争鸣”的方针，组织教师开展积极的学术讨论。如果有人学术上出现了反映唯心主义、形而上学世界观的内容，应予以抵制。但要采取与人为善的讨论，用细致耐心的引导和讲清道理的批评方式予以解决，不搞简单粗暴的批判运动。

3. 高度重视和切实加强教师队伍建设，要切实解决四个重点

一是高度重视吸引和鼓励优秀人才从事教育工作。教育是培养人的事业，教师是培养人的人。教师在德才两个方面都必须具有较高的素质，这是教育事业的性质决定的。胡锦涛同志指出：“要制定切实可行的政策措

---

① 胡锦涛. 在全国优秀教师代表座谈会上的讲话［N］. 人民日报，2007－08－31.

施，注重吸引优秀人才当教师，鼓励优秀人才长期从教、终身从教，鼓励有志青年到农村、到边远地区、到祖国最需要的地方为国家教育事业发展建功立业。”①

要吸引优秀人才当教师，鼓励优秀人才长期从教、终身从教，就必须采取更加有力的政策措施。要大量吸收优秀高校毕业生进入教师队伍，使整个教师队伍的知识层次和学历水平有明显提高。要创新教师补充和退出机制，把好入口关，制定教师资格标准，进行资格考试，建立资格定期认证制度，对不符合条件的要进行调整。要加强区域内教师资源的统筹管理和合理配置，有条件的城区和农村要逐步建立教师定期交流的制度。中西部农村地区要继续实施“特岗教师”计划。对现有教师要加强培训，尽快提高教学水平和职业素养。②

二是高度重视建设高水平的学校领导班子。胡锦涛同志强调，要加强和改进教育系统党的建设。③ 教育发展进入新阶段，必然推动学校发展进入提高质量、特色办学、科学管理的新阶段，配备高素质、高水平的领导班子就更加重要。《国家中长期教育改革和发展规划纲要（2010—2020年）》提出，要加强学校领导班子和领导干部队伍建设，不断提高思想政治素质和办学治校能力；坚持德才兼备、以德为先用人标准，选拔任用学校领导干部；加大学校领导干部培养培训和交流任职力度。这是我们选拔、任用和培养学校主要领导、加强领导班子建设的基本思想要求。

三是高度重视师德建设。加强师德建设需要在三个主要方面下工夫。第一要强化师德教育。多渠道、分层次地开展各种形式的师德教育，加强和改进教师思想政治教育、职业理想教育、职业道德教育以及法制教育和心理健康教育。第二要加强师德宣传。积极组织师德主题教育活动，集中开展师德宣传教育活动；树立师德典型，大力褒奖人民教师的高尚师德。

---

① 胡锦涛. 在全国优秀教师代表座谈会上的讲话［N］. 人民日报，2007-08-31.

② 刘延东. 优化资源　促进公平　加快义务教育均衡发展［N］. 中国教育报，2009-12-01.

③ 胡锦涛在全国教育工作会议上的讲话［N］. 人民日报，2010-09-09.

第三要严格考核管理。加快完善教师资格认定和新教师聘用制度，把思想政治素质和道德品质作为必备条件和重要考核内容；建立师德考评制度，将师德表现作为教师年度考核、职务晋升和评优奖励的重要依据。

四是高度重视农村教师队伍建设。胡锦涛同志多次强调提高农村教师素质的重要性。他指出，要特别重视农村教师队伍建设，千方百计帮助农村教师排忧解难。要满腔热情关心教师，努力改善教师的工作、学习、生活条件，为教师教书育人创造良好环境。[①] 他在十七大报告中重申："加强教师队伍建设，重点提高农村教师素质。"温家宝同志 2003 年 9 月 19 日在全国农村教育工作会议上的讲话要求：要采取有效政策措施，吸引优秀人才到西部任教，鼓励城镇教师到乡村任教，通过定向招生等方式培养乡村教师，切实解决"老少边穷"地区乡村学校缺少合格教师和骨干教师不稳定的问题。我们要积极探索农村教师队伍建设的有效途径。继续实施"农村中学教育硕士师资培养计划"，研究探索师范院校学生到农村中小学实习支教办法，积极推动有条件的普通高等学校在师资力量薄弱的农村中小学校建立长期稳定的实习基地，选派师范类高年级学生或研究生到农村实习基地进行实习支教，真正达到加强师范生教育实习，吸引高学历人才从教和支持农村教师队伍建设的一举多得的效果。

三、教师要提高人格魅力和学识魅力

胡锦涛同志指出：教师的一言一行，对学生发挥着教育引导作用，甚至影响一个人的一生。教师要注重言教，更要注重身教，以自己的模范行动影响和带动学生，以自己的学术造诣和优秀品格赢得学生的尊重和热爱。[②] 这是科学发展观教育理论关于教师素质要求的核心思想。十六大以

① 胡锦涛. 在全国优秀教师代表座谈会上的讲话［N］. 人民日报，2007－08－31.

② 胡锦涛考察北京教育［EB/OL］. 人民网 http：//www. people. com. cn/GB/shizheng/1024/2776516. html.

来，以胡锦涛同志为总书记的党中央，十分强调教师自身素质的提高。概括起来有四个主要方面的思想：一是教师要成为学生的良师益友，要爱岗敬业；二是教师要不断增强学识魅力，以严谨的态度投入教学和科研工作中；三是教师要创造性地开展工作，要富有创新精神和不断开拓的勇气；四是教师要增强人格魅力，要坚持正确的名利观。对教师素质的四个方面的要求，系统、全面、深刻，富有时代感和现实性，符合时代特点，符合教育事业改革发展要求，符合党和人民事业的要求。

（一）爱岗敬业，关爱学生

伟大的教育家苏霍姆林斯基说："教育的全部技巧在于如何爱学生!"要成为一名真正受学生欢迎和尊敬的教师，尤其是成为一名优秀教师，以适应时代的需要，首先要从"爱"做起——爱教育，爱学生，走进学生，了解学生，关心学生，与学生平等相处，鼓励赞赏学生，掌握引导和批评学生的正确方式。

胡锦涛同志2007年8月31日在全国优秀教师代表座谈会上发表讲话指出：希望广大教师爱岗敬业、关爱学生。切实承担教育者的社会责任，满怀对受教育者的真心关爱，是党和人民对广大教师的基本要求。广大教师要忠诚于人民教育事业，树立崇高的职业理想和坚定的职业信念，把全部精力和满腔真情献给教育事业，做爱岗敬业的模范。要关爱每一名学生，关心每一名学生的成长进步，以真情、真心、真诚教育和影响学生，努力成为学生的良师益友，成为学生健康成长的指导者和引路人。① "爱岗敬业、关爱学生"，把热爱本职岗位和关爱学生紧密联系起来，这就把"爱岗"具体化，把"敬业"目标化，突出了现实的针对性。

一个让学生真正喜欢的教师，必须"爱岗"。忠诚敬业是成为合格人民教师的第一要素。始终坚持走中国特色社会主义道路，弘扬爱国主义、集

---

① 胡锦涛. 在全国优秀教师代表座谈会上的讲话［N］. 人民日报，2007-08-31.

体主义精神，把个人命运和国家的命运紧紧连在一起，是忠诚敬业的表现；树立高尚的职业理想，培养坚定的职业操守，肩负起人民教师的光荣职责，把全部心血和精力奉献给祖国的下一代，培养造就社会主义合格建设者和可靠接班人，同样是忠诚敬业的表现。

“敬业”作为中国传统道德规范之一，是教师必须具有的优良品质，在教育工作中要“敬事而信”和“敬业乐群”。对于一个教师而言，要敬重教育事业，就要潜心研究业务，不浮躁，耐得住寂寞。凡有成就的教师，都是从教育职业劳动中领略无穷趣味的敬业者。教师敬业的核心是尊重职业、精通职业、献身职业。

尊重职业。尊重自己所从事的教育事业是教师敬业精神的首要标准，是一个教师必备的、最基本的心态。热爱和尊重是职业成功的前提，只有对自己的职业有积极的态度，对自己从事的职业充满敬重的情感，才能维护它和成就它，才能引起喜悦和快乐等肯定性的体验，在职业活动中作出积极的贡献。一个教师确立和培养崇高的职业理想和事业心，真正地尊重职业，必须具有不能放弃的使命感和责任感，把自己从事的教师职业看成无比神圣的。这种敬重职业的事业心，包含着矢志成就事业的高尚情感、忘我品格、实干作风和奉献精神。

精通职业。每个教师都追求美好的人生和事业，都希望自己的职业活动有价值、有意义，为社会作出自己的贡献，实现人生价值。而要对社会、对人民作出较大的贡献，就必须发奋成为业务上的行家里手，驾驭、精通自己从事的专业。要在工作岗位上有所发现、有所发明、有所创造、有所成就，以自己力所能及、游刃有余的岗位工作能力和水平，成就自己担负的职业，立足本职工作岗位实现人生价值，对社会对人民作出自己应有的贡献。要成为自己业务领域的专家，就要对自己专业领域劳动的知识与技能刻苦钻研、精益求精，不断提高业务水平和教育教学能力，成为优秀的教育工作者。

献身职业。对于一个教师来说，以忘我精神献身于崇高的职业，这是一个教师的最大幸福。教师的职业意识和责任意识在职业劳动中的反映，就是个人把献身职业和作出成就看成是自己的职责、使命和责任，看成非这样做不可的需要和义务。教师在职业生活中，经常感受到这种责任的存在，并在履行这种责任、使命的同时，不断形成和发展内在的责任感、使命感。全身心地投入职业劳动和创造，才可能是幸福、愉快和有成就的。

一个让学生真正喜欢的教师，必须爱国。多年来，广大教师怀着“以天下为己任”的赤诚，与全国人民一起投身民族振兴的伟业，弘扬中华民族爱国主义的光荣传统。今天，广大教师要继续弘扬这一光荣传统，坚持爱国主义与社会主义的高度统一，时刻心系民族命运、心系国家发展、心系人民福祉，使爱国主义精神在新的时代条件下发扬光大。要不断深化对我国历史和国情的认识、对改革开放伟大进程的认识，进一步增强民族自尊心、自信心和自豪感，进一步坚定走中国特色社会主义道路、实现中华民族伟大复兴的信念。要切实强化社会责任感和历史使命感，把个人的成长进步融入到推动国家发展、民族振兴的时代洪流中去，矢志为实现远大理想而不懈奋斗。

一个让学生真正喜欢的教师，必须“爱生”。爱生，就是关爱每位学生。爱是教育的灵魂，没有爱就没有教育，对学生发自内心的爱能够产生巨大的教育力量。温家宝同志强调：“要充满爱心，忠诚事业。当一名教师，首先要是一个充满爱心的人，把追求理想、塑造心灵、传承知识当成人生的最大追求。要关爱每一名学生，关心每一名学生的成长进步，努力成为学生的良师益友，成为学生健康成长的指导者和引路人。”①

一个教师是否赢得学生的信任和爱戴，主要是看他是否真正地去关心爱护学生。具有诚挚博大的无私爱心，是教师具有人格魅力的前提。作为教师，只有有一种为教育事业、为学生的成长和发展鞠躬尽瘁的奉献精神，才会产生强大的震撼力与感染力，显出十足的人格魅力。教师的爱要滋润

① 温家宝. 教育大计　教师为本［N］. 人民日报，2009－09－04.

每一个学生的心田。教师爱学生，不应有学习好坏之分，不应有农村城市之分，不应有家庭贫富之分，更不应有父母权力大小之分。对弱者所给予的爱应更多。只有这样的爱，才是无私的。只有始终坚持以人为本，以学生为中心，对学生饱含爱心，满腔热忱育人，挖掘学生的闪光点，不让一个学生掉队，努力让每个学生成功，才能真正增进与学生的感情，尊重学生，了解学生，帮助学生，严格要求学生，做学生的良师益友。

关爱学生，就要做学生健康成长的引导者。教师要像一盏明灯，给学生以温暖和希望，照亮学生前进的道路。只有用真心、真情、真诚关爱学生，以满腔热忱育人，开启学生智慧，陶冶学生情操，挖掘学生潜质，鼓励学生创造，才能引导学生全面发展、健康成长。注重挖掘每个学生的闪光点，激发潜能，鼓励创造，宽容失败；帮助学生解决思想困惑和生活困难，真正成为学生尊重和信赖的良师益友。

关爱学生就要善于建立良好的师生关系。师生关系的质量影响学生的学业成绩和行为。良好的师生关系应该具有以下特性：一是开放性或透明性，师生之间可以直言不讳，坦诚相见；二是关爱性，师生双方都感到被对方看重；三是依存性（而非依赖性），师生双方相互依靠；四是独立性，师生双方都允许对方发展自己独特性、创造性及个性；五是互惠性，师生双方决不以牺牲对方的需要来满足自己的需要。在与学生的实际交往中，教师要学会放下架子，主动与学生交朋友，更多地了解和接受学生，更积极地关怀学生，恰当而开放地进行师生对话，在学生心目中树立亲切友善的良好形象。

师者如烛，师爱如光。在全社会的尊重和关心下，广大教师的职业热情将不断迸发，职业理想将更为远大，师爱之光将照得更远，照亮更多的心灵。

（二）刻苦钻研，严谨笃学

知识是空气，魅力是翅膀，魅力需要知识的承载方能翱翔万里长空。

胡锦涛同志指出：希望广大教师刻苦钻研、严谨笃学。[①] “刻苦钻研、严谨笃学”，是富于时代气息的要求，要求教师不仅是已有知识的传承者，更要成为新知识的拥有者和传承者。当今世界，知识更新日新月异，教师作为知识的重要传播者和创造者，只有不断学习，才能掌握最新学术动态，更新、优化自身的知识结构，才能使自己在教学活动中掌握主动、显示优势，为学生的发展提供最优的精神食粮。

教师应该成为热爱学习、善于学习的楷模。教师在教育创新中承担着重要的使命，教师富有创新精神，才能培养出创新人才。胡锦涛同志指出：“要养成求真务实和严谨自律的治学态度，恪守学术道德，发扬优良学风。”[②]教师应该具备求真务实、勇于创新、严谨自律的治学态度和学术精神，努力发扬优良的学术风气和学术道德。当今时代知识更新换代的周期越来越短，每个人都需要不断学习才能适应工作要求。教师要想给学生一杯水，自己必须先有一桶水。教师只有学而不厌，才能做到诲人不倦。广大教师要做善于学习和重视学习的楷模。要如饥似渴地学习新知识、新科学、新技能，不断提高教学质量和教书育人的本领。要积极投身教学改革，把最先进的方法、最现代的理念、最宝贵的知识传授给学生。

教师应该成为不断学习、终身学习的楷模。履行传播和创新知识的重要职责，决定了教师专业知识必须与时俱进。世界已进入科技飞速发展的时代，现代科技和现代社会发展的科学理论和学科知识也在不断更新。只有追踪学科前沿，不断研究新问题、提出新见解，不断进行本专业领域的理论创新，才能站在学科前沿，引导学生学到最新的知识。因此，崇尚科学精神，树立终身学习理念，不断拓宽知识视野和更新知识结构，不断提高教学质量和教书育人本领，是对教师素质的必然要求。

教师要提高终身学习的能力。胡锦涛同志对教师的终身学习提出了基本要求：“在当今时代知识层出不穷的条件下，要成为合格教育者，就必须

---

①② 胡锦涛. 在全国优秀教师代表座谈会上的讲话［N］. 人民日报，2007－08－31.

不断学习、不断充实自己。广大教师要崇尚科学精神，树立终身学习理念，如饥似渴地学习新知识、新技能、新技术，拓宽知识视野，更新知识结构，不断提高教学质量和教书育人本领。”① 终身学习能力是指教师能够在飞速发展的社会环境中，有意识地不断更新自己的知识体系和能力结构，不断地学习各种最新的教育理论，保证自己职业能力的适应性。终身学习的能力既是社会发展对人的要求，也是教育变革对教师职业角色提出的要求。只有通过努力学习、终身学习，不断提高思想水平和业务能力，逐渐形成自己的教育风格，才能真正成为一名教育家。

教师应该成为求真务实、严谨自律的楷模。教师必须严谨笃学，发扬严谨的教风。严谨的教风由严谨的教学态度、严谨的教学内容和严谨的教学方法三方面组成。严谨的教学态度，指认真负责的精神和以身作则的风范，它体现的是一种人格的魅力。教师的人格魅力关系到教师的整体形象，关系到教师讲课的效果。严谨的教学内容要以严谨的科学研究为铺垫。要倡导博学精神，恪守学术道德。面向新世纪，为创新教育，应倡导全新的教学方法，实现课堂教学与社会实践、调查研究相结合，开发和超越原有知识范围，强调能力培养，开发学生创新思维和创新能力；鼓励学生在积极思考中学，在思想碰撞中学，在主动钻研中学，真正变被动为主动，让教与学都有声有色，让师生共创良好的学习氛围。

发扬严谨教风，需要提高协作性教学的能力。协作是现代教学和学习的重要形式。基于问题的学习，往往采用协作学习的形式，通过个体之间的相互影响，达到解决问题的目的。而教师的协作教学形式在工作中也是常见的，它能发挥教师的优势，互相补充、取长补短，是问题解决中的有效方法。教师必须具备与其他教师或专业人员成功协作的能力，这也是教师培养学生合作能力的重要素质和经验背景。

发扬严谨教风，需要提高教学研究能力。在教育的科学发展、均衡发

① 胡锦涛．在全国优秀教师代表座谈会上的讲话［N］．人民日报，2007－08－31.

展过程中，教育必将呈现新的规律。对新规律的发现和了解，一定程度上会影响教育教学的效果和质量。教育实践活动是发现新规律的重要过程，也是尝试新方法、创造新理论的过程。教师在实际教学中应责无旁贷地成为教育教学研究的主力军，成为探索新规律、实现新方法的领头羊。

（三）勇于创新，奋发进取

胡锦涛同志 2007 年 8 月 31 日在全国优秀教师代表座谈会上的讲话中，希望广大教师勇于创新、奋发进取。“勇于创新、奋发进取”，把教师所从事的教育教学工作定位为创造性工作，把教师群体定位为创造性群体。教师富有创新精神，才能培养出创新人才。这充分考虑到了教育事业发展的新趋势。广大教师要踊跃投身教育创新实践，积极探索教育教学规律，更新教育观念，改革教学内容、方法、手段，注重培育学生的主动进取精神，鼓励学生的创造性思维，引导学生在发掘兴趣和潜能的基础上全面发展，努力培养适应社会主义现代化建设需要、具有创新精神和实践能力的一代新人。胡锦涛总书记的这一要求，是广大教师提高自身素质的重要方面，体现了改革创新的时代精神，符合教育事业改革发展的实际，适应了建设创新型国家的要求。

勇于创新、奋发进取是国家发展和培养创新人才的需要的要求。当今世界正在发生广泛而深刻的变革，知识越来越成为推动经济发展和人类社会进步的决定性力量，教育越来越成为国家综合实力和国际竞争力的核心因素。纵观世界发展史，民族的兴旺、国家的前途，很大程度上取决于教育。任何国家的强盛，都是从率先发展教育开始的。可以说，教育立国、教育强国是实现国家跨越式发展经久不衰的成功之举。而教育事业的改革发展创新，离不开教育战线的“尖兵”——广大教师在各自岗位上的改革创新、奋发进取。

纵观世界历史，可以清楚地看到，国家的强大和民族的振兴固然有很多方面的因素，但人的素质无疑是最重要和最具有潜力的因素。一个国家可以从国外引进技术、资金和管理方法，而人的素质是无法引进的。许多发展中国家都走过弯路，以为大量引入技术和设备能够根本改变落后面貌，结果由于人的素质没有跟上，引进的设备和技术没能发挥应有的作用。没有人的现代化，没有全体人民素质的提高，国家现代化是不可能实现的。在中国走向现代化的伟大历史进程中，我们不仅需要大批高层次专家，需要成千上万、遍布社会各门类的优秀人才，也需要亿万具有较高素质的人。

越是飞速发展、剧烈变革的时代，越是需要全面发展、具有高素质的人。改革开放，开启了中华民族历史的新纪元，也对世界历史发展产生了深远的影响。正是从改革开放开始，我们民族进入了全面复兴的伟大时代，这是一个需要大力弘扬自主创新精神、弘扬创新文化、产生创新型人才的时代。在建设创新型国家、构建社会主义和谐社会、推进全面建设小康社会的伟大历史进程中，我们更需要无数优秀创新型人才脱颖而出，更需要让优秀创新型人才的自主创新为中华民族的伟大复兴贡献力量。科教兴国，人才强国，人的素质是综合国力的重要表现，是国家经济和社会发展的重要基础。而培养高素质人才，同样离不开广大教师在各自岗位上的改革创新、奋发进取。

要勇于创新、奋发进取，就必须解放思想。创新需要勇气。创新意味着要打破以往的条条框框，克服自己认识上的局限，突破自己多年的思维定势和习惯。这需要有挑战自我、超越自我的坚强意志和非凡勇气。广大教师要坚持培育创新意识，鼓励创新精神，激发创新活力，尊重创新劳动，营造创新氛围，保护创新成果。一切妨碍创新的思想观念都要坚决破除，一切束缚自主创新的做法和规定都要坚决改变，一切影响自主创新的体制弊端都要坚决革除。广大教师应放手让自主创新的意识充分涌流，让创造活力竞相迸发，形成一支百舸争流、千帆竞发、生动活泼、生机勃发的教师创新队伍。

要勇于创新、奋发进取，就必须增强责任意识。建设创新型国家，是时代赋予我们的神圣使命。广大教师要积极响应党中央的号召，不断增强自主创新的使命感、紧迫感和社会责任感，进一步增强进取意识，做弘扬自主创新精神的先行者。要适应国家教育改革和发展中长期发展规划的要求，力争在各自岗位上掌握新的教学技能、新的科研成果，从而培养既支撑当前的发展又引领未来的发展的创新型人才，努力创造无愧于时代、无愧于人民、无愧于祖国的光辉业绩。让人生在创新中闪光，让创新促进中华民族的伟大复兴。

要勇于创新、奋发进取，就必须培养广大学生的创新意识。在追求真理的道路上，广大学子有着自身的优势。少年儿童天真烂漫，求知欲强。青年学子，朝气勃发，敢想敢为。从一定意义上说，创新是广大学子特别是青少年学生活力的象征和体现。但是，他们也有自身的弱点，他们往往缺乏韧劲，缺乏坚韧不拔的精神，遇到挫折和困难容易丧失信心，看不到事物发展的未来，容易被暂时的迷雾所遮挡，被一些假象所迷惑，等等。广大教师在各自岗位上的创新实践的一个重要方面是帮助广大学子树立、巩固、发扬创新精神，为培养建设中国特色社会主义事业的创新型建设者和接班人发挥应有的作用。

（四）淡泊名利，志存高远

教师的日常工作既平凡又不平凡，教师不是雕塑家，却塑造着世界上最珍贵的艺术品。教师不仅要具备丰厚的专业知识，春风化雨般的点拨技巧，更重要的是要有良好的道德修养。正如我国古代伟大教育家孔子所说："其身正，不令而行；其身不正，虽令不从。"广大教师应当成为善良的使者，挚爱的化身，做品格优秀、业务精良、职业道德高尚的教育工作者。

胡锦涛同志强调："希望老师们加强师德修养，淡泊名利，甘为人梯，认认真真教书，扎扎实实治学，带头营造良好学术风气。"① "淡泊名利、志存高远"，要求广大教师要把崇高师德内化为自觉价值追求和行为取向，自

---

① 胡锦涛．在北京大学师生代表座谈会上的讲话［N］．人民日报，2008－05－04．

尊自励，自警自省，真正做到学高为师、德高为范，坚决克服教师队伍中的不正之风，净化校园风气。这一要求，是教师队伍素质要素的最为独特的方面，是教师素质中最本质的东西，是“教师是人类文明传承者”这一科学判断的重要支撑。

做到淡泊名利、志存高远，要秉持学为人师、行为世范的理念，做良好社会风气的引领者和带动者。以自己的崇高追求、高尚品德和人格力量，在潜移默化中熏陶和影响学生。教育是心灵与心灵的沟通，灵魂与灵魂的交融，人格与人格的对话。教师个人的人生榜样对于学生心灵的健康和成长是任何东西都不可能代替的最灿烂的阳光。好的老师是孩子最信任的人，有些话甚至不对父母讲也愿意跟老师讲，老师能帮助他解决思想问题包括实际问题，做到这一点不容易，没有爱心是不可能的。唯有教师人格的高尚，才可能有学生心灵的纯洁。教书者必先强己，育人者必先律己。我们不仅要注重教书，更要注重育人；不仅要注重言传，更要注重身教。广大教师要自觉加强师德修养，坚持以德立身、自尊自律，以自己高尚的情操和良好的思想道德风范教育和感染学生。人民教师应以自身的人格魅力和卓有成效的工作赢得社会的尊重，不仅应成为学生的表率，也应成为社会的表率。广大教师应承担起教育者的社会责任，带头传承中华民族优秀文化和传统美德，带头坚持社会主义核心价值体系，践行社会主义荣辱观，倡导社会文明新风，引领社会风尚和时代进步潮流。树立高尚的精神追求，恪守学术道德，甘当人梯，甘守寂寞，以自身的师表风范和人格修养带动社会风气的改善。

做到淡泊名利、志存高远，要坚守学术道德，坚持诚心治学。古人云：艰难困苦，玉汝于成。教育、学术、研究，既是一项光荣的事业，也是艰苦的事业。马克思有一句名言：“在科学上没有平坦的大道可走，只有不畏劳苦沿着陡峭山路攀登的人，才有可能到达光辉的顶点。”心气浮躁、急功近利，是教书育人的大忌，只有坚持艰苦奋斗、辛勤劳动的学风教风，教学生涯才能真正有创新、有突破。

学术道德是广大教师的立身之本。教师的道德状况被视为社会文明的一个重要尺度。这就要求广大教师无论是做人还是做学问必须严格要求自己，以身示范，堪称楷模。中国文化人自古以来重视道德文章，为人师表。现代教育教学具有科学性和严谨性。因此，学术研究的态度要严谨，学术研究的方法要科学，学术要求要规范。“没有规矩，不成方圆”，违反了规矩，也就背离了学术道德，就是破坏了学术研究的正常规律，其后果是侵害了他人，也危害了自己。身为一名人民教师，理应洁身自好，严于律己，静下心来教书，潜下心来育人，防止心浮气躁、急功近利，真正做到甘当人梯，无私奉献，为形成良好的学风校风贡献力量。

修身正己、自我约束是维护学术道德和学术尊严的基础。既然我们选定了以教育教学作为我们的职业，就要严守职业道德，加强学术道德自律，树立正气，讲求诚信，忠于真理，为推动我国教育事业的繁荣与发展贡献力量。同时，也要积极开展学术批评，发扬学术民主，客观公正、不徇私情，杜绝权学、钱学交易。老老实实地做人，踏踏实实地做事，扎扎实实地做学问，是新世纪新阶段对广大教师的深情呼唤，也是党和人民对广大教师的热切期望。

胡锦涛同志指出：“全面实施素质教育，核心是要解决好培养什么人、怎样培养人的重大问题，这应该成为教育工作的主题。要坚持育人为本、德育为先，把立德树人作为教育的根本任务，努力培养德智体美全面发展的社会主义建设者和接班人。”① 培养合格的建设者和接班人的前提是，教育者的素质必须合格。上述这四个方面正是对教育者的德、能、勤、绩提出的明确要求。胡锦涛同志在2007年全国优秀教师代表座谈会上已经对我国广大教师队伍作出了高度的评价，他认为广大教师，“胸怀祖国、热爱人民，学为人师、行为世范，默默耕耘、无私奉献”。② 这是对广大教师的肯

① 胡锦涛在中央政治局第三十四次集体学习会议上的讲话［N］. 人民日报，2006-08-31.

② 胡锦涛在全国优秀教师代表座谈会上的讲话［N］. 人民日报，2007-09-01.

定、信任和鞭策，更是对广大教师进一步做好本职工作的激励。

科学发展观教育理论的教师队伍建设思想，是对我们党三代中央领导集体重视教师、关心教师重要思想的丰富和发展。其独特性在于对教师地位的充分强调，对加强教师队伍建设的充分重视，对提高教师素质的充分关注，理论视野宏阔，前瞻性强。进一步强调了教师在教育事业乃至中国特色社会主义建设大业中的重要性，进一步强调了尊重教师、加强教师队伍建设的重要性，进一步强调了提高教师业务和道德素质以适应新世纪新阶段新任务的重要性。科学发展观教育理论的教师队伍建设思想，是全社会尊重教师、把“尊师”落到实处的指针，也是各级教育行政部门切实加强教师队伍建设的指针，更是广大教师提高自身素质、积极培养社会主义建设者和接班人的指针。

第十一章

加强和改进对教育工作的领导

胡锦涛总书记指出：“教育是民族振兴、社会进步的基石，是提高国民素质、促进人的全面发展的根本途径，寄托着亿万家庭对美好生活的期盼。”① 加强和改进党对教育工作的领导，创新教育发展体制机制，提高教育服务经济社会能力，培养具有可持续发展能力的人才，是保障教育在经济社会发展中充分发挥作用的基本要求，是党的几代领导集体的基本共识和我国教育发展取得伟大成就的基本经验，也是科学发展观教育理论的重要组成部分。在新的历史起点上推动教育事业科学发展，必须加强和改进党对教育工作的领导，强化政府责任，确保把教育优先发展、科学发展落到实处。

一、确保把教育优先发展落到实处

优先发展教育是党和国家长期坚持的一项重大方针。胡锦涛总书记强调：“要把优先发展教育作为贯彻落实科学发展观的基本要求，切实保证经

① 胡锦涛同志在全国教育工作会议上的讲话 [G] //《教育规划纲要》工作小组办公室. 全国教育工作会议文件汇编. 北京：教育科学出版社，2010：4.

济社会发展规划优先安排教育发展、财政资金优先保障教育投入、公共资源优先满足教育和人力资源开发需要，并尽快形成科学规范的制度。”①

（一）教育资源优先发展

教育资源是人类社会资源之一。在文明进化和教育实践中，人类社会创造积累了丰富的教育知识、教育经验、教育技能、教育制度、教育品牌、教育人格、教育理念，这些教育经验、制度与理念的总和就是教育资源。

教育理念是教育目标和教育手段的观念表达。在不同的历史时期和不同的教育流派那里，教育理念呈现出异质性和多样性。教育理念在人类教育发展史中，经历了古典完整人格理想，近代知识专业化、职业化到现代教育的理性、智慧与心灵相融合的过程。无论教育理念如何发生变化，通过人类教育传统、生存智慧、人类优秀的科学技术成果的代际传递造就人格健全、全面发展的人，以维护人类文明成果，创造合乎人性、德性与理性的生存方式始终是教育的根本追求。

教育制度本质上是教育资源合理配置的基本方式。制度作为教育资源既可以市场为导向，也可以计划为导向。以市场为导向，就是按照市场原则，把教育资源的经营、管理、收益等权利交付给教育主体，赋予教育主体以充分的自主权。以计划为导向，则是根据社会共同体的教育资源，有计划地进行分配，保证教育资源的公共属性。这两种教育资源配置的方式各有利弊，因此，在教育实践中，各个国家都是把教育资源作为公共社会资源和市场经济资源的混合体，在资源配置方式上，既坚持教育资源的公共属性，又坚持市场导向，不断提高教育资源利用的公平和效率。

教育经验是人类在教育实践中获得的从事教育活动的有效技能以及情感体验。教育的对象是需要接受社会教化和知识启蒙的个体，而个体是具

---

① 胡锦涛同志在全国教育工作会议上的讲话［G］//《教育规划纲要》工作小组办公室. 全国教育工作会议文件汇编. 北京：教育科学出版社，2010：11.

有丰富性和独特性的存在，如何在尊重差异、弘扬个性的基础上，使个体形成对社会的共识性观念，是历代教育的难题。历代先贤尝试的教育手段、教育方法、教育技能等都以经验的形式流传下来，是现代教育发展的重要精神和技能资源。同时，教育经验不但要继承传统，而且还必须面向未来进行探索。面向未来的探索也同样是教育经验的重要内容，是当代人对传统或经验的参与与重建，因此，教育经验既需要继承更需要创新。

根据国际共识，现代教育不但必须满足经济和社会发展的需要，还应满足文化和伦理方面的需要。① 满足经济和发展需要，强调教育是现代社会发展的基本动力；满足文化和伦理的需要，则意味着教育是人际沟通、道德秩序与理想人格塑造的根本手段。中国作为发展中国家，既要通过科学发展实现国家富强、民族振兴的历史使命，同时也要坚持以人为本，实现人的自由全面发展。而我国现有的教育资源尚不能很好地适应现代化建设需要，尤其是优质教育资源比较稀缺，教育资源的地区之间、城乡之间差异明显。因此，坚持把教育摆在优先发展的战略地位，是我们党和国家提出并长期坚持的一项重大方针，也是发挥我国人力资源优势、建设创新型国家、加快推进社会主义现代化的必然选择。“要把是否坚持优先发展教育、发挥教育重大作用作为检验各级党政领导班子是否真正贯彻落实科学发展观的主要内容。”②

结合我国实际情况，教育优先发展必须优先发展教育资源。

第一，要坚持继承创新优良的教育经验

重视教育是中华民族的优良传统。在传统文化的传承中，中华民族积累的教育理念、教育手段等精华内容至今仍然有效。但是，中国传统教育思想及其手段形成于农业社会基础之上，不能完全适应工业社会知识高度

① 教育——财富蕴藏其中：国际21世纪教育委员会报告［M］. 联合国教科文组织总部中文科，译. 北京：教育科学出版社，1996：149.

② 胡锦涛同志在全国教育工作会议上的讲话［G］//《教育规划纲要》工作小组办公室. 全国教育工作会议文件汇编. 北京：教育科学出版社，2010：11.

专业化、教育形式高度职业化、教育资源高度市场化、教育功能高度社会化的特点。因此，我们既要继承传统教育的积极经验，同时，也要根据现代教育培养人才、科学研究、服务社会的三大功能，积极探索适应现代教育的体制机制，丰富教育手段，创新教育经验，满足社会对教育资源的多样化需求。

第二，要充分利用国外的优质教育资源

在世界经济一体化趋势的促动下，现代教育资源全球性流动、全球性配置已经成为教育的发展趋势。作为发展中国家，我们要充分利用发达国家成熟的教育资源和教育成果。改革开放以来，我国积极促进与发达国家和地区的教育交流，大大提升了我国教育发展的特色和水平，增强了教育为社会主义现代化建设服务的能力。随着社会主义现代化建设的深入开展，我们要坚持利用国外优质教育资源，通过内引外联，把国外优质教育资源作为提高学科建设水平、学术发展能力、人才培养水平的外源动力，积极推进把人力资源大国建设转变为人才资源强国的进程。

第三，要合理配置现有的教育资源

教育资源的分类方法有多种，按其归属性质和管理层次区分，可分为国家资源、地方资源和个人资源；按其办学层次区分，可分为基础教育资源和高等教育资源；按其构成状态区分，可分为固定资源和流动资源；按其知识层次区分，可分为品牌资源、师资资源和生源资源；按其政策导向区分，可分为计划资源和市场资源，等等。无论教育资源如何区分，最关键的问题还是要通过创新教育发展体制，提高现有教育资源的利用效率，多渠道开掘新的教育资源。通过理顺关系、加大投入，拓展服务辐射区域，拓宽专业内涵和口径，整合、更新教育内容，加强区域、校际和学科之间的相互交叉渗透与合作，最大限度地发挥和利用好现有教育资源。同时，要突破行业、系统、区域乃至国别的界限，积极鼓励社会各界和境外教育力量参与办学，多形式、多渠道地广泛吸纳和利用其他社会教育资源，满足社会经济发展对教育资源数量和质量的要求。

优先发展教育资源是整体推进教育发展的前提，是培养创新人才的必备条件。必须从中国经济发展实际情况出发，确立教育资源优先发展的战略布局。各级政府必须发挥好在教育资源优先发展中的作用，坚持“优先发展、育人为本、改革创新、促进公平、提高质量”的工作方针，紧紧围绕党和国家工作大局，构建与社会主义市场经济体制相适应、有利于优先发展教育资源的体制机制。

（二）教育结构优先调整

教育结构是指教育机构各个部分的比例关系及组合方式，主要包括教育层次结构、教育类型结构、办学形式结构和教育管理体制结构。在各个教育实体内部又有各自的教育类型结构、教育层次结构和学科专业设置结构。合理的教育结构能够促进基础科学与应用科学的有机结合，能够形成学术型人才与专业应用型人才合理比例，能够对经济社会发展、经济结构的合理化调整起到积极引领和推动作用。

现代人力资本理论认为，人力资源是社会经济发展的第一资源，人力资源的数量、质量以及流动直接影响着社会经济发展。工业革命以来的经济社会发展实践证明，教育与经济发展之间具有函数关系。尤其是现代经济社会发展，教育服务社会的功能大大增强，对经济增长的贡献率呈上升趋势。发达国家人力资本对经济增长的贡献率已达到75%。“二战”后，美国的硅谷、英国的剑桥、日本的筑波、印度的班加罗尔都是凭借大学和科研机构的学科优势、人才优势，以产学研一体化为平台，成为世界上最具活力的创新创业基地。根据《世界资源报告》（2001—2002 年）提供的资料计算，中国每创造 1 美元 GDP 所消耗的能源是美国的 4.3 倍，日本的 11.5 倍。中国年能源消耗量 10 倍于日本、5 倍于美国。[①] 而我国的人力资

① 国情备忘录［EB/OL］. 人民网，2010－04－21.

本投资占国内生产总值 10.75%，人才贡献率 18.9%（1978—2008 年均值）。[①] 究其原因，主要是我国教育结构不够合理。在教育层次、教育类型内部存在着办学目标与学科结构同质化严重、基础学科与应用学科发展失调、区域教育发展不协调、特色优势学科与经济社会联系不紧密等问题，这些问题直接影响了教育功能的发挥，影响了经济发展结构的调整，影响了我国经济社会的可持续发展能力。必须在科学发展观的指导下，结合社会发展实际，优先调整教育结构，高效配置教育资源，为教育的科学发展、率先发展、和谐发展奠定基础。

党的十七大报告指出："优化教育结构，促进义务教育均衡发展，加快普及高中阶段教育，大力发展职业教育，提高高等教育质量。重视学前教育，关心特殊教育。"这实际上提出了优先调整教育结构的重点领域和重点对象。义务教育均衡发展就是要坚持城乡、区域、校际均衡发展。这是克服当前教育资源、教育成果不能共享的基本手段。应当重点扶持教育发展水平相对落后的区域，改造基础薄弱学校，提高农村教育现代化水平。《国家中长期教育改革和发展规划纲要（2010—2020 年）》把义务教育均衡发展作为战略性任务，体现了国家对义务教育的重视。

重视学前教育和特殊教育的发展。目前，我国城市和农村学前教育资源比较薄弱，优质教育资源稀缺，入学率较低。而学前教育是培养合格公民的基础的基础，所以，要把学前教育纳入到城镇、新农村建设规划之中。胡锦涛同志非常关心特殊教育，在《国家中长期教育改革和发展规划纲要（2010—2020 年）》起草过程中，他指出一定要把特殊教育规划好。特殊教育是"以人为本"科学发展观的体现，是一个国家文明程度的重要尺度。"特殊教育是促进残疾人全面发展、帮助残疾人更好地融入社会的基本途径。""提高残疾学生的综合素质。注重潜能开发和缺陷补偿，培养残疾学生积极面对人生、全面融入社会的意识和自尊、自信、自立、自强的精神。

① 国家中长期人才发展规划纲要（2010—2020 年）[N]. 人民日报，2010-06-06.

加强残疾学生职业技能和就业能力培养。”① 这是我国教育发展的重要任务，应当加大力度，提高水平。

职业教育的专业结构必须契合经济发展方式和经济结构，才能为现代化建设提供大量的高素质劳动者和技能型人才。我国的职业教育存在着精英式教育的冲动，背离了高职教育与市场密切结合的需求，使人才质量与社会需求脱节。所以，高职教育要面向社会、面向市场，设置相应专业，着重培养学生的职业道德、职业技能和就业创业能力。“到2020年，形成适应发展方式转变和经济结构调整要求、体现终身教育理念、中等和高等职业教育协调发展的现代职业教育体系，满足人民群众接受职业教育的需求，满足经济社会对高素质劳动者和技能型人才的需要。”②

高等教育的办学质量、学科结构关系到国家的自主创新能力。以自主创新为根基的科技创新是当代社会经济发展的原动力。因此，为适应国家和区域经济社会发展需要，就要建立动态调整机制，不断优化高等教育结构。一是优化类型结构，重点扩大应用型、复合型、技能型人才培养规模；二是优化学科结构，结合现代科学交叉与融合的趋势，打破“树状”学科组织模式，探索建立“网状”的跨学科组织模式，培育新的学科增长点，培养复合型创新人才；三是加快研究生教育结构调整。调整和优化硕士研究生教育的培养结构，尽快改变我国硕士研究生教育以学术型人才培养模式为主的格局，加快发展专业学位研究生教育，促进人才培养与经济社会发展需求紧密结合；四是结合区域经济发展实际，突出特色优势学科，加强对区域经济结构的适应与引领；五是优化区域布局结构，加大对中西部地区高等教育结构的调整力度，服务西部地区经济社会发展。《国家中长期教育改革和发展规划纲要（2010—2020年）》提出“加大对中西部地区高等教育的支持，实施中西部高等教育振兴计划”，对于优化中西部地区教育

① 国家中长期教育改革和发展规划纲要（2010—2020年）［G］//《教育规划纲要》工作小组办公室. 全国教育工作会议文件汇编. 北京：教育科学出版社，2010：110.

② 同①，99.

结构将会起到积极推动作用。

教育结构优先调整是一项宏大的系统工程。应当建立以市场为导向的教育结构优先调整和调节机制，按照教育发展规律，正确处理好需要与可能、数量与质量、当前与长远、局部与整体、特殊与一般的关系，充分考虑区域间社会发展的不平衡性等因素，统筹规划，分类指导，分步实施。通过教育结构调整，使各级各类教育在布局、规模、层次、比例等结构方面协调发展。

（三）教育投资优先保证

教育投资是指一个国家或地区，根据教育事业发展的要求，投入教育领域中的人力、物力和财力的总和。现代经济理论与实践证明，政府积极投资教育是推动经济社会发展的需要，也是弥补市场缺陷的需要。一些经济学家、政治学家、社会学家分别从不同的角度论证了政府介入教育的必要性与可能性。英国教育学家韦斯特（E. G. West）提出了关于政府在教育中发挥积极作用的六个理由：（1）国家保护未成年人受教育的权利。（2）外部效应。教育存在着外部效应，能对社会发展起到积极的正面作用，因此，需要以政府供给的形式扩大教育投入。（3）高等教育有助于推进社会民主。大学教育为受教育者提供了科学、文化和艺术等各方面的广泛知识，有助于维护民主社会的繁荣与发展。（4）机会均等。教育机会均等是公民社会的基本要求。（5）寻求共同价值。公共教育有助于维系社会的“共同价值”，形成社会共识。（6）高等教育促进经济增长。① 这六个方面基本描述了政府投资教育的必要性，在此意义上，教育投资是支撑国家长远发展的基础性、战略性投资，是教育事业的物质基础，是公共财政的重要职能。

新中国成立以来，我国教育投资政策经历了三个发展阶段。1949 年至

① E. G. West. Education and the State［M］. Indianapolis：Liberty Fund Press，1994：226.

1985年，为政府单一财政拨款阶段。这一阶段，国家集中有限财力保证教育发展，曾经取得了明显效果。1986年至1998年，为多元化投资形成阶段。这一阶段的财政投资政策以财政拨款为主，社会筹资和高等教育办学机构自筹为辅。1999年到现在，是以政府投入为主，多渠道投资深化阶段，基本形成了政府拨款为主体的多元化投资的基本格局。尤其是改革开放以来，我国政府制定了“各级政府教育财政拨款的增长要高于同级财政经常性收入的增长，在校学生人均教育经费逐步增长，教师工资和学生人均公用经费逐步增长”等“三个增长”的政策，教育投入不断增长，经费总量不断增多，为各级各类教育迅速发展提供了有力保障。

统计显示，近年来，我国教育经费投入的绝对数大幅度增长，教育经费总额逐年攀升。绝对数值从1978年的79亿元增加到2009年的11975亿元，增长了152倍，年平均增长达到17.6%，明显高于同期财政支出年均14.6%的增幅。虽然，我国财政教育投资相对于GDP增长的速度显得较为缓慢，没有达到《国民经济和社会发展第十一个五年规划纲要》规定的4%的目标，但是，随着GDP的增长，国家对财政性教育经费的支出也在相应增长。2000年财政教育投资占GDP的比例为2.58%，2006年为3%，2008年为3.48%，《国家中长期教育改革和发展规划纲要（2010—2020年）》明确提出要提高国家财政性教育经费支出占国内生产总值比例，2012年达到4%。

同时，我们必须看到，在中国特色社会主义建设的新阶段，中国特色社会主义教育事业仍存在一定的困难和挑战。在教育投资方面存在的主要问题：一是我国人均财政性教育经费仍然大大低于发达国家水平。随着各级各类教育毛入学率的提高，接受教育的人数增多，使得政府财政性教育投资的绝对规模扩大。但是，由于人口基数大，使得我国人均财政性教育经费长期处于较低水平。比如20世纪90年代初，发展中国家人均公共教育经费为229美元，发达国家人均公共教育经费为468美元，而我国2001年人均公共教育经费仅约为145美元。[①] 二是在三级教育（初等、中等和高等教育）体系中，我国教育财政投资结构不合理。比如，2002年财政预算内教育拨款在高等、中等和初等教育中分配的比例为24.24%、35.93%、33.63%，其中，高等教育所占的比例明显高于国际通行的发展中国家的三级教育经费比例标准17.9∶29∶40.5。可见，三级教育经费的分配存在结构性矛盾，政府教育投资过于偏重高等教育。[②] 20世纪80年代初，世界银行对44个处于不同经济发展阶段国家的社会教育收益率进行了计算。按初等教育、中等教育、高等教育的顺序，不同国家各级教育的社会收益率分别为：发展中国家27%、16%、13%；中等发达国家16%、14%、10%；发达国家13%、10%、9%。可见，发展中国家初等教育的效率远高于中等教育和高等教育。我国对教育投资的内部收益率进行的研究同样发现，义务教育的内部收益率高于中等教育和高等教育。[③] 因此，政府在进行教育投资时，应向义务教育倾斜。三是区域之间、城乡之间的教育投资差距较大。区域之间在三级教育结构中，主要依赖地方政府投资，而经济欠发达区的教育经费总投资与发达地区存在较大差距。城乡之间的教育投资的差距主要体现在义务教育方面。国家的教育投资一般投向大城市，而大部分农村学校的教育经费主要靠地方财政拨款，贫困地区投入教育事业的资金十分有限，因而教育经费得不到保证，导致教育基础水平比较低，影响了整个地区的教育质量的提高，直接导致了城乡教育发展的不平衡。

2010年7月，胡锦涛同志在全国教育工作会议上总结了中国教育发展的五条历史经验，其中第一条就是把教育当做国家和民族发展的最根本的事业，中国的教育要健康持续发展，必须坚持党对教育工作的领导，明确政府发展和管理教育的责任，落实教育优先发展的战略地位，实现教育和

---

① 上海财经大学公共政策研究中心. 2000中国财政发展报告［R］. 上海：上海财经大学出版社，2000：95.

② 杨东平. 中国教育蓝皮书（2003）［M］. 北京：高等教育出版社，2004：14.

③ 赖德胜. 中国教育收益率估算：文献综述［J］. 经济研究资料，1997（9）.

经济社会协调发展。教育投资作为教育发展的基础性资源必须优先得到保障，因此，要进一步完善教育经费筹措机制，健全以政府投入为主、多渠道筹集教育经费的体制，增加财政教育投入，经济社会发展规划要优先安排教育发展，财政资金要优先保障教育投入。义务教育全面纳入财政保障范围，非义务教育实行以政府投入为主、受教育者合理分担、其他多种渠道筹措经费的投入机制。中央财政通过加大转移支付，进一步加大对农村、边远贫困地区、民族地区教育的投入，支持农村、欠发达地区和民族地区教育事业发展。教育投资有了保障，才能满足教育发展的基本需要，才能真正实现我国从人力资源大国向人力资源强国转型的目标。

（四）教育制度优先创新

创新这一概念是由美国经济学家熊彼特在其1912年著的《经济发展理论》一书中首先提出来的。在熊彼特那里，创新指的是把生产要素的新组合引入经济中，即建立一种新的生产函数。创新一旦出现，将会成为经济发展的动力。在此意义上，新制度经济学特别重视制度变迁、制度创新，把制度创新看成是一切创新之本，没有制度创新，就没有核心竞争力。新中国成立以来特别是改革开放以来，我国教育发展取得了举世瞩目的成就，根本的经验就是对传统教育体制进行了改革创新，培育了我国教育的核心竞争力，消除了制约教育发展和创新的体制机制障碍，为整个教育创新提供了制度上的保障和支撑。因此，面对当前经济社会发展的新要求、人民群众的新期待和我国教育事业发展的新特征，面对新世纪《国家中长期教育改革和发展规划纲要（2010—2020年）》的基本要求和目标，“必须解放思想，大胆探索，坚决破除不利于教育发展的体制机制障碍，为教育事业持续健康发展提供强大动力”。①

① 温家宝同志在全国教育工作会议上的讲话［G］//《教育规划纲要》工作小组办公室. 全国教育工作会议文件汇编. 北京：教育科学出版社，2010：42-43.

科学规范的制度是保证教育优先发展落到实处的保障。而我国现有的教育体制仍然存在着与建设人力资源强国、建设创新型国家不相适应的方面，包括：有限教育资源使用效率低下，浪费现象严重；教育学科结构同质化严重、教育布局不合理；教育质量有待提高等。解决这些矛盾的关键在于通过深化教育改革，创新教育制度，所以，优先发展教育的关键在于教育制度优先创新。

教育制度创新要紧紧围绕构建现代国民教育体系的目标，建立健全教育管理体制、教育投入体制，改进人才培养模式、教育内容和教育方法。《国家中长期教育改革和发展规划纲要（2010—2020 年）》明确提出我国教育发展的战略目标："到 2020 年，基本实现教育现代化，基本形成学习型社会，进入人力资源强国行列。"① 教育现代化在不同发展阶段具有不同的标准，但总的说来，教育现代化首先是教育观念的现代化，即教育不仅仅是传授知识，更重要的是实现人的德智体美全面发展，实现人的个性自由发展。这就要求现代教育必须坚持以人为本，并具有可持续发展能力。实现这一目标的方法就是全面实施素质教育，因此，教育制度必须有利于实现素质教育，通过制度创新，切实把素质教育抓紧抓好，抓出成效。其次，教育现代化必须为构建终身学习的学习型社会奠定坚实基础。现代社会的一个突出性的标志就是科学技术发展、知识更新的速度明显加快，任何一个人都不可能一次性完全掌握其生存必需的知识和技能，必须不断学习，才能适应社会，因此，"全民教育（终身学习）就不仅仅是一种权利，而且还是一种极为重要的必需。"② 现代教育的目的之一就是创造能为所有公民提供继续学习的条件。当前教育制度的安排与建设应当着眼于教育的未来，积极创新，"以终身学习理念引领学校教育改革，构建灵活开放的终身教育

① 国家中长期教育改革和发展规划纲要（2010—2020 年）［G］//《教育规划纲要》工作小组办公室. 全国教育工作会议文件汇编. 北京：教育科学出版社，2010：85.

② 赵中建. 教育的使命——面向二十一世纪的教育宣言和行动纲领［M］. 北京：教育科学出版社，1996：3.

体系”。[①] 再次，教育现代化就是能为建设创新型国家提供智力和人才支持。强国必先强教。教育强国关键在于把人力资源大国发展成为人力资源强国，整体提升国民素质，为国家建设提供数以亿计的技能型人才、创新型人才。要实现这一任务，就需要我们创新教育制度，创新人才培养模式，提高人才培养水平。只有当我国对外的技术依存度低于20%，即我们能依靠自己的人才解决发展中遇到的技术难题时，教育现代化的目标才能真正实现。所以，我们必须深化教育体制改革，创新有利于提高教育质量的教育制度。可以说，《国家中长期教育改革发展规划纲要（2010—2020年)》提出的“教育现代化、建成学习型社会、进入人力资源强国”的战略目标是密切联系的“三位一体”，实现这一战略目标的根本在于教育制度创新。制度安排科学合理，才能保证教育规划有序，才能保障优先发展教育的各种具体措施落到实处。

教育制度优先创新离不开已有的经验，要认真总结我们自己的经验，发扬我国优秀教育传统，根据新情况不断改进和完善教育内容和方法，创造新的经验。我们要领会胡锦涛总书记总结的有关我国教育发展的五条规律性认识，在此基础上，以开放的态度吸纳世界一切优秀文化成果，密切关注世界教育发展趋势，借鉴世界上先进的办学经验，不断提高办学质量。要通过深化改革不断健全和完善与社会主义现代化建设要求相适应的教育体制，破除制约教育发展的体制性障碍，努力提高教育资源的利用效益，优化教育结构，扩大教育资源，“全面形成与社会主义市场经济体制和全面建设小康社会目标相适应的充满活力、富有效率、更加开放、有利于科学发展的教育体制机制”。[②]

---

① 胡锦涛同志在全国教育工作会议上的讲话［G］//《教育规划纲要》工作小组办公室. 全国教育工作会议文件汇编. 北京：教育科学出版社，2010：15.

② 同①，16.

二、建立统筹有力、权责明确的教育管理体制

（一）加强中央政府宏观管理服务

中央政府对教育的宏观管理服务，体现在“中央政府统一领导和管理国家教育事业，制定发展规划、方针政策和基本标准，优化学科专业、类型、层次结构和区域布局。整体部署教育改革试验，统筹区域协调发展”。[①]中央政府的职责就是通过政策制定，规划教育事业科学发展方向；通过体制改革，保障教育事业科学发展；通过配置教育资源，维护教育公平。

近代以来的社会发展证明，教育对社会进步的作用必须靠政府主导，发展中国家更是如此。如果失去了政府的主导，教育完全市场化，教育公平将受到严重挑战，教育的公益性、教育对社会进步的引领和支撑作用将不能实现。“教育方针、教育体制、教育布局和教育投入，属于国家行为，应该由国家负责。”[②] 政府“应高瞻远瞩地阐明未来，使教育系统稳定并使其具有自身改革的能力，在确定优先事项的同时保证整体的协调”。[③] 但是，对政府主导作用的强调并不是回到完全的计划性，不是包揽一切，而是由关注微观领域的投入产出转向关注宏观的管理调控，以突出政府的宏观管理服务。

第一，制定教育事业科学发展的方针政策，引导教育事业科学发展

中央政府最重要的教育职能就是引导全社会形成教育对社会发展具有基础性、全局性、先导性地位的基本共识。党和政府明确教育发展的根本目的，制定政策，推动教育目的实现。在教育指导思想和教育方针的指导

---

① 国家中长期教育改革和发展规划纲要（2010—2020 年）［G］//《教育规划纲要》工作小组办公室. 全国教育工作会议文件汇编. 北京：教育科学出版社，2010：123.

② 温家宝：百年大计　教育为本［N］. 人民日报，2009 - 01 - 05.

③ 教育——财富蕴藏其中：国际 21 世纪教育委员会报告［M］. 联合国教科文组织总部中文科，译. 北京：教育科学出版社，1996：149.

下，教育事业得到健康、科学的发展。

《国家中长期教育改革和发展规划纲要（2010—2020 年）》明确提出了教育改革与发展的指导思想。一是高举中国特色社会主义伟大旗帜，坚持中国特色社会主义道路和中国特色社会主义理论体系，并在这一理论指导下，通过实施“科教兴国”、“人才强国”两大根本战略，实现优先发展教育、完善中国特色社会主义现代教育体系、办人民满意教育、建设人力资源强国的根本任务。二是全面贯彻党的教育方针，培养德智体美全面发展的社会主义建设者和接班人。三是全面推进教育事业科学发展。坚持以人为本，遵循教育规律，面向社会需求，优化结构布局，提高教育现代化水平。科学的教育指导思想和教育方针是保证教育政策的连续性的思想前提，教育深化改革需要一个完整的教育周期才能取得明显成效，所以，中央政府必须以教育指导思想和教育方针体现中央政府的意志和人民的教育愿望，或者说，人民的教育需求和国家的教育要求需要科学的教育指导思想和教育方针予以保障。

教育政策是教育指导思想和教育方针的具体化、措施化。在教育指导思想和教育方针的指导下，通过具体政策措施，不断提升教育质量，满足人民群众的教育需求。在教育中长期发展规划中，要把发展学前教育纳入城镇、社会主义新农村建设规划之中，巩固普及义务教育，大力发展职业教育，不断提高高等教育质量和水平等，都是对教育指导思想和教育方针的落实措施。尤其是通过实施“义务教育学校标准化建设工程”、“义务教育教师队伍建设工程”、“职业教育基础能力建设工程”、“高等学校本科教学质量与教学改革工程”等，推动教育事业科学发展。《国家中长期教育改革和发展规划纲要（2010—2020 年）》提出，要在 2010—2012 年实施十个重大项目，加快推进培养体制、办学体制、管理体制、保障机制等十个方面的系统改革，为我国教育现代化建设奠定更加坚实的基础。

第二，完善教育投入机制，从财政制度上保障教育优先发展

“要形成多元化的教育投入机制，义务教育由政府负全责，高中阶段教

育以政府投入为主，职业教育和高等教育实行政府投入和社会投入相互补充。”① 从公共财政职能和投入角度看，中央政府的保障主要体现为一是要加大对教育的投入力度，在每年年初的预算安排和超收分配中要体现法定增长要求，保证教育财政拨款增长明显高于财政经常性收入增长。二是合理调配教育经费在区域间、城乡间、教育结构间的分配，大力推进教育公平。

学前教育是我国国民教育体系的重要组成部分。党和政府高度重视学前教育，胡锦涛总书记、温家宝总理明确指出要推动全国城乡学前教育的普遍发展。据测算，2008 年全国城镇学前三年毛入学率为 55.6%，农村为 35.6%，这意味着学前教育资源严重不足，尤其是农村地区，中西部 90% 的行政村没有幼儿园，适龄学前儿童无园可入。因此，各级政府要把学前教育，尤其是农村学前教育事业发展纳入当地教育改革发展的总体规划和经济社会发展总体规划之中，进一步健全公办民办并举的办学体制，“大力发展公办幼儿园，积极扶持民办幼儿园。加大政府投入，完善成本合理分担机制，对家庭经济困难幼儿入园给予补助”。② 尤其要以多种形式扩大农村学前教育资源，使广大农村幼儿特别是贫困地区的幼儿受到良好的学前教育，为孩子们未来的生活、学习创造公平机会。

义务教育是为每一个社会个体提供机会公平的最重要手段。从义务教育这一职能看，义务教育是纯粹公益性事业，需要全面纳入财政保障范围。胡锦涛同志强调：“要强化政府对义务教育的保障责任，保证财政性教育经费的增长幅度明显高于财政性收入的增长幅度，逐步实现财政性教育经费占国内生产总值的比例达到 4% 的目标。”③ 应当说，义务教育优质教育资源主要集中在城市，农村义务教育发展仍然不足。2003 年，我国召开了新中国成立以来第一次全国农村教育工作会议，出台了新增教育经费主要用于

①③　胡锦涛在中共中央政治局第三十四次集体学习时的讲话［N］. 人民日报，2006－08－29.

②　国家中长期教育改革和发展规划纲要（2010—2020 年）［G］//《教育规划纲要》工作小组办公室. 全国教育工作会议文件汇编. 北京：教育科学出版社，2010：92.

农村的重大决策，《国家中长期教育改革和发展规划纲要（2010—2020年)》中要求在财政拨款、学校建设、教师配置等方面向农村倾斜。主要目的就是要推进义务教育均衡化发展，这是中央政府的法定责任。因此，要“坚持教育公益性质，加大财政对教育投入，规范教育收费，扶持贫困地区、民族地区教育，健全学生资助制度，保障经济困难家庭、进城务工人员子女平等接受义务教育”。[①]

非义务教育实行以政府投入为主、受教育者合理分担、其他多种渠道筹措经费的投入机制。进入21世纪以来，我国高中阶段教育发展迅速，普及水平大为提高。2009年，高中阶段在校生达到4624万人，比2000年增加了285%，年均增长超过380万人，高中阶段毛入学率提高到79.2%，比2000年提高了36.2个百分点。[②] 但是，我国高中阶段教育与人民群众的教育需求，仍然存在较大差距。中央政府的职责就是一方面加快普及高中阶段教育，使高中教育与中等职业教育保持适当的比例，另一方面，政府也要加大对高中阶段教育的投入。实事求是地分析，我国的国力还不能承担十二年义务教育，因此高中阶段的教育需要受教育者承担部分费用。同时，鼓励社会捐资助学，鼓励民办教育发展，进一步加大农村、边远贫困地区和民族地区教育投入。

《国家中长期教育改革和发展规划纲要（2010—2020年)》提出：“高等教育实行以举办者投入为主、受教育者合理分担培养成本、学校设立基金接受社会捐赠等筹措经费的机制。”[③] 我国高等教育办学体制，是以公办学校为主、民办教育作为社会主义教育事业发展的重要组成部分的体制，因此，在教育投入保障上，应当坚持以政府为主，积极引导社会资金以多

① 胡锦涛. 高举中国特色社会主义伟大旗帜 为夺取全面建设小康社会新胜利而奋斗——在中国共产党第十七次全国代表大会上的报告［N］. 人民日报，2007-10-15.

② 《教育规划纲要》工作小组办公室. 教育规划纲要学习辅导百问［M］. 北京：教育科学出版社，2010：81.

③ 国家中长期教育改革和发展规划纲要（2010—2020年）［G］//《教育规划纲要》工作小组办公室. 全国教育工作会议文件汇编. 北京：教育科学出版社，2010：136.

种方式进入高等教育领域。由于我国的社会捐赠制度不完善，高等教育所接受的各种方式的社会捐赠占教育经费约为1%，受教育者负担的费用约为33%，其余66%左右需要政府投入，尤其是基础学科建设，更需要政府的投入予以保障。诚然，我国高等教育经费近年来一直保持着平稳增长，1997年为333.78亿元，2006年增长为1302.52亿元，增长290.23%。十年中，高等教育经费占全国教育经费的比例从1997年17.92%上升到2003年的22.77%，其增幅一直保持在20%以上。但是，大学扩招后，高等教育规模扩张与高等教育经费增长之间出现了明显的不协调，政府应当适度增加高等教育经费的投入，加大对区域间教育经费的综合平衡，加大对中西部地区适度倾斜，保证高等教育健康发展。

（二）省级政府统筹推进教育综合改革

发展教育是各级政府的共同责任。地方政府发展教育的责任主要是："负责落实国家方针政策，开展教育改革实验，根据其职责分工负责区域内教育改革、发展和稳定。"① 随着区域内教育整体发展和区域经济社会发展对教育的需求日益增加，保持区域教育的科学发展，需要加强省级政府教育统筹，全面统筹省域辖区内各级各类教育，统筹省域内教育财政拨款，进一步明确省级政府及以下各级政府教育管理的职能和责任。

第一，不断完善区域教育政策

《中共中央关于教育体制改革的决定》明确提出："除大政方针和宏观规划由中央决定外，具体政策、制度、计划的制订和实施，以及对学校的领导、管理和检查，责任和权力都交给地方。"这意味着，地方政府尤其是省级政府在教育政策制定方面拥有更多的自主权，承担更重要的责任。省级政府必须统筹考虑区域内教育发展的整体状况，协调区域内、区域间的

---

① 国家中长期教育改革和发展规划纲要（2010—2020年）[G]//《教育规划纲要》工作小组办公室. 全国教育工作会议文件汇编. 北京：教育科学出版社，2010：123-124.

教育资源的分配，不断缩小城乡之间、区域之间教育差别，推进义务教育均衡发展。同时，省级政府应当建立教育经费尤其是农村教育经费投入机制，完善省对省以下财政转移支付体制，确保“三个增长”，尤其是对于贫困地区的义务教育，政府在教育经费上应当加大支持力度。省级政府还应当承担区域内教育改革实验的责任，加快普及高中阶段教育，探索高中阶段教育内涵发展模式。尤其是在地方高等教育的学科布局、专业设置、服务社会等方面，政府应当根据地方经济社会发展实际，大胆试点，形成特色，更好地促进区域的科技、教育、经济、社会协调发展。

第二，大力加强职业教育发展

胡锦涛总书记指出：“要大力发展职业教育，加快发展面向农村的职业教育，形成适应经济发展方式转变和产业结构调整要求、体现终身教育理念、中等和高等职业教育协调发展的现代职业教育体系，着力培养学生的职业道德、职业技能、就业创业能力。”①《国家中长期教育改革和发展规划纲要（2010—2020 年）》指出：“政府切实履行发展职业教育的职责。把职业教育纳入经济社会发展和产业发展规划，促使职业教育规模、专业设置与经济社会发展需求相适应。”② 2010 年 10 月 25 日，《国务院关于加强职业培训促进就业的意见》就加强职业培训、促进就业进行了具体部署。指出当前和今后一个时期，职业培训工作的主要任务是：适应扩大就业规模、提高就业质量和增强企业竞争力的需要，完善制度、创新机制、加大投入，大规模开展就业技能培训、岗位技能提升培训和创业培训，切实提高职业培训的针对性和有效性，努力实现“培训一人、就业一人”和“就业一人、培训一人”的目标，为促进就业和经济社会发展提供强有力的技能人才支持。“十二五”期间，力争使新进入人力资源市场的劳动者都有机会接受相

① 胡锦涛同志在全国教育工作会议上的讲话［G］//《教育规划纲要》工作小组办公室. 全国教育工作会议文件汇编. 北京：教育科学出版社，2010：12.

② 国家中长期教育改革和发展规划纲要（2010—2020 年）［G］//《教育规划纲要》工作小组办公室. 全国教育工作会议文件汇编. 北京：教育科学出版社，2010：99.

应的职业培训，使企业技能岗位的职工得到至少一次技能提升培训，使每个有培训愿望的创业者都参加一次创业培训，使高技能人才培训满足产业结构优化升级和企业发展需求。

因此，大力发展职业教育，要充分发挥地方政府的积极性。一是要发挥省级政府在职业教育资金筹措上的主导作用，健全多渠道投入机制，加大职业教育投入。二是统筹中等职业教育与高等职业教育的发展，加快发展面向农村的职业教育。根据地方经济社会发展需要，适当扩大中等职业教育规模，尤其是面向农村的职业教育的规模，加大高等职业教育发展力度，尤其要在办学模式、办学特色、办学水平上紧密结合实际，积极探索。在办学层次上，有条件的区域适当增加高等职业教育本科生、研究生层次的培养。建立职业教育资源区域内与区域间的共享机制。三是把职业教育纳入经济社会发展和产业发展规划。我国职业教育的吸引力有待加强，因此，单凭职业教育自身无法保持职业教育的可持续发展，应当通过政府的力量，提高技能型人才的社会地位和待遇，形成重视职业教育的良好社会氛围，增强职业教育的吸引力。把职业教育纳入地方经济社会发展和产业发展规划之中，促使职业教育规模、专业设置与经济社会发展需求相适应，提高学生适应市场的能力。总之，必须把职业教育放在更加突出的位置，争取到2020年，“形成适应经济发展方式转变和产业结构调整要求、体现终身教育理念、中等和高等职业教育协调发展的现代职业教育体系，满足人民群众接受职业教育的需求，满足经济社会对高素质劳动者和技能型人才的需要”。①

第三，大力支持有特色的地方大学的发展

地方大学是区域经济社会发展的重要依托。但是，地方经济发展不平衡也导致了对人才培养数量、学科结构、教育质量等的不同需求，因此，

① 国家中长期教育改革和发展规划纲要（2010—2020年）［G］//《教育规划纲要》工作小组办公室．全国教育工作会议文件汇编．北京：教育科学出版社，2010：99.

地方大学必须切合地方经济社会发展需要，突出特色发展，突出为地方经济社会发展服务的功能，这也是省级政府支持地方大学发展的重点方面。自20世纪90年代以来，地方高校在学校数量、总体规模和生均规模等方面发展迅速，至2006年年底，教育部和其他部委所属高校共有107所，地方高校2179所，地方高校占全国高校总数的95.3%。但是，从经费投入的角度看，一方面地方高校的经费明显低于部属高校，另一方面，不同地区的地方高校又具有显著的差异。同时，地方高校在办学过程中同质化倾向严重。因此，各省级政府一是必须加强对地方高校的财政投入。坚持地方高校以地方政府投入举办为主的原则，动员地方社会经济资源，探索多渠道投入机制。二是要引导地方高校准确定位，形成特色发展。地方高校要结合地方经济建设和社会发展对高等教育的需求，正确处理高校自身的质量、结构、规模、效益的关系，合理设置和调整高等学校的学科、专业布局，健全高等教育质量保障体系。三是要形成综合运用多种手段管理地方高等教育的体制。除行政手段外，省级政府还应利用规划、拨款、法律法规、评价、服务等方式方法，引导地方高校动态调整优化结构和布局，坚持特色发展、内涵发展，不断提高地方高等学校的教育教学质量。

（三）加强多元办学和教育监督检查

中国是人口大国，也是教育大国。随着我国经济社会深入改革发展，人民群众的教育需求日益多样化，对优质教育资源的需求亦越来越强烈。由于我国综合国力仍然不强大，教育经费占GDP的比例比较低，仅以政府为主体举办教育还不能完全满足人民群众多样化的教育需求，需要动员社会力量举办教育事业，这既符合中国的教育传统，符合中国国情，也符合世界教育发展规律。

改革开放以来，我国不断深化教育体制改革，出台了一系列鼓励、支持民办教育发展的法律法规，在坚持教育公益性原则的前提下，形成了政府主导、社会参与、办学主体多元、办学形式多样、充满生机活力的办学体制，增加了全社会教育资源的有效供给，缓解了教育资源短缺矛盾，满足了人民群众对教育多层次、多样化的需求。在我国加快从教育大国向教育强国、从人力资源大国向人力资源强国迈进的新的历史时期，政府要“积极鼓励行业、企业等社会力量参与公办学校办学，引导社会资金以多种方式进入教育领域，大力支持民办教育，形成以政府办学为主体、全社会积极参与、公办教育与民办教育共同发展的格局”。①

第一，大力支持民办教育发展

民办教育是社会主义教育事业的重要组成部分，是教育事业发展的重要增长点和促进教育改革的重要力量。《民办教育促进法》第三条明确规定：“民办教育事业属于公益性事业，是社会主义教育事业的组成部分。”

突出强调民办教育事业的公益性，从根本上保护了教育的公共性，确保了民办教育事业的合法性。民办教育大力引入社会资金，有效弥补了我国教育经费不足的困难，为我国教育事业的大力发展作出了重大贡献。民办教育在发展过程中，积极探索办学的体制机制和育人模式，办学形式多样，专业设置灵活，紧密结合市场，在培养多样化人才方面发挥了积极作用。当然，民办教育在快速发展中也存在着问题，“如民办学校的权益没有得到切实保障，与公办学校的同等法律地位仍未完全落实，社会上对民办教育的偏见尚未彻底根除，国家对民办教育的扶持政策难以全面落实，促进民办教育持续健康发展的制度有待完善，民办学校教师的地位和待遇有待提高，民办教育的质量参差不齐，部分民办学校尚不规范等”。② 要继续发挥民办教育的作用，就必须在政策、制度层面保障民办学校的合法权益，鼓励民办教育改革创新。《国家中长期教育改革和发展规划纲要（2010—2020年）》对大力发展民办教育提出了具体措施：一是要把发展民办教育作

---

① 胡锦涛同志在全国教育工作会议上的讲话［G］//《教育规划纲要》工作小组办公室．全国教育工作会议文件汇编．北京：教育科学出版社，2010：17.

② 《教育规划纲要》工作小组办公室．教育规划纲要学习辅导百问［M］．北京：教育科学出版社，2010：154.

为各级政府的重要工作职责，鼓励民办教育健康发展；二是要依法落实民办学校的法律地位；三是健全公共财政对民办教育的扶持政策；四是加强对民办教育资源的统筹；五是支持民办学校深化教育教学改革，提高质量，办出特色。切实落实民办教育的支持和保障措施，民办教育就能健康发展，并在新的历史时期，发挥更大的作用。

第二，健全以政府投入为主、多渠道筹集教育经费的体制

中央政府是教育经费投入的主体。中央政府的责任是确保教育公平，为基础教育提供转移支付资金，为高等教育学生资助体系提供资金，为支持基础知识和原创知识的创新活动提供资金，通过实施重大教育项目，带动地方政府增加投入。省级政府的主要责任是为区域内基础教育提供资金，为地方高等教育提供支持，在财政管理上为省域的教育发展创造良好的经济条件。社会投入主要是通过捐资、出资等方式，把社会资源引入教育事业，对补充我国教育经费不足意义重大。要充分调动全社会办教育的积极性，一是要完善财政、税收、金融和土地等优惠政策，鼓励和引导社会力量捐资、出资办学。各地方政府可以开征用于教育的地方附加费，专项用于教育事业。个人捐资办学属于公益性捐资，应当享受税收优惠，个人出资办学要区分营利性与非营利性、投资办学与捐资办学，实行分类管理，给予相应优惠待遇。二是完善非义务教育培养成本分担机制。非义务教育不仅具有社会收益，而且也具有一定的个人收益，因此，受教育者应当合理分担教育培养成本。但是，我国大学阶段的学杂费较高，直接影响了部分家庭困难学生的受教育机会，所以，要根据经济发展状况、培养成本和群众承受能力，调整学费标准。同时完善学生贷款制度，确保大学生不因贫困而失去学习的机会。三是完善捐赠教育激励机制。目前，我国高校所能吸收的社会捐赠总额还相当有限，没有形成一定的规模。据《中国统计年鉴》2001—2006 年显示：2000—2004 年社会捐赠集资办学经费占高校经费总额的比例分别为 1.66%、1.48%、1.87%、1.46%、0.96%，社会捐赠在相当一部分普通高等院校的经费来源结构中所占的比例微乎其微。而

在发达国家，社会捐赠是高校经费主要来源之一，因此，我们要进一步落实个人教育公益性捐赠支出的税收优惠，对企业捐赠、出资的教育支出，按一定比例从当前纳税所得额中扣除。四是鼓励高等学校通过为社会服务获得收入。五是积极开拓以其他吸引社会资金的方式的教育经费筹措渠道。

第三，加强教育监督检查

加强教育监督检查是加强和改进对教育事业领导的重要制度安排。加强对教育的监督检查有利于切实落实教育优先发展战略，有利于提高教育资源的使用效益，有利于不断提高教育教学质量。《国家中长期教育改革和发展规划纲要（2010—2020年）》明确提出，一是要明确各级党委和政府在推进教育改革发展中的重要职责。各级党委和政府要高度重视优先发展教育战略的重要意义，“要明确各级政府提供公共教育的职责，明确各级政府教育投入和管理的责任”。[①] 要把推进教育事业科学发展作为各级党委和政府政绩考核的重要内容，进一步完善考核和问责机制。二是加强对教育投资效益的监督检查。尽管我国的教育经费不能完全满足教育事业发展所需，但是，教育投资重复、浪费、效益低下现象却比较严重，所以，要加强监督检查，提高教育投资效益。三是完善教育督导制度。从制度上保证教育法律法规的落实，确保义务教育均衡发展。四是健全教学质量保障体系，改进高校教学评估，不断提高教育教学质量。

（四）完善现代学校制度，扩大高校办学自主权

现代学校制度本质上是如何处理好学校与政府、学校与社会以及学校内部治理等关系所作的制度安排。学校与政府的关系主要是行政机构与教学机构的关系。政府是学校的所有者、举办者和管理者，但是，政府对学校的管理不是直接的微观管理，而是通过教育政策、教育规划、财政拨款、教育评估等手段对学校实施宏观管理，而学校从作为政府的附属机构剥离

---

① 胡锦涛在中共中央政治局第三十四次集体学习时的讲话［N］. 人民日报，2006-08-29.

后，就成为教学机构，成为自主办学的独立实体。这样，学校才能根据自身特色，按照教育规律，行使办学自主权。学校与社会的关系本质上是如何处理好学校与市场的关系。人才培养、科学研究、社会服务是现代大学的基本职能，这三项职能都要面向社会才能真正实现。人才只有适合社会需要，才能实现人才的价值；科研只有切实解决经济社会发展中的难题，才具有存在的合理性；服务社会则要取得社会的认可，才能为学校进一步发展创造经济条件和文化条件。因此，现代学校的制度安排必须以协调好学校与社会的关系为基本前提。学校内部的治理结构本质上是要处理学术权力、行政权力市场力量的关系。现代学校运行中有行政力量、学术力量和市场力量在共同起作用。行政权力过大，尽管能提高学校的效率，但是，却可能侵害学术自由；学术权力过大能维护学术自由，但是，却可能导致资源效益使用率低下；市场力量过大会促使大学取得更多的发展资源，但是，却会使大学日益功利化，丧失大学的精神理想。因此，在这三种力量之间进行制衡，建立健全相互制约、平衡的机制是现代学校内部治理最主要的任务。

中国特色社会主义现代学校制度建设最终是要建立政府宏观管理、社会参与、学校自主办学的多元合作管理模式，形成自我发展和自我约束制度。①

第一，深化教育管理体制改革，健全统筹有力、权责明确的教育管理体制

《国家中长期教育改革和发展规划纲要（2010—2020 年）》提出，深化教育管理体制改革，必须以转变政府职能和简政放权为重点。就是要“明确各级政府责任，规范学校办学行为，促进管办评分离，形成政事分开、

① 《教育规划纲要》工作小组办公室. 教育规划纲要学习辅导百问［M］. 北京：教育科学出版社，2010：147.

权责明确、统筹协调、规范有序的教育管理体制”。[①] 我国教育管理体制方面最大的问题就是政府在教育管理中的角色定位不清，行政权力过度介入，所以，政府部门要突出宏观管理与服务。宏观管理主要体现在教育发展方向、规划和质量控制等方面，另外，要把一部分管理职能转变为服务功能，改变直接管理的单一方式，综合应用立法、拨款、规划、信息服务、政策指导和必要的行政管理措施。尤其要重视专业评价，通过专门机构和社会中介机构协调政府与学校的关系，引导学校发展。

第二，坚持和完善党委领导下的校长负责制

《高等教育法》明确规定，高等学校实行党委领导下的校长负责制。这是一个集体领导与个人分工相结合的科学的领导体制，是经过教育实践证明符合现代学校制度、行之有效的制度。自 1989 年实行这一制度以来，我国高校稳定持续发展，党的教育方针和指导思想得到了有力贯彻，高等教育事业快速发展，充分证明了这一制度的合理性。在全面推动我国教育事业改革发展的新的历史时期，必须坚持和完善党委领导下的校长负责制。既发挥党委总揽全局、协调各方的领导核心作用，又支持和保证校长依法独立负责地开展工作，完善集体领导和个人分工负责相结合的制度，坚持重大问题和重要决策集体讨论决定，领导班子成员按照各自分工切实承担起领导责任。党委是政治核心、领导核心，保证教育事业发展的正确的政治方向，是党的路线、方针、政策得以贯彻的政治保证。校长在党委的领导下，全面负责本校的教学、科学研究和其他行政管理工作，两者之间相互配合，确保学校工作顺利开展。坚持教授治学，发挥教授在治学中的主导作用，坚持学术权力、行政权力、政治权力相互制衡，形成完善的大学内部治理结构。坚持民主管理，充分尊重、切实保障广大师生员工对学校重大事务的知情权、参与权、表达权、监督权，确保大学的民主精神得到

---

① 国家中长期教育改革和发展规划纲要（2010—2020 年）［G］//《教育规划纲要》工作小组办公室. 全国教育工作会议文件汇编. 北京：教育科学出版社，2010：42.

充分实现。“党委领导、校长负责、教授治学、民主管理”的党委领导下的校长负责制，是坚持社会主义办学方向、构建中国特色社会主义教育体系的根本保证，同时，要结合新的历史条件的变化，坚持完善这一制度，不断推动教育事业科学发展。

第三，完善大学内部的治理结构

学校内部的治理结构主要是学术权力、行政权力的相互制衡，必须厘定这两种权力各自的边界。《国家中长期教育改革和发展规划纲要（2010—2020年）》强调：“充分发挥学术委员会在学科建设、学术评价、学术发展中的重要作用。探索教授治学的有效途径，充分发挥教授在教学、学术研究和学校管理中的作用。加强教职工代表大会、学生代表大会建设，发挥群众团体的作用。”① 所以，完善大学内部的治理机构，一是要加强章程建设。依法制定章程，依照章程规定管理学校。建立健全学校的重大事项决策、执行、监督的运行程序，避免其他权力干扰学校的正常运行。二是要加强学术委员会的职能。学术委员会是行使学术权力的机构，在学科建设、学术评价、学术发展中发挥着重要作用。虽然大学管理本质上是学术化管理，但是，学术权力同样不是无限权力，还需要承担相应的学术责任。因此，学术权力同样需要制约，需要为学术权力划定边界，规范其运行。三是探索教授治学的有效途径。教授治学是要利用教授在教学、学术研究和学校管理中的丰富经验，充分调动教授治学的积极性，加强教授在教育教学中的作用，使学校的教育教学更加符合教育发展规律。

第四，努力扩大高等学校办学自主权

高校办学自主权是学校自身发展过程中，为保障办学活动有序运行所必须具有的自主决策权、自主执行权和自主监督权。学校拥有办学自主权是推进教育体制改革和建设现代学校制度的重要内容，也是学校提高教育

① 国家中长期教育改革和发展规划纲要（2010—2020年）［G］//《教育规划纲要》工作小组办公室. 全国教育工作会议文件汇编. 北京：教育科学出版社，2010：39.

质量的前提。1985 年 5 月，《中共中央关于教育体制改革的决定》提出了扩大高等学校办学自主权。1986 年 3 月，国务院颁布了《高等教育管理职责暂行规定》，规定高等学校有招生分配、财务管理、基本建设、人事管理、职称评定、教学管理、科学研究、国际交流八个方面的权力。1992 年 8 月，国家教委印发《关于国家教委直属高校深化改革，扩大办学自主权的若干意见》，规定高等学校有十六条办学自主权，涉及学校管理和办学的各主要方面。1993 年 2 月，中共中央、国务院印发了《中国教育改革和发展纲要》，明确提出要在招生、专业调整、机构设置、干部任免、经费使用、职称评定、工资分配和国际合作交流等方面，区分不同情况，进一步扩大高等学校的办学自主权。1998 年颁布了《中华人民共和国高等教育法》规定了高等学校在招生、学科专业设置、教学、科研与技术开发和社会服务、国际交流与合作、机构设置与人事、财产管理七个方面依法享有自主权，确定了我国高等学校办学自主权的具体内容，为高等学校真正成为自主办学的法人实体奠定了法律基础。《国家中长期教育规划发展纲要（2010—2020 年)》提出推进政校分开、管办分离的同时，明确要求落实和扩大高校办学自主权，并对政府和高校的权责进行了明确规定："高等学校按照国家法律法规和宏观政策，自主开展教学活动、科学研究、技术开发和社会服务，自主制定学校规划并组织实施，自主设置教学、科研、行政管理机构，自主确定内部收入分配，自主管理和使用人才，自主管理和使用学校财产和经费。"总结扩大办学自主权实践经验，落实和扩大办学自主权的关键，一是政府必须转变管理职能，改进管理方式。二是重视教育立法，尤其要加强法律规定的自主权的有效落实，以法律保障办学自主权的行使。三是加强高校办学自主权的能力建设，优化大学内部治理结构。四是建立教育中介组织，加强社会对大学教育质量的评估和引导。

三、为教育营造良好的社会环境

教育振兴，全民有责。实现教育改革和发展目标，必须发挥人民群众的聪明才智、动员全社会一起努力，充分调动全社会关心和支持教育的积极性，努力形成推动教育事业科学发展和促进人的全面发展的良好社会氛围。

（一）营造良好的舆论环境

中国社会主义制度性质决定了党和政府必须代表人民的利益，因此，在教育事业科学发展过程中，必须坚持教育的公益性，必须坚持“以人为本”的教育理念，与社会公众共同营造教育发展良好的舆论环境。

舆论环境是指社会公众与新闻传媒就某些关系重大问题形成的歧异性或共识性意见，其本质是社会心理的反映。社会心理的非理性容易导致舆论环境就某个具体问题引发群聚效应和社会情绪，因此，社会有责任通过切实有效的途径疏解、引导舆论，并营造良好的舆论环境，形成支持社会发展的良好氛围。

教育关系到每一位社会个体生存与发展的根本利益，因此，教育历来是大众媒体和公众关注的热点。一是关注教育的重大方针政策的价值取向是否符合公众的教育利益，公众能否从教育政策中获得自身发展的公平机会以及科学的教育政策是否可持续等。二是关注具体制度设计能否实现国家的教育意志，能否满足社会公众的多样化的教育需求，学校教育的目标如何达成等。三是关注教育的终极价值。教育的终极价值就是人的自由全面发展。因此，教育本质上是培养什么样的人、如何培养人的问题，这是社会舆论的焦点。这三个方面的关注既是社会公众的关注，也是党和政府的积极关切，由此，社会公众通过舆论表达方式积极影响政府的教育决策，政府则要积极吸纳公众的建议，尊重公众的教育意愿，维护公众的教育权益，实现公众意愿与政府政策走向基本一致，也为营造良好的教育发展的舆论环境创造了平台。

第一，重大教育政策、教育发展规划要充分征求公众意见，形成支持教育改革发展的良好舆论环境

任何一项政策如果背离了公众的意愿，就不能形成公众支持的舆论环境，更不能在实践中取得良好效果。所以，重大的教育政策、教育发展规划等必须让公众知情、参与制定，必须真正体现公众的教育意愿，才能形成广泛支持的舆论环境，才能动员全社会力量共同推动教育事业健康科学发展。《国家中长期教育改革和发展规划纲要（2010—2020年）》在制定过程中坚持科学民主决策、广开言路，问需于民、问计于民。“由500多名专家学者组成11个战略专题组，100多位各领域高层次专家组成咨询组，两次公开向社会征求意见，收集各种意见建议460多万条，征求了中央各部门、各省区市、各民主党派中央、社会研究机构、各级各类学校、驻外使领馆等660多个单位以及联合国教科文组织等国际机构的意见，在境内外召开座谈会、研讨会1800多次，有35000多人次参加，动员人力之多、覆盖范围之广、社会参与度之高，是历次制定教育规划纲要所没有的。”① 全社会高度关注教育规划纲要的制定，各种媒体广泛宣传教育规划纲要，形成了参与、学习、宣传教育规划纲要的良好舆论环境。这充分证明，只要教育政策符合公众的意愿，就一定能形成支持教育发展的良好舆论环境。今后，重大教育政策的出台，必须广泛征求社会公众意见，争取最大多数人的支持，为政策的执行创造良好的环境和条件。

第二，发挥新闻媒体的正确导向，营造教育发展的良好舆论环境

随着新兴媒体的出现，现代媒体越来越独立化和多样化。多样的媒体形式，必然带来多样的声音，也会出现对教育发展中某些情况的多样解读。

---

① 刘延东同志在全国教育工作会议上的讲话［G］//《教育规划纲要》工作小组办公室．全国教育工作会议文件汇编．北京：教育科学出版社，2010：56.

对教育发展的多样解读有时会误导社会公众的判断，因此，媒体必须有社会责任感，要准确解读党和政府的教育政策，正面引导舆论方向。胡锦涛同志指出，宣传、理论、新闻、文艺、出版等部门和机构要增强社会责任感，牢牢把握正确导向，坚持弘扬主旋律。一是要准确理解党和政府的教育政策。准确理解和传达党的教育方针政策是媒体的政治责任。媒体要坚持为教育改革发展鼓劲，坚持正面宣传，正确引导社会舆论，提高教育舆论引导的权威性、公信力和影响力。二是真实表达公众的教育诉求。媒体是公众表达愿望的主要渠道之一，媒体有责任实事求是地把公众真实意愿公开出来，使公众意愿进入教育政策制定者的视野中。三是教育行政部门要加强与媒体的沟通。教育行政部门要改进工作方式，提高工作效能，加强与媒体的沟通互动。要善于利用新兴媒体宣传教育政策，要利用专家学者的专业声誉引导媒体的传播方向，不断提高政策的公开性与透明度，为教育政策制定与执行营造良好舆论环境。

第三，动员校内各种媒体资源，营造学校内部的优良舆论环境

教育的舆论环境按照主体的不同分为外部的舆论环境和内部的舆论环境。外部环境的主体是指公众与媒体，内部主体则是学校教职员工的意见诉求和情绪表达。从学校的教育使命来看，任何一所学校都必须形成自己的特色文化，围绕学校的特色文化和学校精神达成共识性意见，形成学校内部的舆论氛围，也即把学校的教职员工思想统一到学校的建设目标和学校的精神文化上来。这就需要动员校内各种媒体资源，通过校园文化活动等多种形式，凝聚共识，引导舆论，影响舆论，形成促进学校事业科学发展、和谐发展的良好舆论环境氛围。

（二）营造良好的文化环境

文化环境是指社会共同体在发展过程中形成的历史传统、价值观念、道德共识、文化艺术的总和。文化环境并不是凝固不变的，而是在不同的历史阶段中，具有不同的文化观念及其表达形式。但是，对一个民族共同

体而言，传统的传承依然是文化环境的核心价值取向，在此基础上优化创新，创造出符合时代特点、把握时代精神的文化环境，就成为影响民族进步的文化氛围。

教育文化环境是指在个体社会化过程中形成的，有利于教化社会成员的教育传统、教育价值、教育理想的精神成果和物质成果的总和。综观教育发展史，教育文化环境最核心的内容是德性、价值、理想。从教育是教化个体成长为社会化的人的过程来看，道德是社会个体必须遵循的。如果缺乏道德共识的引领，个体就会随心所欲，因此，教育文化环境要营造个体成长的良好道德环境，秉承责任，使个体自觉提升道德修养。文化环境并不是文化观念与形式的简单集聚，而是在文化形式与内容相互影响所形成的主流价值主导下多元价值的并存。因此，在个体教化过程中，社会倡导怎样的主流价值，主流价值能否把多种价值统一起来，是营造教育文化环境的关键。进一步说，文化承载的意识形态的职能，就是教育文化环境的主流价值。维护主流价值，强化政治认同，消除怀疑主义，是民族凝聚的根本保证。所以，教育绝不只是知识教育，更根本的是思想政治道德教育，是主流价值教育。个体成长过程中需要理想的指引。如果个体没有这样的“内在尺度”，不再去仰望星空，人就会丧失人的本质，成为听凭自然本能驱使的动物。而人之为人，恰在于人有理想。“理想作为美好、圆满的想象，是人生存和发展的合目的性的观念表现，是人这一价值主体的自我意识和表征，是人的本质力量的凝聚和升华。”① 因此，教育文化环境必须营造出理想的氛围。只有在高扬理想的文化环境中，个体才能不断克服自己的“匮乏”，才能真正成长为人。

营造教育发展的良好文化环境，需要政府、社会、学校共同努力。政府通过制度建设为学生成人成才创造良好的文化环境，社会成员自觉履行社会责任，为学生提供健康的文化环境，学校通过校园文化建设为学生提

① 黄楠森. 人学原理［M］. 南宁：广西人民出版社，2000：365.

供和谐的文化环境。

第一，大力弘扬主流价值观，营造优良教育文化环境

任何社会都是在承认、尊重多样文化的前提下，坚持主流价值的主导地位。教育文化环境所面对的是古今中外的异质性文化，必须以主流文化价值主导教育文化环境，才能维护“百花齐放、百家争鸣”的文化环境。教育文化环境的主流价值就是社会核心价值体系所坚持的价值。要营造以主流价值为核心的教育文化环境，宣传、理论、文艺、出版等要坚持弘扬主旋律。要宣传马克思主义中国化最新理论成果，使教育文化环境为马克思主义中国化最新理论成果所统领。要创造弘扬社会主义价值体系的文艺作品，以具象化的形式使社会主义核心价值体系深入人心。要创新理论研究成果，引导社会成员对社会主流价值的认同，在主流价值观的引领下，形成健康向上的教育文化环境，为学生的健康成长创造条件。

第二，动员各种社会资源，营造优良教育文化环境

胡锦涛同志指出：“文化是民族凝聚力和创造力的重要源泉，是综合国力竞争的重要因素，是经济社会发展的重要支撑。”“要加快构建公共文化服务体系，按照体现公益性、基本性、均等性、便利性的要求，坚持政府主导，加大投入力度，推进重点文化惠民工程，加强公共文化基础设施建设，促进基本公共文化服务均等化。”“真正从群众需要出发，继承和发扬中华文化优良传统，吸收借鉴世界有益文化成果，推出更多深受群众喜爱、思想性艺术性观赏性相统一的精品力作。”① 大力发展文化事业和文化产业是营造教育文化环境的主要途径。要认真研究未成年人和大学生的心智特点，创作适合他们心智特点、欣赏特点的文化产品，满足他们的精神文化需求。要充分利用公共文化资源，建设爱国主义教育基地，宣传中国先进文化，发挥文化潜移默化的育人作用。要充分利用网络等新兴媒体形式，

① 胡锦涛同志在中共中央政治局第二十二次集体学习时的讲话［N］. 人民日报，2010－07－24.

宣传主流文化，正确引导舆论，切实增强重点新闻网站的吸引力和感染力，建设积极健康的网络文化，营造优良的教育文化环境。

第三，优化校园文化环境，营造和谐发展氛围

优化校园文化环境是高等教育事业健康科学发展的基础性工作。校园的物质文化环境与精神文化环境的相互融合，共同营造优良的教育文化环境。在物质文化环境层面，要重点建设承载学校文化精神的人文景观，在精神文化环境层面，要重点建设具有学校特色的文化形式，形成体现学校历史、学校精神的文化符号体系。同时，鼓励和支持面向学生的公益性文化活动，为学生提供高雅文化艺术享受，营造高等教育事业科学发展、和谐发展的良好环境。

（三）营造良好的校园及周边环境

与传统教育相比，现代教育更加具有开放性特点。现代教育的开放性一是表现为文化和价值观上的开放；二是与社会的政治经济联系越来越广泛；三是在地域上与周边生活环境的联系更加密切。开放性的这三个特点决定了校园与周边环境的复杂联系，共同构成校园周边的社会环境。狭义的社会环境是指人类生活的直接环境，它包含经济因素、政治因素、文化因素和信息因素。这四种因素的总和构成某一群体特定的社会环境。从社会环境的物质层面看，商业设施、文化设施等构成社会环境的硬件；从社会环境文化层面看，整个环境传递出的世界观、人生观和价值观构成社会环境的软件，并从精神层面影响集聚的人群。校园及周边环境以师生员工为目标人群，通过多种方式向学生渗透各种各样的文化信息，而学生正处在世界观、人生观、价值观塑形时期，辨别多种信息良莠的能力不强，容易被周边社会环境误导。从社会治安环境看，社会治安环境是社会环境的一部分，治安环境好坏关系到师生员工的切身利益，并影响到师生员工的社会认同。可见，校园及周边环境会从不同角度影响学生的成长，必须“依法加强对学校周边文化、娱乐、商业经营活动的管理，坚决取缔干扰学校正常教学、生活秩序的经营性娱乐

活动场所，严厉打击各种刑事犯罪活动，切实维护大学生的合法权益和身心健康，切实维护学校秩序和社会稳定”。①

第一，明确政府责任，优化校园及周边环境

李长春同志指出“各级党委和政府要把净化社会环境和优化校园周边环境作为精神文明建设的重要任务”。② 各级党委和政府要高度重视校园周边环境对学生成长的影响，成立综合治理工作委员会，建立学校及周边治安综合治理工作体系。公安部门负责查处、打击校园及周边的各类违法犯罪活动；司法行政部门负责指导学校开展校园法制宣传教育工作；文化部门负责校园及周边文化市场的管理工作；信息和通信管理部门依法配合有关部门做好网吧及校园网站的管理工作；新闻出版部门负责校园及周边出版物市场的管理工作；工商行政管理部门负责对学校及周边经营单位的管理等，各级政府主管部门形成齐抓共管的工作局面，切实优化校园周边环境。

第二，强化文化安全意识，净化校园及周边环境

校园及周边环境对学生既有有形的影响，也有意识形态层面的影响。当前，学校特别是高校意识形态领域的斗争主要表现为社会主义主流价值与西方价值观念相交织；学术研究与意识形态相交织；意识形态的不良影响导致群体事件的易发性。比如，一些群体性事件的真正原因是民族分裂主义、邪教等的鼓动。西方某些错误思潮在一定程度对我国传统文化形成冲击，甚至渗透到大学的论坛、讲座、校园网等之中。西方敌对的非政府组织通过项目研究等形式渗透到大学校园之中，直接影响我国的教育文化安全。所以，必须树立文化安全意识，不断拓宽情报信息的深度和广度，及时发现内幕性、预警性、行动性的情报信息和影响校园稳定的苗头性、

① 胡锦涛同志在全国加强和改进大学生思想政治教育工作会议上的讲话［N］. 人民日报，2005-01-17.

② 李长春同志在全国加强和改进大学生思想政治教育工作会议上的讲话［N］. 人民日报，2005-01-17.

倾向性问题，把问题控制在萌芽状态。要加强对违法违规出版物的清理，与相关部门协同开展净化校园周边环境活动，为学生的健康成长提供有力保障。

第三，完善制度，形成优化校园及周边环境的工作机制

营造良好的校园周边环境，关键要抓住教育引导、阻断渠道、依法处理三个环节，形成完善的工作机制。要坚持以综合治理为抓手，以日常监管为核心，以制度建设为根本，认真做好排查工作，加快推进治安防控体系建设，真正做到人防、技防、物防到位，主动出击，防患于未然。必须进一步建立健全矛盾纠纷排查调处机制，坚持抓早、抓小、抓苗头，建立畅通的信息渠道，及时研究和分析矛盾纠纷的成因、规律和走势，开展经常性的矛盾纠纷排查调处工作，化解矛盾，理顺情绪。必须动员社会力量参与校园周边环境的治理，形成群防群治的工作格局，确保学校及周边环境安全稳定。

四、加强高校党的建设

（一）加强高校领导班子建设

高等教育是培养社会主义建设者和接班人，建设社会主义物质文明、精神文明、政治文明、社会文明，推动社会全面发展的重要承载者。高校领导班子是推进高等教育战略任务实施的领导者、组织者、推动者。实践经验证明，办好社会主义高校，必须加强高校领导班子建设。必须高举旗帜、坚定信念，加强领导班子思想政治建设；必须把握规律、提高本领，加强领导班子推动教育事业科学发展的“五种能力”① 建设。在加快我国从教育大国向教育强国、从人力资源大国向人力资源强国迈进的新的历史时

① 党的十六大报告将党的执政能力建设的内容概括为五个方面：不断提高科学判断形势的能力；不断提高驾驭市场经济的能力；不断提高应对复杂局面的能力；不断提高依法执政的能力；不断提高总揽全局的能力。

期，必须把建设高素质领导班子作为重点任务，不断提高领导高校科学发展的能力和水平。

我国要在2020年全面建成小康社会，进而在本世纪中叶基本实现现代化，必须培养数以亿计的高素质的劳动者，数以千万计的专门人才和一大批拔尖创新人才，建设世界一流大学和有特色、高水平大学，缩短与世界一流大学的差距。要完成这一历史使命，一个坚强的领导集体不可或缺。高校领导班子要深刻认识我国教育所处的历史地位与肩负的历史使命，不断加强思想政治建设、业务能力建设和制度建设，使高校领导班子切实成为教育事业科学发展的推动力量。

第一，不断加强高校领导班子思想政治建设

思想政治素质是领导干部素质的灵魂，思想政治建设是领导班子建设的根本。思想政治素质就是政治敏感和政治自觉。办社会主义大学，必须坚持马克思主义基本理论、党的路线方针政策，必须有坚定正确的政治理想和政治信念，必须以社会主义政治家的标准严格要求高校领导班子加强自身建设。近年来，一大批比较年轻、学历层次高、专业造诣深的同志走上高校领导岗位。虽然他们的学术水平高，但是，不少人的马克思主义理论素养、政治理想信念仍需要进一步增强。胡锦涛同志指出，做好领导工作的根本途径，就是要以高度的政治责任感、强烈的求知欲和积极的进取精神，努力学习。“要在全面系统掌握马克思主义理论特别是中国特色社会主义理论体系上走在前面，通过学习坚定理想信念，系统掌握马克思主义立场、观点、方法，增强政治敏锐性和政治鉴别力，始终保持立场坚定、头脑清醒，增强贯彻党的基本路线、基本纲领、基本经验的自觉性和坚定性，增强走中国特色社会主义道路、为党和人民事业不懈奋斗的自觉性和坚定性，做共产主义远大理想和中国特色社会主义共同理想的坚定信仰者。”① 高校作为各种思潮汇聚、国际思想文化交流密切的地方，更加要求

① 胡锦涛. 努力开创新形势下党的建设新局面［J］. 新华文摘，2010（5）.

高校主要领导干部加强思想政治建设，不断提高理论修养、党性修养和品德修养，增强思想政治自觉，划清“四个重大是非界限”①，坚持社会主义办学方向。

第二，不断提高高校领导班子领导高校科学发展的能力

高等教育是进行人才培养、科学研究、社会服务的专门事业，高校主要领导干部除了应具有专业知识外，还要有领导和管理高校发展的综合能力。社会主义教育家应当具有高超的办学治校能力，掌握高等教育发展规律和人才成长规律，关爱学生、尊重老师，善谋划、会协调、懂管理；应当具有宽阔的视野、宽阔的胸襟，勇于变革、勇于创新，谦虚谨慎、勤于学习，严于律己、清正廉洁。要真正做到这“两个应当”，关键还是要学习。“要在学习掌握现代科学知识上走在前面，广泛学习现代化建设所需要的经济、政治、文化、科技、社会和国际等方面知识，在学习中拓宽视野，准确把握当今世界发展大势，准确把握改革发展实际，切实提高战略思维、创新思维、辩证思维能力。”② 高校的书记、校长领导着一所大学，要努力成为懂教育的政治家和讲政治的教育家。要以政治家的敏锐眼光和坚定立场，努力解决好按照什么方向办教育、朝什么方向培养人和培养的人跟谁走的问题，始终坚持正确的政治方向、政治立场和政治观点，真正发挥好领路和带头作用。要以战略家的眼光和思维，把握高等教育发展的内在规律，增强前瞻性和创造性；以教育家的理念和风范，善于用现代教育思想和管理方法办学治校，形成独特的办学风格。

第三，健全和完善领导体制和决策机制

当前，高等教育事业发展面临复杂的国内国际形势，把握机遇，应对挑战，必须依靠领导班子集体决策。健全和完善领导体制和决策机制，把

---

① 即马克思主义同反马克思主义的界限；社会主义公有制为主体、多种所有制经济共同发展的基本经济制度同私有化和单一公有制的界限；中国特色社会主义民主同西方资本主义民主的界限；社会主义思想文化同封建主义、资本主义腐朽思想文化的界限。

② 胡锦涛. 努力开创新形势下党的建设新局面［J］. 新华文摘，2010（5）.

高校领导班子建设成为坚持社会主义方向、善于领导科学发展、团结奋进的坚强领导集体，以制度保障集体决策的科学性，是高教事业科学发展的重要保证。一是完善党委领导下校长负责制，正确处理好党委领导与校长负责的关系，形成党委统一领导、党政分工负责、协调配合的工作机制。二是完善集体领导和个人负责相结合的制度。按照“集体领导、民主集中、个别酝酿、会议决定”的民主集中制原则，完善党委议事和决策机制。坚持重大决策、重要干部任免、重大项目安排和大额度资金使用集体讨论决定，领导班子按照各自分工切实承担起领导责任。三是进一步增强高校领导班子团结。团结是学校稳定、事业发展的决定性因素。团结出凝聚力、团结出生产力、团结出战斗力、团结出优秀干部。领导班子要以事业为重，以大局为重，相互支持、相互配合。领导班子要坚持民主生活会制度，正确运用批评和自我批评的武器，沟通思想，明辨是非，消除隔阂。要以党性修养促进团结。领导干部要有容人容事的胸襟，有互谅互让的气度，有闻过则喜的境界，大事讲党性、讲原则、讲大局，小事讲风格、讲谅解、讲友谊，在合作共事中加深理解，在相互支持中增进团结。同时，主要领导干部还要团结好各民主党派、无党派人士，保护好广大师生员工的工作积极性，同心协力，共同推动教育事业科学发展。

（二）加强反腐倡廉建设

高等学校作为社会建制的重要组成部分，在运行过程中必然受到社会环境的影响。随着社会主义市场体制改革深入进行，社会中存在着的一些负面因素也必然会影响高等学校。尤其是高等学校独立法人地位确立后，高校在招生录取、基本建设、设备物资采购等方面的自主权不断扩大，但由于相应的制度建设不健全，导致了高等学校贪腐现象呈多发态势，降低了高校的社会声誉，破坏了校园和谐，影响了高校教育事业的科学发展。高校贪腐问题主要表现为职务犯罪和学术腐败。职务犯罪是滥用权力，谋取私利或使高校利益遭受重大损失。学术腐败则是运用行政权力或学术权力，谋取学术利益，轻视学术规范，违反学术道德。学术腐败直接扭曲了大学的学风、校风，将给大学的发展带来无法估量的损失。因此，必须从反腐倡廉关系到社会主义教育发展未来的战略高度，深刻认识高校贪腐的危害，加强以教育、制度、监督三者并重的惩治和预防腐败体系建设，坚决遏制高校贪腐现象的滋生蔓延，为高校教育事业科学发展、和谐发展创造清正廉洁的政治环境。

第一，加强反腐倡廉教育工作

反腐倡廉教育是党风廉政建设和反对腐败的基础性工作，也是预防领导干部贪腐的必要前提。虽然反腐败斗争取得了很大成就，但是，腐败现象仍然存在，其主要原因就是某些领导干部忽视廉洁教育，对党规党纪、廉洁自律、勤政廉政的规定一知半解，没有从思想上真正重视起来。

因此，必须加强反腐倡廉教育制度建设，提高反腐倡廉教育的科学性、规范性、有效性。一是要加强党的宗旨教育。全心全意为人民服务是我们党的宗旨。中国共产党没有任何私利，而是真正代表人民利益，全心全意为人民服务的。谋取私利，从根本上违反了党的宗旨。党的领导干部只有真正从思想政治上加强学习，加强修养，才能树立正确的世界观、人生观和价值观，才能在公益与私欲面前作出正确选择，坚持公益，抵制诱惑。二是加强反腐倡廉教育培训工作。高校是专业化程度很高的社会建制，又相对远离市场，高校领导干部容易产生错误认识，认为高校不会出现贪腐现象，从而忽视党风廉政教育培训，或者高校本身的党风廉政教育流于形式。要从源头处预防腐败，必须加强和改进教育培训工作，加强和改进反腐倡廉宣传教育工作，通过有效形式，让领导干部系统掌握廉洁自律的相关法规和知识，树立法律面前人人平等、制度面前没有特权、制度约束没有例外的意识。领导干部要带头遵守制度、严格执行制度、自觉维护制度，增强严于自律的自觉性。三是加强专业知识技能的教育。实践证明，高校领导干部对市场经济方面的知识缺乏，是导致高校出现贪腐现象的原因之一。高校许多党政一把手基本不懂审计法、招投标法、物资采购法等，有的领导干部甚至不清楚教育部党组对高校领导干部的“六不准”①，结果导致不能正确判断自己行为的合理边界，不能有效监督他人的贪腐行为。因此，高校主要党政领导干部要学习市场经济知识、经营管理知识和法律知识，提高反腐倡廉的能力。

第二，加强反腐倡廉制度建设

胡锦涛同志指出：“反腐倡廉制度建设是惩治和预防腐败体系建设的重要内容，是加强反腐倡廉建设的紧迫任务。”② 反腐倡廉是一项复杂的系统工程，只有依靠完善制度才能有效防止贪腐行为。因此，一方面要建立健全完善的预防与惩治腐败体系，另一方面要强化制度执行力，提高制度执行力，确保制度的有效性。胡锦涛指出，要使反腐倡廉制度体系有效管用，就要突出抓好四个方面工作：要进一步加强反腐倡廉教育制度建设；要进一步加强监督制度建设；要进一步加强预防制度建设；要进一步加强惩治制度建设。高等学校要结合教育系统特点，紧紧抓好这四个方面的工作，建立和完善高校反腐倡廉制度体系，严格执行党风廉政建设责任制，加大对重点领域和薄弱环节的监管力度，切实加强制度执行情况的监督检查，切实追究违反制度的责任，坚决查处各种违纪违法行为，切实纠正各种不正之风，以制度保障高校教育事业的健康科学发展。

第三，加强对反腐倡廉工作的领导

加强反腐倡廉，关键要抓好落实。高校党委要自觉担负起抓好高校党风廉政建设的责任，切实履行反腐倡廉制度执行责任主体的职责，把反腐倡廉工作纳入整体工作部署，支持纪检监察机关履行职责、开展工作，确保反腐倡廉各项制度的贯彻执行。同时，要把反腐倡廉制度执行情况和廉

---

① 不准利用职权违规干预和插手建设工程、大宗物资设备采购招投标；不准接受与其行使职权有关系的单位、个人的现金、有价证券和支付凭证；不准配偶、子女、亲属以及身边工作人员利用领导干部职务的影响谋取私利；不准利用职务和工作便利越权干预招生录取、职称评聘、科研项目评审等工作正常开展；主要领导不准担任社会上经营性实体的独立董事；不准擅自决定学校对外融资或进行股票和风险性债券投资。

② 胡锦涛在十七届中央纪委五次全会上的讲话［N］. 人民日报，2010-01-13.

洁自律情况纳入年度检查考核范围，纳入领导干部述职述廉主要内容，列入党政领导干部问责的重要方面。高校纪检监察干部要坚持党性原则，忠实履行职责，带头遵守和维护党纪政纪国法，与腐败分子和消极腐败现象进行坚决斗争。要进一步加强高校纪律检查机关自身建设，不断提高纪律检查干部队伍素质和纪委检查工作的能力。高校还要依照国家法律法规和有关规定，建立健全对学术不端行为的惩处机制，坚持惩防并举、内部治理与社会监督相结合，努力净化学术环境。

（三）积极发展学生党员

中国共产党是中国工人阶级的先锋队，同时是中国人民和中华民族的先锋队，是中国特色社会主义事业的领导核心。在新的历史时期，要永葆党的生机与活力，巩固党的执政基础，就必须做好发展党员的工作，进一步增强党的阶级基础、扩大党的群众基础。大学生是国家的未来和希望，是推动社会进步的主要力量。积极发展大学生党员，使大学生成为合格的社会主义建设者和接班人，对于把我们党建设成为优秀人才高度密集的政党，对于实施科教兴国战略和人才强国战略，确保中国特色社会主义事业兴旺发达、后继有人，具有重大而深远的战略意义。

目前，全国各级各类学校师生员工中党员近500万人，其中学生党员226.9万人，2009年，发展大学生党员数量占全国发展党员总数38.5%。大学生党员是大学生中的先进群体，他们政治素质过硬，自觉宣传党的路线方针政策，努力学习，团结同学，热心公益，以实际行动向同学们诠释党的宗旨，展示党的形象，发挥了凝聚人心的积极作用。实践证明，一个大学生党员就是一面旗帜，一个支部就是一座堡垒。要坚持社会主义办学方向，推动教育事业科学发展，就应当加大在优秀大学生中发展党员的力度，充分发挥大学生党员在学习生活、班级活动、学生社团、社会公益活动中的先锋模范作用，不断增强大学生社会责任感和使命感，自觉承担起建设社会主义现代化的历史使命。

发展大学生党员，必须坚持中国特色社会主义理论体系最新成果的理论指导，遵循“坚持标准、保证质量、改善结构、慎重发展”的方针，积极而慎重地做好在大学生中发展党员的工作。

第一，加强马克思主义基本理论的教育，切实解决思想上入党问题

在主流价值观与多种价值观并存的现代社会，大学生的价值观实际上受着多种思潮的影响，他们往往理性地选择接受马克思主义信念，但要坚定信念，真正从思想上认同共产主义理想，坚定有中国特色社会主义理想和信念，还需要加强马克思主义基本理论教育，加强中国特色社会主义理论体系教育，加强社会主义核心价值观教育。只有用马克思主义和中国特色社会主义理论武装头脑，才能在实践中自觉树立共产主义远大理想，坚定中国特色社会主义信念。毋庸讳言，大学生入党动机不纯的现象确实存在，而要解决这个问题，主要方法就是加强马克思主义基本理论教育，“理论只要说服人，就能掌握群众；而理论只要彻底，就能说服人”。[①] 要把马克思主义基本理论、党在现阶段的基本纲领教育贯彻到大学生入党的全过程，尤其要加强入党后的教育，确实使马克思主义基本理论成为大学生正确的世界观、人生观、价值观的基础，真正实现大学生党员组织入党与思想入党的统一。

第二，坚持和完善在大学生中发展党员工作的标准和程序

大学生群体思想活跃，民主意识较强。在发展大学生党员过程中，必须结合大学生特点，按照党章和《中国共产党发展党员工作细则（试行）》的规定，成熟一个，发展一个，确保新党员质量。要对入党学生进行综合考察，既要考察其政治素质、学习成绩，也要考察其入党动机、理想信念；既要考察其平时表现、群众基础，更要考察其在关键时刻的表现和在重大政治问题上的态度和立场。要加强在大学生中发展党员工作的制度建设，建立健全发展党员联系人工作制、发展对象集中培训制、发展党员公示制，

---

① 马克思，恩格斯．马克思恩格斯选集：第一卷（上）［M］．北京：人民出版社，1972：9.

严格实行发展党员票决制。要坚持早发现、早教育、早培养，有计划有步骤地把基本素质好、入党积极性高的优秀团员、学生骨干作为大学生入党积极分子加以关心和培养，开展特色鲜明、吸引力强、激励作用明显的主题教育活动，促进大学生思想认识和政治觉悟的提高，一旦时机成熟，便把他们吸收到党组织中来。

第三，坚持把大学生党支部建在班上

实践证明，把大学生党支部建设在班上，有利于发挥学生党员的先锋模范作用和骨干带头作用；有利于发挥学生党支部在带动班级团结进步和开展思想政治教育的坚强堡垒作用；有利于不断增强大学生党支部的凝聚力和影响力。因此，要坚持把党支部建在班上的好做法，充分发挥大学生党支部的作用，使其成为引领大学生刻苦学习、团结进步、健康成长的班级核心。校党委要从全局和战略的高度，充分认识大学生党支部建设的重大意义，切实加强领导，建立和完善党委统一领导，党委组织部门、学生工作部门和共青团组织协同配合，院（系）党总支（党委）贯彻落实的领导体制和工作机制。积极开展高校党建研究，切实解决党建工作中遇到的新情况新问题，努力开创在大学生中发展党员工作和大学生党支部建设的新局面。

（四）加强学习型党组织建设

胡锦涛同志指出："不断学习、善于学习，努力掌握和运用一切科学的新思想、新知识、新经验，是党始终走在时代前列引领中国发展进步的决定性因素，直接关系巩固党的执政地位、实现党的执政使命。"① 在探索中国特色社会主义现代化建设道路的过程中，会不断遇到各种新情况新问题，需要以马克思主义解放思想、实事求是、与时俱进的理论品格，掌握人类创造的最新的理论成果，总结实践经验，深刻揭示中国社会主义发展规律、

① 胡锦涛. 努力开创新形势下党的建设新局面［J］. 新华文摘，2010（5）.

中国共产党执政规律，推动中国特色社会主义建设科学发展。历史经验证明，重视和善于学习，是我们党在长期实践中形成的优良传统，也是我们党的政治优势。当今世界，经济政治形势日趋复杂，知识发展日新月异，只有勤于学习、善于学习，才能从容应对。只有建设马克思主义学习型政党，才能切实提高党的执政能力，保持和发展党的先进性。

我们党是以严密的组织的形式存在和发展的，通过从中央到地方再到基层的各级党组织结合起来的整体，具有统一意志、统一行动的特点。各级党组织的学习能力与实践能力直接决定着党的执政能力，因此，建设马克思主义学习型政党，基础在各级党组织。“建设马克思主义学习型政党的战略任务必须落实到基层，每一个党组织都要认真履行组织党员学习的职责。”① 高等学校党组织肩负着“培养什么人，如何培养人”的重大历史责任，具有丰富的学习资源，应当在勤于学习、不断学习、善于学习方面取得更大的成绩。但是，大学的一些党员干部和党组织的学习状况并不乐观，存在着习近平同志指出的“不愿学、不勤学、不真学、不深学、不善学”的现象，因此，高校党组织要加强学习型党组织建设，营造重视学习、崇尚学习、坚持学习的浓厚氛围，党员领导干部要率先垂范，影响和带领每一位党员真正把学习当成一种生活态度、一种工作责任、一种精神追求。

第一，努力营造良好的学习环境

高等学校建设学习型党组织，就要把高校的特点与“科学理论武装，具有世界眼光，善于把握规律，富有创新精神”的学习要求结合起来，大力营造重视学习、坚持学习的浓厚氛围，努力形成长期学习的良好环境。要形成认真学习马克思主义基本理论的风气。基层党组织要通过多种形式，组织党员认真学习马克思主义基本理论，努力创造学习研究马克思主义基本理论的环境。要形成认真学习新科学技术知识的风气，全面了解当今科学技术发展趋势，努力掌握和运用新思想、新知识、新经验，不断更新科

---

① 胡锦涛．努力开创新形势下党的建设新局面［J］．新华文摘，2010（5）．

学技术知识。要形成良好的学习风气。深入基层、深入师生之中，向实践学、向广大师生学。特别是各级党员领导干部，更要积极深入群众之中，了解他们所思所想，体验他们的工作环境与生活环境，帮助他们解决实际困难。通过理论学习和实践学习，不断提高理论水平和工作能力，以自己的示范作用带动全校形成良好的学习风气。

第二，创新学习形式，提高学习效果

一是不断完善高校党委中心组学习制度，把党委中心组建设成学习型领导班子。中心组要以专题学习、专题研究等形式开展学习研讨，重点要加强马克思主义基本理论，特别是中国特色社会主义理论体系的学习研讨；加强世界高等教育发展规律的学习研究，不断提高主要领导干部的理论修养和专业修养，努力增强党委中心组的创造力、凝聚力和领导力。二是要抓好高校基层党组织的学习，切实发挥基层党组织的战斗堡垒作用。要创新适合高校基层党支部特点的学习形式，抓好党支部的思想理论学习。要建立完善的学习制度，保证学习计划贯彻落实。要提倡民主性、研究性学习，鼓励思想交流、学习交流和工作交流，不断提高理论和科学修养。三是开展各种形式的主题教育活动，提高学习型党组织创建活动的覆盖面和参与度。

第三，抓好党员学习，夯实建设学习型党组织的基础

胡锦涛同志指出："要把组织学习同党性锻炼结合起来，把搞好党员学习作为完善的组织生活的有机组成部分，使党的组织既成为党员增强党性修养、提高思想觉悟的大熔炉，又成为党员学习新知识、增长新本领的大学校。"① 高校党员知识层次高，视野开阔，接受新知识的能力强，但是，他们的专业领域划分过细，影响了他们的大局观。因此，在创建学习型党组织的活动中，要加强马克思主义哲学和人文社会科学知识学习，努力扩大学生党员的知识面，切实提高他们的战略思维、创新思维、辩证思维能

---

① 胡锦涛. 努力开创新形势下党的建设新局面［J］. 新华文摘，2010（5）.

力。要鼓励他们积极投身到改革开放的伟大实践之中，增长才干，提高本领。“要引导广大党员树立重视学习、坚持学习、终身学习的观念，自觉做到学以立德、学以增智、学以创业。”①

广大党员要积极投身到学习之中，真正把学习内化为自己的行为自觉。只要高校系统的党员形成学习风气，就能大大提高素质，增强能力，共同推动高等教育事业大进步大发展，并为中华民族伟大复兴和人类文明进步作出更大贡献。

① 胡锦涛. 努力开创新形势下党的建设新局面［J］. 新华文摘，2010（5）.

后　记

本书是国家社会科学基金“十一五”规划2009年度教育学重点课题“科学发展观教育理论研究”（课题批准号为AAA090009）的结项成果。课题组由教育部高等学校社会科学发展研究中心主任冯刚同志和副主任张剑同志担任负责人。

研究过程中，课题组组建了由中国人民大学、北京师范大学、天津大学、安徽大学、天津教育工委、中央教育科学研究所和社科中心等高校、科研及教育行政部门的理论与实际工作者组成的研究队伍，成立了5个子课题组，采取子课题组组织实施研究和总课题组指导把关、个人研著与集体研讨攻关相结合等方式，在系统梳理汇编《科学发展观教育理论重要论述摘编》的基础上，逐步推进课题研究的深入，不断提升研究成果的学术理论水平。

本书紧密联系党的十六大以来教育改革发展的实践，系统阐述科学发展观教育理论的历史地位、科学内涵、精神实质和根本要求，深入研究以胡锦涛同志为总书记的党中央关于推进教育改革和发展的一系列新思想新观点新论断，认真总结在科学发展观教育理论指导下我国教育事业取得的主要成就与基本经验，努力探索在新的历史起点上推进教育事业科学发展的新思路新举措，力求反映学术理论界的最新研究成果，为推进教育强国和人力资源强国建设提供理论支持和决策参考。

本书是课题组全体成员集体努力的结晶。各章的具体分工为：前言：

冯刚；绪论：王向明；第一章：任青；第二章：陈金方；第三章：方晓东；第四章：郑丽平；第五章：刘建军；第六章：李仁群、周飞、钱宝平；第七章：秦宣；第八章：韩震、刘复兴、任海宾；第九章：孙兰英；第十章：王炳权；第十一章：杨桂华、冯捷、张广森。王炳权、郑丽平承担了本书研究的组织联系工作，秦宣、方晓东、王炳权同志负责部分章节的统稿，冯刚、张剑、任青同志负责全书统稿。

本书的研究及出版得到了全国教育科学规划领导小组办公室和教育科学出版社的大力支持，在此一并致谢！

课题组

二〇一一年八月